グローバル・サウスはいま
2

新自由主義下のアジア

藤田和子／文 京洙
［編著］

Asia under the Effects of
Neoliberalism and Hegemonism

ミネルヴァ書房

「グローバル・サウスはいま」刊行にあたって

　本シリーズは，「南」の国々と地域の歴史的な形成と発展の過程を踏まえ，21世紀を迎えた現時点におけるその政治，経済，社会，文化の諸分野の全体像を，変容するグローバルな世界秩序の視点から再考し，その複雑に絡み合った諸問題とこれからの課題を展望する試みである。執筆者は，主に「南の世界」を専門にしている。今日，21世紀の世界の現実を「北の世界」との対比された「南の世界」といった従来の区分では分析するのは十分でない。それゆえ，本書では「グローバル・サウス」という概念を使う。

　「グローバル・サウス」は新自由主義の文脈において特別の意味を持つ。新自由主義型資本主義の帰結は，一方で，グローバルかつナショナルに，富の激しい集中があり，超富裕層と大多数の人々との格差の拡大がある。他方，ローカルからの異議申し立てが見られる。それは，新自由主義型グローバル化のもとで搾取，疎外，周辺化の共通した経験を有するすべての人々，グループ，諸階級，そして諸民族を包含する。これは「抵抗のグローバル・サウス」である。

　冷戦後の世界では21世紀に入り，人類は深刻な政治的，経済的，社会的な出来事に直面した。2001年9月11日の同時多発テロをはじめとして，2008年のリーマンショック，そして，2011年3月11日の東日本大震災と原発事故である。今日，ポスト9.11のこの世界を見通すことはきわめて難しい。われわれは何を目指し，どこに向かっているのか。そこでは，ポスト国民国家とグローバル化は不可避な前提となる。そして，世界秩序をめぐるヘゲモニーの動向やリージョナルなガヴァナンス構築，また，ナショナルな安全保障の再構築が重要な課題となる。こうした視点からすると，中国の存在は決定的であるが，その役割は多面的な側面を持っている。

　現在，世界各地でポピュリズム的潮流が急浮上している。他方で，新しい社会運動の台頭に突き動かされて，民主主義の定着や新しい社会構想が実験，模索されている現実にも注目する必要がある。わが国では，いまだ歴史的な負の遺産を主体的に克服できていない。むしろ，貧困格差の拡大や非正規雇用の常態化を背景とし，社会的不安の浸透，自由な精神と思考の萎縮傾向，そして狭隘なナショナリズムの拡がりがある。だが，こうした現状に対する若者の異議申し立ての動きも生まれ始めている。

　今や「グローバル・サウス」を考えることは，すべての人々が「現代」をいかにとらえ，生きていくのか，この切実な「問いかけ」を考えるうえで不可欠な条件となろう。

　本シリーズは，創立55周年を迎えた特定非営利活動法人（NPO法人）アジア・アフリカ研究所の企画として始まったが，今日の複雑な世界を捉えるため，研究所を越えて第一線の多数の研究者の協力を仰いだ。

2016年4月

松下　冽
藤田和子

はしがき

　シリーズ第2巻となる本書は，世界人口の6割を占める広大なアジアを考える。第2次世界大戦後70年，世界は大きく変わったが，もっとも大きく変貌したのはアジアかもしれない。大戦前アジアを覆っていた帝国主義的植民地体制は解体，独立を達成し主権を回復した植民地・半植民地は国際社会で発言権を強めている。アジアの新興国は経済建設においても注目すべき実績を残した。先発の東アジア，東南アジアに続き20世紀末には南アジアのインドが成長軌道に乗りはじめ，アジアは21世紀を世界の成長地域として迎えたのである。

　経済成長を牽引したのは東アジア・東南アジアでは製造業，インドでは情報技術（IT）産業だが，各国・各地域が模索を重ねてグローバル化を梃子とした発展を選択，資本主義世界経済の活力を取り込んだことがアジアの成長の鍵となった。中国が改革開放後30年，「高速成長」を続けて2010年世界第2のGDP大国となり，インドが1990年代以降の高成長を通じて2015年GDP世界第7位になったようにグローバル化，ことに1980年代以降急展開する新自由主義的グローバル化の中でアジアは成長し，経済規模を拡大させてきた。

　だが，21世紀のアジアは2つの大きな問題に直面している。1つは中国の台頭と復権，いま1つは経済成長とともに各国内，各地域内に蓄積された格差・不平等である。植民地諸帝国に蚕食される以前の中国は地域と世界の"中心"国だった。

　中国の台頭は，歴史的にみれば，外国の支配や干渉からの"復活"という側面とかつての覇権国家，中華帝国の"復権"という側面をあわせ持つ。2010年代に入り中国経済は減速しているが，2世紀を経て再び台頭した中国は経済力とともに軍事力を強化し，指導力の低下したアメリカと並んで覇権を行使する意思を明確にしている。グローバル・サウスの苦難を体現する中国が覇権主義を脱し，グローバル・サウス初の経済大国に相応しい選択をすることが望まれる。

　21世紀の人間社会は，異なる宗教や民族間の紛争，戦争として溜まったマグマを爆発させている。その主因は，アジアを成長させた新自由主義的グロー

バル化とその中で拡大しつづける格差・不平等にある。成長地域，アジアにもマグマは溜まっているのだろうか。第2次世界大戦後70年が過ぎ，日本は安保法制の成立により憲法の平和主義から米国依存の安保体制拡大へ大きく舵を切ろうとしている。かつての帝国日本の植民地支配や第2次世界大戦期に至る侵略・干渉の歴史をふまえてアジアの人々と向き合い，ともにアジアの未来を築いてもらいたい――それがこの巻の刊行に携わった者の願いである。

2016年8月

藤田和子・文　京洙

新自由主義下のアジア

目　次

はしがき

序　章　グローバル化時代のアジア……………………藤田和子・文　京洙…1
　　　　　──脱植民地化と冷戦を超えて──
　1　第2次世界大戦後70年……………………………………………………1
　　　　崩壊した植民地体制　　グローバル・サウス諸国・地域の経済成長
　2　変容する米国主導の国際秩序………………………………………………5
　　　　グローバル化と中国の台頭　　小国連合 ASEAN の経済統合
　3　戦後70年の日本とアジア…………………………………………………8
　　　　冷戦期の日本とアジア　　グローバル化とナショナリズムの相克
　4　本書の構成と各章の内容…………………………………………………12

―――――――――――
第Ⅰ部　アジアの変容
―――――――――――

第1章　東南アジアと中国……………………………………藤田和子…21
　　　　──統合する小国と復権する大国──
　1　ASEAN 共同体の創設と地域……………………………………………21
　　　　アジア初の地域共同体　　文化多様性の地域
　　　　人の移動に寛容な社会
　2　冊封体制と植民地体制……………………………………………………26
　　　　中国の冊封体制　　冊封体制の終焉と植民地化
　　　　植民地化がもたらしたもの
　3　脱植民地化と冷戦…………………………………………………………31
　　　　東南アジアにとっての「大東亜戦争」
　　　　冷戦下の熱戦，ベトナム戦争の原点
　　　　ベトナム戦争の記憶──援助と覇権主義
　4　交易の海はいま──21世紀の課題………………………………………37
　　　　政治的独立から持続的成長へ　　米中の覇権主義と ASEAN

目　次

第2章　朝鮮半島の安全保障 ………………………… 金　光旭 … 42
1　一国の安全保障 ………………………………………………… 42
2　冷戦後の安保地形の変化 ……………………………………… 43
　　日韓間の関係改善　　中韓貿易の拡大　　北朝鮮の核開発
3　中韓間の政経連携 ……………………………………………… 46
　　中韓ハニームーン　　日本のFTA政策　　TPPの合意
4　米中安保ディレンマの狭間 …………………………………… 49
　　米中安保ディレンマ　　領海とサイバー空間でのセキュリティ
　　THAADミサイルの配置をめぐる攻防
　　日本国内のディレンマ——中央政府と沖縄との狭間　　米中間の協争
5　深まる孤立の国 ………………………………………………… 54
　　唇歯関係から普通関係へ　　米朝枠組み合意と6者会合
　　先軍政治のための核実験　　米中の「新型大国関係」
6　日中韓の安保協力 ……………………………………………… 58
　　日中韓の安保ディレンマ　　南シナ海をめぐる攻防
　　外交安保政策と統一政策の不一致

第3章　東アジアにおける日本の新たな役割 ……… 文　京洙 … 62
1　安保法制——日米同盟の新局面 ……………………………… 62
　　安保法制への道のり　　日米ガイドラインの改定　　安保法制の内容
2　戦後民主主義の危機と東アジア ……………………………… 69
　　戦後日本とアジア　　歴史修正主義　　右傾化の限界
3　米国のアジア政策と日本 ……………………………………… 74
　　米国の「新国防戦略指針」　　アジアシフトの限界と揺らぎ

第4章　南アジアの宗教と人間の安全保障 … ジョルジオ・シャーニー … 80
1　植民地統治下における「宗教」の構築 ……………………… 80
　　植民地統治性とは　　「本質化された宗教」
2　分割の亡霊——ポストコロニアル南アジアにおける共同体間暴力 …… 84
　　印パ分割と暴力　　植民地期の暴力との違い——5つの特徴
　　バングラデシュの誕生

3　南アジアにおける「対テロ戦争」と人間のインセキュリティ………88
　　　　インドにおける人間のインセキュリティ　　パキスタンと対テロ戦争
　　　　スリランカの内戦終結と暴力
　　4　南アジアの文脈でのポスト世俗主義………………………………92
　　　　インドの世俗主義　　サルヴァ・ダルマ・サンバヴァ

第5章　アジアン・ムスリム・ネットワーク……………鈴木規夫…96
　　1　ムスリムのネットワーク性………………………………………96
　　　　ムスリムの基本的特性としてのネットワーク性　　有機的ネットワーク
　　　　比喩としての「アジアン・ムスリム・ネットワーク」
　　2　ハッジのアクチュアリティ………………………………………98
　　　　ハッジの意味　　ハッジにおける行為の象徴性
　　　　イスラームにおける人間憲章としての慈悲の丘での説教
　　　　ムスリムの新たな情報回路としてのハッジ
　　3　「13世紀世界システム」とアジアン・ムスリム・ネットワークの形成…102
　　　　「13世紀世界システム」　　「世界」の形成と構築
　　　　「パクス・モンゴリカ」とムスリム・ネットワーク
　　　　アジアン・ムスリム・ネットワークの重層的構築
　　4　ダーイシュをめぐり輻輳するネットワーク……………………106
　　　　ダーイシュとは何者か
　　　　ダーイシュと「アジアン・ムスリム・ネットワーク」
　　　　再演される「イスラーム報道」によるステレオタイプ化
　　　　真に恐れられるべきは無知であってムスリムではない
　　5　ネットワーク拡張の近未来………………………………………112

第6章　アジアの人身売買問題……………………………山根健至…114
　　　　――越境する暴力とガヴァナンス――
　　1　現代アジアの人身売買問題………………………………………114
　　　　人身売買という暴力　　人身売買とは何か　　グローバル化と人身売買
　　　　人身売買の仕組み　　人身売買と日本
　　2　人身売買対策の現状――規範の伝播と制度の形成………………121
　　　　国際社会の取り組み　　日本政府の人身売買対策

3　人身売買問題のガヴァナンスと市民社会組織……………………………124
　　　　市民社会組織の役割
　　　　ガヴァナンスと市民社会組織――フィリピン，メコン川流域（タイ），日本
　　4　人身売買対策の課題――越境型暴力との苦闘……………………………129

第Ⅱ部　アジア諸国の課題

第7章　韓　国………………………………………………鄭　章淵…135
　　　　――「財閥共和国」の行方――
　　1　「財閥共和国」の成立とその実像………………………………………135
　　　　韓国経済と財閥　　財閥の形成史　　財閥の諸特徴
　　　　財閥に由来する諸問題
　　2　民主化とグローバル化に揺れる韓国経済………………………………141
　　　　「87年体制」成立の意義とその限界
　　　　「97年体制」への移行と両極化現象　　グローバリゼーションの進展と財閥
　　3　財閥改革論議の混迷と経済民主化………………………………………145
　　　　財閥問題と市民運動　　財閥改革をめぐる論争
　　4　財閥改革の推進と経済民主化のために…………………………………149
　　　　財閥改革と経済民主化の補完関係　　財閥改革の前進のために
　コラム1　韓国ソンミサン・マウルの試み……………………………大津健登…152

第8章　中　国………………………………………………小木裕文…153
　　　　――改革開放以降の中国新移民と僑郷の変容――
　　1　国際移民環境下での中国新移民…………………………………………153
　　　　中国新移民とは　　華人ネットワークと僑郷の拡大
　　2　中国新移民と僑郷の変容の事例…………………………………………156
　　　　福建省福清市の事例　　福清僑郷高山鎮の景観変容
　　　　福清新移民と僑郷ネットワーク　　浙江省青田県の事例
　　　　ヨーロッパへ向かう青田新華僑　　青田僑郷の変容
　　　　黒竜江省ハルビン市方正県の事例　　方正県僑郷の変容
　　　　方正僑郷ネットワーク

  3 中国新移民の多様化と中国社会……………………………………169
    中国新移民から「新華僑華人」へ 第3次移民ブームと富裕層
    富裕層の中国社会からの脱出
  コラム2 中国のユーラシア構想………………………パレパ・ラウラ-アンカ…174

第9章 フィリピン……………………………………福島浩治…176
     ――移民経済のエンクロージャー――
  1 開発と経済成長の現段階………………………………………………176
    「包括的成長」戦略が目指すもの 消費経済の源泉としての送金マネー
  2 フィリピン経済からみた海外就労政策の40年…………………………178
    海外就労の鳥瞰図 なぜ「現代の英雄」なのか
    海外就労政策の史的展開 労働輸出の「拡張的循環」をどう捉えるか
  3 移民経済のエンクロージャー…………………………………………188
    不動産市場――送金マネーの回収装置 開発を主導しているのは誰か
  4 「略奪システム」から「抵抗の回路」へ…………………………………193
    「地域総合開発」とは何だったのか 「富の源泉シフト」
    「抵抗の回路」をつくる
  コラム3 ピナトゥボ火山噴火と故郷を追われたアエタの人々…仲田和正…200

第10章 ベトナム……………………………………栗原浩英…202
     ――ドイモイの下で存在感を増す「平民」達――
  1 ドイモイの30年…………………………………………………………202
    目に見える変化
    ドイモイのエッセンス――国家による生活保障から経済的自活へ
    ドイモイと社会主義
  2 一党体制と「民意」……………………………………………………206
    一党体制の下での民意吸収 民意吸収のための回路と法整備
    共産党にとっての「敵対的な論調」
  3 「平民」による自己主張の開始…………………………………………210
    平民の登場 党と異なる見解の発信 自らの過去を語りはじめた「平民」
  4 ベトナムはどこへ向かうのか……………………………………………215
    ドイモイに成果をもたらした要因

目　次

　　　　平和な環境にとっての不安要因——対中関係　　一国社会主義の行方
　コラム4　ベトナムで親を介護 ……………………………………小松みゆき…219

第11章　カンボジア ……………………………………………石澤良昭…221
　　　　——文化復興を先導するアンコール遺跡保存官の養成——

　1　カンボジア大虐殺から国家再建に向けて………………………………………221
　　　　1975年——カンボジア現代史の大転換点
　　　　親ベトナム系政権と3派連合政府の内戦（1979～93年）
　　　　国家再建の「5課題」への取り組み——農業生産と復興の難渋
　2　日本主導によるアジア外交の成果……………………………………………223
　　　　日本とカンボジアの国際関係　　民生の安定に寄与する日本のNGO活動
　3　アンコール・ワット修復を通じて平和構築へ………………………………225
　　　　ソフィア・ミッション　　民族和解の作業現場はアンコール・ワット
　4　文化復興を先導するアンコール・ワット人材養成活動……………………228
　　　　国家再建を牽引する遺跡保存官の養成
　　　　「カンボジア国風文化」の調査・研究，そして学位論文へ
　　　　頑張るカンボジア人大学院生——英語で学位論文発表
　　　　英語の添削から方法論の指導まで——上智大学の人材養成方式
　5　遺跡の修復と人材養成…………………………………………………………231
　　　　プノンペンの王立芸術大学と協力して
　　　　カンボジア人の手によるカンボジアの遺跡修復第1号
　　　　世紀の大発見，遺跡から仏像274体を発掘
　　　　シハヌーク・イオン博物館の建設
　6　文化遺産の啓蒙教育および環境保全教育……………………………………234
　　　　アンコール遺跡の環境保全プロジェクト
　　　　カンボジアにおける「知」の再発見プログラム
　7　グローバル・アジアと文化的独自性の再発見………………………………236
　　　　日本の文部科学大臣が現場視察　　メコン文化遺産国際プロジェクト
　　　　カンボジア大虐殺から国家再建へ

第12章　マレーシア………………………………………井出文紀…240
　　　　──多民族国家の成長の行方──

1　マハティールの引退と議会演説……………………………………240
2　独立以来のマレーシアの政策展開…………………………………241
　　　独立から70年代まで　　マハティールの就任と「ビジョン2020」
　　　ルック・イースト政策，国民車計画
　　　産業構造の高度化，知識経済化の模索
3　ポスト・マハティールの環境変化…………………………………249
　　　産業構造と貿易相手国の変化　　貿易自由化の進展とマレーシア
　　　近年の中長期計画のポイント
4　連立体制と首相への信任低下，批判の声…………………………252
　　　2013年総選挙をめぐって
　　　TPP交渉への反対運動──「Bantah TPPA」　　多民族国家の成長の行方

コラム5　インドネシア・アチェ州の津波災害と復興…………阪本将英…260

第13章　タ　イ……………………………………………水上祐二…262
　　　　──混迷する民主化──

1　2つに分断された国民と「民主主義」……………………………262
　　　2つの政治アクターの登場　　2つの民主主義
　　　対立の原点となった2つの「97年」
2　タクシン政権下で生み出された分断………………………………264
　　　強い首相タクシンの誕生　　タクシン政権の光と影
　　　タクシン政権下の民衆の変化
3　挫折した脱タクシン体制……………………………………………268
　　　2006年クーデター　　脱タクシンの2007年憲法　　タクシン派の復権
4　赤と黄のデモ合戦……………………………………………………270
　　　首相府占拠，空港占拠　　赤シャツによるバンコク騒乱
　　　2011年総選挙と赤シャツ　　PDRCデモ
5　2014年クーデター後のタイ民主化の行方…………………………275
　　　軍事クーデターの発生　　プラユット暫定政権　　民政復帰までの課題

コラム6　バングラデシュにおける水災害と人々の適応………大倉三和…280

第14章　インド……………………………………………加藤恒彦…282
——新自由主義が開けた「パンドラの箱」——

1　独立後の輸入代替産業育成政策から経済自由化へ……………………282
経済自由化の必要性　　新自由主義の下での新たな経済政策

2　新自由主義経済政策の光と闇……………………………………………283
IT, およびIT関連産業の飛躍的発展　　新自由主義の負の諸側面
新自由主義政策vsポピュリズム政策

3　インドにおける左翼政党の独立後の状況………………………………287
共産主義運動の置かれた特殊条件
独立闘争における共産主義の政治的位置
西ベンガル州「左翼戦線」の敗北と「左翼の声明」

4　「左翼戦線」政府の農村政策と都市政策………………………………291
「左翼戦線」政府の農村政策の成功
「左翼戦線」政府の都市における産業政策の行き詰まり
「左翼戦線」の新自由主義への転換
「新左翼」知識人によるCPM批判としての「声明」

5　州政府の鉱物資源開発政策と住民・毛沢東派の抵抗…………………295
オリッサにおけるボーキサイト開発と住民の抗議
アルンダティ・ロイの「チダムバラム氏の戦争」
「グリーン・ハント作戦」　　毛沢東派とは　　専門家の目
政府による宣戦布告　　市民グループの集会で
鉱山開発と莫大な利権　　買収された人々　　抗議する人々
「グリーン・ハント作戦」の本質

関係年表　　305
人名索引　　317
事項索引　　320

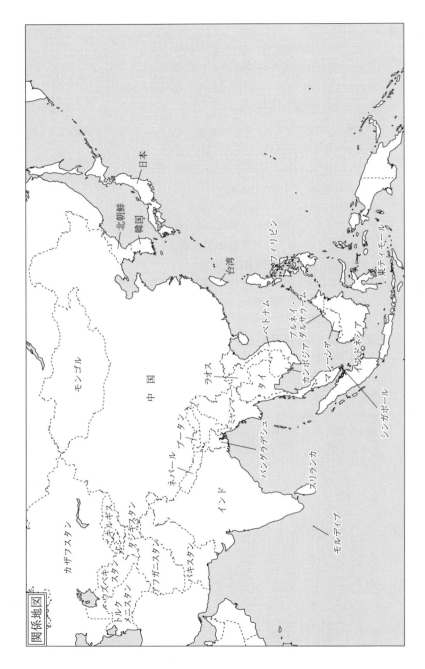

序章　グローバル化時代のアジア
―― 脱植民地化と冷戦を超えて ――

　　　　　　　　　　　　　　　　　　　　　藤田和子・文　京洙

1　第2次世界大戦後70年

崩壊した植民地体制

　1941年12月8日未明，日本は米国ハワイ・オアフ島の真珠湾基地を攻撃，その1時間前には英国領マラヤ連邦（現マレーシア）のコタバル海岸に上陸し，英国領香港にも攻撃を加えた。いずれも宣戦布告前の決行である。中国大陸への侵略は泥沼化，日本は「援蔣ルート」を絶つとして1940年9月仏領インドシナ北部，翌年7月同南部に派兵，宗主国フランスと事実上の「二重支配」を行っていたが，さらに東アジアから太平洋，東南アジアのほぼ全域へ，南アジアの一部へと侵略と支配を拡大していったのである。

　アジア太平洋戦争は第2次世界大戦の一環として戦われ，資源豊富な東南アジアはタイを除くほぼ全域が日本軍政下に置かれた。帝国日本の侵略と支配は，日米の決戦場となったフィリピン1国で約111万人（マニラ市街戦で約10万人）と夥しい数の東南アジアの人々を犠牲にした。しかも日本軍政は補給をまともに検討せず，「相當長期ノ間現地一般民衆ノ生活ヲ顧慮スルノ暇無ク，當分ハ所謂搾取的方針ニ出ヅルコト已ムヲ得ザルベシ」と，御前会議（1941年11月5日）の蔵相説明通り強制的な物資調達，労働力徴用に走ったから，1944～45年のベトナム北部のように，日本による過酷なモミ米徴発，米作からジュート生産への強制転作に天候不順が重なったところでは大飢饉が発生した。餓死者はベトナム側の推計で200万人とされる。真珠湾攻撃から3年8ヵ月，日本はポツダム宣言を受諾して無条件降伏，1945年8月15日敗戦の日を迎えるが，無謀な戦争の犠牲者は内外で2000万人を優に超えたといわれる。

　東南アジアでは，日本軍武装解除のため連合国軍部隊が進駐するまでの短い権力の空白期に，8月17日インドネシア共和国（大統領スカルノ），9月2日

ベトナム民主共和国（臨時政府主席ホー・チ・ミン）と植民地独立・新国家樹立の宣言が続いた。ベトナム独立宣言の日は奇しくも米戦艦ミズーリ上で降伏文書が調印され，第2次世界大戦が終結した日にあたる。戦後アジアで沸き立つ独立の波の先駆けであったが，欧米諸帝国の植民地独立への姿勢は一様ではなく，植民地側の運動も民族運動，宗教運動から社会主義運動まで多様だった。冷戦下，東西両大国の覇権主義も複雑にからみ，植民地の国家的独立とその国際的承認はそれぞれに異なる過程をたどった。

　フィリピンの場合は，宗主国である米国が1934年のフィリピン独立法に従って1946年7月独立を附与した。一方で，米国は日本軍政期（1942年3月〜45年2月）抗日運動に寄与したフクバラハップ（抗日人民軍）を共産ゲリラとして弾圧している。独立を無条件で支持したわけではない。1946年3月，英国前首相チャーチルが有名な「鉄のカーテン」演説で述べたように東西冷戦の幕はすでに開いていた。インドネシアは独立宣言後，再支配を図る旧宗主国オランダと4年余の独立戦争を戦うが，オランダが1949年ハーグ円卓会議でインドネシアの独立を認めた背景には，国連の介入とインドネシアの「共産化」を懸念した米国の働きかけがあった（単一のインドネシア共和国樹立宣言は1950年8月）。

　冷戦期には，植民地独立をめぐる植民地＝旧宗主国間の紛争や，独立派と反独立派，独立諸派間の抗争に米ソ両大国が介入し，戦争や内戦をしばしば拡大させた。もっとも長期かつ複雑な過程をたどったのが冷戦下最大の熱戦となったベトナム戦争で，米国はフランスの植民地再支配を支持，ジュネーブ会議以降は自ら前面に出て，独立と統一を求めるベトナム民主共和国に立ちはだかった。ベトナム戦争は抗仏期と抗米期の2段階で戦われた。通常は前者をインドシナ戦争，後者をベトナム戦争と呼ぶが，本書では戦争の実相に即して「1つのベトナム独立戦争」の2つの段階として考える。抗仏期のベトナム戦争は1946年12月（ベトナム南部では1945年9月）にはじまり，1954年7月ジュネーブ会議での協定諸文書調印によって終わる。抗米期の始点は諸説あるが，米国政府は近年，国別の米軍事援助顧問団（MAAG）がベトナムに設置された1955年11月説を採用している（MAAG自体は同年2月南ベトナムで訓練開始）。これは抗仏期と抗米期の連続性を意味し，1つのベトナム戦争という見方を補強する。終点は独立宣言から30年後，北ベトナム（ジュネーブ協定による北緯17度

線沿いの臨時軍事境界線以北に集結したベトナム民主共和国）の軍事攻勢で南ベトナム（上記境界線以南に 1955 年設立されたベトナム共和国）の首都サイゴンが陥落した 1975 年 4 月である（第 1 章参照）。

アジアの脱植民地化の波は 20 世紀を通じて大陸と島嶼の隅々にまでおよび、東ティモールは 1999 年国連支援の住民投票の結果、1975 年以来 4 半世紀におよぶインドネシアの占領を脱して 2002 年 5 月ポルトガルから独立した。旧植民地は諸々の困難や障害を乗り越えて主権を勝ち得（東アジアは本章第 3 節、南アジアは第 4 章参照）、第 2 次世界大戦前アジアを覆っていた帝国主義的植民地体制は解体したのである。朝鮮半島の分断構造や各国内の独立運動は残るが、アジアの政治地図は一変、旧植民地・半植民地はいまグローバル・サウス諸国・地域として国際政治の表舞台で発言権を強めている。

グローバル・サウス諸国・地域の経済成長

アジアの旧植民地・半植民地は世界経済においてもその地位と発言権を著しく高めている。

植民地化は植民地の主権や自己決定権を奪っただけでなく、その経済・社会構造を改造した。植民地は植民地的な農工間国際分業を強いられ、宗主国への食料・原料の供給地、宗主国製品の販売市場に変えられていった。東南アジアの「港市国家」のような商業国、貿易国も農業国に変えられた。そこで脱植民地化も政治的独立の達成では終わらず、経済建設が必要であるという点で新興独立国はほぼ認識を共有していた。植民地時代宗主国から移入された工業製品の国内生産への切り替えは、「自立」の問題を外せば、雇用の創出や国際収支の赤字対策にもなり、ナショナリズムの高揚にも合致したから、多くの新興国・地域が戦後復興後の経済建設を輸入代替工業化 (ISI) から開始した。ただ ISI は国内市場の狭隘や高率関税・付加価値税・数量制限等の保護がもたらす非効率などから早晩成長が鈍化し、経済は行き詰まってしまう。

そこで台湾は ISI の成長力に陰りが見えはじめた 1950 年代末、いち早く輸出指向（志向）工業化 (EOI) を取り入れ、豊富で安価な労働力を用いて国際市場向け製品を生産する繊維衣料・電機電子など労働集約産業の育成に踏み切った。当時の台湾では戒厳令下、国共内戦に敗れ中国大陸から撤退した国民党政権の専制政治が続けられていた。米国の圧倒的なプレゼンスと巨額の軍事・経

済援助を与件として，米国や日本など外国資本が台湾の輸出加工区などへ進出，製造業の生産と輸出は急増した。朝鮮半島の反共最前線で軍事独裁政権下の韓国も1960年代半ば，本格的に輸出振興を掲げてEOIに転換した。韓国の製造業生産は1965年から第1次石油ショックの1973年にかけて，世界銀行の統計で年平均21.1％の大幅な伸びを示している。

　EOIは国際市場で価格競争力を持つ製品を生産・輸出する工業化政策で，先進国資本，技術，ノウハウの導入が必要不可欠だったから，新興国・地域は輸出加工区等の区域を限定して無関税や法人税減免など種々の優遇措置を講じ，外国資本を誘致した。EOIによる開発方式はM・F・ミリカン，W・W・ロストウらマサチューセッツ工科大（MIT）グループなどが，アイゼンハワー政権時代の1957年米上院対外援助検討特別委員会に提唱した国際分業下の輸出指向型経済成長戦略から生まれた。新興国にとっては対外依存度の高い方式だったが，米国の圧倒的プレゼンスを前提として，米国や日本をはじめとする西側資本が輸出加工区等に進出，新興国社会の底辺に滞留していた若く従順で未婚の女性労働力を結婚までの短期間，生産ラインでのワーカーとして低賃金雇用し長時間労働を課すことによって，国際市場で価格競争力を持つ新興国製品が生み出されたのである。この構図は電機電子産業に典型的にみられる（第1章参照）。

　新興工業国群（NICs）という用語を生んだ1979年のOECDレポートはアジアでは香港，韓国，台湾，シンガポールをニックスに分類（1988年トロントサミットで新興工業経済群（NIEs）と呼称変更），周辺の東南アジア諸国からEOIを取り入れて新たにニーズ入り，中進国入りする国が続いた。社会主義を掲げる中国は1979年，鄧小平の慧眼で経済特区などの限定した区域に外国資本を誘致してEOIを始動，一方ベトナムはドイモイ政策採択（1986年）直前の債務不履行に際し国際通貨基金（IMF）の支援を受け，1990年代初頭以降は世界銀行の構造調整融資（SAC）などを得て諸改革に取り組み，輸出加工区等を全国に建設し，外国資本を誘致してEOIを推進した。インドはEOIを対外従属度の高い工業化路線と見て多年ISIを継続したが，1991年経済自由化に踏み切り，情報技術（IT）産業を基軸に輸出指向型発展方式を取り入れはじめた。

　ロストウやミリカンは1960年代ケネディ，ジョンソン両米大統領の特別補佐官としてベトナム戦争に深く関与し，ベトナムの戦場では敗れたが，周辺国

を経済成長に導くことには成功したといえる。ただし，MITグループのこの開発方式は，アジア諸国の「開発独裁」的統治とは接合したが，底辺の労働者や農民・市民などグローバル化を通じた経済成長から取り残される層の人権・福祉の問題を視野には入れなかった。1980年代以降顕著となる市場原理主義的新自由主義のもとで，広がる貧富の格差の問題も同様であった。MITグループが提示した国際分業下の輸出指向型経済成長は，東側の多分に自給自足的な経済開発に対する西側の対案として生まれた。グローバルに拡散する格差や不平等の解消など，MIT方式から抜け落ちていた問題の解決が21世紀のいま求められている。

2　変容する米国主導の国際秩序

グローバル化と中国の台頭

　アジアの旧植民地・半植民地が国際的地位を急速に高めていることは，中国の台頭に象徴されている。中国は国土，人口規模ともに大きく，1人当たり所得ではまだ中進国だが，国力の基礎となる経済力を国内総生産（GDP）で測れば，すでに2010年日本を抜いて米国につぐ世界第2位となった。阿片戦争（1840〜42年）で英国に敗れて諸帝国に領土を蚕食され，不平等条約を押し付けられて半植民地と化した中国は，南京条約で英国に割譲した香港の返還を155年後の1997年，ポルトガルに割譲したマカオの返還を112年後の1999年まで待たねばならなかった。グローバル・サウスの苦難を体現する中国がグローバル・サウス初の経済大国として躍り出た意味は大きい。

　中国の躍進を可能にしたものは，文化大革命の「動乱の10年」を経た1978年，鄧小平の指導下に改革開放へ転じてから30年におよぶ年率約10％の「高速成長」だった。ただし，この高度経済成長は中国の中央管理・指令型社会主義自体が生み出したものではない。鄧小平が設けた経済特区などの特別区域（"貿易・投資自由化の実験場"と筆者は捉えている）に進出した資本主義企業の活力と，貧しい中国の農村から経済特区などの外資系工場に押し出された豊富な低賃金労働力（おもに若年・年少女性）の存在こそ経済成長の源泉だった。だが人口13億余の中国でも，何億という低技術・低賃金労働力の農村から都市への大移動に依存した経済成長はもはや期待できない。2010年代に入って中国

経済は明らかに減速，GDP成長率は2011年9.2％から2014年7.3％（目標値7.5％）へ鈍化した。2015年の成長率は速報値で6.9％（目標値7.0％）と発表されたが，実質は6％前後と推定する専門家が少なくない。国有企業改革など構造改革に加え，急速な高齢化，福祉・医療の立ち遅れ，若年層の高失業率，著しい所得格差・地域格差，深刻な環境被害の広がりなど難問山積のなかでの経済減速である。中国共産党の8000万余の党員構成も資本家や資産家の入党承認で様変わりした。多様化する国民のニーズに応えつつ「一党制」を堅持するため，中国は土地私有化に向けた最近の党内議論のように，理念と現実の間で難しい舵取りを迫られている。

　2世紀前の中国は，歴代諸王朝の皇帝を頂点とした冊封(さくほう)体制（周辺諸国の君主との東洋的な支配＝従属の国際関係，第1章参照）を二千年の長きにわたって持続した大帝国，覇権国家で，地域と世界の"中心"だった。その中国が，諸帝国の植民地主義的グローバル化によって19世紀中葉以降半植民地と化し，20世紀末の新自由主義的グローバル化の波に乗って再び台頭したのである。歴史的スパンで考えれば，中国の台頭は，諸帝国の支配と干渉からの"復活"という側面と，かつての覇権国家，中華帝国の"復権"という側面をあわせ持つ。中国は，東アジア，東南アジアから中央アジアにかけての陸域と東シナ海，南シナ海からインド洋にかけての海域を経てヨーロッパに至る一連の経済圏構想を打ち出し（21世紀版シルクロード「一帯一路」構想など），アジアインフラ投資銀行（AIIB）のように関連する政策の一部をすでに具体化している。いずれも米国が主導する国際秩序への挑戦であるが，欧米先進国，つまり第2次世界大戦後植民地を喪失する以前の欧米諸帝国による戦後秩序構築からは抜け落ちていた構想である。構想自体については，その意義や問題点，課題を含めて客観的に検証する必要がある。

　米国は，第2次大戦後英国に代わって覇権を掌握，冷戦後は唯一の超大国として残ったが，その影響力はベトナム戦争以来低下し，米国は世界の警察官ではないとオバマ大統領が認めるまでになった。ただ，米国の軍事力はいまも世界最大で他を圧倒しており，GDPで測る経済力も下降したとはいえなお世界1位，近年はシェールオイル開発により世界最大の産油能力を誇る。一方の中国は経済力の拡大とともに軍事力を強化し，10年後，20年後を見すえてアジア太平洋のヘゲモニーを米国と分け合う意思を明確にしている。アジアは覇権

の流動期に入ったともいえるが、重要な点は米国の覇権主義にせよ、中国の覇権主義にせよ、アジアでは覇権主義が新自由主義と「交差」して出現していることである。米国は新自由主義の旗手として環太平洋パートナーシップ協定（TPP、内容から環太平洋経済連携協定ともいう）交渉を協定文書の署名にまで導き、米国主導の経済圏を構築しようとしている（国内には異論も強いが）。一方の中国も、D・ハーヴェイがその社会主義市場経済を「中国的特色のある」新自由主義と分析したように、新自由主義的グローバル化の波に乗ることで「高速成長」を実現、いまでは「一帯一路」という名の米国抜きの新経済圏を、新自由主義を梃子に創出しようとしている。だが米国でも中国でも、国内の貧富の格差は市場原理主義的な新自由主義の下で著しく拡大した。環太平洋経済圏や「一帯一路」経済圏で、21世紀のアジアはさらなる格差・不平等の広がりを見ることになるのだろうか。

小国連合 ASEAN の経済統合

　東南アジアがグローバル・サウス地域のなかで注目されるのは、冷戦下地域を二分したベトナム戦争の痛切な体験を共有し、具体的な協力を通じて共生の可能性を探求してきたことにある。ポル・ポト政権による大虐殺と戦乱の4半世紀を経て、カンボジアも1999年、ASEANの10番目の加盟国になった。カンボジアの加盟は1995年のベトナム、1997年のラオスの加盟とともに地域の和解を意味した。ベトナム戦争中、原加盟5ヵ国インドネシア、マレーシア、フィリピン、シンガポール、タイによる親米反共連合として発足したASEANの発展にとって不可欠の和解と協力の第一歩だった。

　それから15年、ASEANは2015年末をもってASEAN経済共同体（AEC）を結成、加盟10ヵ国の経済統合を実現した。さらにAECと政治安全保障共同体（APSC）、社会文化共同体（ASCC）を3本の柱としてASEAN共同体（AC）が創設された。AECが真に単一の市場・生産基地となるには長い時間を要するが、植民地時代宗主国に分断され、大戦期には日本の侵略と支配、干渉を受け戦後、東西冷戦下の脱植民地化では米ソ両覇権国の間で相対峙した東南アジア諸国が、戦後70年にして和解と協力への歩みをさらに一歩進めたことは確かである。

　ただ、南シナ海における中国の人工島建設をめぐって、いったんは和解した

ASEAN 諸国に亀裂が生じつつある。中国の覇権主義的言動を非難する国から容認する国まで ASEAN 内部は 3 つに割れている。かつての中華帝国の周辺諸国との冊封関係は，武力の行使以上に文化力，外交力，経済力による影響力の行使を基本とした。2 世紀を経て再び台頭した中国が，高揚する中華ナショナリズムを諸国民，諸民族共生に導くことができるかどうか，ASEAN が国際法に基づき全加盟国一致の原則で中国に対応できるかどうか，注目される。

3　戦後 70 年の日本とアジア

冷戦期の日本とアジア

　1930 年代にはじまる日本のアジアでの侵略戦争は，大量・無差別の虐殺，化学戦，細菌戦，生体実験，アヘン・麻薬の利用，捕虜の虐待，強制労働などありとあらゆる反人道的行為をともない，すでに述べたように，これによって命を失った犠牲者は 2000 万人を超える。強制連行，軍人・軍属・慰安婦としての戦地への動員など，植民地朝鮮・台湾の人々のこうむった心理的・肉体的犠牲もはなはだしかった。もちろん，この戦争による日本人自身の被害も甚大であった。その犠牲者（死者）は軍人・軍属が約 230 万人，広島・長崎への原爆，沖縄戦，東京大空襲，「満蒙開拓団」などによる国内外での民間人の犠牲者は 80 万人にのぼる。

　敗戦は日本が民主国家として生まれ変わる好機でもあり，米国の占領政策もその出発点では，日本の徹底した非軍事化と民主化を目指した。占領下の 1946 年 11 月に公布された日本国憲法は，まさにそうした戦後日本の再生の方向を集大成したものであった。新憲法は，主権在民，基本的人権の尊重という国内制度の民主化とともに，対外関係においても恒久平和の追求と，国際紛争解決の手段としての戦争の放棄を世界に宣言した。

　新憲法の平和主義の規定は，日本が過去を問い直してアジアの一員として生まれ変わる手立てともなりうるはずのものであった。だが，敗戦の衝撃にもかかわらずアジアに対する「侵略者・加害者」としての自己認識は，日本人の間で広く共有されることはなかった。

　やがて，ヨーロッパの戦後処理をめぐる米ソ間の対立（冷戦）が激化し，日本の占領政策の転換がはじまる。米ソ冷戦は朝鮮半島の戦後処理に影を落とし，

1948年にはそこに大韓民国と朝鮮民主主義人民共和国という体制を異にする分断国家が北緯38度線を挟んで対峙しあうことになった。さらに中国の国共内戦が共産党勢力の勝利に終わって中華人民共和国の創建が宣言される（1949年10月）と，日本の占領政策の基調も「西側の一員」として政治の安定と経済復興を目指すものへと変わり，日本を反共の防壁（deterrent）とすることが公然と宣言される（1948年1月のケネス・C・ロイヤル米陸軍長官の演説）。

東西冷戦は，東アジアで熱戦（朝鮮戦争：1950～53年）となり，サンフランシスコ講和条約（1952年4月発効）による日本の独立の回復も，「西側の一員」として米軍に基地を提供し（日米安保条約），沖縄を米国の施政下に残したままの独立となった。講和条約によって日本軍に占領され損害を受けた地域については国家賠償を日本が支払うことになり，フィリピン，南ベトナム，インドネシアなどに2国間交渉を通じて賠償が支払われた。それぞれ2つの政府が存在する形になった中国と朝鮮半島は，いずれの政府も講和会議には招聘されなかった。中国の代表権を行使した台湾の国民党政府（中華民国）は，日本と個別に交渉し「日華平和条約」が締結されるが賠償は放棄された。日韓間の戦後処理は1952年にはじまる日韓会談を通じて協議されることになった。

朝鮮戦争は日本の再軍備を触発し，1950年代の半ば以降には日本で改憲や軍事強国としての復活を目指す動きも顕著となった。だが，空前の国民運動として闘われた1960年の安保闘争がこれを阻み，日米同盟を基軸とする経済重視・軽武装の吉田路線が定着して憲法改悪の機運は失速した。安保闘争は，戦争体験に裏打ちされた平和主義の理念が国民の間に広く根づきつつあることを示した。だが，この安保闘争を支えた国民意識や歴史感覚は唯一の被爆国としての戦争体験，戦争の被害者としての国民的体験であって侵略者・加害者としての自覚はいまだ乏しかった。

1965年，13年におよぶマラソン交渉を経て締結された日韓条約も，当時，激化しつつあったベトナム戦争の後方支援の体制として結ばれ，日韓両国民の和解の前提となる歴史問題は置き去りにされた。すなわち，韓国が約5万人の実戦部隊を派兵してベトナム戦争に軍事的に貢献し，この韓国を，平和憲法の下でそうした軍事的貢献が限られていた日本が5億ドルの有償・無償の資金援助を供与して経済的に支えるという仕組みがこの条約によってつくり出された。この時期は，日本経済自体も資本財と耐久消費財の双方の機械製品に対する大

量で安定的な海外市場（前者→アジア，後者→欧米）を必要とする段階にあった。一方で，借款や輸出信用の形で韓国にもたらされた日本の資本財や中間財は，十分な輸入代替工業化（ISI）を迂回するように輸出指向工業化（EOI）へと走った韓国の生産力基盤の拡充にも役立った。つまり，前述のように，1960年代に本格化する日本のアジアへの経済進出は，インドシナへの軍事介入や経済開発優先の強権体制樹立を内容とする，この頃の米国のアジア政策（MIT方式）とも深く結びついていた。1970年代には，米国の力の陰りを背景に，アジアの資本主義圏と日本の結びつきも一段と強まり，東アジアは日本の商品市場，資源・低賃金労働力の供給地，公害産業の移転先として組み入れられていく。

グローバル化とナショナリズムの相克

　だが，アジアへの日本のかかわりの増大は，日本とアジアの関係を，その歴史をも含めて，あらためて問い直さずにはおかなかった。米中和解に続いた1972年の日中共同声明では過去の「責任を痛感し，深く反省する」と侵略戦争に対する認識を明確にすることが求められた。1974年，東南アジアを歴訪した当時の田中角栄首相は各地で反日デモに遭い，田中政権を引き継いだ福田（赳夫）政権は軍事大国化の否定や「心と心の触れ合い」を謳った「福田ドクトリン」を打ち出してアジア外交の手直しに着手する。

　日本が世界のGNPの1割を占める経済大国として台頭した1980年代には，急激な円高によって地域社会に流入するアジア系外国人が急増した。日本人の海外体験の機会もかつてなく増大し，日本人の他者認識にようやく変化が兆しはじめる。やがて冷戦体制の崩壊と湾岸戦争（1990年）が同時に訪れ，日本はその経済力に見合った国際社会への貢献を迫られる。だが，「国際貢献」に乗り出せば，日本の軍事大国化を恐れるアジア諸国の反発を招き，アジア諸国の納得のいく形で冷戦後の日本の国際的役割を再定義するには，過去の清算が不可欠であった。

　1991年，当時の海部俊樹首相は，シンガポールでの外交政策演説で日本のアジア侵略にともなうアジア太平洋地域の人々の「耐え難い苦しみと悲しみ」に触れ，「厳しく反省する」ことが語られた。さらに，旧植民地や占領地の女性が被害を受けた従軍慰安婦への「軍の関与」を公式に確認した「河野談話（河野洋平官房長官談話）」（1993年）を経て，「植民地支配と侵略」の反省がいわ

ば一点の曇りない言葉で語られた「村山談話（村山富市内閣総理大臣談話）」（1995年）へと至る。

　1990年代は，日本の市民社会のアジア認識にも大きな変化がみられた。さまざまなレベルの個人や市民団体（NGO），自治体などが，日本の過去を問い，政府開発援助（ODA）を見直し，進出企業による乱開発や搾取に抗議し，アジアの人々の身の丈にあった援助活動に汗を流した。韓国などかつての開発独裁諸国の民主化が進み，戦後補償をめぐるアジアとの市民レベルの交流・協力も着実に前進した。近代日本の「脱亜」の体質がようやく問い直されようとしていた。

　だが，第3章で詳しく述べるように，1990年代以降，過去の反省を「自虐史観」と非難し，国民意識の立て直しやナショナリズムの復権，憲法改悪を求める潮流が頭をもたげはじめる。過去の反省に基づく歴史観が広く受容されつつあることへの反動としての歴史修正主義の台頭であった。そもそも，国際化やグローバル化は，必ずしも，国民のナショナルなタガの弛緩にはつながらない。グローバル化に根ざす他者の受容はつねに他者への反発と絡み合い，ナショナリズムに新しい息吹を吹き込んでいるのである。

　歴史認識やナショナリズムをめぐる逆流が明らかになるなかで，安倍（晋三）政権が戦後レジームの脱却を掲げて登場した。第1次安倍政権（2006年9月〜07年8月）の挫折と民主党政権（2009年9月〜12年12月）の失敗を経て成立する第2次安倍政権（2012年12月〜）は，「積極的平和主義」の旗印の下，戦後レジームの脱却に向けて着々と歩を進め，2015年9月には，安保法制の制定にこぎつけている。詳細は第3章で述べるが，安保法制の制定は，安倍首相の外祖父（岸信介）が夢見て果たせなかった日本の"戦争国家"への脱皮に道を開き，従来の「解釈改憲」の域を超えた憲法体制の空洞化を物語っている。

　日本の「戦後レジームの脱却」は，前節で述べられた中国の経済大国，ひいては東アジアの覇権国家としての台頭を軸とするアジア太平洋地域のパワーシフトの文脈で起こっている。米国は，冷戦終結後，「同時に生起する2つの大規模戦争に対処する2正面戦略」を維持してきたが，莫大な軍事支出による深刻な財政危機に直面して，「1正面プラス（ワンプラス）」，すなわち1つの大規模紛争に対処する一方，"第2の敵"が戦争を起こさないように封じ込める戦略に移行した。2012年1月に発表された，米国の「新国防戦略指針（Defense

Strategic Guidance)」には，それまでの米軍の2正面戦略からの後退と，中国の海洋進出に対応するアジアシフトへの戦略転換，さらにそのための同盟国との関係強化が明らかにされている。日本の"戦争国家"への転換も，一面では，そういう米国の新国防戦略以後の東アジアにおける日本の地位や役割に対応している。

　一方で，ナショナリズムや国益論を前提とした潮流に対して，市民社会の成長・拡大を基盤に，ナショナリズムを超えた市民社会同士の，いわば下からの東アジアの地域協力への構想や取り組みも盛んである。日本や韓国など東アジアの発達した資本主義諸国では，価値観や似通った文化を共有しつつ高齢化や失業問題など都市中心の脱産業社会に特有の課題も分かち合っている。これら諸国の市民社会が，歴史のいきさつを超えて，リージョナルな公共財づくりのよきモデルを提示できれば，中国・北朝鮮の民主化にも一定の影響をおよぼしうるであろう。いま，日本ではこうした市民社会の潮流と新旧の国家主義の潮流が激しく競い合っている。近代を通じてひたすら"脱亜"の道を歩んできた日本がその軸足をアジアに移し，アジアの一員としてともに新しい繁栄と共存の時代を築いていくことができるのかどうか——いま，日本は，明治維新以来ともいえる重大な岐路に立っている。

4　本書の構成と各章の内容

　本シリーズの鍵は「グローバル・サウス」という新たな概念である。「第3世界」でも，「発展途上国」でも，地理上の「南」でもない。中国は冷戦期の「第2世界」から世界第2の経済大国となり，韓国は「発展途上国」を脱して先進国入りしたが，日本に対するとき2つの国はいまでも同じ眼差し，同じ語り口になる。重い歴史を抱えて急速に変容するアジアの分析に，「グローバル・サウス」の視点はとりわけ有効である。

　シリーズ第2巻となる本書は「新自由主義と覇権主義の交差」という視点で21世紀に入ったアジアを捉える。「成長地域」といわれるアジアの経済成長は，各国・各地域がグローバル化を受容する開発路線を選択したことにはじまり，1980年代以降顕著となる新自由主義的グローバル化により加速した。アジアの成長はグローバル化，ことに新自由主義的グローバル化のなかで実現したの

である。その過程で「先進」か「発展途上」か，あるいは「北」か「南」か，という旧来の固定した概念では捉えきれない数多くの事象が出現した。社会主義を掲げる中国の変化は象徴的である。中国は鄧小平の慧眼により，当初は経済特区などに区域を限定して新自由主義の活力を取り込み，グローバル化の波に乗って世界第2の経済大国になったばかりか，経済力とあわせて軍事力を増強，アジア太平洋の覇権を米国とともに担う意思を明確にしている。

　一方の覇権国家，米国は引き続き世界随一の経済力，軍事力を保持し，TPP交渉にみられるように新自由主義を拡散させているが，とくに9.11以降は主導力，影響力の低下が目立つ。アジアは覇権の流動期に入ったといえ，新たな国際秩序の確立まで今後相当期間，不安定な状況が続くと予想される。さらに，新自由主義的グローバル化の活力を導入した経済成長の陰で各国，各地域には格差・不平等が蓄積されており，これもまたアジアの不安定要因となっている。すさまじい勢いで格差を拡大し，米国と並んで世界有数の高格差国になった中国はこの点でも象徴的である。第2次世界大戦後に出現したアジアの「国民国家」群は，拡大の一途をたどる格差・不平等をはたして軽減，解消できるだろうか。この問題を克服しない限り，アジアの真の安定はありえない。

　以上のような問題意識をもって，本書はアジアの過去と現在を見つめ，その上に立って将来を展望する。日本はグローバル・ノースの一員を自負するが，実際には近年格差の拡大が著しく，グローバル・サウス的社会集団，グローバル・サウス的地方も国内に存在する。グローバル・サウス諸国・地域とどう向き合うのか，という問題はそうした多層な日本自体を見つめることでもある。

　第Ⅰ部「アジアの変容」では，「国民国家」を超えた地域横断的なテーマを考察する。第1章（藤田論文）は，統合する東南アジアと台頭する中国の関係を考える。小国連合ASEANの経済統合と共同体設立は，ベトナム戦争で対立した東南アジア諸国の和解を意味するが，それを可能にした要因の1つは地域の伝統的な「文化多様性」だった。一方，欧米諸帝国の拡張以前，中国諸王朝と東南アジア諸王国間には千年の冊貢関係（東洋的な支配・従属関係）があった。明朝第3代永楽帝の命による鄭和の遠征が「一路」構想（21世紀版シルクロードの海路構想）の下敷きであるように，現在の中国の政策は過去の中華帝国の歴史と結ばれている。南シナ海の領有権にも中国の歴史認識がかかわる。ただ中国の人工島建設は明らかに国際法違反であり，ASEAN共同体の全加盟国

が認識を共有して中国と交渉できるか，中国がグローバル・サウスの苦難を体現した大国として覇権主義を克服できるか，真価が問われると強調している。

第2章（金論文）では，韓国に立脚して，朝鮮半島を中心に東北アジア情勢を考察，朝鮮半島を取り巻く安全保障上の変化が，冷戦後の安保地形の変化と中国の台頭の2点を中心に分析されている。安保地形の変化としては，①米国主導で間接的に維持された日韓の政治・軍事的結束が弱くなったこと，②疑似的平和状態にあった韓国と北朝鮮の関係が北朝鮮の核開発を背景に一触即発の危機を迎えたことを指摘する。中国の台頭への対応では，韓国は中国と国交樹立後，米中間で適切な安保上のスタンスを取ることに努めているとし，中国へ近づこうとする韓国外交は，ミドルパワーとして自国の意思を統一政策と外交政策へ反映させるためであると見る。

第3章（文論文）は，「戦後日本の安全保障体制は，平和憲法と日米安全保障条約という異質な法体系の下で，両者が微妙に拮抗しあうなかで移り変わってきた」とし，集団的自衛権を認める安全保障関連法（安保法制）の成立（2015年9月）により憲法体制は「解釈改憲」の域を超えて空洞化したと捉える。そのうえで，同年12月日韓両政府の慰安婦問題での合意は，背後に米国の強い圧力を感じさせ，日米同盟という枠組みでの日本の国家主義的な右傾化の限界をも浮き彫りにしたとみる。だが，米国のアジアシフトへの戦略転換は，日本により大きな役割を期待しており，その役割を果たそうとすれば，日本は改憲と歴史修正主義からなる「国家主義」のアクセルをふかさなければならず，韓国など同盟国との間に軋轢を生む。米国の戦略転換は，韓国に重い軍事負担を転嫁し，南北関係にも深刻な影響を与え，さらには韓国の中国接近を触発して，東アジアの国際政治をより不透明にする。沖縄米軍基地の位置づけに関する日本政府の見方と基地実態との齟齬も，東アジアをめぐる日米同盟の揺らぎや軋みを生む，と分析している。

第4章（シャーニー論文）は，宗教を軸に，南アジアにおける人間の安全保障の問題を追求する。著者は「宗教」概念を，宗主国から現地の社会に輸入され強要された文化的カテゴリーと捉えている。センサス実施によりカースト，民族，宗教など土着ではないカテゴリーが創出され，植民地はそれに基づいて行政的に統治された。英国の植民地政策が南アジアで民族宗教的共同体の形成を促したという視点である。その結果，独立時の印パ分割でイスラーム教徒，シ

ーク・ヒンドゥー教徒1200万人以上が移住させられ，バングラデシュ分離独立時にはヒンドゥー教徒少数派1000万人が難民となってインドに流入，その後も民族宗教的共同体間暴力が女性や少数者，下層集団の人間の安全保障に悪影響をおよぼしてきた。9.11後の政治状況も民族宗教的な紛争の継続と激化により特徴づけられるという。「すべての宗教を繁栄させる」インド型世俗主義の改良版が独立時に適用されていれば，民族宗教的少数派の人間の安全保障を大きく損なった分割のトラウマは避けられただろうとみる点が注目される。

第5章（鈴木論文）は，アジア諸国のムスリム人口が世界の6割を超え，今後も増加傾向が見込まれる状況をふまえて，アジアン・ムスリム・ネットワークを論じる。「IS」を自称するダーイシュというテロリスト集団への「輻輳」が注目されるが，もともとムスリムの基本的特性はネットワーク性にあり，ムスリム・ネットワークが生き続けるのにきわめて重大な「生きた機能を持つ装置ないしは回路」がハッジ，すなわち自己抑制の努力としてのメッカへの旅であるという。著者は「13世紀世界システム」において形成されたアジアン・ムスリム・ネットワークと現在のそれを重ねて分析し，本来多様性，多重層性のなかの統一であるアジアン・ムスリム・ネットワークは，ダーイシュへの輻輳が重なり，柔軟なネットワークそのものの機能を麻痺させてしまう危険に晒されていると見る。そしてアジアン・ムスリム・ネットワークはグローバルなそれのハブとして再構築していくようでなければならない，と述べる。

第6章（山根論文）は，経済成長を遂げたアジアの影の部分を，人身売買というもっとも忌まわしい犯罪の追及を通じて明らかにする。人身売買問題は，新自由主義的グローバル化の進展と絡み合い深刻化・複雑化している。近年問題になったロヒンギャ族のケースもある。著者は人身売買が国境を越えて盛んに行われるアジアを事例に，「越境型暴力」の1つである人身売買の仕組み，対策の現状を明らかにする。国連，地域機構，日本を含む各国政府など国際社会の取り組みは1990年代末以降進展し，規範の伝播や制度の形成に寄与したが，ローカルなレベルでは苦戦しているという。人身売買問題の解決への最大の障壁は人々の無関心や無知であり，啓発やアドボカシー活動を担ってきた市民社会組織の役割は今後も重要であり続けると説く。

第II部では，典型例を選び，各国別の問題や課題を検討する。第7章（鄭論文）は新自由主義が席巻する韓国経済を取り上げ，「財閥共和国」の行方を問

う。まず財閥形成史をふまえて財閥の実像が示され，国内経済における独占的地位と国際経済における脆弱性という「財閥問題の二面性」が明らかにされる。ついで，政治的民主化をもたらし，韓国経済の自由化が進展した「87年体制」，この体制が経済民主化の十分な成果なしに移行したアジア通貨危機後の「97年体制」が分析される。新自由主義が主導的な経済理念となり，両極化現象（格差社会）が深化したのは「97年体制」下で，市民運動の間に既存の財閥改革論議を批判する声も出はじめた。本章は，グローバリゼーションが貫徹する今日の資本主義経済では成長と分配が必ずしも併進しないとし，財閥改革・経済民主化・福祉政策の三位一体的な実施を成長戦略にいかに組み込むかが，韓国経済の持続的発展にとっても不可避の国家的課題と結論する。

第8章（小木論文）では改革開放後の中国新移民の分析を通して中国社会の変容が検証される。中国からの国際移民は2013年世界第4位の930万人で，持続的増加傾向にある。中国は世界最大の人口大国，世界第2の移民送金受入国で，さらに3000万人以上の華僑や華人を世界に送り出した長い歴史を持つことから注目されている。中国大陸と移民先を結びつける双方向のネットワークは1949年以降断絶状態に陥り，1978年以降回復した。近年の第3次移民ブームの中心は富裕層，起業家，党員幹部，高級公務員およびその家族である。年収200万元（約2900万円）以上の富裕層は2015年400万世帯を超えたとされ，中国社会の矛盾が移民という形で表れたことは明らかという。なお，本章は福建省，浙江省，黒竜江省の僑郷（出身地）での事例調査を基にしている。

第9章（福島論文）は，「1つの文化として社会に根を下ろしたかのよう」なフィリピンの海外就労から，グローバル化時代の国際労働力移動を考える。フィリピンで海外就労政策が開始されたのはマルコス政権期の1970年代であるが，海外就労者数と彼らの外貨送金額は40年間に急増し，海外就労はいまやフィリピンの事実上の「基幹産業」になっていることが明らかにされる。フィリピンの海外就労者数は1970年代半ば約3万6000人，外貨送金額は約1億ドルだったが，2014年には約180万人，約280億ドルまで拡大し，外貨送金額は海外直接投資と政府開発援助の合計額を凌ぐ。海外就労者がフィリピンで「現代の英雄」と呼ばれる所以であるが，本章は伝統的エリートが主力事業を再構築して，外貨送金の一定部分以上を回収するシステムをつくり上げたことを分析し，フィリピン経済を足元から再建しようと取り組む，新しいトランス

ナショナル・コミュニティ型の試みを紹介している。

　第10章（栗原論文）では，1976年社会主義共和国樹立後40年を経たベトナムが，1986年提起後30年となるドイモイ（革新，刷新ともいう）の下でどう変わったのか，また変わらなかったものは何かが検証される。ドイモイのエッセンスとして，ベトナム共産党は，国家による生活保障から自己責任による経済的自活を国民に求めた。ドイモイの進展過程で，ベトナム共産党の掲げる社会主義像は，「国際社会との共通語を模索する方向」に変貌を遂げてきた。ただし一党制への批判は許されない。そうしたなかで次第に存在感を増しつつあるのは，何ら特権を持たず，自分の力で自らの運命を切り開かなければならない「平民」（ビンザン）であると著者は捉え，豊富な事例分析からベトナムの現状と課題を浮き彫りにしている。

　第11章（石澤論文）の著者は，大虐殺で知られるポル・ポト政権崩壊後，1980年にアンコール遺跡救済のため内戦の続くカンボジアに入り，以来アンコール遺跡群の調査・研究とカンボジア人研究者・技術者の養成を柱に活動してきた。本章は，「文化復興を先導するアンコール遺跡保存官の養成」という視点でゼロからのカンボジアの国づくりを検証している。アンコール・ワットはカンボジアの人々の民族統合のシンボルであり，彼らに勇気と希望を与える民族文化遺産だが，遺跡がすべてという旧宗主国フランス流の手法ではなく，アンコール遺跡はカンボジア人の手で保存修復されるべきで，主体はあくまでもカンボジア人である，とカンボジアの主権を尊重する著者と上智大学ソフィア・ミッションの基本姿勢が守られたことも重要である。国づくりは人づくり，と考える信念が貫かれた論考である。

　第12章（井出論文）は，2013年1人当たり所得が1万ドルを超えたマレーシアを取り上げ，2020年までの先進国入りを目指す多民族国家の成長の行方を問う。60年前1人当たり所得が300ドルだったマレーシアが急成長した背景には，マレー系住民を優遇する「ブミプトラ政策」，1970年代以降の輸出志向型工業化による積極的な外資誘致と電気・電子産業の集積，1980年代以降マハティール首相（当時）の強いリーダーシップで実施された政府主導の産業諸政策があった。だが2000年代以降，国内外の環境が変化し，マレーシアはさまざまな問題や課題に直面している。産業構造と貿易関係の変化，総選挙における連立与党の弱体化，TPP参加をめぐる国内の賛否両論，与党連合内マ

レー系政党のマレー民族主義と「ブミプトラ政策」の段階的見直しなどに分析が加えられる。

　第13章（水上論文）は，2000年代以降，タイ国民が赤シャツと黄シャツの2つに分断され，それぞれの「民主主義」を実現するため積極的な活動を続ける状況を詳細に分析する。分断の背景には，タクシン政権によって推進された政策と政治経済構造の変化があった。また2006年クーデターによって推進された脱「タクシン体制」の試みが挫折し，対立を決定的にした。その後，事態は赤シャツと黄シャツのデモ合戦に発展し，混迷を深めていった。2014年クーデターは，この対立を残り越えるために，国家改革を推進することを名目としていたが，対立を収束させ，民主化を定着させることは容易ではないとみる。

　第14章（加藤論文）は，独立以来の輸入代替産業育成から1991年経済自由化に政策を大転換したインドに関し，経済自由化を必要とした諸要因を分析するとともに，債務不履行の危機にあったインド経済が新自由主義的経済政策により7.5％のGDP成長率を達成したこと，IT産業の発展，貧困率の大幅低下など光の陰で都市と農村の格差，農村間の地域格差はますます拡大していることを指摘している。インド版新自由主義の光と闇であるが，その闇のさらに深刻な側面が内外資本の投資による鉱物資源開発，「経済特区」開発，大企業の工場誘致などの場合で，著者によれば先住民族（指定部族），カースト制度最下層のダリット（不可触民）や貧しい農民の土地の収用がきわめて強引に，彼らの人権を無視して進行し，住民の大きな抵抗を引き起こしているという。本章はこの問題の歴史的背景を分析し，ブッカー賞受賞者アルンダティ・ロイのボーキサイト開発政策批判に拠り，先住民と毛沢東派の武装闘争を紹介している。

　本書は以上のようなⅡ部14章構成である。しかしアジアは広大で長い歴史を持ち，紙幅の都合で各章に入れられなかった重要な国，トピックも少なくない。そこで，数に限りはあるが，6篇のコラムを設けることとした。「ベトナムで親を介護」，「韓国ソンミサン・マウルの実験」，「中国のユーラシア構想」，そして災害の多いアジアの人々との連帯の意をこめたスマトラ沖地震・津波災害，ピナトゥボ火山噴火災害，バングラデシュの水災害と人々の対応をめぐる3篇である。

第Ⅰ部

アジアの変容

ASEAN 共同体の署名式
(マレーシア・クアラルンプール,2015年11月)(時事)

第1章　東南アジアと中国
―――統合する小国と復権する大国―――

藤　田　和　子

1　ASEAN共同体の創設と地域

アジア初の地域共同体

　東南アジア諸国連合（ASEAN，アセアン）は2015年末日をもってASEAN経済共同体（AEC）を結成，加盟10ヵ国の経済統合を新たな段階に引き上げた。さらにAECを中心に政治安全保障共同体（APSC），社会文化共同体（ASCC）を3本の柱としてASEAN共同体（AC）を創設した。「AECブループリント」（工程表）はAECの「特徴と要素」として第1に「単一市場・生産基地」，第2に「競争力のある経済地域」を掲げる。そうした実質を整えるには今後相当期間を要するとはいえ，第2次世界大戦後70年，共同体の設立はおろか，和解の糸口も見えにくい東アジアをよそにアジア初の，グローバル・サウス諸国のみによる地域統合体の出現である。

　AEC結成によるASEAN諸国の経済統合は，むろんヨーロッパ連合（EU）のように統一通貨を発行する高水準の統合ではない。国際通貨基金（IMF）や世界銀行の統計にみるAECの域内総生産は2010年代前半2兆米ドルを超え，2015年には約2兆4000億米ドルとなったが，EUと比較すれば7分の1強にとどまる。加盟各国の経済力も，EU加盟国とAC加盟国では著しい格差がある。現状を反映して，2007年1月セブ首脳会議で採択された前記「AECブループリント」は，「人，モノ，サービス，カネの自由移動」にも種々の制限を設けている。とくに人の移動に関し，熟練労働者の移動のみが青写真に画かれ，しかも「管理下の移動」と特記されていることが統合のレベルを物語っている。ただモノの貿易ではAEC発足時すでに約96％の品目の関税が撤廃されており，2018年には全廃される。難航する非関税障壁の撤廃が実現し，サービス貿易や投資のさらなる自由化に向けた枠組みが成れば，人口6億を超える経済

圏はアジアと世界の経済に大きな影響をおよぼさずにはおかない。

「AEC ブループリント」には「グローバル経済への統合」が第4の特徴として明記されている。これは ASEAN の経済統合が新自由主義的グローバル化への対抗軸としてのリージョナル化（地域化）ではなく，グローバル化のさらなる進展のためのリージョナル化であることを明示している。もともと AEC 自体が，2003年発効の ASEAN 自由貿易地域（AFTA）の次の段階の自由化実現に向けて組織されたという経緯もある。そうであれば，グローバル化とリージョナル化の並進にともない，域内の生産は拡大するが，同時に各国間，各国内の格差も拡大する。これは世界の他地域の実践を通じて検証済みの傾向である。青写真に第3の特徴として掲げられた「公平な経済開発」のための努力とその成果が注目される。

東南アジアの20世紀は東アジア以上に動乱の世紀だった。英仏の緩衝国として領土を蚕食されながらも独立を保ったタイを除き，この地域はほぼ全域が欧米諸帝国の植民地として20世紀を迎え，第2次世界大戦中は帝国日本の軍政下に置かれた。戦後も各植民地の独立をめぐって戦争や内戦が多発，とくに冷戦下のベトナム戦争は長期にわたり地域を親米国と反米国に分断した。1967年8月インドネシア，マレーシア，フィリピン，シンガポール，タイ5ヵ国が ASEAN を創設したとき，米国をはじめ西側諸国はこれを歓迎したが，旧ソ連をはじめとする東側諸国は激しく反発，中国はこれを「美帝走狗的反革命小連盟」（『人民日報』，美は米国のこと）と論評した。当時はベトナム戦争のピーク時で，まさに同月ジョンソン米大統領は南ベトナム駐留米軍の上限を52万5000人に引き上げる計画を承認していた。近年の推計では，ベトナム戦争の犠牲者はベトナム人の戦闘員と民間人だけで300万人以上にのぼっている。

東南アジアの人々は20世紀の戦争の傷跡をどのようにして癒し，地域全体をほぼカバーする単一共同体の結成に至ったのだろうか。東アジアにはできない和解を，どのようにして実現したのだろうか。南シナ海における領有権争いは，ようやく手にした和解にどのような影響を与えるだろうか。

文化多様性の地域

IMF・世銀統計でみる ASEAN 共同体（AC）の経済規模は前述のように2兆米ドルを超えたところで，2015年の1人当たり地域総生産は約4000米ドル

の水準にとどまる。だが東南アジアの人々は熱帯の自然のなかで異文化の隣人達とともに暮らし，ヨーロッパや日本の人々ほど物質的には恵まれなくとも心豊かな生活を送っている。国内総生産（GDP）の米ドル換算額からみる経済規模や経済力では捉えきれない，地域の歴史や伝統の力を知る努力が重要になる。

　風土に適応し，多様な民族・言語・宗教の隣人と共存，共生してきた人々，とくにその「あたりまえ」の人々を知ることはなかなか難しい。北方の中国，西方のインドという2大国，2大文明に挟まれた東南アジアは，従来は日本人の関心を引きつけにくく，情報発信力も不足しがちだった。だが，東南アジアは中国とインドのたんなる間（はざま）ではない。「陸域」だけでなく「海域」概念を取り入れて見ると，西欧勢力による植民地化以前，東南アジア海域は東・南シナ海域とベンガル湾・アラビア海域を結ぶ交易ルートの要（かなめ）であった。東南アジアの人々は「海のシルクロード」の東西交易を担う海人（同じように海域交流の拠点だった沖縄（琉球）では「うみんちゅ」という），海民であった。海人の伝統は，ASEAN諸国の成長につれて近年注目を集めている。

　東南アジアという地域の特性は，第1に文化多様性にある。

　東南アジアは古来インド文明や中国文明，イスラーム文明，さらには西欧文明とさまざまの大文明に接し，多様な文化を受容してきた。受容の過程で，外来文化は地域の"基層文化"の上に塗り重ねられ，長い時間をかけて東南アジア的な独自文化に変容していく。その点は，中国文明から多大の影響を受けつつも独自の文化を発展させてきた日本と通じるところがある。アンコール遺跡の保存修復で知られる石澤良昭（本書第11章）は東南アジアの文化を「人に優しい生活文化」（石澤・生田 2009：528）とまとめる。熱帯の自然環境ではヤシの葉など石碑以外の文字史料が長期間残らないうえ，碑文であれ，漢籍やアラビア語，西ヨーロッパ語など他地域の言語による文献資料であれ，その客観性や正確性に疑問が生じることは稀ではない。"基層文化"の詳細な解明は今後に待つところ大なのであるが，島嶼部研究の生田滋は近年ジャワ島西部で発見された階段状ピラミッドの調査をふまえ，「すでにインド文明の影響が及ぶ以前に高度の文化が生まれており，これまで大乗仏教の寺院遺跡として知られたボロブドゥルも，基層文化の流れの中で理解することができるようになった」（石澤・生田 2009：553）とその水準の高さを指摘している。

　宗教に絞って文化多様性の実相をみると，大陸部（熱帯モンスーン気候帯）最

大の宗教は11〜14世紀にスリランカから伝播した上座部仏教（上座仏教と略称）で，タイ，ミャンマー，カンボジアでは国民の9割以上，ラオスで6割が信仰している。ベトナムは中国伝来（北伝）の大乗仏教，ついでキリスト教（カトリックが主）が多数宗教である。島嶼部（群島部ともいう。熱帯湿潤気候帯）の最大宗教は13世紀末頃から伝播したイスラーム教である。インドネシアではイスラーム教徒（ムスリム）が国民の8割弱，キリスト教徒が1割強を占め，ムスリム人口は世界でも1，2を争う。ブルネイとマレーシアはイスラーム教を国教とするが，多民族国家マレーシアはマレー系国民のみに国教信奉の義務を課しており，インド系国民の多くはヒンドゥー教徒，中国系の多くは仏教徒（北伝の大乗仏教）である。華人の多いシンガポールでは多数宗教が仏教，キリスト教，ついでイスラーム教となる。フィリピンは国民の8割以上がカトリック教徒という圧倒的なキリスト教国である。

東南アジアでは原初的なアニミズム（精霊信仰）から世界3大宗教の仏教，イスラーム教，キリスト教（カトリック，プロテスタント）まで実に多様な宗教が現在も篤く信仰されている。東南アジアの文化多様性は，ACにも反映されている。宗教という1点から見れば，EUは実質的にはキリスト教国の統合体である——すくなくともムスリム国であるトルコの加盟が認められるまでは。ACもフィリピンのモロ（スペイン語でイスラーム教徒の意）など少数集団の問題を抱えるが，文化多様性という点ではEUの先を行く。

ベトナム戦争中の親米国連合，ASEANがベトナム戦争終結後20年を経てベトナム，カンボジア，ラオスを受け入れ，インドシナ3国もまた原加盟5ヵ国などとASEANの新たな発展の道を切り開こうとする。隣人の多様な価値観を受け入れる文化多様性の地域，東南アジアならではの展開といえる。

人の移動に寛容な社会

文化は人を介して伝播する。文化の1要素，宗教も人から人へと伝えられる。仏教の場合はたとえば唐僧，義浄である。仏法を求めて671年海路インドを目指し，広州からスマトラのシュリーヴィジャヤ王国などスマトラ島やマレー半島の諸王国を経て翌年末ガンジス川河口の貿易港タームラクプティに到着，僧院で勉学に励むこと13年，685年サンスクリット語の仏典400を携え再び海路で帰国の途に着く。その途次，往路立ち寄った諸王国がシュリーヴィジャヤ

の支配下に入ったことを知り，694年までシュリーヴィジャヤに滞在して『南海寄帰内法伝』『大唐西域求法高僧伝』などを著す。広州帰着は695年，四半世紀におよぶ大旅行だった。義浄はインドの仏教とともに中国，インド，東南アジアの諸事情を各地に広めた。その書は当時を知る貴重な史料と評価が高い。

いま世界第2のGDP大国となった中国は，大国に相応しいグローバル・ポリシーの一環として陸路，海路の21世紀版シルクロード「一帯一路」構想を掲げる。海路の「一路」構想の"下敷き"にされたのは，明代1405～33年中国から東南アジア，インド，西南アジアへ，さらに分隊はアフリカへと大艦隊を率いて前後7回遠征した鄭和の大航海だが，義浄の旅も鄭和からさらに700年以上前の「一路」の先駆けである。

キリスト教でも，義浄のように優れた能力と強靭な意思を持つ宣教師が10年，20年と現地に根を下ろして布教した事例が少なくない。プロテスタントの台頭に直面したカトリック教会はとくに未開拓地への宣教に力を入れ，優秀な宣教師の人選，生涯にわたる資金の供与，現地の人的ネットワークの活用を含めて一切をとりしきった。フィリピンのキリスト教国化には，植民地宗主国スペインがカトリック教の信仰を義務化し，ガレオン船で自領植民地メキシコから宣教師を組織的にフィリピンへ送り込んだという経緯がある。ベトナムの多数宗教である北伝仏教も後述の冊封(さくほう)体制下，儒教や他の中国の文物とともに中国歴代王朝から体系的に伝えられたもので，「国教」的位置づけにあった。

これに対し，東南アジアへのイスラーム教の伝播にあたっては，ムスリム商人がきわめて重要な役割を果たしたことが知られている。実際に，マルコ・ポーロの『東方見聞録』には，13世紀末，スマトラ島北部の王国で，サラセン商人によって一部の都市住民がムハンマドの教えに改宗することになったと記されている。ただ初期のイスラーム化については，交易ネットワークとの関係に留意しつつ，イスラーム教徒だった鄭和の大遠征がそれを促した可能性を含め，イスラーム化の多様な波を整理する必要があるとされている（桃木編2008：37-38）。

東南アジアが文化多様性の地域であるということは，この地の社会が文化を伝播する人の移動に寛容だったことを示す。東南アジアはもともと域内各地，各地方や域外の中国あるいはインド方面から，多様な文化を持つ人々が最適の定住地を目指して移動を繰り返してきた地域だった。現在の定住民も歴史を遡

れば移動民である。ことに19世紀末から20世紀初めにかけて帝国主義的植民地開発が進行する以前の東南アジアは、土地に対して人口過少で、土地の生産性はさほど低くなかったから、人々は現住地にこだわらず、自分に適した土地へ繰り返し移動したのである。

そうした環境のなかで育まれてきた社会は、ムラ社会とも評される「一所懸命」の日本社会、同質・均質を良とし異質なもの・突出したものを排除する日本社会とは対照的な社会である。「平地稲作社会の庶民の間には父系的出自組織や家父長的家族制度が育たず、またこれを基礎とする社会組織や集団の形成も比較的弱かった」（北原編 1989：5）。親族組織は「双系性」の特徴を持ち、相続は男女均分相続を原則とする。女性の社会的地位は高い。ベトナムは中国の社会的文化的影響を強く受けた国であるが、中国的外被の下には女性の相続権や男女の均分相続などきわめて東南アジア的な特質が保持されている。

2　冊封体制と植民地体制

中国の冊封体制

北方の中国、西方のインドに挟まれた東南アジアにとって、両国と良好な関係を保つことはつねに重要な課題だった。東南アジア史研究の泰斗、ジョルジュ・セデスは1940年代に提起した「東南アジアのインド化した諸国」に関する学説で（種々批判もあるが）、インド文明が東南アジアの初期諸国家に与えた大きな文化的影響を明らかにした。西嶋定生はその独創的な研究を通じて「中国王朝を中心とする冊封体制という国際的秩序」（西嶋 2000：100）の概念と実態を6〜8世紀の東アジアを中心に解明した。

本節では西嶋説を契機に研究が進む中国の冊封体制を取り上げ、漢代から清代まで二千年にわたり東アジア世界の枠組みを形成したこの国際政治経済秩序を東南アジアとのかかわりから見ていく。なお冊は文書（現在でいう辞令）、封は封建（諸侯に土地を分け与え、治めさせること）を意味する。簡潔に述べれば、冊封とは中国皇帝が周辺「諸国の君主に中国王朝の官号・爵位を与えてその外臣とすること」（西嶋 2000：21）であって、その理論づけは華夷思想と封建思想によってなされていた。中国歴代王朝は華夷思想に基づき、文明化されていない周辺の異民族＝四夷（東夷・西戎・南蛮・北狄）が中国皇帝に従属して

第1章　東南アジアと中国

"礼"を知ることを求め，冊封により"礼"を受け入れて文明化した君主には，封建として従来の領域支配をそのまま承認した。

君主（東南アジアの場合は国王やスルタン）が中国皇帝から冊封を受け，形式的にせよ君臣関係を結ぶと，その国は冊封国となり定期的な朝貢が義務づけられる。したがって冊封国は朝貢国とも呼ばれる。最後の王朝，清代の朝貢の頻度は，山本達郎らの研究によれば朝鮮は毎年1回だったようだが，東南アジアでは4年1回（ベトナム），3年1回（シャム＝現タイ），さらには10年1回（ラオス）と国ごとに貢期はさまざまだった。ただ君主の代替わりには継承者が朝貢し，新しい君主として冊封を受ける必要があった。

朝貢の際，国王もしくは朝貢使は方物（土地の物産）を持参して中国皇帝に献上し，一部は朝貢の諸経費に充てるため中国国内で売却した。海禁政策をとって民間貿易を禁止した明代でも，朝貢貿易の形式を踏めばこうした貿易取引が可能だった。朝貢貿易を装った民間貿易も盛んに行われていた。朝貢する冊封国の国王らを中国皇帝は手厚くもてなし，献上品の数倍ともいわれる回賜（下賜品）を授けて帰国させた。下賜品は金銀，生糸，絹織物，陶磁器，工芸品，薬種など当時珍重された商品で，朝貢国とその周辺でも消費されたが，それ以上に東南アジアを越えてインドやペルシアをはじめとする西方市場向けに，さらにはアフリカや地中海方面へも輸出された。

中国歴代王朝の皇帝による冊封と周辺冊封国の君主の朝貢を組み込んだ冊封体制（冊貢関係）が多分に形式的，儀礼的な外交関係でありながら二千年の長きにわたって持続した理由の1つは，両者ともにメリットが大きかったからである。中国皇帝の権威と威信は国内外で高まり，中国は武力の行使なしに名実ともに"中心"国としてその地位を確固たるものにした。一方，周辺諸国の君主は中国皇帝による冊封を内政・外交上の権威づけとして活用したうえに，前述のような狭義，広義の朝貢貿易を通じて莫大な実利を手にしたのである。

冊封体制の終焉と植民地化

中国の冊封体制は，中国王朝や周辺国家の栄枯盛衰とともに時代に即応して修正を施しつつ，二千年にわたって，中国皇帝を頂点とする東洋的な支配＝従属の国際関係を形成し，20世紀初め清朝の滅亡とともに消滅する。しかし19世紀末，ベトナムに対する宗主権を主張してフランスと衝突した清が清仏戦争

(1884〜85年)に敗れ、天津条約(1885年6月、李＝パトノートル条約)でベトナム中部アンナンと北部トンキンのフランスによる保護領化(1883年)を追認したとき、東南アジアにおける中国の冊封体制は崩壊したのである。

　冊封体制下の国際関係は、朝貢貿易をともなう平和的な外交関係を基本としたが、有事の際には朝貢国からの求めに応じ、宗主権を持つ中国の皇帝が派兵することもあった。清仏戦争時の出兵はその典型的な事例である。ベトナムは10世紀半ばゴー・クエン(呉権)が初の民族王朝を開き一千年におよぶ中国諸王朝の直接支配から脱したが、その後も19世紀後半まで、元寇期など特殊な時期を除き、ベトナム諸王朝の皇帝は「安南国王」「越南国王」として中国皇帝から冊封を受けた。フランスが1882年ハノイ占領を図り、トンキン各地に戦闘が広がるなか、ベトナム阮(グエン)朝軍を支援してもっとも激しく抵抗したのは太平天国(1853〜64年)崩壊後中国からトンキンに亡命した劉永福率いる黒旗軍(農民兵が主体)だった。阮朝から救援の要請を受けた清朝ものちフランスに宣戦、雲南・広西軍を派遣するとともに劉永福を提督に任命した。清朝軍はトンキンでは善戦しつつあったが、台湾の戦いでは劣勢となり、英国の仲介で天津条約を締結した。フランスは軍事力とともに「外交力」を駆使して戦闘ごとに阮朝と協定や協約を結び、植民地化に向けて既成事実を積み重ねていた。清朝内部は割れてフランスに対抗できなかった。この点は1872(明治5)年の琉球藩設置から1879(明治12)年廃藩・沖縄県設置に至る「琉球処分」に通じるものがある。「処分」の内容は第1に琉球王国の清国への朝貢と清国皇帝による冊封の禁止であった。琉球王国は「処分」の過程で滅亡した。

　フランスは1847年ベトナム中部のトゥーラン(現ダナン)を砲撃し、1858年この天然の良港を占領、1863年カンボジアを保護国、1874年ベトナム南部コーチシナを直轄統治領とし、インドシナ諸国の植民地化に邁進した。1885年6月の天津条約は、「平和友好通商条約」という正式名称の通り清仏戦争の講和条約と中国＝ベトナム間の通商条約を兼ね、アンナン・トンキンに対するフランスの保護権を中国が承認したという前提に立っている(ただし中国の宗主権放棄に関する条文上の明記はない)。フランスがカンボジアとコーチシナに保護領のアンナン・トンキンを加えて仏領インドシナ連邦を成立させたのは1887年10月、ラオスを保護国として同連邦に組み込みインドシナ3国の植民地化を完成させたのは1893年である。

英国はフランスよりさらに早く19世紀前半からコンバウン朝ビルマ（現ミャンマー）との間で第1次，第2次英緬戦争（1824～26年，1852年）を戦い，前記天津条約直後の第3次戦争でビルマの都を滅ぼし国王夫妻をインドに連行した（1885年）。翌1986年3月にはビルマ全土を英領インドに編入している。ビルマも朝貢国だった。清朝は駐英公使を通じて抗議したが，何の役にも立たなかった。ただ1886年7月北京で調印された清英緬甸条約には，「英国はビルマ（めん）が慣例に従い中国に10年1回朝貢することを許可する」という内容の条文がある。「中国は英国がビルマで取得した一切の権利を承認する」という条文がこれに続く。清朝としては既成事実の承認はともかく，朝貢関係だけは残したいと望んだようである。いずれにせよ，ベトナムであれ，ビルマであれ，朝貢国の運命にかかわる重大な事案が新旧宗主国間の条約で最終決定されていることは，冊封体制の支配＝従属関係が形式的，儀礼的な性格に終わらず，一定の実質をともなったことを示している。

植民地化がもたらしたもの

　19世紀後半，東南アジア大陸部の政治地図は大きく変貌した。タイは自らの外交努力，近代化努力を通じ国土を蚕食されながらも独立を保ったが，その他の大陸部諸国はみな英仏両帝国の植民地と化したのである。タイの場合も英領インドと仏領インドシナの緩衝国として残されたという経緯は否定しがたい。
　一方島嶼部には早くも16世紀初め，ポルトガル・スペインの船団が相ついで姿を現わしていた。「東南アジア経済圏」は「インド洋貿易圏」と「南シナ海・東シナ海貿易圏」の重なる結節点であり，その先の「アフリカ貿易圏」や「地中海貿易圏」にもつながっていたから（貿易圏名は石澤・生田による），ポルトガル・スペイン両帝国もそうした地域貿易圏のネットワークに参入すべく東南アジア海域に現われたのである。ポルトガルはマレー半島のマラカ（マラッカ，1511年占領）と中国のマカオ，インドのゴアを拠点に植民地を拡大，スペインは1565年のセブ島を手はじめにフィリピンの大部分を植民地化，同年メキシコのアカプルコとセブ島（のちルソン島のマニラ）間を往復するガレオン貿易の航路を開設した（～1821年）。ガレオン船は太平洋を横断，東南アジア産の香辛料や中国製の絹織物を東方の米国に，「新大陸」産銀を西方のアジアに運んだ。メキシコ銀や南米ボリビア銀は（一時は日本銀とともに）中国へ，一部

はインドへと向かった。各地域貿易圏の交易ネットワークはこれにより文字通り地球規模に拡大する。貿易構成は現在とは異なるが，本書でグローバル・サウスと呼ぶ国や地域を束ねたグローバル貿易の先駆けだった。

　香辛料を東南アジアの主な輸出品とするグローバル貿易（香料貿易）は，最終消費地のヨーロッパ市場で胡椒（こしょう）価格が急落した17世紀に転機を迎え，以後は胡椒に替わる新たな輸出品，コーヒー，ゴムなどの栽培や錫鉱山の開発が進められる。その過程で，ポルトガル，スペイン両帝国は衰退しはじめ，後発のオランダや英国，フランスと諸帝国に植民地を奪われていく。マレー半島の海の要衝，マラッカ王国は小規模な「港市国家」の連合体で15世紀には中国に朝貢したが，16世紀ポルトガルの植民地となり，その後もオランダ，英国と幾度も宗主国が変わった。植民地分割，再分割，再々分割である。フィリピンの宗主権は1898年米西戦争後の講和条約でスペインから米国に買い取られた。まさしく植民地再分割である。東南アジア初のフィリピン独立革命は米比戦争下に挫折した。大陸部の植民地分割と島嶼部の植民地再分割，再々分割は，19世紀後半「帝国主義の時代」の幕開けに，貿易の独占ではなく領土の拡大という目的を明確に持って行われた。植民地帝国による領域支配の拡大は，植民地の領土と主権を奪っただけでなく，交易で生業（なりわい）を立ててきた地域の伝統を踏みにじった。

　植民地宗主国ごとに分断された東南アジアは地域としての一体性を失い，「東南アジア経済圏」は事実上解体した。朝貢貿易を含めて古来豊かに営まれてきた海上交易のネットワークは寸断された。植民地化以前の東南アジアの国々は商業・貿易立国で，一般のイメージのように自給自足的な農業国ではなかったのだが，領土拡張に狂奔する西欧諸帝国に植民地化され地域交易・グローバル交易の拠点としての「港市国家」から，植民地帝国への原料・食料供給地としての「農業国」に変えられたのである。「植民地支配によって東南アジアはむしろ『農業国』にされた」（北原ほか 2000：5）という所以である。

　植民地帝国は植民地に西ヨーロッパ社会で生まれた概念を持ち込み，それに即応した社会的再編を強いた。そのことが西欧社会とは異なる論理で動いてきた東南アジア社会を根底から揺るがせた。第1節でみたように東南アジアは土地に対して人口過少な地域で，「国家が土地を支配してもあまり意味がない。国家にとってより重要なことは，人々を集めてその土地を『開墾』させること

であった」(石澤・生田 2009：551)。国王の権威はどれだけの土地を所有しているかではなく，どれだけの人を国家的事業に集められるかにかかっていた。それゆえに土地私有制は未発達だった。そのような社会に西欧的な土地所有制度が導入されれば，所有権登記を真っ先にすませた欧米人植民者による土地の収奪が進み，公有地や共有地が急減することは目にみえていた。

「東は比律賓，西はビルマ，南は蘭印に至る東南亜細亜は，おもに原料品と食料品とを産出してゐる。……しかもこの東南亜細亜の周囲には，この地域の生産物を必要とする強大な産業國が存在してゐる」(C・F・リーマー序，H・G・キャリス『東南亜細亜における外國投資』同盟通信社，1942年，5頁)。帝国主義的植民地体制の下で，東南アジアは宗主国，工業国への原料，食料の供給地とされ，植民地的な農工間国際分業を通じて，少数の1次産品の生産と輸出に特化したモノカルチャー経済構造につくり替えられていったのである。

3 脱植民地化と冷戦

東南アジアにとっての「大東亜戦争」

日本軍は1941年12月8日未明，ハワイ・真珠湾攻撃に踏み切り，第2次世界大戦の一環としてのアジア太平洋戦争に突入する。実際にはその1時間ほど前，日本軍はすでに英国領マラヤのコタバル海岸に上陸して英印軍と交戦，さらに英国領香港を攻撃していた。いずれも宣戦布告前の決行だった。第2次世界大戦中，タイを除く東南アジアはほぼ全域が日本の軍政下に置かれ，3年8ヵ月間，陸も，海も日本の無謀な戦争の戦場と化した。

日本が公称した「大東亜戦争」のなかで東南アジアはどう位置づけられていたのか。日本は補給問題を解決しないまま東南アジアを含む南方圏への侵略と占領を開始し，紙幣を濫発させ物資を徴発した。たとえば日・仏印軍事協定による日仏共同支配期(1940年9月日本軍の「北部仏印進駐」から，翌1941年7月「南部仏印進駐」を経て，1945年3月日本が明号作戦と称する軍事クーデター，いわゆる「仏印処理」により全仏印を単独軍政下に置くまで)，日本は仏印駐留日本軍の諸経費として7億2300万ピアストル，さらに1945年3月から8月敗戦までの単独支配期7億8000万ピアストルの立替をインドシナ銀行に要求，インドシナ銀行は不換紙幣の濫発でこれに応じた。日本はまた対日貿易(輸出品は石炭やゴ

ム，米やとうもろこし，ジュート麻や木材など）の赤字分をインドシナ銀行に立て替えるよう要求，その額は共同支配期だけで3億ピアストルにおよんだがインドシナ銀行はやはり不換紙幣の濫発でこれに応えた。1943年当時の仏印の国家予算は1億7200万ピアストルだったから，日本の要求は仏印の国家予算10年分以上に相当する。これはまさしく略奪戦争であった（統計数値は，アジア・アフリカ研究所編 1970～71：第1巻268-271）。

　白人ではない日本に期待する住民がいたことは事実である。実際，日露戦争後にはアジア各国から憂国の志士や留学生が来日した（ベトナム「東游運動（ドンズウ）」のファン・ボイ・チャウとクオンデ公など。ただしベトナム人志士と留学生は1907年日仏協約により日本から追放された）。1940年日本に亡命したビルマのアウン・サン（アウンサン）のような独立の志士もいた。だが，戦場の悲惨な現実は，この戦争が資源略奪のための日本の戦争にほかならず，たとえ植民地解放の大義を掲げようと日本は侵略者にすぎないことを明らかにしていった。日本は人心をつなぎとめるため形式的な独立を附与，あるいは約束した。たとえば日本は1942年1月マニラを占領，3月アイゼンハワー指揮下の米軍をオーストラリアに撤退させたが，戦局が不利になると1943年10月フィリピンに独立を附与した。しかしフィリピン民衆の反日への動きは止められなかった。インドネシアでは1944年9月将来の独立容認を声明，翌年独立準備委員会を設置したが，それは敗戦のわずか1週間前だった（ただしスカルノの独立宣言にはこの間作成された憲法前文案が盛り込まれている）。

冷戦下の熱戦，ベトナム戦争の原点
　1945年8月，日本はポツダム宣言を受諾して無条件降伏（受諾回答は8月14日），9月2日降伏文書調印により第2次世界大戦は終結する。同じ日ベトナムのハノイでは，「わが人民は，ベトナムの国をフランスの手からではなく，日本の手から奪い返したというのが事実である」と独立宣言がホー・チ・ミンにより読み上げられていた。
　同年3月9日日本軍によるクーデター（「仏印処理」）後，ベトナムでは日本単独支配下に救国運動が広がり，ベトナム独立同盟（団体加盟の統一戦線組織，略称ベトミン）は8月16日，中国国境に近いタンチャオで国民大会を開いていた。日本降伏の知らせに大会は全国一斉蜂起を決定，指導者ホー・チ・ミンの

呼びかけに応えてベトミンは3大都市ハノイ，フエ，サイゴン（現ホー・チ・ミン）蜂起でそれぞれ十数万から百万の大衆動員力を示し，他の諸運動を圧倒した。この「8月革命」を受けた9月2日のハノイ大集会を前に，ホー・チ・ミンがタンチャオ大会で選出されたベトナム解放民族委員会（ベトナム民主共和国臨時政府）を代表して，独立宣言を読み上げたのである。

ホーが自ら書き上げた独立宣言は，「すべての人間は生まれながらにして平等である」と米国の独立宣言からの引用ではじまり，「ベトナムは自由と独立を享受する権利がある。そして事実上すでに自由，独立の国家となった。全ベトナム民族はすべての精神と力，生命と財産をもってその自由と独立の権利を守るべく決意している」とする臨時政府宣言で締めくくられている。「革命」の文字は「臨時革命政府」と臨時政府名に書き加えた以外用いていない。

ホー・チ・ミンは1930年2月ベトナム共産党（同年10月コミンテルンの指示でインドシナ共産党と改称）の結成を指導した老練な革命家で，その生涯はいまも多くの謎につつまれているが，わかりやすい言葉で民衆に語りかけることができ，必要とあれば重大な妥協もためらわない人物だった。ホーは以下のように，運動の帰趨にかかわる戦略的決断を幾度も下した。①1941年5月「コミンテルン代表」としてインドシナ共産党第8回中央委員会を主宰し，当面の革命を「民族解放革命」と規定，土地問題の解決など民主革命の課題は棚上げ，組織名に「ベトナム」と「独立」を冠した統一戦線ベトミンを結成した。②1945年8月日本降伏による権力の空白という千載一遇の好機をとらえ，解放民族委員会主席として全国一斉蜂起を呼びかけた。③1945年9月日本軍武装解除のため北緯16度線以北に中国・国民党軍，以南に英印連合軍が進駐，再支配を図るフランス軍も南部に復帰するなか，1946年1月の第1回総選挙で選出された国家主席，政府主席として，1946年3月越仏予備協約でフランス軍の北部進駐（中国軍と交替）を認め，ベトナム国民党と連携して混乱を引き起こす蔣介石軍をまず撤退させた。④1946年12月ハノイ市街戦後，直ちに革命の故地タンチャオへ完全撤退し，越北（ベトバック）の山岳地帯を根拠地に国際的には孤立無援の状態で抗仏長期戦を組織した，などである。

ベトナム戦争（抗仏期）の原点は植民地の独立と統一への意思を大国主導の国際社会がどう受け入れるかだったが，帝国の夢を追う旧宗主国フランスは再支配に固執，植民地独立戦争の勃発もためらわなかった。第2次世界大戦後の

覇権国である米国は，インドネシア独立戦争ではオランダに独立を認めるよう働きかけたが，ベトナムではフランスを支持，ホー・チ・ミンに対抗してフランスがつくったバオダイ（阮(グエン)朝最後の皇帝）の「ベトナム国」を承認し（1950年2月），以後戦費の8割を肩代わりした。それは米国が，ホー・チ・ミンを共産主義者と判断したからにほかならない。当時はチャーチル英前首相の「鉄のカーテン」演説から4年，まさに冷戦の真っ只中だった。

ベトナム戦争の記憶——援助と覇権主義

1949年10月中華人民共和国成立前後，ベトナム民主共和国は越北からベトナム南部，中部にも根拠地を拡大，指導部内では総反攻も遠くないとの観測が広がっていた。しかし，ホー・チ・ミンは食糧・武器弾薬の供与と軍事顧問の派遣を含む大規模な国際援助なくして総反攻は難しいと考え，重大な決断に踏み切った。1950年1～3月にかけて秘密裡に国境地帯を踏破，中ソを歴訪して援助を要請したのである。ホーの要請に基づき，中国のベトナム援助と中国人顧問団のベトナム派遣が開始された。ベトナム戦争の抗仏期・抗米期を通じ，ベトナムでも，中国・ソ連でも最高機密として厳重に封印され，中国軍のベトナム侵攻（1979年中越戦争）やソ連崩壊後初めて公にされた事実である。

ホー・チ・ミン（当時国家主席）は1949年12月末から1950年1月初め人民軍総司令部政治委員一行の随員として根拠地を徒歩で出発，17日間歩き通して1月16日中越国境を越え，1月30日北京に到着して中国に援助を要請した。中ソ友好同盟条約調印のためモスクワでスターリンと協議中の毛沢東（当時中国共産党主席，政府主席）に，留守役の劉少奇が送った公電は「ホー・チ・ミン，駐地を離れて早や1ヵ月，歩くこと17日漸く中国領内に入る。齢すでに60，身体痩せ細れど，尚健康。ホー・チ・ミン，ベトナム出立時，彼の訪中を知る者わずかに2名……」とホーの悲壮な中国入りを報告している（「緬懐劉少奇」編輯組編『緬懐劉少奇』中央文献出版社，北京，1988年，236頁。なお，中国のベトナム民主共和国承認は1月18日，ソ連のベトナム承認は1月30日）。ホー・チ・ミンは2月3日北京を発ってモスクワに赴き，直接スターリンに友好条約締結と援助供与を要請した。スターリンは友好条約の件は頭からはねつけたが，援助については「中国とソ連の分業が必要だ。現在，ソ連は東欧諸国への任務を果たさなければならない。ベトナムが必要なものは中国が援助するだろう。中国が

備蓄していないなら，ソ連が援助計画にしたがって中国に供与したものからとればよい。またソ連が中国に其の穴埋めをするから」と述べたと，フウ・マイがまとめたヴォー・グエン・ザップ回想録『ディエンビエンフーへの道』は50年後に語っている（ただザップは同行していない）。ホー・チ・ミンは2月17日毛沢東，周恩来とともにモスクワを発ち，シベリア鉄道の車中で事前協議をしながら3月3日北京着，軍事顧問団の派遣を含む中国の対越援助について両国間で正式決定したのち3月11日帰国の途に着いている（中越国境を開通した1950年9～10月国境戦と陳賡将軍の役割については拙稿「中越国境からみたベトナム戦争（下）」『アジア・アフリカ研究』第51巻4号，2011年10月，48-72頁参照）。

　ホー・チ・ミンの要請を受けて開始された中国のベトナム援助に関し，中国側は1979年中越戦争後の中越会談で記者会見を行い，1950～77年に小銃・機関銃類200万余丁，銃弾12億7000万発，大砲3万7000門，砲弾1885万発，艦船140隻，航空機179機を供与し，米国による北爆中は高射砲部隊，工兵部隊など延べ30万の後勤部隊を派遣したと明らかにした。ベトナム側高官は30万という数字をでたらめとしたが，中国が「ベトナム人民の抗仏戦争の末期に，もっとも多くの武器や軍事物資を援助した国であった」ことはベトナム外務省の『中国白書』も認めている。援助には上記の軍事援助のほかに食糧，食品，布地，衣料品，車両，船舶からガソリン，化学肥料にいたる巨額の経済援助があった。ベトナム戦争終結までにソ連の援助も莫大な額にのぼったが，中国の援助は武器弾薬や軍需物資にとどまらず国民の食糧や生活必需品にも広くおよんだ（政治的圧力の手段として用いられ，中断された時期もある）。

　中国も当時は貧しかった。ベトナムへの大規模な援助が国際主義に基づく支援だったことはいうまでもない。ただ援助にはいま1つ中国の国家利益という側面があり，運動の理念と個別の国益が分かちがたく結ばれていた。ことに抗仏期には多数の中国人政治・軍事顧問がベトナムに派遣され，国際主義の発露として，独立最優先のベトナム革命を中国モデルの革命方式に転換するよう指導した。客観的諸条件の異なる国への中国モデルの移植，それも援助を通じた半強制的移植は，ベトナム社会を大混乱に陥れた。弊害がもっとも強く現われたのは，1953年に開始された土地改革の過程だった。零細土地所有が顕著な北・中部で，中国人顧問は中国と同一比率の「地主」を摘発し，抗戦に参加した愛国地主でも容赦なく断罪するよう指導，無数の悲劇が生じた。ベトナム農

村に亀裂がはしり，革命の故地ゲーアンでは農民暴動が発生した。1956年末ベトナム労働党中央委員会（1951年2月インドシナ共産党第2回大会で国別の党を結成，ホー・チ・ミンを党主席に選出）が書記長チュオン・チンを解任，党主席ホー・チ・ミンが暫時同職を兼務して，混乱はようやく収拾に向かった。

ベトナム側は中国が，ベトナムの完全勝利を望んでいないのではないか，中国の南翼で戦い続けることを望んでいるのではないかと疑念を抱くようになる。1つには1954年4〜7月のジュネーブ会議がベトナム人民軍部隊を北，フランス連合軍部隊を南に集結させるための臨時軍事境界線をどこに引くかで紛糾したとき，米英仏の西側大国だけでなく，東側の中ソ両社会主義大国がベトナム民主共和国に強い圧力をかけたことによる。ベトナム代表団長ファム・ヴァン・ドンは戦場の力関係を反映する北緯13度線を提案したが，議論はまとまらず，本会議休会中の7月3〜5日，中国代表団長周恩来は北京で毛沢東と協議後広西省柳州にホー・チ・ミンとベトナム代表団員ヴォー・グエン・ザップを迎えて中越双方3名の参加する会議を開催，北緯16度線と2年後の全国選挙による統一をベトナム側に受け入れさせた。ホー・チ・ミンとして苦渋の決断だったが，再開したジュネーブ会議は柳州会議よりさらに厳しい北緯17度線でまとめられ，しかも2年後の統一全国選挙は，1955年に米国が生み出したベトナム共和国ゴー・ディン・ジェム大統領の反対で実施されなかった。ベトナムが独立と統一を実現するまでにはさらに20年を要したのである。

加えて，ジュネーブ休戦協定によりベトナム人民軍部隊が17度線の臨時軍事境界線以北に集結後，同線以南に残留した政治幹部（労働党員）に対しゴー・ディン・ジェム政権が大弾圧を行ったとき，中国は武装決起を「時期尚早」として抑える方向で動いたといわれる。そこで1959年5月，労働党中央委員会（第2期第15回）が南ベトナムにおける武装闘争の発動と南ベトナム解放民族戦線の結成（1960年12月）を決定したとき，それはベトナム自らの判断で行われた。ベトナムは超大国アメリカの侵略・干渉に抗して国際援助を受け入れつつ，大国主義・覇権主義の弊害を免れようとしたが，それはなかなかの難事だった。そして中ソ両共産党間の論争が国家間の対立に発展し，一方で朝鮮戦争以来の米中対決が1972年ニクソン訪中により協調へと転じるなか，ベトナム戦争は1975年4月，ソ連援助の最新兵器で武装したベトナム人民軍（北の正規軍）が南ベトナム政府軍を圧する展開で終結した。戦争の転機は

1968年のテト攻勢（米大使館や旧王宮を含む）で，大規模な一斉都市攻撃は米＝南政府軍が勝てないこと，ベトナム側が負けないことを証明し（コルコ 2001：399-437），米国は結局撤退した。ベトナム側も南出身戦士の多くを失い深刻な打撃を受けたが，土地改革を通じて貧しい農民を守った彼らの記憶が北戦車隊のサイゴン入城への抵抗を抑えたといえる。

4　交易の海はいま──21世紀の課題

政治的独立から持続的成長へ

植民地化は植民地の領土や主権を奪ったばかりか，植民地的国際分業に即応してその経済・社会構造を改造したから，脱植民地化も政治的独立の達成では終わらず，植民地的経済構造からの脱却と持続的な経済成長の実現を目指すことになる。冷戦下，新興独立国は米ソ2大覇権国を中心とする東西両陣営のいずれに属するか，依存するか，あるいは両天秤をかけるかを含めて生き残りのための選択をした。

ベトナム戦争の最中にASEANを結成した原加盟5ヵ国は対外的には親米反共，国内的には強権支配を共通項とした。1967年8月の短い「ASEAN宣言（バンコク宣言）」には何ヵ所か「平和」の文字が見えるが，それは5ヵ国がこの時点で平和愛好国だったことを意味しない。インドネシアを例にとれば，当時は謎の多い1965年「9・30事件」を契機に，独立以来の大統領スカルノのナサコム体制を支えたインドネシア共産党員など数十万人が虐殺され，ブンガワンソロ（川）が一時は赤く染まったと伝えられる動乱期で，スカルノが大統領権限を失い，スハルトが代行したのはまさに1967年だった（大統領1968～98年）。

東南アジア各国の経済路線は，東西両陣営との距離感によってまったく異なるものになった。親米国は，時期は異なるが植民地的農工間分業に替わる新たな国際分業，工業内部の分業を受け入れて輸入代替工業化から輸出指向（志向）工業化に転じ，国際市場で比較優位に立つ労働集約産業（低廉な労働力を用いる電機・電子産業が典型）の育成と外国投資の誘致を図っていく。この開発方式はベトナム戦争中の1960年代，ケネディ・ジョンソン両政権で大統領補佐官をつとめたM・F・ミリカン（対外援助担当）やW・W・ロストウ（安全保障

担当）らマサチューセッツ工科大（MIT）グループが，アイゼンハワー政権時代に外交政策の鍵として米上院特別委員会に提言した国際分業下の輸出指向型経済成長戦略から生まれた。ミリカン，ロストウらはベトナムの戦場では敗れたが，周辺国を経済成長に導くことには成功したといえる。1970年代リー・クアン・ユー首相率いるシンガポールの新興工業国（NICs，ニックス）入り，1980年代以降ASEAN諸国の新興工業経済（NIEs：国家ではない台湾や香港を含むため改称，ニーズ）化は，MIT方式によりグローバル化の波，とりわけ新自由主義的グローバル化の波に乗った結果であった。

　一方，ベトナムは社会主義経済路線を追求するが，当時そう考えられたものは旧ソ連・中国方式の中央指令型集権モデルだった。北ベトナムの第1次5ヵ年計画（1961～65年）では民衆の救国への意思と社会主義圏からの国際援助がその限界を覆っていたが，ベトナム戦後全国で実施された第2次5ヵ年計画（1976～80年）では実績値が目標値をすべて大幅に下回り，集権モデルは完全に破綻した。そして1986年12月ベトナム共産党（1976年改称）が選択したドイモイ政策の下，ベトナムの発展路線も市場経済化，グローバル化に収斂していく。ASEAN加盟はその延長線上にあった。

　ASEANはアジア初の地域統合体であるASEAN共同体を創設するまでになったが，21世紀を迎えて課題も山積している。域内の最大の課題は格差是正である。中国経済が10％成長から急速に減速，東南アジア経済も減速するなか，各国内の格差とともに域内各国間の格差，すなわちASEAN先発国（1967年の原加盟5ヵ国と1984年加盟のブルネイ）と後発国（ベトナム（加盟1995年），ミャンマー（1997年），ラオス（同），カンボジア（1999年）の「新興メコン諸国」）の著しい経済格差をいかに軽減するか。ACのリージョナリズムは新自由主義的なグローバリズムへの対抗軸ではなく，むしろそれを補完するものであるから，成長を持続しつつ，格差の拡大を抑え，縮小させる特段の政策的配慮が必要になる。

米中の覇権主義とASEAN

　域外との関係では，2世紀の時を経て"中心"国として復権した中国の存在がある。改革開放後30年間，10％成長を持続して世界第2の経済大国に躍り出た中国は，経済力の拡大とともに軍事力を増強し，覇権主義的傾向を強めて

いる（建国後の中国の軌跡については，藤田・松下編 2012：94-112）。小国連合ASEANがどのように対応するのか注目される。冊封以来の過去の歴史や現在の中国との貿易・投資関係，中国からの援助の問題などがからんで加盟各国の対中姿勢は一様ではない。ただ，中国主導のアジアインフラ投資銀行（AIIB）については，戦後IMF体制への挑戦とはいえ，アジアには旺盛なインフラ投資需要がある。米日不参加のAIIBは低利の融資原資を集めにくいと予想されるが，既存の国際金融機関とも協調して透明性のある国際金融業務が行われればよいことである。陸路・海路の新シルクロード「一帯一路」構想についても，米国に対抗する中国主導の経済圏づくりであることは確かだが，中国と周辺国の利益，事業を実施する企業の利益と周辺住民の人権や環境権の調和など構想の具体化とともに浮上する諸問題をどう解決するかが重要になる。

中国に関しては，東南アジアが「内なる中国」として取り込んできた華人の問題がある（中国籍の者は華僑と呼ぶ）。植民地時代，東南アジアでは鉱山開発やプランテーション農業の拡大が急速に進み，錫鉱の労働者として中国から，ゴム園の労働者としてインドから多数の移民が流入した。1890〜1930年代に流入した華僑は一説に1400万人，約620万人はそのままとどまり労働者，商人，工業・金融業者として重要な経済的役割を担っていた（杉原 1996：297-323）。人の移動に寛容な地域といえども対応しきれない人数だった。独立後，華僑の多くは現地国籍を取得したが，華人と「土地の子」マレー系住民の間には著しい経済格差があり，ときに暴動も起きた。再発防止のため，マレーシアではマレー人を優遇するブミプトラ政策を実施してきたが，優遇政策は逆差別を固定化するとして見直されつつある。一方，中国の政策次第で華人が「内なる脅威」に変わることも東南アジア諸国は経験している。1966年から10年におよぶ中国・文化大革命の動乱期，東南アジアは『毛沢東語録』を打ち振る中国系住民のデモや集会で騒然とした。中国には「革命の輸出」的状況を再発させない配慮が望まれる。

第2次世界大戦後70年，覇権国家として君臨した米国は，復権する中国とは対照的に経済力，外交力を低下させている。1971年金・ドル交換停止と変動相場制への移行が示すように，米国の経済力低下はベトナム戦争からはじまった。軍事力は依然として世界随一だが，もはやベトナム戦争のように大きな戦争を長期間行う余裕はない。南シナ海における領有権を東南アジア諸国と争

う中国が一部の岩礁を埋め立て，人工島を造って軍事目的に使用可能な滑走路などの施設を建設している問題にどう対処しようとするのか。満潮時水没する岩礁を埋め立てても領有権は発生しないという米国の主張自体は国際法に合致するが，同盟国も巻き込んで南シナ海を頻繁にパトロールし，この海を米国の海に変えようというのだろうか。2世紀を経て還ってきた「交易の海」を米中の「覇権の海」にしない努力が求められる。

　ASEANは創設以来全加盟国一致の原則を貫いてきたが，この問題ではフィリピンやベトナムが中国を激しく非難する一方，カンボジアやミャンマーは関係国間の個別問題として，中国批判がASEANの公式諸文書に明記されないよう動いている。ラオスは2016年初めの人民革命党大会で親中派が退陣，中国への過度の傾斜が修正される見込みだが，一方でフィリピン新大統領の対中スタンスも注目を集める。米中の間合いを取るインドネシア，マレーシアなどを含めてASEAN内部は割れている。既述のように東南アジアの「文化多様性」は，隣人の多様な価値観を受け入れることで成り立ってきたが，それは良くも悪くも白黒をつけないということでもある。大国，中国との領有権争いで，国際法に則り全会一致の原則を堅持して平和的，外交的に問題を解決できるかどうか，小国連合ASEAN共同体（AC）として今後が問われる。中国も，グローバル・サウス初の経済大国として覇権主義を克服できるかどうか，真価の問われる正念場である。

参考文献

アジア・アフリカ研究所編，岡倉古志郎・鈴木正四監修『資料ベトナム解放史　全3巻』労働旬報社，1970～71年。
石澤良昭・生田滋『世界の歴史13　東南アジアの伝統と発展』（中公文庫）中央公論社，2009年。
北原淳編『東南アジアの社会学――家族・農村・都市』世界思想社，1989年。
北原淳・西口清勝・藤田和子・米倉昭夫『東南アジアの経済』世界思想社，2000年。
コルコ，ガブリエル（陸井三郎監訳，藤田和子・藤本博・古田元夫訳）『ベトナム戦争全史――歴史的戦争の解剖』社会思想社，2001年。
杉原薫『アジア間貿易の形成と構造』ミネルヴァ書房，1996年。
西嶋定生（李成市編）『古代東アジア世界と日本』（岩波現代文庫）岩波書店，2000年。
藤田和子・松下冽編『新自由主義に揺れるグローバル・サウス――いま世界をどう見

るか』ミネルヴァ書房，2012年。
桃木至朗編『海域アジア史研究入門』岩波書店，2008年。

第2章　朝鮮半島の安全保障

　　　　　　　　　　　　　　　　　　　　　　　　金　　光　旭

1　一国の安全保障

　日本政府が安全保障関連法を導入，制定する過程でも，たびたび指摘したように，日本の安全保障にとって，朝鮮半島有事とのかかわりは大きい。ただし，朝鮮半島有事を想定したとき，日本で描き出される朝鮮半島の安全保障の概念と，実際に朝鮮半島で生活している人々が考えている安全保障の概念の間には距離がある。

　各国の安全保障の概念は，いうまでもなく自国民を優先に設定している概念である。ゆえに，安全保障の概念に差が発生するのは当然である。その延長線で考えられた日本の安全保障関連法は，自国民を効果的に守るための選択であるとされて，採決された。戦後，日本も韓国も米国との軍事同盟を通して，外敵から自国を守る防衛システムを構築し，維持してきたが，日本と韓国の間は強固な軍事的な結束には至らず，米国を介して互いの軍事情報を共有する緩やかな防衛システムに留まっている。一方，韓国は中国とも軍事情報を共有することによって，日米中の間でバランスを取ることを目指している。

　国家安全保障についての考えをウェストファリア条約まで遡ると，各国が国家主権を守ろうとする姿勢が浮かび上がってくる。19世紀末より国家主権を脅かされた苦い経験を記憶している朝鮮の人々にとって，それを繰り返したくないという思いが自ずと安全保障の概念のなかに反映されている。結局，それは近代史における歴史認識を共有しないままでは，日韓関係の改善は至難であることを物語っている。そのことが，外見上，民主主義的な価値観や自由主義など多くの理念を共有している日本と韓国であるにもかかわらず，互いに協力して，東アジアを中心とする安全保障のための情報発信や秩序づくりに十分に取り組むことが難しい背景になっている。

そのなかで2015年12月に慰安婦問題をめぐって，日本政府が軍の関与や政府の責任を認めることによって，日韓間の合意に漕ぎ着けたのは，その成果の限界はあったものの日韓関係の改善のための新しい転機を迎えたといえる。

　今日，韓国の安全保障に大きく影響をおよぼす2つの要因とは，冷戦後の安保地形の変化と中国の台頭への対応である。冷戦が終息する頃，韓国はソ連と中国との国交回復を通して，とりわけ中国とは経済交流を深化させることによって，北朝鮮の脅威，さらには北朝鮮と連携した中国やロシアとの政治的・軍事的対立を乗り越えようとした。今日まで続く北朝鮮との対立は，韓国政府に対して周辺国との相互補完的な協力関係を築くことの重要性を刻印させている。

　ここでは朝鮮半島を取り巻く安全保障の変化を，上記の2つの要因を中心に分析し，東アジアの安全保障の環境を検証し，その改善のための方策について検討していくことにする。

2　冷戦後の安保地形の変化

日韓間の関係改善

　冷戦後，朝鮮半島を取り囲む国家間の安全保障の変化のなかで，目立っているのは，米国の主導下で間接的に維持された日韓間の政治・軍事的な結束が弱くなったことである。米国の政府筋はさまざまなルートを通して，日韓間の関係改善を求めてきた。最近，合意に漕ぎ着けた慰安婦問題についても日韓政府間の合意の直後，米国は自らの同盟国間の関係改善に期待しながら，歓迎の声明を発表したことからも確認される。

　冷戦が終わろうとした頃，韓国政府は，硬直した冷戦構造から抜け出し，東側に対する柔軟な外交政策を展開することによって，北朝鮮を含む共産主義陣営との対決構図からくる負担と不安要因を取り除こうとした。それは，1990年の韓ソ国交樹立，1992年の韓中国交樹立を皮切りに共産主義陣営との交流を拡大させることによって，冷戦の最前線に位置して，北方の共産主義国に対する防波堤の機能を果たしてきた韓国の役割が縮小されることとしてあらわれた。

　冷戦後も，依然として北朝鮮の軍事的な脅威は残っていたしても，冷戦期ほど強いものではなかった。冷戦の終息は，北朝鮮をはじめ共産主義の国々と韓

国の間に立ちはだかっていた壁に，風穴を開けるきっかけとなった。韓国は，東側との活発な経済交流によって，経済的な安定基盤を構築し，それを政治的な安定につなげようとした。なかんずく中国との交易の増大に対する期待は大きかった。

中韓貿易の拡大

韓国と中国との交易規模は，1992年国交樹立の当時は64億ドルだったが，2015年中（1～12月）2273億ドルで約36倍に増加している。韓国の貿易に占める中国との貿易の割合は，1990年2.1％から2015年には23.6％まで大幅に拡大した。近年，両国の首脳が互いに訪問し，日本との冷え込んだ政治外交的な関係とは対照的に，政温経熱とまでいわれるほど密接な関係を構築した。韓国にとって，中国との貿易の規模は2004年より最大の交易量となっている。中国にとって，韓国との貿易の規模は第4位まで伸びている。

一方，朝鮮戦争後，長い間，維持されてきた緊張のなかの疑似的な平和状態にあった韓国と北朝鮮の関係は，一触即発の危機を迎えなければならなかった。2009年11月黄海での海戦に続いて起こった，2010年3月の哨戒艦天安沈没と同年11月の延坪島砲撃のような軍事的衝突は，互いの信頼関係の回復を困難にした。結果的に南北間の衝突は軍事的な危機を増幅させたが，このような状況は韓国内の対北朝鮮政策を強硬路線に転じさせる結果をもたらした。

北朝鮮の核開発

朝鮮半島が南北間で再び緊張状態に入った背景には，北朝鮮の核開発という伏線がある。2006年に初めての核実験後，2009年5月に第2回核実験を強行した。それに対して，6月に北朝鮮の核開発を阻止するために，国連は北朝鮮への物資と資金を封じる制裁措置を決議した。韓国に対する武力挑発は，北朝鮮に対するこうした制裁措置を無力化し，将来，北朝鮮が核保有国としての地位を確保するための手段として用いた冒険であると考えられる。

南北関係が緊張と対話の局面を行き来するなかで，韓国は北朝鮮に対する人道的な支援と経済，社会分野などでの限られた交流協力を持続しようとした。このように限定されたものであっても北朝鮮との交流が必要だったのは，民族間の正面衝突にまで事態が悪化することによる犠牲が，人的にも，物的にもき

わめて大きいことを熟知しているからである。南北間の経済協力は，開城工団と金剛山観光という2つの軸によって成り立っている。しかし，2008年7月に起きた金剛山観光客の死亡事件によって，北朝鮮への観光は閉ざされたままであるため，今日，開城工団は南北間の経済協力の象徴となっている。2011年より韓国と北朝鮮の間の交易の99％以上は，開城工団の生産品の交易によって占められている。

　韓国と北朝鮮の交易の窓口が開城に制限されたのは，2010年5月24日に取られた制裁措置のためである。2010年5月24日，当時の李明博（イ ションバク）大統領は天安艦沈没事件の責任を問う形で北朝鮮に制裁措置を取って，開城工団などの一部の地域を残して，南北関係の断絶を宣言した。この措置によって北朝鮮とのあらゆる分野の交流と接触が制限されることになった。野党，市民団体，経済協力関係の企業などは，この措置を解除すべきであると持続的に主張してきた。

　2013年2月の北朝鮮の3度目の核実験後，国連安保理は北朝鮮に対する制裁を決議した。同年3月から4月にかけての米韓軍事演習への対抗措置として，北朝鮮は開城工団を閉鎖すると警告した。4月に入ってから，北朝鮮は韓国従業員の立ち入りを禁止し，9月中旬の操業再開まで，開城工団を実質的に閉鎖した。開城工団は，経済が劣悪で外貨収入の乏しい北朝鮮にとって重要な収益源であるが，それを政治，軍事的な違いを理由に開閉できることを北朝鮮は誇示したのである。

　2016年1月6日に北朝鮮は水素爆弾実験に成功したと発表した。さらに2月7日には長距離弾道ミサイルを発射した。北朝鮮との数多くの国際合意，北朝鮮に対する経済制裁にもかかわらず，核実験とミサイル発射にこだわる背景には，国際的なルールを守ることによって経済制裁を中断させることより，現行の体制を固めることによって生存の途を探ろうとする狙いがある。韓国政府は，北朝鮮の核実験とミサイル発射のような兵器開発に資金が流用されることを防ぐために，開城工業地区の操業停止と韓国人従業員の引き揚げの措置を取った。このような措置に対応して，翌日，北朝鮮は開城工業地区を軍事統制地域に指定し，韓国側全員を帰郷させ，また韓国側の企業の資産を凍結することによって，実質的に開城工業地区を閉鎖した。

3　中韓間の政経連携

中韓ハニームーン

2014年11月北京で韓国と中国の通商長官は，中韓自由貿易協定（Free Trade Agreement：FTA）合意議事録に署名し，中韓FTAを妥結させた。両国は，中韓FTA第14回協商を通して，商品およびサービス市場の開放と品目別の原産地の基準などの争点について最終の合意を導き出した。中韓FTAの交渉の実質的な妥結に至るには，最終段階で両国首脳の信頼に基づく合意が大きく働いた。2005年民間の共同研究を起点に論議がはじまった中韓FTAは，2012年5月に協議を開始してから，30ヵ月で妥結に至った。2015年12月9日に北京で韓国と中国は年内に中韓FTAの発効を確定する文書を交換して，12月20日より中韓FTAは発効した。

韓国は中韓FTAを通して，韓国の最大の輸出市場であり，地理的にも近い中国に内需市場のような販路網を広げようとした。具体的に中韓FTAの発効後，958品目に対する年間87億ドルに該当する中国への輸出品の関税が即時に撤廃されることが見込まれる。さらに458億ドルに該当する物品の関税が，中韓FTAの発効10年で撤廃されることによって，中小企業を含む韓国企業の対中輸出の活路を開拓するのにプラスになると展望される。

中国は韓国との貿易で赤字が続いているなか，中韓FTAなどを通して，より多くの地域との輸出と直接投資の拡大に期待をかけている。中国は即刻的に改善される貿易収支よりは，開放を通しての産業競争力の強化を目当てにした。しかし，あらゆる分野で勢いよく成長する中国の産業のおかげで，これまで韓国の国際競争力が比較的に強かった造船，半導体部門においても中国と韓国の間の産業技術の格差はほとんどなくなったのが現実である。韓国政府は中韓FTAの妥結に向けて，以下のような経済外的要因を考慮した。

韓国は中韓FTAを基盤とする両国間の人的・物的な交流拡大によって，中韓間の戦略的な同伴者関係を強化する土台を築こうとした。韓国政府は，中韓FTAが中韓関係の深化だけでなく，東アジアの平和と安定に寄与すると考えている。このような環境は朝鮮半島の統一にも有意義であると認識している。さらに中韓FTAは，日中韓FTA，環太平洋パートナーシップ協定（Trans-

Pacific Strategic Economic Partnership Agreement：TPP），東アジア地域包括的経済連携（Regional Comprehensive Economic Partnership：RCEP），アジア太平洋自由貿易圏（Free Trade Area of the Asia-Pacific：FTAAP）のような東アジア域内の経済協力と東アジア地域統合のための重要な契機を提供すると考えている。

　経済的な目的以外にも政治・社会的な連帯の意味が含まれるのが，中韓FTAである。韓国にとって，それが米中のどちらかに偏るような協定だと認識していないのは，すでに米韓FTAの締結と批准が先行しているからである。すでに，米韓FTAの批准後，中韓FTAの締結を通して，米韓FTAが周辺国から遠ざかるような貿易協定ではないことを明らかにした。同じく中韓FTAが批准されたとしても，中国と韓国は日中韓FTAをも目指していることから，日本から遠ざかるような貿易協定ではないことがわかる。

日本のFTA政策

　2002年10月の時点で，日本政府が想定している自由貿易協定の戦略的優先順位には，経済的，地理的，政治外交的な考慮以外に現実的な妥結の可能性への目配りが示唆されている。中国については，究極的には日中韓プラスASEANを中核とする東アジアの経済連携との観点からFTA妥結の可能性があるとみている。しかし，当面は，WTO協定の履行状況，中国経済の動向，日中関係全体の状況，WTO新ラウンドやアジア各国間のFTA交渉の動きなどを総合的に勘案しつつ，対中貿易政策を慎重に進めていくことにした。

　韓国については，2002年5月ワールドカップ日韓共催以降に生まれた日韓間の親密な国民感情も作用して，政治的にも重要であり，深い経済的相互依存関係が確認された。さらに両国財界人からの包括的なEPA/FTAを目指すべきだという提言が注目された。日韓間の自由貿易協定への可能性は，経済的な関係，地理的な近接性に加えて，政治外交的な関係や実現可能性から考えて，中国より優先していることが確認されている。しかし，2004年に日韓FTAの交渉が中断してから，日韓両国は交渉再開のための解決の糸口を見出せないまま，その後，東アジアの経済圏の通商環境は急変した。

　日本の対中，対韓FTA交渉のなかの最大の障害は，歴史認識と領土問題という経済外的な要素であり，太平洋戦争期の被害女性と勤労者に対する補償問題が葛藤要因となっている。これらの問題は，政治的な妥結を必要としていた。

日韓両国は，日韓FTAの交渉中断以降，むしろそれぞれの域外の国々とのFTAに力を入れてきた。韓国は米国，EU，ASEAN，インドなどの地域へ，日本はASEANの個々の国，メキシコ，インドなどとのFTAを締結している。日韓FTAと日中韓FTAへの交渉は続いているが，妥結の目途が立たないままである。日本の対中，対韓FTAの交渉の停滞は，中国と韓国に互いに寄り添う道を与えて，中韓FTAの妥結を促した。

　中国が北朝鮮より対韓政策に重点をおいているのは，1992年以降の人的，物的交流の増加を考えれば，自然な選択である。そのほかにも，中国は戦略的な観点から，中韓関係が経済面だけでなく，政治外交上も深化すればするほど協力と競争の関係にある米国との関係において有利になることを期待している。

　それは日米韓対中ロ朝という冷戦構造の図式が崩れ，中国にとって対立し競わなければならない対抗国家群の負担を軽減する可能性を示唆している。しかし，米中の間でバランスを図ろうとしている韓国としては，米中が協力関係である限り，それほどの問題にはないが，米中が対立する場合，大きな政治外交的な負担を引き受けることになる。

TPPの合意

　2015年10月5日，米アトランタでの閣僚会合で大筋合意したTPPによって，世界の4割近くを占める巨大経済圏が生まれる道筋がついた。協定は各国の議会承認などを経て発効するため，いつどのような規模で出現するかなどは予測しにくいところもある。しかし，TPPは一部国家の批准の手続きが遅れても発足することを定めていて，貿易に限らず，投資や知的財産権，環境，労働など幅広い分野でのルールを日米主導でつくり，日米が成長するアジア太平洋地域で経済の主導権を握る土台をつくった。日本は2013年7月から参加したが，TPP交渉は2010年3月にはじまり，5年半におよぶ交渉だった。

　TPPが発効すると貿易や投資など経済的な部門だけでなく，政治や安全保障でも大きな変化と影響が予測される。この点は，TPP交渉で台頭する中国を中心とした経済圏を意識して，アジア太平洋地域の警戒と結束への共通の意識が生まれ，スピードを出して，大筋合意に達したことからも確認できる。中国中心の政治的，経済的な秩序は，これに拮抗する日米中心の力を意識せざるを得なくなった。

ただし，TPP加盟交渉国の多くは貿易の規模の大きい相手国は中国になっている。つまり日米が主導して，TPPを介して中国を牽制することには限界がある。その脈絡から，今後，いかに中国と韓国をTPP加入に誘導するのかは重要な課題になっている。

2014年11月に中国で開催されたアジア太平洋経済協力首脳会議で，習近平主席は一帯一路という経済圏構想を発表した。一帯一路の経済圏にかかわっている地域は，おもに中国の中央から西端，西南および南側へ進むベルト地域が含まれるので，TPPに加入した国と重なっている地域は少ない。RCEPとは，東南アジア諸国連合加盟10ヵ国に，日本，中国，韓国，インド，オーストラリア，ニュージーランドの6ヵ国を含めた計16ヵ国でFTAを進める構想である。将来，RCEPが実現すれば，TPPとは対立する関係となるより補完的な関係として調整されることが期待されている。

4　米中安保ディレンマの狭間

米中安保ディレンマ

一般に安全保障のディレンマと呼ばれる問題は，自国の安全保障を達成しようとする国家が，防衛的意図を持ち実際に防衛的行動を取るにもかかわらず，結果的には安全ではない状態に陥る現象を意味する。

このような現象が米中間にあらわれた背景には，中国の急速な成長がある。冷戦期に米国は同盟国の日本，韓国などとの緊密な軍事関係を展開することによって，東アジアでソ連と中国を含む共産圏を適切に牽制しながら，安全を確保しようとした。冷戦後，さらに21世紀に入ってからも成長を続けてきた中国が南シナ海，東シナ海への軍事力を増強すると，米国はその周辺国との関係強化を図りながら，中国の周辺海域への軍事力の強化を食い止めようとした。それと同時に米中の間には，密接な経済関係を維持しながら，それを通して相互利益を確保しようとする動きが存在する。

領海とサイバー空間でのセキュリティ

以上のような概念に基づいて，東シナ海と南シナ海の領域およびサイバー空間でのセキュリティなどの問題をめぐって，米中安保ディレンマは自国を中心

とした安全保障を確保するためにさまざまな意見の対立と軍事的な不信としてあらわれている。東シナ海と南シナ海の領域での中国と周辺国との間の権益をめぐる衝突に米国が加わり，いっそう複雑な緊張局面を与えている。

2016年3月末の米中首脳会談では南シナ海の人工島の軍事拠点化に関連して，南シナ海での中国の領有権をめぐる攻防があった。米側は航行の自由と領有権紛争の平和的解決の重要性を強調した。これに対して，中国側は，航行の自由を口実に中国の主権と安保上の利益を害する行為は容認できないと反発した。

日韓間には軍事情報包括協定（General Security of Military Information Agreement：GSOMIA）が，2012年6月の調印直前，韓国の国内世論の反発を理由に延ばされたままである。日韓間の軍事情報協力は，北朝鮮の核とミサイルの情報に限って，米国を経由して交換し，共有している。すなわち，日米韓の間の安保協力は，おもに北朝鮮に対する抑止力の機能として働いている。これに中国に対する抑止力が加わると，中韓間の友好協力関係を損ない，韓国としては耐え難い外交的な圧力が中国からもたらされる。

東アジアの国々では大規模戦争の可能性が減少したが，サイバー攻撃およびエネルギー安保や気候変動による脅威など非伝統的な安保への威嚇の危険性は指摘されてきた。なかんずくサイバー空間でのテロは，犯罪者によってコンピュータが目標とされて，政治的な動機によるものではないとしても，生じる結果が破壊的で，従来のテロ行為に匹敵する被害をもたらす。

日本・中国・韓国を含む東アジアの地域は，世界でもインターネットの使用人口が多い地域の1つである。そのためにインターネットという文明の機器を安定した環境のなかで，長期的に使用するためにも，サイバーテロに対する万全を期することは重要である。

テロリズムとは，安全と政策の変更とが，恐怖を媒介として交換されるシステムである。現代社会は，高度にインターネットに依存したネットワーク社会であり，電気，通信，ガス，水道などのライフラインや，交通，金融，流通などのロジスティクス・ラインがコンピュータ・ネットワークに依存している。

国連総会の日程に合わせて，米国を訪問していた中国の習近平主席はオバマ米大統領と，サイバー問題で協議した。2015年9月25日の記者会見を通して米中両首脳は，企業の知的財産などを狙うサイバー攻撃を双方の政府が容認し

ないことで合意した。2015年8月に中国を訪問したライス米大統領補佐官は，米政府内で策定したサイバー攻撃への制裁案とその対象として特定した中国企業約25社を，中国側に提示した。資産凍結など具体的な制裁内容についても触れた。これはサイバー問題をめぐって，中国が米国との合意に至った重要な指摘として影響を与えた。

THAADミサイルの配置をめぐる攻防

米ソ冷戦下で中国が米国寄りに立場を移したことで，ソ連の孤立と冷戦終結を早めた側面がたびたび指摘されている。冷戦終結後，韓国は中国との国交樹立以来，軍事同盟国の米国と経済的な成長を背景に軍事力を増強してきた中国との間で安保上のスタンスを取るために努めてきた。最近の一例はTHAADミサイル（Terminal High Altitude Area Defense Missile：終末高高度防衛ミサイル）の配備をめぐる外交的な攻防を通して，確認されている。THAADの配備をめぐって，朴槿恵(パククネ)政府は慎重な姿勢で臨んできた。その慎重な姿勢とは，THAADの配備と関連して，韓国政府はどのような要請も，どのような協議も，どのような結論も出してないという「No Request, No Consultation, No Decision」の態度として特徴づけられる。

韓国政府が，THAADの配備をめぐって慎重な姿勢で一貫したのは，米中安保ディレンマの間に挟まれていることを意識しているからである。THAADミサイルとは，米国陸軍が開発した弾道弾迎撃ミサイルシステムである。当初は，戦域高高度防衛ミサイルとも呼ばれた。THAADミサイルの配備をめぐって，韓国側が悩んでいる間，米中間にTHAADミサイルの配備とその配備反対をめぐって，攻防が繰り広げられている。THAADミサイルの配備に対する韓国政府のためらいは，はたして韓国にTHAADミサイルを配備することが戦略上にどのような意味を持つかという疑問からはじまっている。さらに軍事戦略上は効率的で有利だとしても，韓国政府がTHAADミサイルを運用するために必要な財政上の天文学的な費用に耐えられるかという憂慮が加わっている。

米国側は，米政府筋のさまざまなチャンネルを通して，軍事戦略におけるTHAADの配備の有効性とその適切性を訴えて，それが米政府の方針だと攻勢をかけてきた。これに対して，中国側も政府筋を通して，警戒の目を緩めな

かった。2015年3月15日中国外交部の部長助理である劉建超(りゅうけんちょう)は，ソウルに入り，韓国外交部関係者との戦略対話を通して，「THAADの配備に対する中国側の関心と憂慮を重視するように」（『東亜日報』2015年3月16日）求めながら，THAADの韓国配置に反対する中国側の意思を伝えた。このような言及に対して，訪韓中の米国務省次官補のダニエル・ラッセルは「奇異だ」と言い返した。米韓同盟の次元で解決すべき安保問題に中国が介入することへの反発をあらわしている。韓国政府も「韓国主導で判断し，決定する」と発表した。韓国の当局者を介して，米中政府筋の関係者の攻防が目立っている。

　THAADの配備をめぐる米中間の葛藤の裏面には，東アジアでの勢力競争と覇権争いが見えてくる。米国は，中国の浮上が東アジアでの米国の勢力圏下の利益を侵害し，さらにこの地域での米国の軍事的な優位性への挑戦につながると判断し，警戒している。ただし，オバマ大統領は，アジア再均衡（リバランス）戦略が中国に対する封鎖政策ではなく，TPPへの中国の加入も可能であると言及することで，過度な警戒を払拭しようとしている。

　オバマ政権の対中国政策と対北朝鮮政策は，2015年10月朴槿恵大統領の訪米中，韓国へのアドバイスからも明らかになっている。オバマ大統領は朴槿恵大統領に，北朝鮮に対して共同に対処することを確認させながら，「韓国が米国と中国ともに良い関係を維持することに矛盾はない」と言及したうえ，「中国が国際規範と規則を違反するときは，米国とともに声を出すように」と要請した（『中央日報』2015年10月19日）。米中が東アジアで競い合い，対立するときには，韓国も外交ルートを通して，態度を表明するように注文をつけたのである。

　これまで米国は日米同盟と米韓同盟を束ねて，米国主導によって日米韓が強い絆で結ばれる軍事協力体制の実現を目指してきた。米韓MDミサイル体系の統合，日米韓間の軍事情報の共有などがそれらである。日本政府は米国のこのような努力に積極的な姿勢で臨んでいるが，韓国政府はその必要性を認識しながらも，中国に配慮して，消極的な態勢に留まっている。

　その後，2016年7月8日韓国政府と米軍当局者は，THAADの韓国配備の決定を急いで発表した。続いて7月13日に韓国政府は，その配備場所を慶尚北道の星州にすると発表した。韓国政府がTHAADの韓国配備の決定を急いだのは，安全保障に関連して，駐韓米軍や米国政府との立場の差はないことを

示すことによって，世論の分裂を防ぎ，世論鎮静化を図ったためである。中国とロシアは8日，強く反発し配備見直しの要求を皮切りに，韓米当局への非難を続けている。

　韓国は中国の成長を肯定的に受け止めて，互いに協力しながら，韓国の利益とつなぎ合わせてきた。しかし，韓国政府は北朝鮮の核実験，ミサイル発射に対応して，自衛の安全保障の措置として選択したTHAADの配備を，中国の安全保障上の配慮まで結びつけることには限界があると認識している。韓国政府は，これまで経済交流を深めることを優先してきた対中，対ロ政策から，経済的な不利益を負わせることがあっても，安全保障を第一にする政策への旋回を選択した。

日本国内のディレンマ——中央政府と沖縄との狭間
　沖縄の米軍基地移転をめぐる賛否両論も日本国内での米中安保ディレンマに絡んでいる。2015年5月末より訪米中の翁長雄志沖縄県知事は，米政府当局者や上下両院議員らとの一連の面会を通して，米軍普天間飛行場の名護市辺野古への移設計画見直しを求めた。たが，翁長知事は米当局者から「日米政府レベルの合意に基づいて普天間代替施設の建設に揺るぎない約束を共有している」（『朝日新聞』2015年6月6日）と見直しに応じない考えを確認した。訪米中，外交権を持たない地方団体長である翁長沖縄県知事の動きが，沖縄県の中山義隆石垣市長から批判されたように，沖縄県内の地方自治体の長は必ずしも同一の主張ではない。中山市長は，翁長知事が，尖閣諸島が中国公船によって領海侵犯されている現状を十分に考慮せず，沖縄の米軍基地問題を提起していると指摘した。中山市長は，訪米中の翁長知事の発言を，4月の訪中期間中に行われた中国首脳部との面談と対照しながら，米中の間でバランスが取れていないと批判した。10月13日翁長知事は，前知事による普天間飛行場の移設計画をめぐり，埋め立て承認を取り消した。これに対して，日本政府は行政不服審査法に基づく不服審査請求を行った。防衛省は沖縄防衛局を通して，国土交通省に行政不服審査法に基づく不服審査請求の関連書類を提出し，日本政府と沖縄県との間の攻防が顕在化した。

　沖縄の米軍基地移転問題は，日本政府と沖縄地方政府との間のディレンマだけでなく沖縄地方自治団体長の間の見解の不一致が絡み合う問題でもある。沖

第Ⅰ部　アジアの変容

縄の基地移転とTHAADミサイルの配置をめぐって，韓国と日本の双方で懸案となっている問題の共通性は，非常状態から戦争に突入すると，それぞれの地点が真っ先に攻撃の的になる可能性が高いことである。2015年7月安全保障関連法案を審議する衆議院特別委員会の沖縄での参考人質疑中，前沖縄知事の太田昌秀は，「辺野古に基地が造られれば攻撃の的になる」と証言している。

米中間の協争

冷戦時代の米ソ関係と違って，現在の米中関係は，対立一辺倒ではない。政治面や安全保障面では対立することが多いが，経済面では密接に相互依存して，人的交流もさまざまなレベルで行われている。協力と競争をともなう"協争"的な関係であり，今後も協調一辺倒，競争一辺倒に落ち着くとは考えにくい。

経済的な領域においても，米中ディレンマが影を落としている。2015年12月に発足したアジアインフラ投資銀行（Asian Infrastructure Investment Bank：AIIB）とアジア開発銀行（Asian Development Bank：ADB）は競い合うかのようにも見えるが，互いに補完的な機能を持つ国際金融機関として業務を分担することも期待されている。このようにあらゆる面における米中間の協力と競争は，そのまま朝鮮半島の周辺の国々へ投影されて，影響を与えている。そのために一時的に緊張が走ったり，また宥和なムードに切り替ったりしている。

5　深まる孤立の国

唇歯関係から普通関係へ

北朝鮮と中国との間の関係は，よく唇歯関係と呼ばれてきた。いうまでもなく互いに利害関係が密接であることを意味する。中国では抗米援朝戦争が朝鮮戦争の言い換えであるように，米国を共通の敵として戦った出来事として記憶されている。中国が朝鮮戦争に出兵し，多くの兵士を犠牲にしたことも関連している。2国間の関係は決して一方的な支援ではないことは，中国がいわゆる国共内戦という陣痛を経ていた頃，中国の東北地方を中心に展開した朝鮮人部隊は中共軍を徹底的に支援し，内戦を勝利に導いたことからもわかる。今日まで中国は北朝鮮のパトロンであるかのように，何事が起きても，北朝鮮との友好関係を害する選択はしようとしなかった。

最近，このような中朝関係に微妙な変化が感じられる。それは北朝鮮に対する特別な配慮を控えた中国の外交的な方針転換である。具体的に 2015 年 9 月 3 日に開催された中国の戦勝節を記念する行事に朴槿恵大統領が参加したことを，中国の血盟だと呼ばれてきた北朝鮮はどう受け止めるかという問題である。朴槿恵大統領は習近平主席から至近距離で参列したのに，北朝鮮の使節として参列した朝鮮労働党中央委員会政治局員の崔龍海(チェリョンヘ)は中央席の習近平(しゅうきんぺい)主席から離れている場所に立たされていたことが，その間の微妙な変化を物語っている。

このような中韓首脳の親密なムードは，2016 年 7 月に THAAD の韓国配備の決定を転機にして下っている。中朝関係を唇歯関係から普通関係へ変えようとしているのは，中国政府が北朝鮮の核実験に対する国際制裁に参加することが背景となっている。中国政府が再び唇歯関係に戻ろうとした場合，北朝鮮だけでなく中国やロシアまで視野に入れて，防衛ネットワークを強化しようとする米韓軍事同盟に対する警告になる。

米朝枠組み合意と 6 者会合

米中の間で北朝鮮はどのような存在になっているのか。1994 年ジュネーブで米国と北朝鮮との間に結ばれた米朝枠組み合意は，北朝鮮の核問題を解決するための特別契約であった。その主な内容には，北朝鮮は核開発プログラムを凍結して，核拡散の恐れが少ない軽水炉に置き換え，最初の軽水炉が完成するまでの間，北朝鮮が原子炉を停止し，また追加の建設を中断する代わりに，毎年 50 万トンの重油を支援することが含まれている。段階的に米国と北朝鮮の関係を正常化していくことを目指している。

この合意の歯車が狂いはじめたのは，2002 年 10 月訪朝したケリー米国務次官補との面談で，北朝鮮の高官が核兵器を製造できる原料の高濃縮ウラニウム（HEU）の生産施設が稼働中であることを認めたときである。翌月朝鮮半島エネルギー開発機構（KEDO）理事会は北朝鮮へ重油の提供を中止し，国際原子力機関（IAEA）理事会は北朝鮮の高濃縮ウラン計画を非難する決議を採択した。2003 年 4 月北京で米国と中国，北朝鮮は 3 者協議を開催し，北朝鮮の核問題を解決する方案を模索した。北朝鮮を信頼しなかった米国は中国を仲介者とする 3 者会談から周辺国も参加させる会談形式をとるべく検討しはじめた。同年 7 月ニューヨークで米朝が接触し，6 者会合の開催で合意した。

6ヵ国協議もしくは6者会合と呼ばれる会合は，北朝鮮の核開発問題をめぐって関係する日本を含む6ヵ国の当局者が協議を行う会議である。この会議は，2008年12月の第6回会合の第3次首席代表会談を最後に再開されていない。

2009年1月オバマ米大統領は年頭教書を通して，米国と対立している国家とも対話を模索する意思を表明した。それにもかかわらず，北朝鮮は同年4月5日に長距離ミサイルを発射し，5月25日には第2回核実験を行った。これによって米国は強硬姿勢に転じた。

先軍政治のための核実験

2010年3月韓国哨戒艦沈没事件が起こり，11月には延坪島砲撃事件が起こることによって，朝鮮半島内の南北関係は悪化した。一方，尖閣列島をめぐる日中間の葛藤は米中対立へと波及し，6ヵ国協議の再開の可能性は低くなった。

2011年12月金正日（キムジョンイル）総書記の死亡後，同月金正恩（キムジョンウン）第一書記が権力を継承した。翌年2月北京で北朝鮮と米国の間に高位級会談が開かれて，ミサイル発射の中止，ウラニウム濃縮の中断，核実験の猶予およびIAEA査察団の受け入れを表明することによって，米国が毎月2万トンを1年間，総24万トンの栄養支援を提供することに合意し，6ヵ国協議の再開のための突破口が開かれたようにみえた。しかし，4月3日北朝鮮は憲法を改正して，核兵器の保有国であることを明示した。さらに米国の反対にもかかわらず，4月13日にはミサイル，12月12日には長距離ミサイルを発射し，2013年2月には国連の制裁を理由に，3回目の核実験を強行した。

第3回目の核実験以後，6ヵ国協議を再開させるための動きが展開されるなかで，再び日米韓 vs 中ロ北という冷戦期の国際対決構造が浮かび上がった。北朝鮮以外の5ヵ国が朝鮮半島の非核化に同意しているなか，中国側は6ヵ国協議の再開のために北朝鮮と協議したが，北朝鮮は無条件での6ヵ国協議の再開を主張した。

6ヵ国協議の再開方案をめぐって，中国とロシアは北朝鮮の立場を支持しているのに対して，日米韓は北朝鮮が核プログラムの稼働を中止し，IAEA査察団の復帰，2012年2月29日米朝間の合意を先行することなどを，再開のための条件として提示した。

6ヵ国協議の再開を妨げている対立軸の仕組みは，朝鮮戦争以降の韓国と北

朝鮮，また米国と北朝鮮の間の根強い不信である。北朝鮮は毎年恒例のように実施される米韓軍事演習に対抗する形でミサイル発射，核実験を通して自らの軍事力を誇示してきた。これに中国とロシアは一応，仲裁のポーズを取っているが，米韓軍事演習と北朝鮮の核実験にともに反対する立場を表明してきた。

米中の「新型大国関係」

2015年1月北朝鮮は米国と韓国が米韓軍事演習を中断すれば，北朝鮮も核実験を中断することを提案した。米国が北朝鮮の提案を拒否すると，中国国務院所属の新華通信は米国の拒否は平和のためにならないと批判しながら，北朝鮮を擁護した。

一見，北朝鮮の立場を理解しているようなスタンスであるが，米中の「新型大国関係」のなかで，北朝鮮は中国との絆が弱まったことから深まる孤立感を味わっている。いわゆる「新型大国関係」について，2013年5月駐米大使としてワシントンに赴任したとき，崔天凱（さいてんがい）は『フォーリン・アフェアーズ』誌のインタビューで「台頭する大国と既存の大国が対立するのではなく，ともに歩む道を探求していく」ことだと主張した。中国にとって，このような関係を通して目指そうとしているのは，米中が対等な立場で，それぞれの核心的な利益を守っていくことである。つまり米国に対して，中国はチベット，ウイグル，台湾，そして東シナ海，南シナ海の地域の問題で係争中であるため，自国の立場が尊重されることを優先している。

米国が期待する米中の2国間関係は，両国が国際社会における責任ある大国として，グローバルな諸問題解決に尽力し，国際法や国際的な基準に則って行動することである。米国は，北朝鮮の核問題も国際法や国際的な基準に基づいて解決することを求めてきた。中国は自国の核心的な利益を守るためにも，米国の要請に応じなければならない立場である。

このような認識のもと，2016年1月北朝鮮が水素爆弾の実験だと発表した後，即時に中国は非難する対応で一貫した。ただし，これまで北朝鮮の核実験後，中国がとった政策を見る限り，時間が経つにつれて，制裁から宥和的な通路を提供したことに注目すべきである。

6　日中韓の安保協力

日中韓の安保ディレンマ

　日中韓の間で働く安保ディレンマが注目されているのは，この地域でも自国を守るために安全保障の強化を目指す政策が逆機能する可能性が高くなったからである。とくに，朝鮮半島を中心とする国家間の関係変化が目立っている。

　確かに最近，韓国政府が米中との関係をより重視することによって，相対的に日韓関係は遠ざかっているように見えるのも事実である。韓国政府が中国との関係を強化した背景には，北朝鮮に対する中国の影響力を意識して，韓国政府自らが主導する統一環境を整えようとする狙いが含まれている。それに中国との人的交流や貿易量の増大にともなって，中国との関係を経済安保の側面から考慮したからである。朝鮮半島内の南北の間の局地戦を予防し，北朝鮮の非核化を達成するためには，周辺国家との協力は欠かせないが，とくに韓国は米国と中国との協力関係を重視している。

　冷戦期における国家間の特徴として，日本と韓国は政治，軍事，安保の面での結束が米国を介して結ばれていたが，最近，中韓間の紐帯は日米韓の間の協力を弱める印象を与えている。中国としては，韓国を迎え入れて，日米からくる政治，軍事的な圧力を遮断する目標が読み取れる。2015年，日本の安全保障関連法の衆参議院での可決に続いて，2016年の参議院議員選挙の結果，衆議院と同じく，参議院でも憲法改正に賛同する改憲勢力が3分の2を占めるようになった。日本で憲法改正が可視化されれば，そのときには戦争関連法などに注目しながら，周辺国の中国と韓国は警戒を緩めないことが予想される。

　2012年に提示された自民党の憲法改正草案には，自衛隊の国防軍化や非常時の国家緊急権が盛り込まれている。周辺国の韓国と中国は，これから憲法論議がどのように展開し，いかに世論として集約されて，国民投票に移されるかについて注目するようになる。

　湾岸戦争のあと，ペルシャ湾に敷設された機雷を除去するために自衛隊は派遣されたが，湾岸戦争では，自衛隊が軍事行動に加わる代わりに130億ドルという巨額な資金を援助した。それにもかかわらず，湾岸戦争が終わってから，国際社会の評価は厳しかった。そのことが日本で安全保障関連法の導入を急ぐ

背景となっている。

　安全保障関連法に含まれている集団的自衛権のなかで，国内外で注目されている，センシティブな問題は自衛隊の海外派兵である。集団的自衛権を行使する想定事例としては，安倍首相がマスコミを通して，同法案の必要性を国民に訴える場面中に持ち出されたパネルで描かれたように，朝鮮半島有事の際の韓国に在留している日本国民と米艦防護の課題が真っ先に浮かび上がってくる。安倍首相の説明のなかでは，朝鮮半島有事とともに想定事例として挙げられたホルムズ封鎖以外に，南シナ海も登場した。

南シナ海をめぐる攻防

　南シナ海は日本と韓国の石油供給ルートに当たる重要な海域である。最近，国際問題化している南沙諸島の領有権をめぐって，周辺国だけでなく米国も加わっている。南シナ海での領有権と通行権の争いのなかで，米中安保ディレンマが展開しているが，すでに日本はそのディレンマのなかに巻き込まれている。

　南シナ海における中国の軍事活動に対する憂慮は，周辺国の共通の関心事である。貿易依存度が高い日本と韓国は，南シナ海における海洋の安保と航海の自由が重要な問題である。韓国政府は，いかに中国の対外政策と協力して，また対立していくだろうか。米中，または日中間の葛藤と対立について韓国は，どちらの側にも加わらず，東アジアの平和協力構想に沿って，日米中との協力に力を入れて，アジェンダを提示することを優先している。

　日中韓の間には核問題を含む安全保障問題などこの地域の人々にとって重要で，国家間の協力が急務の事案がある。北朝鮮の核問題の解決をめぐって，米中との協力は欠かせない。韓国にとって，北朝鮮の軍事的な挑発を抑制するためには，防衛のための軍事力を強化することが必要だが，同時に国際協力も重要な課題である。

　南シナ海に対する中国の領有権主張や人工島の建設などが国際法に違反するとして，フィリピンが中国に提訴した裁判で，オランダ・ハーグの常設仲裁裁判所は，2016年7月12日に中国の主張に法的根拠がないと判断を示した。中国は，常設仲裁裁判所の判断を認めないと反発している。

　韓国政府は南シナ海の問題について，日本や米国または周辺の係争国とは違った慎重な姿勢で一貫した。いうまでもなく経済交流の規模が大きい中国から

くる不利益を念頭にしているからだった。米韓の間でのTHAADの韓国配備をめぐる決定は、韓国政府が南シナ海にかんする常設仲裁裁判所の判断について自らの立場を大らかに発表しなくても、米韓の安保結束を図ることによって、南シナ海の問題にかかわる仕組みになっている。結果的に、中国を囲む逆のC型の封鎖に一翼を担うようになった。

外交安保政策と統一政策の不一致

中国と韓国が安全保障関連法を整備、導入し、また改憲勢力を確保した日本にどう向き合って、またその意志をどう受け入れるかは、日中韓の間の国家関係を見つめ直すうえで重要な転機となる。最近、形成されつつある中国と韓国との間の親密さは、互いの必要性から生まれている。つまり、中国は米国に対する安全保障上の盾を強化するためであり、韓国としては統一に役立つことを期待しているからである。

韓国が外交安保政策とともに統一政策を展開する際、その不一致が、国際関係にも影響をおよぼしている。既存の日米韓の連携の枠組みからは中韓の親密さは日米からの離反として受け止められている。また韓国寄りという中国外交の変化が経済成長を背景にした防衛概念を含む多義的な選択だとすれば、中国へ近づこうとする韓国外交の変化は、冷戦期の思考とそれに基づく頑なな外交を破り、ミドルパワーとしての国家の意志を統一政策と外交政策へ反映させるためである。このように日本政府は中国と韓国との間の協力と連携の範囲と限界を認識したうえで、中韓両政府との関係改善を図るべきである。同じく韓国も経済と安全保障の分野別に、中国と米国のなかの単純な二者択一として捉えるのではなく、国際社会が求める能動的なプレーヤーとしての責任に応えることが求められている。

一方、日米が加わって大筋合意に漕ぎ着けたTPPと、中国を中心とした経済圏との対立、緊張が誇張して伝えられ、今後、両経済圏の補完的な機能や協力の余地を塞いでいる。日本は日米中心のTPPと中国中心のRCEPの両方に含まれていて、今後、2つの協定が正式に立ち上げられることになれば、両経済圏の補完的な機能や協力に力を尽くすことが期待される。

参考文献

伊藤憲一『新戦争論——積極的平和主義への提言』新潮社，2007年。
梅川正美編『比較安全保障』成文堂，2013年。
遠藤誠治・遠藤乾編『安全保障とは何か』岩波書店，2014年。
川島真編『チャイナ・リスク』岩波書店，2015年。
川島正樹編『記憶の共有をめざして』行路社，2015年。
木宮正史編『朝鮮半島と東アジア』岩波書店，2015年。
五味洋治『北朝鮮と中国』筑摩書房，2012年。
平岩俊司『北朝鮮』中央公論新社，2013年。
福田充『テロとインテリジェンス』慶應義塾大学出版会，2010年。
山本吉宣ほか編『日本の大戦略』PHP研究所，2012年。

第3章　東アジアにおける日本の新たな役割

文　京洙

1　安保法制——日米同盟の新局面

安保法制への道のり

　2015年9月19日2時17分，集団的自衛権の行使を可能にする安全保障関連法，いわゆる「安保法制」が参院本会議で自民，公明両党などの賛成多数で可決，成立した。雨中にもかかわらず学生団体「SEALDs（シールズ）」をはじめ，研究者，野党政治家，団塊世代，高齢者，主婦など実に多様な世代と階層からなる抗議デモが国会を囲み，この大規模デモに後押しされた野党が激しく抵抗するなかでの強行採決であった。

　「安保法制」は，安倍首相が第1次安倍政権（2006年9月〜07年8月）以来掲げてきた「戦後レジームからの脱却」の集大成ともいうべき法制であった。2012年12月の第2次安倍政権発足直後の翌1月，安倍首相は施政方針演説で「積極的平和主義」を掲げ「日本は，米国と手を携え，世界の平和と安定のために，よりいっそう積極的な役割を果たしてまいります」と決意のほどを明らかにしている。

　この「積極的平和主義」の旗印の下，安倍首相は，第1次政権では頓挫した自らの悲願に向けて着々と歩を進める。2月，早速，第1次政権の挫折で中断していた「安全保障の法的基盤の再構築に関する懇談会」（安保法制懇）を復活させた。安保法制懇の構成は，駐米大使などをつとめた柳井俊二を座長に，政治学者の北岡伸一（座長代理），中西寛（京都大学教授），岡崎久彦（軍事評論家）など第1次政権のときに集団的自衛権の行使を容認する報告書（2008年6月）をまとめたときとほぼ同じメンバーからなっていた。その筋の専門的な識者とはいえ，ほとんどが安全保障や国際政治の専門家で占められ，憲法学者は西修（駒澤大学名誉教授）のみで，集団的自衛権の行使容認に向けた結論ありきの体

裁づくりという意味合いが強い。

　この安保法制懇とあわせて同じ2月，国家安全保障会議の創設に向けた「有識者会議」（中西輝政京大名誉教授，谷内正太郎内閣官房参与など10名からなる）が設置され，そこでの議論をふまえる形で11月には，既存の安全保障会議を再編強化する法案（安全保障会議設置法等の一部を改正する法律案）が可決され，国家安全保障会議の創設となった。

　日本版NSCといわれる国家安全保障会議は，翌年1月に設置される国家安全保障局とあわせて，外交・安全保障に関する情報収集・管理・分析や意思決定の機能を首相官邸に集約し，安全保障面での日米の連携をより緊密かつ効率的に進めるための体制であった。同じ12月には，「特定秘密保護法」が世論の反対を押し切って強行採決されている。同法によって，「防衛」「外交」「スパイ活動防止」「テロ防止」などに関する情報（「特定秘密」）を漏らした公務員などへの罰則が強化された。それは日本版NSCと対をなす治安法制として，日米間の安全保障面での情報のやりとりを覆い隠すベールの役割を果たすことになる。

　国家安全保障会議の最初の課題は，防衛計画の大綱の見直しと中期防衛力整備計画（2014〜18年度）を策定することであった。1976年にはじまる「防衛計画の大綱」（昭和52年度以降に係る防衛計画の大綱）は，専守防衛の理念のもと「限定的かつ小規模な侵略」に有効に対処しうる防衛力（いわゆる「基盤的防衛力」）の保持を目標とした。核の脅威については米国に頼ることを前提に，「限定的かつ小規模な侵略」については自衛隊が独力で排除し，それ以上の規模の攻撃については「米国の協力」をもって排除するという考え方に基づいていた。この「防衛計画の大綱」は，1995年の村山内閣，2004年の小泉内閣で改定されているが，冷戦後の国際環境の変化をふまえて抑止重視から対処重視，さらに国際貢献活動への取り組みなどへの転換はあったものの，「基盤的防衛力」という考え方自体は維持された。

　2009年，自民党政権は，北朝鮮の核実験や中国の脅威，復調著しいロシア，さらには増加する国際平和協力活動に対処するとして，防衛費削減の撤回，武器輸出3原則の見直し，さらには集団的自衛権の憲法解釈変更などを盛り込んだ新しい「防衛計画の大綱」の制定を試みるが，同年8月の衆議院選挙で大敗し頓挫した。第2次安倍政権の下で策定された「防衛計画の大綱」は，この自

民党案を継承して武器輸出3原則の見直しが盛り込まれるとともに，さらに進んで「統合機動防衛力」という考え方が新しい防衛力の概念として打ち出され，海洋進出を強める中国に対抗する島嶼防衛の強化や自衛隊の機動力や組織の充実が書き込まれている。2014年4月，安倍政権は，この「大綱」の指針通りに，日本の平和主義を象徴として1960年代以来久しく禁じてきた「武器輸出3原則」撤廃し，武器輸出や武器の国際共同開発を可能にする「防衛装備移転3原則」を閣議決定した。

さらに翌5月には「安保法制懇」が型通り報告書を内閣に提出した。報告書は「我が国と密接な関係のある外国に対して武力攻撃が行われ，その事態が我が国の安全に重大な影響を及ぼす可能性があるときには，我が国が直接攻撃されていない場合でも，その国の明示の要請又は同意を得て，必要最小限の実力を行使してこの攻撃の排除に参加し，国際の平和及び安全の維持・回復に貢献することができることとすべき」とした。7月，安倍首相は，例によってこうした有識者に諮問する形をとって，従来の憲法解釈を転換して集団的自衛権を認める閣議決定を断行した。

翌年4月には，次に詳しく触れるように日米防衛協力の指針（ガイドライン）が18年ぶりに改定され，自衛隊の米軍への支援が地球規模に拡大されることになった。このガイドラインの確定は日米同盟の新局面を画するものであり，これを可能にする法整備こそ安保法制にほかならない。

日米ガイドラインの改定

戦後日本の安全保障体制は，平和憲法と日米安全保障条約という，異質な法体系の下で両者が微妙に拮抗しあうなかで移り変わってきた。安倍晋三首相の母方の祖父・岸信介は，1960年の安保改定を通じて，米国を盟主とする北東アジアの反共軍事体制への日本の組み入れを目指したが，それは憲法体系を安保体系に従属させて二元的な法体系の矛盾を事実上安保体系に一元化することによって解消しようとする目論みであった。その行き着く先は憲法の改悪にほかならない。しかし，ときの日米両政府によるこうした目論みは，空前の国民運動として闘われた安保闘争に阻まれて実現できなかった。

1960年安保闘争は，日米安保条約の改定そのものは阻止できなかったものの，日米両政府が安保改定を通じて目指した，日本をがその一翼を担う北東ア

ジア条約機構（NEATO）形成への道を阻む成果をもたらした。岸の退陣を受けて政権に就いた池田勇人は，現行憲法の「遵守」を繰り返し明言した。その後を継いで，戦後最長の政権となった佐藤栄作首相（1964〜72年）は，岸信介の実弟であったが，1965年5月の衆議院内閣委員会で「新憲法の三原則，平和，民主主義，あるいは人権尊重，こういうような事柄はもう国民の血となり肉となっている問題だ」（吉原・久保編 1970）と認めざるを得なかった。専守防衛，武器輸出3原則，非核3原則，さらには「防衛計画の大綱」の基軸をなす「基盤的防衛力」は，新憲法が国民の間に広く浸透してまさにその「血と肉」となったことに根ざしていたといえる。

　1978年に日米間で合意された最初の日米ガイドラインの内容もそういう憲法上の制約を色濃く反映していた。このガイドラインは，ソ連の侵攻に備えた日米間の共同作戦や役割分担を定めたものであったが，日本に「武力攻撃が行われた場合」，「日本は原則として，限定的かつ小規模な侵略を独力で排除する」。それが困難な場合は「米国の協力をまって，これを排除」するものとされ，基盤的防衛力の考え方が貫かれている。この段階では，後に「周辺事態」として整理される「日本以外の極東における事態で日本の安全に重要な影響を与える場合の協力」については「研究を行う」というレベルに留まっていた。

　19年後の1997年に改定されたガイドラインは，その前年の「日米安保共同宣言」（在日米軍の行動範囲を広く「地球的規模」にまで広げることが謳われた）を具体化する合意であった。そこでは「周辺事態」に対応する自衛隊の「後方地域支援」が盛り込まれた。「周辺事態の概念は，地理的なものではなく，事態の性質に着目したもの」とされていたが，当時の情勢からもっぱら朝鮮半島有事を念頭においたもので，1999年に制定された周辺事態法に関する国会答弁で，当時の小渕恵三首相は，「中東やインド洋で生起することは想定されない」と歯止めを示していた。

　2015年4月に改定された新ガイドラインは，日本を守るための協力体制を見直しただけでなく，自衛隊による米軍の支援の地理的制約をはずし，これを文字通り地球規模に広げている。すなわち，新ガイドラインでは，「日米同盟のグローバルな性質」が強調され，日本の平和と安全に重要な影響を与える事態であれば，南シナ海や中東といった日本から遠く離れた地域でも，そこで戦う米軍に自衛隊が補給などの後方支援を行うことが盛り込まれた。さらに，国

際的な安全確保のために軍事活動を行う米軍を後方支援することも自衛隊の役割とされている。これらの合意はいずれも周辺事態法から重要影響事態法への改定や、国際平和支援法の新設などを含む安保法制の制定を先取りするものといえた。

日本の防衛については平時から緊急事態に至る危機の度合いに応じた各段階の協力が盛り込まれた。すなわち武力攻撃には至らない「グレーゾーン事態」を含む平時→放置すれば日本に重要な影響がおよぶ事態→そして武力攻撃の発生が予測されたり起きたりした場合、など切れ目ない協力の枠組みが合意されている。集団的自衛権の行使が容認されたことも新ガイドラインに反映され、日本への弾道ミサイル攻撃を警戒する両国艦船の防護、ホルムズ海峡などでの機雷掃海を含むシーレーン防衛での協力、船舶検査での協力、そして米国に向けて飛ぶ弾道ミサイル迎撃のための協力などが具体的な作戦事例として列挙された。さらに、今回のガイドラインでは日米の協力が宇宙・サイバー空間におよぶものとされている。

安保法制は、こうした日米軍事協力の幅広い分野の展開を可能にする日米同盟の新段階と密接に結びついて、従来、政府を縛っていたさまざまな制約を取り除くとともに、ときの政権に戦争への暴走さえも許しかねないような、広範な裁量を与える内容を秘めている。

安保法制の内容

安保法制は、「我が国及び国際社会の平和及び安全の確保に資するための自衛隊法等の一部を改正する法律」(平和安全法制整備法) と「国際平和共同対処事態に際して我が国が実施する諸外国の軍隊等に対する協力支援活動等に関する法律」(国際平和支援法) の2つの法律からなり、さらに前者の平和安全法制整備法は、自衛隊の役割拡大や、いわゆる「存立危機事態」の規定に関連する「自衛隊法」「重要影響事態法」「国連PKO協力法」など10本の法律を束ねた一括法である。

図3-1は「安保法制の全体像」としてまとめられたもので、安保法制による自衛隊の活動領域の拡大を4つの方向へのそれとして描いている。

第1象限 (上段右) の「武力攻撃事態法」は、2002年に個別的自衛権行使の具体的な手順をまとめた「有事法制」の中核的法律として制定されていた法律

第3章　東アジアにおける日本の新たな役割

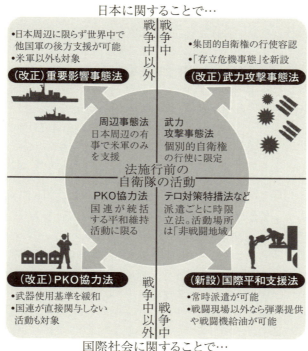

図3-1　拡大する自衛隊の活動
出所:『朝日新聞』2016年3月29日

を改定したものである。今回の改定によって，日本が直接攻撃を受けていなくても，密接な関係のある他国が攻撃され，日本の存立が脅かされたり，国民の生命に明白な危険があったりするような状況を，「存立危機事態」として，集団的自衛権の発動を可能にした。政府はこうした「存立危機事態」の事例として，朝鮮半島の有事（戦争）で日本や日本人を守るために活動する米艦を自衛艦が守るケースや，原油などの輸送ルートにあたる中東・ホルムズ海峡にまかれた機雷を除去することなどを挙げている。しかし，どこまでを「存立危機事態」とするのかについては政府が「総合的に判断する」とされ，明確な判断基準は最後まで示されなかった。

　第2象限（上段左）の「重要影響事態法」は，国の安全にかかわる状況を「重要影響事態」として，すでに述べたように，周辺事態法の地理的制約を外

して自衛隊が他国軍を地球規模で後方支援できるようにするための法律である。地理的制約を外しただけではなく，後方支援する対象を「合衆国軍隊等」とし，米軍以外にも広げている。具体的には「国連憲章の目的の達成に寄与する活動を行う外国の軍隊」として，自衛隊と緊密な協力関係にあるオーストラリア軍などが想定されている。さらに周辺事態法では認めていなかった他国軍への弾薬提供や戦闘に向けて発進準備中の他国軍機への給油も可能となった。

第3象限（下段左）の「PKO協力法」（国連平和維持活動協力法）と新設された第4象限の「国際平和支援法」は，国際的な紛争解決や人道支援など国際貢献のための立法であり，国連中心の集団的安全保障にかかわるような論点が，集団的自衛権の問題と同一の次元で議論されたことを安保法制をめぐる議論や進め方の問題点として指摘する声も多い。

「PKO協力法」は，1992年に制定された同法を改正し，自衛隊員が武器を持って，巡回や検問などの地元住民を守る活動に参加できるようにしたものである。異なる地域で活動する他国軍や民間人の救援に向かう「駆けつけ警護」も可能になった。武器の使用基準も緩和され，従来は自分や周囲の人が襲われた際の正当防衛に限られていたが，たとえば駆けつけ警護に向かう途中，それを妨害する武装勢力を排除するためにも，武器が使えるようになる。さらに改正後は，支援対象となる機関の範囲も拡大し，国連の枠組みに限らず，国連難民高等弁務官事務所（UNHCR）などの関連機関や，欧州連合（EU）など国際組織による要請で派遣もできるようになる。

「国際平和支援法」は，日本の安全には直接影響がないが，国際社会の平和を脅かすような戦争や紛争が起こって国際社会の対応が求められる状況を「国際平和共同対処事態」とし，その際に自衛隊を派遣できるようにするためのものである。これまでも日本政府は，2001年の米国のアフガニスタン侵攻にともなう自衛隊のインド洋への派遣や2003年のイラク復興支援活動への派遣など，それぞれの事態ごとに時限立法として特別措置法をつくって派遣してきた。今回の国際平和支援法は恒久法とするとともに，派遣自衛隊の活動範囲も，重要影響事態法と同じように他国軍に物資補給や輸送，弾薬提供などができるように広げている。

こうして安保法制は，最終的には「政府の総合的な判断」によって集団的自衛権の発動による自衛隊の武力行使を可能にするとともに，「後方支援」につ

いても地理的な制約をなくしたばかりか，弾薬提供などその内容も国際的には戦闘行為とみなされても仕方がないような支援も含むことになった。まさにそれは，安倍首相の外祖父が夢見て果たせなかった"戦争国家"への脱皮であり，「解釈改憲」の域を超えた憲法体制の空洞化を物語っている。

2　戦後民主主義の危機と東アジア

戦後日本とアジア

　序章で述べたように，日本は，第2次世界大戦後の国際冷戦が東アジアで熱戦（朝鮮戦争：1950～53年）となるなかで単独講和（1952年）を締結し，これによって独立を回復した。敗戦は英米との戦争での敗北であり，国民の間で侵略や植民地支配への反省の意識は薄く，近代日本の"脱亜"の体質が問われることはほとんどなかった。ここに確定した「脱亜入米」ともいうべき日本の外交政策の基調は，今日まで大きくは変わっていない。1950年代には，改憲や軍事強国としての復活を目指す動きも顕著であった。だが，すでに述べたように1960年の安保闘争がこれを阻み，日米同盟を基軸とする経済重視・軽武装の吉田路線が定着して憲法改悪の機運は失速した。

　「安保闘争」は，新憲法に込められた平和主義の理念が国民の間に広く根づきつつあることを示した。だが，序章でも述べたように，この安保闘争を支えた国民意識や歴史感覚は唯一の被爆国としての戦争体験，戦争の被害者としての国民的体験であって「侵略者・加害者」としての自覚にたったアジアとの和解・共存の志向は乏しかった。

　この頃では，経済面でもアジア諸国との関係はそれほど切実なものと意識されていなかった。戦後復興から高度経済成長の初期段階は，もっぱら内需や米国市場に導かれた経済発展が実現していた。だが，1960年代に入ると，民間の設備投資と米国市場に依存する経済成長も限界に達し，アジアへの経済進出が本格化する。日本のアジアへの経済進出は，インドシナへの軍事介入や経済開発優先の強権体制樹立を内容とする，この頃の米国のアジア政策とも深く結びついていた。

　アジアへの日本のかかわりが増大するなかで，歴史認識の問題が日本に大きく立ちはだかることになる。1970年代初頭にはニクソンの電撃訪中による米

中和解があり，これに続いた1972年の日中共同声明では「過去において日本国が中国国民に重大な損害を与えたことについて責任を痛感し，深く反省する」と侵略戦争に対する認識を明確にすることが求められた。さらに日中共同声明から10年後の1982年，当時の文部省が教科書検定で「侵略」を「進出」などと書き換えることを指示して中国・韓国などから猛烈な非難を浴びた。この「教科書問題」をめぐる世論の喚起には，植民地支配や侵略戦争を問い直そうとする日本の市民自身による取り組みが大きな役割を果たした。「教科書問題」以来，日本の首相や天皇がアジアへの加害責任をいかに認識しているのか，ということが繰り返し問われることにもなった。

　一方，1985年のプラザ合意以後の急激な円高によって地域社会に流入するアジア系外国人が急増したうえに，日本人の海外体験の機会もかつてなく増大した。経済生活がほぼ1国で完結しえた時代の日本人の他者認識にようやく変化が兆しはじめる。やがて冷戦体制の崩壊と湾岸戦争（1991年）が同時に訪れ，日本はその経済力に見合った国際社会への貢献を迫られる。だが，「国際貢献」に乗り出せば，日本の軍事大国化を恐れるアジア諸国の反発を招き，「冷戦後の日本の国際的役割を定義するためには，過去の清算が必要であった」（新井 2006）。

　そういうなかで，アジア侵略を「厳しく反省」した海部俊樹首相のシンガポール演説（序章参照）があった（1991年）。さらに同年には，元従軍慰安婦・金学順の実名による告発があり，その衝撃の大きさに日本政府も本格的な調査に乗り出さざるを得なかった。この調査結果に基づいて93年，従軍慰安婦への「軍の関与」を公式に確認した河野洋平官房長官による「河野談話」が実現した。

　時代の変化は日本人の価値観や投票行動にも変化を生み，1993年7月の総選挙で自民党は過半数を大きく割り込んだ。8月には，細川護熙・非自民連立内閣が成立したが，細川首相は，所信表明演説で過去の「侵略戦争」と「植民地支配」について首相としては異例なほどに踏み込んだ形で「反省とおわびの気持ち」を述べた。

　なりふり構わず政権の奪還に動いた自民党は，1994年，社会党・さきがけと結んで政権に返り咲いた。流動化する政治構造の隙をつくようにして護憲政党の社会党が権力の一角を占めるようになった。そればかりか党首の村山富市

が首相の座について，戦後50年の「国会決議」をめぐる曲折を経て，8月，村山談話（内閣総理大臣談話）が発せられることになった。「植民地支配と侵略」の反省と謝罪がいわば一点の曇りない言葉で語られたこの村山談話は，まがりなりにも日本政府の公の意思として示されたものであり，それは加害の自覚や反省が国民的にも共有される度合いのピークを表していた。

歴史修正主義

ところが，「過去の反省」は，日本の"近代"そのものの否定につながり，ひいては日本人のアイデンティティさえも揺るがしかねない，という危機感が日本社会の底流を捉えはじめたのもこの1990年代半ばからであった。細川首相の所信表明や「河野談話」に対しても，靖国神社の「国家護持」を掲げる日本遺族会や，自民党内の保守派の巻き返しがすさまじかった。「村山談話」を経た96年には，自民党など100人を超える議員が「〈明るい日本〉国会議員連盟」をつくり，「自虐的な歴史認識や卑屈な謝罪外交には同調しない」ことを宣言した（新井 2006）。「自由主義史観研究会」「新しい歴史教科書をつくる会」なども相ついで発足し，グローバル化の潮流に水を差すかのように，「国民意識」の立て直しやナショナリズムの復権への動きが目立った。

こうした時代の潮流は，政界での改憲論議を復活させることになった。憲法施行50周年にあたる1997年5月，自民党・新進党（当時）議員を中心とした超党派（共産党・社民党を除く）による憲法制度調査委員会推進議員連盟が発足した（代表・中山太郎，衆議院議員269名・参議院議員105名参加）。1999年には国会の正規の機関として憲法調査会が参院・衆院のそれぞれに設置された。この憲法調査会自体は，その名の通り「日本国憲法について広範かつ総合的に調査を行う」ことを目的としていて，必ずしも改憲を目指すものとして設置されていたわけではない。しかし，「当初から最後まで「調査」に名を借りた改憲論議に終始し」（自由法曹団），2005年に衆院・参院それぞれに提出された「報告書」は，憲法「改正」の方向を色濃くにじませていた。

もちろん，戦前の国家主義への回帰や憲法改悪を求める動きは，1990年代の後半以降になって初めて顕在化したわけではない。1980年6月自民党は衆参ダブル選挙で大勝し，その勢いに乗じて8月にはいわゆる「奥野発言」が飛び出した。すなわち，現役の法務大臣であった奥野誠亮が「いまの憲法は占領

軍の指示に基づいて決定したものであり国民の間から自分達で〔憲法〕を作ろうという議論が出るのは望ましい」と述べたのである。これをきっかけに開店休業状態にあった自民党憲法調査会が活動を再開し，改憲の第三の波が急速に」（渡辺 1987）盛り上がった。だが，この頃では，自民党内に「明文改憲派」と「解釈改憲派」（現状不変更派）の分岐があり，依然として後者が多数派を占めていた。創設から四半世紀を超えて自衛隊の存在が国民の間で受容されるようになったものの，この1980年代では，江藤淳が「現行憲法，とくにその第九条は，今日にいたるまで「一切の批判」を拒絶する不可侵の"タブー"として日本の国民心理を拘束しつづけている」（江藤 1980）と嘆かざるをえないような状況が続いていた。

　1990年代の半ば以降にあらためて台頭する改憲の潮流は，「新しい国家主義」とか「新しいナショナリズム」と言われるように，1980年代のそれとはその背景や規模を明らかに異にしている。ドイツの「歴史修正主義」になぞらえられるように，今日の国家主義的な潮流は，近代日本の侵略や他民族支配の反省にたった歴史観（歴史修正主義の立場からいえば自虐史観）が広く国民的に浸透しつつあったことへの反動としての性格が強い。それに加えて失われた10年とか20年と言われるようなこの間の日本社会の変化が日本人の心に重くのし掛かっている。日本経済の長期停滞のもとでグローバル化の破壊力が社会の深部に達し，地域や職場のコミュニティが衰え，人々は散り散りとなってやり場のない喪失感に苛まれている。そういう，社会に蔓延する鬱屈した感情が，歴史修正主義の反動や排外主義の拡散の追い風となって，教育現場の教師を含む若い世代をも巻き込んでいる。さらに，歴史修正主義に対抗する革新勢力の衰退，公明党の政権党化，民主党政権の失敗など，小選挙区制に根ざす政党政治の流動が有権者の政治選択の幅を狭めたり狂わせたりしている。

右傾化の限界

　そういうなかで安倍政権が戦後レジームの脱却を掲げて登場した。「戦後レジーム」とは「憲法を頂点とした行政システム，教育，経済，雇用，国と地方の関係，外交・安全保障などの基本的枠組み」を意味し，この「戦後レジームからの脱却を成し遂げるためには憲法改正が不可欠です」（安倍晋三HP）とされる。さらに，戦後日本の歴史認識の到達を示す「村山談話」や「河野談話」

についてもその見直しや「新しい談話の必要性」が強調されている。韓国の激しい反発などで「見直し」は撤回されるが、「村山談話」については、やはり有識者会議（21世紀構想懇談会）の諮問を経て発表された戦後70年の安倍談話（2015年8月）によって上書きされることになった。「村山談話」を踏襲するものとされ、「植民地支配」「侵略」「痛切な反省」「おわび」といったキーワードは盛り込まれたものの、「安倍談話」の精神や内容は「村山談話」のそれから隔たっている。

「安倍談話」では、1930年代の「満州事変」以降の日本については「進むべき針路を誤り、戦争への道を進んで行きました」との反省が述べられるが、台湾や朝鮮の植民地支配についての実質的な反省は巧妙に回避されている。むしろ「アジアで最初に立憲政治を打ち立て……日露戦争は、植民地支配のもとにあった、多くのアジアやアフリカの人々を勇気づけました」とされる。それは"脱亜"によって特徴づけられる近代日本の達成を、誇りを持って振り返ろうとする歴史修正主義の語り口と軌を一にしている。1910年の韓国併合が日露戦争の直接の帰結であったことを思うと、そうした歴史観は韓国人にとってはとうてい受け入れがたいものと言わざるを得ないし、村山談話からの大きな後退と映るであろう。

「政治意識の基礎には歴史意識がある」（中村 2005）との言葉の通り、憲法改悪を主張する国家主義の主張には必ず、幕末・明治の日本人の偉業を日本人や日本国家の誇りとして省みる歴史修正主義の主張をともなう。後述するように、集団的自衛権に道を開く日本の新国家主義の対外政策は、米国のアジア政策にも対応するものである。だが、新国家主義の歴史観は、同じ米国のアジア政策の一翼を担う韓国の反発を生み、そのことは、米国のアジア政策にある種の亀裂や齟齬をもたらしている。

戦後70年にして日韓国交正常化50年となる2015年も暮れようとしていた12月28日、日韓両政府は、日韓間の重要な懸案となっていた慰安婦問題を決着させることで合意した。慰安婦問題が軍の関与の下に多数の女性の名誉と尊厳を傷つけた問題であることを日本政府が認めて安倍首相が「心からのお詫びと反省」を表明し、元慰安婦支援で韓国政府が新たに設立する財団に日本から10億円を拠出する、といった内容で、日韓双方が、この枠組みを「最終的かつ不可逆的解決」とすることを確認したとされる。

この決着は，慰安婦問題で軍の強制を示す資料は見つかっていないとして「河野談話」の見直しを示唆していた安倍政権にとっても，そしてあくまでも日本政府による公的謝罪と補償を求めてきた韓国政府にとっても，大いなる妥協であり，その背後にアジア政策の亀裂や齟齬を繕おうとする米国の強い圧力を感じさせる。しかし，韓国では市民団体・野党・元慰安婦からの激しい反発があり，日本でも安倍首相への"失望"や"批判"が右翼や歴史修正主義の潮流から吹き出している。12月28日の決着が実際に「最終的かつ不可逆的解決」となるかどうかは不透明であり，日韓関係は今後も米国のアジア政策にとって頭痛の種としてあり続けるであろう。一方でその決着は，日米同盟という枠組みでの日本の国家主義的な右傾化の限界点をも浮き彫りにしたといえる。

3　米国のアジア政策と日本

米国の「新国防戦略指針」

米国防総省は，2012年1月，「米国のグローバルリーダーシップの維持——21世紀の国防における優先事項（Sustaining U. S. Global Leadership : Priorities for 21st Century Defense）」と題する「新国防戦略指針（Defense Strategic Guidance）」を発表した。この「新国防戦略指針」は，それまでの米軍の2正面戦略からの後退とアジアシフトへの戦略転換，これにともなうアジアの同盟国との関係強化を主たる内容としている。日本，韓国などアジア地域の同盟諸国はそれぞれの仕方でこの新しい戦略環境への適応を求められることになる。安保法制も一面ではそういう米国の新国防戦略以後の東アジアにおける日本の地位や役割に対応している。

冷戦終結後，米政権は，「同時に生起する2つの大規模戦争に対処する2正面戦略」を堅持し，オバマ政権も成立当初はこれを継承したが，軍事費の大幅削減の必要から2正面戦略を撤回して「1正面プラス（ワンプラス）」に移行したのである。「1正面プラス」とは，1つの大規模紛争に対処する一方，"第2の敵"が戦争を起こさないように封じ込める戦略を意味する。深刻な財政危機に象徴される国力の衰えが明らかになるなかで，2正面でことを構えるだけの軍備の維持は難しくなっていた。2011年8月には予算管理法が成立し，国防費を，今後10年間で4870億ドル以上削減するとされていた。

第3章　東アジアにおける日本の新たな役割

　アジアシフトについては，2011年11月17日にオーストラリアのダーウィンでのオバマ演説で，アジア太平洋地域への「リバランス」が宣言され，その政策が推進されてきた。オバマ政権内では，国際システムにおける富，パワー，影響力がいまやヨーロッパからアジアに移り，アジア太平洋こそが世界の経済，政治，安全保障の趨勢を左右する地域になったという状況認識が共有されていたという（ベーダー 2013）。言うまでもなく，このアジアシフトの最大の眼目は台頭する中国への対処である。

　冷戦後の米国の中国政策は，"関与"と"抑止"，つまり，中国に経済的に"関与"すると同時に軍事的に"抑止"し，中国をして「責任ある利害関係国（Responsible Stakeholder）として国際社会の一員にすることであった。ブッシュ政権下では対中抑止の側面が際立ったが，オバマ政権は，発足当時，いわゆる戦略的再保障（Strategic Reassurance）という政策を打ち出し，中国の地域覇権を認める代わりに，米国の同盟国の安全や既得権益を中国に認めさせる共存関係の達成を目指した。

　だが，こうしたオバマ政権のアプローチにもかかわらず，中国は南シナ海や東シナ海での動きを活発化させるとともに対艦弾道ミサイルを増強するなど接近阻止（A2）・領域拒否（AD）能力の開発に力を注いだ。中国は，有事に際して，米本土やハワイ，グアム，横須賀などの在日米軍基地から西太平洋の制圧のために出撃する米軍をできるだけ中国沿岸の遠方海域で迎撃できる能力を高めようとしてきた。A2は，中国の軍事作戦に対して米国軍の介入を阻止する目標ライン（第1列島線：九州を起点に，沖縄，台湾，フィリピン，ボルネオ島に至るライン）であり，ADは米国軍が自由に作戦を展開することを阻む目標ライン（第2列島線：伊豆諸島を起点に，小笠原諸島，グアム・サイパン，パプアニューギニアに至るライン）を意味する（次頁，図3-2）。「新国防戦略指針」は，この中国のA2/AD戦略の達成阻止を，米国のグローバルリーダーシップを維持する基軸（pivot）として，新たに空海軍統合戦略（Joint Air/Sea Battle）を打ち出している。

　この空海軍統合戦略は，中国の対艦弾道ミサイルや空中発射の弾道ミサイルなど精密誘導兵器に対処するために，空・海軍を増強しつつその一体的運用を目指すものである。空海軍統合戦略に対応して日本の軍事力の展開や後方支援の役割が一気に増大した。

第Ⅰ部　アジアの変容

図3-2　接近阻止（A2）・領域拒否（AD）ライン
出所：『フォーリン・アフェアーズ・リポート』2015年4月号。

「新国防戦略指針」は米軍が増強すべき分野を列挙しているが（たとえば「サイバー及び宇宙空間における優位の確立」「無人機（UAV）や哨戒機活動を含むISR（情報・監視・偵察）の強化」「海上交通安全維持のための機雷掃海：海上阻止活動：捜索・救難」「日米軍施設・区域などの警護」「空中・海上給油を含む後方支援活動」「航空輸送，高速輸送艦などを含む海上輸送」「港湾・空港，道路，水域・空域及び周波数帯の使用」など），その大半は，日本に役割分担として求められる内容のものであり，実際に2014年の日米ガイドラインに盛り込まれて安保法制によって実行可能となった分野が多い。

アジアシフトの限界と揺らぎ

「新国防戦略指針」のアジアシフトは，中東地域で猛威を振るうようになったIS（Islamic State）やシリア内戦，イラン核問題，ウクライナ問題，イスラエル・パレスチナ問題などへの対処の必要から容易には進展していない。深刻な財政難もアジアへのリソースの振り替えを妨げている。そしてそうであればあるほど，日本の役割が大きくなり，2015年2月に5年ぶりに発表された米国の「国家安全保障戦略」においても「同盟国などに防衛上の対処負担を求め

ていくこと」や「パートナーとの共同行動」がそれまで以上に強調されている。だが，日本が米国のアジア戦略に対応してその期待された役割を果たそうとすれば，改憲と歴史修正主義の2本柱からなる「国家主義」のアクセルをふかさなくてはならない。そのことは韓国など同盟国との間に軋轢を生み，米国のアジア政策に深い裂け目をもたらしている。

「新国防戦略指針」をめぐって韓米関係にも微妙なすきま風が吹きつつある。米国は，北朝鮮に対する抑止と朝鮮半島の平和維持に言質を与え続けているが，前述の空海軍統合戦略は，有事に際して同盟国や友好国を支援する際にはオフショアーでの戦略にウェイトを置いている。つまり，これまでのように大規模な地上軍を投入するのではなく，Air-Sea（空海軍）主体で，巡航ミサイルなどの遠距離打撃による支援が中心となる。朝鮮半島有事を想定した作戦計画では米軍総兵力69万人が派遣されることになっている。だが，「新国防戦略指針」に則して米国は地上兵力を向こう5年間で10万人（陸軍57万人→49万人，海兵隊20.2万人→18.2万人）削減する計画であり，朝鮮有事の作戦計画も見直すことになれば，それだけ韓国は重い追加負担を負うことになりかねない。そもそも，韓米両政府の間で，米軍が持っていた米韓連合軍の戦時の作戦統制権が2015年12月には韓国軍に返還され，東豆川などソウル以北で対北朝鮮ヘッジとして機能していた在韓米軍もソウル南方の黄海に面する平澤に移転されることが決まっていた。これによって在韓米軍の「戦略的柔軟性」が高まり，対中国ヘッジとしての役割を強めることが見込まれたが，このことは一方で，「新国防戦略指針」による米国の兵力再編の動向とも相まって，戦時に韓国は米国に見捨てられるのでは，という不安を高めることになった。

そうした不安もあって2013年3月22日，ジェームズ・D・サマー韓米連合司令官と鄭 承兆（チョンスンジョ）合同参謀議長の間で「韓米共同局地挑発対備計画」が署名されていた。同計画は北朝鮮が局地的な挑発行動に出た場合，米軍が自動的に介入して北朝鮮の攻撃地点はもちろんその支援勢力と指揮勢力まで攻撃するというもので，米軍はE3ジョイントスターズ偵察機や，在韓米空軍および砲兵部隊，在日米軍のFA18戦闘機，在日海兵隊を出動させることになっている。

さらに2014年10月には，米韓政府間で2015年12月に予定されていた作戦統制権の韓国軍への返還延期と，在韓米軍部隊のソウル以北での残留が合意された。これは，韓国側の不安を解消する合意でもあったが，朝鮮半島での米韓

連合軍の戦時作戦統制権は引き続き米軍が掌握することになった。

ところが，集団的自衛権の行使を可能にする安保法制の制定によって，戦時の作戦統制権を持つ米軍が韓国領内でも自衛隊の後方支援を求める可能性が生まれていて，韓国ではこれに対する不安や疑念の声が上がるようになった。安保法制成立直後の9月21日，韓国の国会法制司法委員会で韓民求（ハンミング）国防相は，朝鮮半島有事に際して日本の自衛隊が韓国に派遣される場合「たとえ米韓連合軍司令官の要求があっても，韓国は拒否できる」と釘を刺し，韓国側の安保法制への警戒心を示している。この間，米韓・米日の軍事的連携が一段と強まるなかで，朝鮮半島有事をめぐる日韓間の協議は，両国関係の冷え込みもあってほとんど進んでいない。安保法制の制定は，米日韓の軍事同盟の歪な構造をあらためて浮き彫りにしているのである。

こうして財政負担の軽減を目指した米国の戦略転換は，第2章でも詳しく触れられているように，THAAD（終末高高度防衛ミサイル）の韓国配備問題ともあいまって東アジア諸国間の安全保障上のディレンマをより深刻なものにしている。

一方，2014年11月，沖縄では県知事選で普天間基地の名護市辺野古への移設中止を訴えた翁長雄志が当選した。日本政府はこうした沖縄県民の民意を顧みず，2015年9月29日についに辺野古の沿岸部で埋め立ての本体工事に着手した。日本政府は，沖縄の米軍基地の存在を朝鮮半島や台湾海峡での有事の際の抑止力，あるいは尖閣諸島をめぐって対立する中国への牽制の必要から不可欠なものとしてきた。だが，「新国防戦略指針」では，海兵隊を含む地上軍を削減し，海外のプレゼンスはローテーションによる部隊展開や，2国間・多国間演習を繰り返すことによって維持されるものとしている。これにともなって沖縄の海兵隊兵力もその多くがグアム，オーストラリア，ハワイなどに分散移転し，沖縄に残るのは司令部と小規模な地上兵力（第31海兵遠征隊），そしてオスプレイ，ヘリといった航空部隊のみとなった。

そもそも沖縄の海兵隊は，尖閣諸島などをめぐる中国の牽制や，朝鮮半島有事への対応とは関係しないものともされる。すなわち「沖縄海兵隊の大きな役割は，アジア太平洋諸国と共同訓練を積み重ねることで信頼関係を醸成し安全保障ネットワークを保守管理することだ」（島袋・阿部責任編集 2015）と言われる。こうした沖縄米軍基地の実態は，沖縄基地を自国の安全のためにだけ位置

づける日本政府の見方とは大きな開きがある。その齟齬は，歴史認識をめぐる日・中韓の対立とも相まって東アジアをめぐる日米同盟の揺らぎや軋みを生んでいる。

参考文献

新井信一『歴史和解は可能か　東アジアでの対話を求めて』岩波書店，2006年。
江藤淳『一九四六年憲法――その拘束』文藝春秋，1980年。
島袋純・阿部浩己責任編集『沖縄が問う日本の安全保障』岩波書店，2015年。
中村政則『戦後史』岩波書店，2005年。
ベーダー，J・A（春原剛訳）『オバマと中国――米国政府の内部からみたアジア政策』東京大学出版会，2013年。
吉原公一郎・久保綾三編『日米安保条約体制史3　1961〜1968年』三省堂，1970年。
渡辺治『日本国憲法「改正」史』日本評論社，1987年。
United States Department of Defense, *Sustaining U. S. Global Leadership : Priorities for 21st Century Defense*, 2012.

第4章　南アジアの宗教と人間の安全保障

ジョルジオ・シャーニー

1　植民地統治下における「宗教」の構築

植民地統治性とは

ポストコロニアル世界の「宗教」概念は輸入された文化的カテゴリーであり，それは「植民地統治性 (colonial governmentality)」体制の一部として宗主国から現地の社会に強要されたものであった (Chatterjee 1993 : 14-35)。

しかしながら植民地統治性は，ヨーロッパにおける統治性とは決定的に異なった。まず第1に，「植民地」国家は，インド社会の内的論理から必然的に誕生したわけではない。すでに指摘されている通り，それは人々とはかけ離れた入植者達からインド社会に強要されたもので，入植者達は人々を異なる民族に分けて支配した。英国による植民地化政策以前の権力の中心は，政治，経済，宗教機能の非対称的分散を特徴とするカースト秩序（ジャーティとヴァルナの秩序）であった。ヒンドゥー国家であれムスリム国家であれ，国家は社会関係に立ち入ったり，再編しようとしたりはせず，インド社会においては二義的な存在で，余剰生産物の搾取に専念していた。だが英国人はインド全土における英国王による権力の独占によって特徴づけられる中央集権的支配装置を導入した。伝統的インド社会では権力が，神話的「村」共同体から地方の王国や帝国まで多くの異なる正当な権力層に分散されていたが，植民地支配は正当な政治権力のすべてを国家に注ぎ込もうとした。英国支配地域で東インド会社から王権支配に移行したことによって，伝統的政治権力構造の正統性は失われ，1877年の国王称号法を経て，インド人達は英国女王の臣下となった。伝統的政治権力の失墜は支配者と被支配者間の既存の意思疎通と苦情処理の回路を閉鎖させた。そこで伝統的エリートと新しく出現してきたエリートは，意見をかわすための異なるオーディエンス（聞き手）と異なる言語を見つける必要があった。この

郵便はがき

`6 0 7 - 8 7 9 0`

料金受取人払郵便
山科局承認
1242

差出有効期間
平成29年7月
20日まで

（受　取　人）
京都市山科区
　　日ノ岡堤谷町１番地

ミネルヴァ書房

読者アンケート係 行

|||||||||||||||||||||||||||

◆ 以下のアンケートにお答え下さい。

お求めの
　書店名＿＿＿＿＿＿＿＿＿＿市区町村＿＿＿＿＿＿＿＿＿＿＿＿書店

＊ この本をどのようにしてお知りになりましたか？　以下の中から選び、3つまで○をお付け下さい。

　　A.広告（　　　　　）を見て　B.店頭で見て　C.知人・友人の薦め
　　D.著者ファン　　　E.図書館で借りて　　　F.教科書として
　　G.ミネルヴァ書房図書目録　　　　　　　H.ミネルヴァ通信
　　I.書評（　　　　　）をみて　J.講演会など　K.テレビ・ラジオ
　　L.出版ダイジェスト　M.これから出る本　N.他の本を読んで
　　O.DM　P.ホームページ（　　　　　　　　　　　）をみて
　　Q.書店の案内で　R.その他（　　　　　　　　　　　　　）

書 名 お買上の本のタイトルをご記入下さい。

◆上記の本に関するご感想、またはご意見・ご希望などをお書き下さい。
　文章を採用させていただいた方には図書カードを贈呈いたします。

◆よく読む分野（ご専門）について、3つまで○をお付け下さい。
　1. 哲学・思想　　2. 世界史　　3. 日本史　　4. 政治・法律
　5. 経済　　6. 経営　　7. 心理　　8. 教育　　9. 保育　　10. 社会福祉
　11. 社会　　12. 自然科学　　13. 文学・言語　　14. 評論・評伝
　15. 児童書　　16. 資格・実用　　17. その他（　　　　　　　　）

〒			
ご住所			
		Tel　（　　　）	
ふりがな お名前		年齢 歳	性別 男・女
ご職業・学校名 （所属・専門）			
Eメール			

ミネルヴァ書房ホームページ　　http://www.minervashobo.co.jp/
＊新刊案内（DM）不要の方は × を付けて下さい。　□

聞き手というのはもちろん，少数のヨーロッパ人エリートに支配された植民地国家である。よって植民地国家はもっとも典型的な意味での国家建設過程をたどった。つまり，「国家」と呼ばれる制度的仕組みは，近代ヨーロッパ史の産物から多くを借用した道具一式を使ってインドの大地において入植者達によって文字通り「建設」されたのである（Kaviraj, 2000：143）。

　このことは，植民地統治性の2つ目の特徴を表している。つまり，非民主的性質である。ヨーロッパの民主化は，被支配者の見地から次第に近代国家を正当化し，自らその創出に寄与した「国民」による「占領」を促進してきた。そして，その過程で近代国家は，20世紀における福祉国家とともに市場や，さらには家族などの「私的領域」にまで拡大と侵入を続けてきたにもかかわらず，国民主権の原則は植民地には適用されなかった。1935年のインド統治法が民族主義者の運動に応えて選挙権を拡大するまでは，植民地支配はインド人のための，もしくはインド人を代表する統治であったとしても，インド人による統治では決してなかった。植民地国家は当初，自身が統治する人々にとっての便益ではなく，英国の利益に照らして本国民に対し自らの正当性を求めようとした。これらの物質的利益が確保されると，植民地国家は英国世論との対話で「もっともらしい」口調を用い，文明化という使命に依拠して自らの支配を正当化しようとした。ただし，本国民との植民地的「対話」は，立法と教育を通して行われたインドの中間層との「対話」とは異なっていた。「遠い一般大衆」にとっては対話などないに等しく，むしろ「力の独白」であった（Kavilaj 1994：21）。つまり植民地国家は新たに参政権を付与された有権者の要求や決まりに妨害されることはなく，ゆえに本国の国民国家よりも強靱かつ抑圧的であった（Kavilaj 1994：35）。

　植民地統治性の3つ目の特徴は，資本主義との関係である。ヨーロッパにおいて資本主義への移行は，まず農業革命そして次に産業革命を引き起こした漸次的過程であり，そのなかから土着の階級としてブルジョアジーが生まれた。彼らによる私的領域における生産手段の所有と交換は，国家の樹立を通して公共領域でのヘゲモニーの源泉となった。しかしインドでは植民地国家の建設が，資本主義への転換に先行し，またそれを方向付けた。デイビッド・ウォッシュブルックが指摘する通り，明らかに植民地主義は「南アジアにおける資本主義発達史自体の論理的帰結」ではないが，インドに資本主義が出現するための前

提条件であった（Washbrook 1988：76）。

　ラナジット・グハは近代植民地主義が，権力と権威の社会関係に民主的変容をもたらさずに南アジアで資本主義が優勢となるための歴史的条件であったと論じる。グハにとって「植民地主義」は，「植民地ブルジョアジーが彼らの普遍化のためのプロジェクトを遂行し損ねた場合にのみインド亜大陸で1つの権力関係として存続し得るものであった。刀をもちいて創造した国家の性質は，この点を歴史的必然にした」（Guha 1997：5-6）。その結果もたらされたものは植民地資本主義によって変容した社会であったが，そこでは人々の生活と意識は広範囲にわたっていかなる種類のヘゲモニーからも免れていた。植民地当局は1919年のモンターギュ・シェルムスフォード改革と1935年のインド統治法を通して限定的な民主主義しか導入しなかったが，彼らによる支配はヘゲモニックではなかった。なぜなら，常識ある枠組みに沿った一般インド人の間の合意形成によりその支配を正当化しようとはしなかったからである。ゆえに植民地期インドの文化は，19世紀英国の自由主義ブルジョア文化の複製として理解されることも，資本主義以前の文化のたんなる残滓として理解されることも受け付けなかった。これは資本主義ではあるが，資本主義ヒエラルキーのない，ヘゲモニックな資本主義文化のない資本主義支配であり，グハの有名な言葉を借りれば「ヘゲモニーなき支配」である（Guha 1997：97-98）。植民地インドにおける政治領域の具現化としての植民地国家は，そのような支配を可能にする条件でありかつ産物であると言えるだろう。

　しかしヘゲモニックでなかったとはいえ，植民地国家は南アジア社会に，ヘゲモニーというより複数のヘゲモニーが潜在的に生起し得る制度的アリーナ，つまり公共領域を導入した。言い換えれば，植民地国家はインド国民を含む集団的土着アイデンティティの「想像」を促した。それは分類と列挙の近代科学技術の導入を通して行われ，南アジアの政治風景を変化させた上に，現在でもその政治を成形し続けている。とくにセンサスの導入は，それまで「曖昧」だった共同体を「列挙型の」共同体へと変貌させた（Kaviraj 2000, 2010）。

「本質化された宗教」

　センサスが1872年に開始され，1881年からは10年ごとの実施になって以来，「本質化された」アイデンティティが誕生した。およそ50万人のインド人

が，多くは自発的に国勢調査員となって，年齢，住所，職業だけでなくカースト，民族，宗教についての基本的個人情報を収集した。バーナード・コーンが指摘するように，「社会カテゴリーの創出はセンサス実施の必然的結果としてもたらされ，インドはこれらのカテゴリーに基づいて行政的に統治されたのである」(Cohn 1996：8)。センサスは，宗教的，社会的，文化的差異を客観化した。カーストや宗教のカテゴリーは均質的で相互に排他的であると見なされた。よって，植民地期パンジャーブ地方のカーストや宗教の境界線は「曖昧」であったにもかかわらず，ある人が自己をクシャトリアでありヴァイシャでもあると主張することは，シーク教徒でありながらヒンドゥー教徒でもあると公言するのと同じくらい非合理的なことだと見なされた。そのうえ植民地国家は，統計調査と空間地図を導入することによって，これら共同体を容易に列挙することができた。カヴィラージがすでに指摘しているとおり，「こうした近代的統計学が到来する以前は，領土内に広がる集団の分布を明確に把握することなど不可能で，それゆえに人々が政治的意味での自己の主体としての可能性をはっきりと認識することはできなかった」(Kaviraj 1997：326)。つまり共同体の列挙によって，ローカルなカーストや民族宗教共同体は，ナショナルな政治的共同体へ変換された。たとえば「ヒンドゥー教徒」は，パンジャーブ地方では少数派だと自己認識したであろうが，他の政治的共同体と比較すると人数が減少しているとはいえ，それでもなおインド「人口」の圧倒的多数派を形成しているというセンサスの結果に勇気付けられたことだろう。他方「イスラーム教徒」は，一千キロにおよぶヒンディーベルトで仕切られたインド北部の2地方でのみ「多数派」だと分かる。そして，シーク教徒はどの地方でも多数派ではなく，近代の多数決主義政治の到来により比類なく不利になったことに気づく(Shani 2007：a)。

　ここまで述べてきたとおり，英国の統治性は「人々」を均質，等質な個人の集合体として扱った。ひるがえって植民地統治性は，民族宗教「共同体」ごとに異なる選挙区や雇用機会を導入して，カーストや宗教という「根源的」カテゴリーを識別し，さらに増幅していった。「信仰」という意味ではなく「イデオロギー」としての「宗教」概念は植民地土着のカテゴリーではない。それにもかかわらず，結果として，南アジアや他のポストコロニアル世界の多くで，こうした「宗教」概念が主観性を定義し続けている。

第Ⅰ部　アジアの変容

2　分割の亡霊——ポストコロニアル南アジアにおける共同体間暴力

印パ分割と暴力

英国統治時代の遺産として残る宗教アイデンティティの民族化と本質化は，分割以降の南アジアにおける政治言説の構造的特徴であった。英国の植民地政策は南アジアで民族宗教共同体の形成を促し，植民地独立後のインド亜大陸エリートが世俗的な資質を持っていたにもかかわらず，新しい市民達はインドとりわけパキスタンを主たる民族宗教的伝統の観点から捉えずにはいられなかった。分割はパキスタンにおける少数派であるヒンドゥー教徒およびシーク教徒を一掃して「世俗的な」インド人イスラーム教徒を2級市民へと効果的に転換させた。そして，彼らの国民国家への忠誠心は北側で暮らす隣人との間に諍いが起こるたび絶え間なく疑われてきたのである。

1200万人以上が移住させられた印パ分割は，「人類史上もっとも大規模な人々の動乱」であった（Brass 2003：75）。パンジャーブ州だけで見ても550万人のイスラーム教徒，450万人のシーク教徒およびヒンドゥー教徒がラドクリフ・ライン（分割線）を超えて移住させられた。そして，1947年の夏から秋にかけて州全域の共同体間で野火のように広がった組織的暴動によって推定50万人が死亡した。ベンガルでは1946年8月にカルカッタで「共同体」暴力が勃発し，同じく50万人ほどが死亡したと言われているが，検証可能な数字がないために，現在でも「噂の極印を押された」ままとなっている（Pandey 2001：91）。

植民地期の暴力との違い —— 5つの特徴

こうした暴力は分割の中核をなしていた。そして，5つの主要な点で植民地期の断続的宗教間「共同体暴力」とは異なっていた。第1に暴力は，国家的言説と国家形成の諸問題に強く影響されており，そこには領土化された国民国家というウェストファリア的世界秩序が刷り込まれていた。ヒンドゥー教徒，イスラーム教徒，シーク教徒間の共存という「古い」多民族的言説に対抗するものとして「新しい」国家的言説が登場し，暴力をさらに加速させてしまった（Hansen 2002：29）。次に暴力は，2つの新しい国家の間に国境線が引かれるの

を許し，彼らが主張する国家主権を「正当性」した。しかしこれらの新しい国境線は流血の上に引かれたものであり，分割暴力の第2の特徴を指し示している。つまりは大量虐殺的な性質である。植民地期の北インドで断続的に勃発した共同体間暴力は，いつも多数の死亡者とそれを上回る数の負傷者を生み出した。分割暴力における目的は，他の宗教共同体メンバーを拷問し，重傷を負わせ，殺害することによってその地域を「民族的に浄化」することであったので，そこで生き延びる唯一の方法は逃亡しかなかった。

そして，この戦術は注目すべき結果をもたらした。分割以前，ムスリム連盟は，イスラーム教徒が多数を占める州で圧倒的多数のムスリム票を獲得できなかった。英国寄りではあるが，3大宗教共同体間の共存に基づく多文化的言説を主張していた地域政党，統一党の強いパンジャーブでとくにその傾向が認められた。全南アジアの故国と称することができるようになったのは，ヒンドゥーやシーク少数派を浄化した分割後のことである。

第3に，分割暴力は伝統的に共同体間暴力の現場であった都市部を超えて農村部まで巻き込んで広がった。1万人が家を追われた1946年8月の「カルカッタ大虐殺」は，分割にともなう暴力の最初の事例だとされている。カルカッタ「地震」の揺れは遠く離れたビハールでも感じられ，ヒンドゥー教徒およびイスラーム教徒の武装集団が互いの共同体メンバーに対する「報復」に向かった（Talbot and Singh 2009：67）。パンジャーブでは，1947年3月のラワールピンディ地区暴動において，ムスリム連盟がビワールやドゥベラーンそしておぞましいことだが，シークの女性や子供が集団自害したトア・カルサなどの村々を襲った。その目的は，宗教的少数者を東パンジャーブやデリー，ウッタルプラデーシュへと強制的に追い出し，イスラーム教徒が彼らの財産と事業を掌握することであった。

第4に分割は，大規模な性暴力によって家族の私的領域にも侵入した。東西パンジャーブの宗教的少数者に対する「民族浄化」は，残忍な性暴力を通しても広く行われた。およそ7万5000人の女性が自分とは異なる宗教の男性に拉致されてレイプ被害にあったといわれており，その結果共同体の境界線が強化された。分割は，女性の身体を「共同体のアイデンティティと名誉の肉体的象徴」と捉えた家父長的宗教エリートによる「セキュリタイゼーション（ここでは女性の身体の安全保障問題化）」をもたらした（Talbot and Singh 2009：66）。民族

浄化の方法にレイプまで用いるような分割暴力の高度に組織化された性質は第5の特徴，訓練され，職業化された元戦闘員による行為を示唆している。

バングラデシュの誕生

分割は，民族宗教共同体の間の断続的な暴力という形で，2つの新たな独立国家を悩ませ続けた。そうした暴力は，少数派や下層集団の人間の安全保障に悪影響を及ぼすものであった。こうした状況は，お互い3度戦火を交えた核兵器保有国であるインドとパキスタンの緊張関係と，より最近では，後述するように「対テロ戦争」によって深刻化している。インドでは，ジャワハルラール・ネルーが中心となる近代化ナショナリスト・エリートがきわめて「宗教的な」社会に世俗的合意を押し付けたが，これは，「かつて植民地国家がインド亜大陸の伝統的な信仰に対して引き受けたものと同じ文明化の使命」(Nandy 1998a : 323) の実践にインド国家が取り組むことを意味しているように思われた。

パキスタンでは多くの宗教的少数派を追放したため，共同体間暴力が，名目上ウルドゥー語を話す西パキスタンとベンガル語を話す東パキスタンという両翼間の民族言語的紛争という形で現れた。そしてこれは，大英帝国からインドとパキスタンが独立した時に劣らないほど暴力的でトラウマを残すようなさらなる分割を帰結した。ジンナーとムスリム連盟は，南アジアのイスラーム教徒が独自の国民を形成していると主張し，宗教に基づく領土的主権を求めたが，同時に，新たな国家の建設においては宗教の突出を否定しようと努めた。これは1947年の彼の演説に明らかである。彼は，憲法制定議会で，パキスタンの市民がいかなる宗教や信条に属するかは自由であるばかりか，宗教的意味ではなく国家の市民という政治的意味においては，「やがてヒンドゥー教徒はヒンドゥー教徒ではなくなり，イスラーム教徒はイスラーム教徒ではなくなるであろう」と述べている。憲法上も法律的にも，パキスタンはその後，この根本的な曖昧さを解消しようと取り組んできたが，新国家の建設を導いたムスリム民族主義の宗教的および世俗的諸側面を分離することにも統合することにも失敗した。パキスタン樹立から約10年後，憲法が最終的に承認された時，新国家はコーランやスンナと矛盾するいかなる法律も認めないイスラーム国家であると宣言したが，イスラーム教を国教と定めることはしなかった。実際，パキス

タンがイスラーム教を国教としたのは，アワミ連盟を支持するベンガル語話者に対しおもに西パキスタン軍による組織的な残虐行為が行われた残忍で激しい内戦を経て，より人口の多い東翼，東パキスタンが分離独立した後のことであった。

カリスマ的指導者のシェイク・ムジブル・ラフマン（1920～75）に率いられたアワミ連盟は，東ベンガルの自治権を訴え，1970年12月の選挙で，定数300のパキスタン国民議会で過半数を獲得した。ベンガル人はパキスタンの人口の半数以上を占めていたが，イスラーム国家内では政治的に周縁化され，経済的に搾取される存在であった。言語上の自治とジュートの輸出益の公平な分配を求める一連の運動は，遠方のカラチ，後にイスラマバードの統治者の抑圧により否定された。しかし，パキスタン内での自治拡大のためアワミ連盟に与えられた民主的な権限は，分割の亡霊を呼び出すこととなった。結局，パキスタンの創立は，全インドにおけるイスラーム教徒の自治拡大要求とまさに同じ要求に基づいていたのである。ヤヒヤー・ハーン将軍率いるパキスタンの軍事政権は，必要なあらゆる手段を用いてアワミ連盟を壊滅させると決断した。これは，反政府勢力の軍事的弾圧のみならず，イスラーム教徒の「義勇兵（razakhar）」を動員して東パキスタンのヒンドゥー教徒少数派を組織的に民族浄化することも含んでいた。およそ1000万人の難民が故郷を追われ国境を越えてインドへと逃れ，これが1971年12月にインディラ・ガンディー首相による軍事介入をもたらした。独立後3度目の印パ戦争は，インドの圧勝とバングラデシュの誕生に帰結した。しかし，この第2の分割にともなう暴力は，1947年の公式な分割と同様のトラウマを残した。分割の時と同様に，6ヵ月余りの戦闘での死者については信頼できる推計は存在せず，30万から300万人とばらつきがある。1947年のときと異なるのは，民族や言語が異なるにせよイスラーム教徒の同胞である市民に対し，「民族」統一の名のもとに同じイスラーム教徒によって暴力が振るわれたことである。東翼を失い屈辱を受けたパキスタンは，自身の存在理由そのものを自問せざるをえなくなり，他方で，新国家の産みの苦しみは今日に至るまでバングラデシュに付きまとっている。

3　南アジアにおける「対テロ戦争」と人間のインセキュリティ

インドにおける人間のインセキュリティ

　南アジアにおいては，9.11後の政治状況は，民族宗教的な紛争の継続と激化に特徴づけられる。グローバルな「対テロ戦争」は，国家を政治的に再強化し，民族宗教的少数派や下層集団の安全保障問題化を導いた。この衝撃は，市場化，民営化，構造調整といった形の新自由主義型の経済グローバル化の効果によって増幅され，地域の多くの人々のインセキュリティ*の拡大に帰結した。

　＊Insecurityは，訳語として「不安」，「不安定」などと訳される言葉であるが，本章ではHuman Security（人間の安全保障）の対義語として用いられている。非安全保障，不安全などと訳さざるを得ないが，日本語としては不自然であるので，ここでは英文のままとした。その意味は，人間の安全保障が「欠乏からの自由」，「恐怖からの自由」，「尊厳ある人間生活」から定義されることから，Insecurityは逆に生命・存在・尊厳が脅威に晒された状態と定義できよう（編者注）。

　インドでは，新自由主義的グローバル化は，政治における主導的な言説としてBJP（インド人民党）が主張するヒンドゥー・「ナショナリズム」出現の一因となった。上位カーストの中間層による「文化均質化」のプロジェクトとして，ヒンドゥー・ナショナリズムは，多民族国家インドを特徴づける異なる信仰，民族，地域，言語，カーストに基づくアイデンティティといった多様性から，統一的で均質的なヒンドゥー教徒の政治的アイデンティティを創り出すことを目指す。インド人民連盟から組織されたBJPは，共同体の紐帯と地域的な協調によるヒンドゥー票の動員により国政選挙で躍進し，国民会議派から国家権力を奪取した。ヒンドゥー民族主義者のプロジェクトの中心は，ヒンドゥトゥワ（Hindutva）の概念であり，これは国民会議派の「疑似世俗主義」的ナショナリズムとは際立って対照的な概念である。ヒンドゥー大協会を率いたヴィーア・サヴァルカー（1883～1966）の著作に関連するヒンドゥトゥワという言葉は，民族化されたヒンドゥー・アイデンティティを意味する。サヴァルカーにとってヒンドゥーは「民族であるだけでなく，ジャーティ（人種）であり，生まれながらの兄弟である」（Savarkar 1923）。他の宗教を信仰する者も含めたすべてのインド人は，イスラーム教徒とキリスト教徒を除き，ヒンドゥー教徒であるとみなされる。ヒンドゥトゥワの概念は，インドの「調和と一体性を維持

することができる唯一の統一原理」として，BJP の 1996 年の選挙公約に明確に採用された。

　グローバルな「対テロ戦争」の言説は，インド国家がテロ防止法のような厳しい法律によってイスラーム「過激派」を取り締まるという「例外状態」を正当化し，多くのイスラーム教徒が母国で経験するインセキュリティをさらに悪化させた。しかし，国民会議派政府がテロ防止法を廃止したにもかかわらず，インド国家は多くの州における深刻な人権侵害を非難され，また，北東部ではナクサライトや毛沢東主義者による「反乱戦争」にも直面している。自由化後，インド型の不均等な経済成長が生み出した大きな物質的不平等は，ダリット（不可触民），「部族」の人々，下層カーストの一般女性など社会的，経済的に周縁化された多くの集団のインセキュリティに拍車をかけた。『南アジアの人間開発報告書 2010/11』（Mabub ul Haq Human Development Centre 2011：3）によると，「インドは高い経済成長と低い食糧安全保障という逆説を経験している」。20 年以上にわたる持続的な経済成長にもかかわらず，人口のおよそ 40％が貧困ライン以下で暮らし，栄養の水準は「警告」レベルのままである。つまりインドの人々は，恐怖からも欠乏からも自由ではなく，核兵器による「保護」があるにもかかわらず，インセキュリティという点では地球上でもっとも危機的な状態にある。

パキスタンと対テロ戦争

　東ベンガルの分離独立後，パキスタンはズルフィカル・アリ・ブット首相の下で，軍事クーデターにより短命に終わる民主主義の実験を謳歌した。そのクーデターを率いたジア将軍は，ジンナーが世俗的国家として構想したパキスタンにシャリア法を選択的に押し付けはじめるとともに，アフガニスタンにおけるムジャヒディンのソ連に対する聖戦を支援した。不可解な飛行機事故によりジアが死亡した後，文民政府に回帰し，ズルフィカル・アリ・ブットの娘でパキスタン人民党党首のベナズィル・ブットやムスリム連盟で現首相のナワズ・シャリフが政権を担ったが，いずれの政権もパキスタン政治のイスラーム化傾向を阻むことはなかった。実際，民主主義へと回帰しているまさにその時に，アフガニスタンからのソ連の撤退後，パキスタン軍統合情報局は，パキスタンのイスラーム政党の中でも原理主義的で宗派的なジャミーアトル・ウラマーの

イスラーム神学校からターリバーンのメンバーをリクルートし資金提供をしていた。

アフガニスタンからターリバーンが放逐されて以降，「対テロ戦争」はおもにパキスタンで戦われてきた。アル＝カーイダとの戦闘の前線国家として，パキスタンは9.11以降，約5万人の死傷者を出すという大きな代償を払ってきた。「対テロ戦争」は，一方でアル＝カーイダやパキスタンのターリバーンに属するスンニ派イスラーム過激派の無差別な暴力の行政，他方では国家の弾圧を正当化するレトリックを提供した。

米国側につくというパルヴェズ・ムシャラフ将軍の決断は，彼の軍事政権が国際的孤立から脱することを可能にしたが，2つの点で国内的には政権を弱体化させた。第1に，パキスタンをテロリストによる攻撃および潜入の正当な標的とし，アフガニスタンとの国境地方では武装蜂起が発生した。第2に，米国のように疑念を抱く同盟国の無人爆撃機による定期的な攻撃に国民を晒すことになった。2007年におけるベナズィル・ブット前首相の暗殺が劇的に例証したように，国民の安全を保障できなかったことが，最終的に政権の終焉をもたらした。しかし，ムシャラフの前任者で強敵だったナワズ・シャリフ率いる新たな文民政府は，ターリバーン反乱との戦闘の前面に立ち続け，オサマ・ビン・ラーディンの殺害とアル＝カーイダ幹部の大量拘束にもかかわらず，2008年以降，1万5681人の死傷者を出した。アフガニスタンからパキスタンへのイスラーム原理主義者の流入は，宗教的少数派，とりわけシーア派イスラーム教徒に対する宗派的暴力の新たな高まりと時を同じくしていた。また，カシミールの停戦ラインを越えた襲撃を激化させた要因であると非難されている。2001年12月には，ラシュカレ・トイバ（Lashkar-e-Tayyeba）のメンバーを含むと考えられるイスラーム過激派が，インドの国会を襲撃した。インドはパキスタンが過激派を支援していると非難し，印パ国境に数千人の部隊を動員したため，核戦争の脅威が高まった。その後2003年に緊張は緩和したが，2008年のムンバイ襲撃事件により再び表面化した。しかし，イスラーム過激派が引き起こしたインセキュリティの第1の犠牲者は女性である。パキスタンでは女性や少女に対する暴力が横行しており，ジア将軍のイスラーム化政策以来続く差別的な法律が，暴力事件の救済を求める女性に大きな障壁をつくり出している。最近あったパキスタンの女子生徒マララ・ユスフザイの暗殺未遂は，パキスタ

ンにおけるイスラーム過激派の非情さを示している。

スリランカの内戦終結と暴力

スリランカにおいては，多数派のシンハラ人と少数派のタミル人の共同体の間で，宗教的相違よりもむしろ民族言語的相違が植民地期の「差別的統治」の名残となっている。こうしたなか「対テロ戦争」は，スリランカのマヒンダ・ラジャパクサ政権に，タミル・イーラム解放のトラとの30年にわたる困難な紛争に終止符を打つ軍事的解決策を模索する機会を提供した。ほかの南アジア諸国と同様に，スリランカ内戦の起源は，仏教徒のシンハラ人多数派が支配するポスト植民地国家が，少数派の民族言語的，宗教的，文化的独自性を認めなかったことにある。タミル人の言語的な権利や自治に対する正当性ある不満をスリランカ国家が「安全保障問題化」したことや，仏教の僧侶がしばしば参加したシンハラ人の過激派組織が暴動を扇動したことが，北部と東部（タミル・イーラム）においてタミル人独立国家の武力闘争による建設を主張するタミル・イーラム解放のトラの出現を招いた。タミル・イーラム解放のトラの軍事的壊滅はスリランカに平和と安全を回復したが，タミル人少数派の代償は大きかった。紛争の終盤には約28万人の避難民を出し，国連の推計によると，すくなくとも市民7千人が北東部先端の「非戦闘」区域で死亡したとされる。非公式の推計ではより多く，3万から4万人が死亡したとされる。これらの「信頼性ある主張」は，国連事務総長のスリランカ専門委員会で調査中であり，仮に真実と認定されれば，「戦争犯罪および人道に対する罪にあたる」と委員会は警告している。続いて人権委員会では，米国によって提出された，かかる国際人道法違反に対して信頼性と独立性のある行動をとるようスリランカ政府に求める決議が可決された。しかし，タミル人の不満の根本原因，それ故に彼らのインセキュリティについては，未だに対応がなされていない。

そのうえ，金融危機後のグローバル経済の低迷は，すべての南アジアの人々，とりわけ，地域においてもっとも周縁化された共同体である「部族」やダリットといった民族言語的少数派や下層集団が経験した人間のインセキュリティをおおいに悪化させた。南アジアには，世界の栄養不良人口のうち39.1％，絶対的貧困人口のうち43.4％の人々が暮らしている。金融危機以降，インド，パキスタン，バングラデシュでは，飢餓，栄養不良，貧困などが増加している。

南アジアのほぼすべての国が、アフリカと同様かそれ以下の栄養水準である。それゆえに、圧倒的多数の南アジアの人々にとって、食糧安全保障がもっとも喫緊の関心事となっている。

4　南アジアの文脈でのポスト世俗主義

インドの世俗主義

「ポスト世俗」についてのハーバーマス的理解の中心は、「世俗的」理性に規定される近代性と宗教上の信条との間の対立である（Habermas 2008）。しかし、西ヨーロッパの歴史を大づかみに検討してみると、「世俗的」理性がユダヤ・キリスト教の伝統において明確に宗教的な系譜を有していることがわかる。

「すべての宗教を繁栄させる」（サルヴァ・ダルマ・サンバヴァ）というインド版の世俗主義は、公的領域から宗教を排除する試みではなく、宗教をインドの民主主義と不可分のものとみなすことである。それ自体は、西洋的観点からすれば、ポスト世俗主義の一形態であると考えられる。植民地後のインド国家は宗教別の分離選挙制度を廃止したが、植民地期に規定された多数派と少数派の宗教共同体の区別を、とりわけ私法と民法の分野で保持し続けた。インド憲法を起草する際はヒンドゥー教が多数派の宗教であるとみなされ、宗教的少数派の文化的・政治的諸権利を認定するために少数派権利委員会が設置された。インドにおける世俗主義は、政治領域から宗教的慣行や制度を排除する意図もなければ、宗教問題に対して国家の不介入を保証する意図もなく、たんにすべての宗教に対する公平な敬意と心遣いを求めているだけである。

しかし、インドの（ポスト）世俗主義には明確な限界がある。公平な敬意は公平な待遇を必ずしも意味しない。実際、すべての宗教への公平な敬意を促進するため、国家は場合によっては、異なる宗教共同体に対して異なる扱いをせざるを得ない（Bhargava 1998：531）。バルガヴァが「原則に基づく距離」と称した世俗主義のこうした文脈的解釈は、要請された介入が宗教の自由や市民の平等を促進するか否かによって、国家が共同体の宗教問題に介入したり介入を避けたりすることを可能とする。それ故に、バルガヴァの見方では、高位カーストのヒンドゥー教徒がダリットのヒンドゥー寺院への参拝を拒み続けることを国家が容認すれば、ダリットの憲法上保証された礼拝の自由を国家が否定す

ることになるため，インド国家がダリットに参拝権を適用したことは正当化される。

しかし，ダリットにヒンドゥー教の礼拝所への立ち入りを認め，一夫多妻制や児童婚を違法化し，離婚の権利を認めるなどしてヒンドゥー主義を規制する国家の試みは，信仰という「内心」(Chatterjee 1993) への国家の介入の明白な事例である。ヒンドゥー法が，シーク教徒を含む国内すべての「ヒンドゥー教徒」に統一的な民法典を制定すると同時に，イスラーム教徒には彼らの私法を残した事実は，「世俗的」であると主張する国家の妥協である。

一方で，国家が「ヒンドゥー教徒」には介入し，イスラーム教徒の宗教問題には介入しないことに対しては，権利と特権を維持しようとする高位カースト・ヒンドゥー教徒の利益を代表する民族義勇団から「少数派優遇主義」との批判が上がっている。こうした集団は，無神論者や宗教的少数派の利益を国家が促進している「事実」をインドの世俗的特徴が曖昧にしているとの理由でインド国家を「疑似世俗」とみなす。他方で，特定の共同体の宗教問題に対する国家の関心と他への無関心は，植民地期にできた多数派と少数派の宗教共同体間の区別を維持する。そしてそれは，人々が想像の中で「ヒンドゥー教徒」と「インド人」を同一視することを容易にする。さらに，ヒンディー語を公式の「国」語に採用したことや，ほとんどの州で牛の屠殺が禁じられたことは，インドの「世俗主義」とヒンドゥー教徒の多数派主義の明確な区別がつねに可能なわけではないことを示している。

サルヴァ・ダルマ・サンバヴァ

それでもやはり，独立後インド型の（ポスト）世俗主義の改良版，すなわちヒンドゥー共同体主義の色合いを除去した改良版，が，独立時に汎インドの文脈において適用されていたとすれば，地域の民族宗教的少数派の人間の安全保障を大きく損なった分割のトラウマは避けることができたであろう。第1の責任は，ネルー率いる「世俗的」国民会議派指導部が，少数派の正当な懸念を認識できなかったことにある。少数派とは民族宗教的少数派，不可触賤民，ダリットなどで，上位カーストに支配されたヒンドゥー統治を覆い隠すものとして小選挙区制に基づく統一的，民主的，中央集権的国家の押し付けを恐れていた。カーストや民族，宗教上の少数派の代表を制度的に担保する統一的，連合的な

インドが，帝国支配の束縛から解き放たれた多文化・多民族社会にとって唯一の現実的な選択肢であった。

　植民地「分割統治」政策は，帝国の損得勘定とオリエンタリズム的思考に基づく植民地「差別化支配」の一部で，宗教という「希薄な」概念に基づき具体化され本質化された「共同体」アイデンティティの構築に寄与した。しかし，こうしたアイデンティティは，各々の異なる「信仰」や世界観に基盤があり，たんに帝国の想像の産物であるとして軽視することはできない。つまるところ，ヒンドゥー教カーストの「認識論的特権」を保持するよりもむしろそれへの挑戦を追求するサルヴァ・ダルマ・サンバヴァ（宗教平等／すべての宗教を花開かせよう）の概念に基づいた真にポスト世俗主義的なインドが，亜大陸における民族宗教的調和や人間の安全をもっとも保障するであろう。

参考文献

Bhargava, Rajeev, ed., *Secularism and Its Critics*, Delhi: Oxford University Press, 1998.

Brass, Paul R., "The Partition of India and Retributive Genocide in the Punjab, 1946-47: Means, Methods, and Purposes," *Journal of Genocide Research*, 5(1), 2003, pp. 71-101.

Brass, Paul R., *Forms of Collective Violence: Riots, Pogroms, and Genocide in Modern India*, Gurgaon, Haryana: Three Essays Collectives, 2006.

Chatterjee, Partha, *The Nation and its Fragments: Colonial and Postcolonial Histories*, Princeton, N.J.: Princeton University Press, 1993.

Cohn, Bernard S. *Colonialism and Its Forms of Knowledge*, Princeton: Princeton University Press, 1996.

Guha, Ranajit, *Dominance without Hegemony: History and Power in Colonial India*, Cambridge, Mass.: Harvard University Press, 1997.

Habermas, Jurgen, *Between Naturalism and Religion*, Cambridge: Polity Press, 2008.

Hansen, Anders Bjorn, *Partition and Genocide: Manifestation of Violence in the Punjab 1937-1947*, New Delhi: India Research Press, 2002.

Kaviraj, Sudipta, "Religion and Identity in India", *Ethnic and Racial Studies* 20(2), 1997.

Kaviraj, "Modernity and Politics in India," *Daedalus* 129(1), 2000, pp. 137-164.

Kaviraj, Sudipta, *The Imaginary Institution of India: Politics and Ideas*. New York: Columbia University Press, 2010.

Mahbub ul Haq Human Development Center, *Human Development in South Asia*

2010-11 : Food Security, Karachi : Oxford University Press, 2011.

Nandy, Ashis, *The Intimate Enemy : Loss and Recovery of the Self under Colonialism*. New Delhi : Oxford University Press, 1983.

Nandy, Ashis, "The Politics of Secularism and the Recovery of Religious", 1998.

Pandey, Gyan, *Remembering Partition : Violence, Nationalism and History in India*, Cambridge : Cambridge University Press, 2001.

Shani, Giorgio, *Sikh Nationalism and Identity in a Global Age*. London : Routledge, 2007.

Talbot, Ian and Gurharpal Singh, *The Partition of India*, Cambridge : Cambridge University Press, 2009.

Washbrook, David, "Progress and Problems : South Asian Economic and Social History, c. 1720-1860," *Modern Asian Studies*, 22（1）: 1988, pp. 57-96.

＊翻訳：山根健至，中根智子。なお，本章の内容は，筆者が他書で執筆した章と一部重複する。

第5章　アジアン・ムスリム・ネットワーク

鈴木規夫

1　ムスリムのネットワーク性

ムスリムの基本的特性としてのネットワーク性

　ムスリムの基本的特性はそのネットワーク性にある。それは，もともと預言者ムハンマドが牧童から商人となっていったというムスリムの行動パタンにおける「商人的性格」ばかりでなく，六信五行の1つである毎年の大巡礼（ハッジ）が具体的に機能していること自体によって，よく表現されている。

　そもそもネットワークという概念が政治経済社会を問わず総合的な現実分析の手法に登場してくるのは，電子情報工学におけるネットワーク概念（複数の要素が互いに接続された網状の構造体であり，それを構成する各要素のことを「ノード（node）」，ノード間のつながりのことを「リンク（link）」あるいは「エッジ（edge）」と呼ぶ）を，人々の現実的諸関係の比喩として用いるようになった，ここ半世紀の出来事である。むろん，その間現在までに，ノードを個人とし，そのリンクをネットワークとして捉えるのか，自己が他者と取り結ぶ関係性の総体をそれと捉えていくのかなども含めて，さまざまな理論化が試みられてきた。

　たとえば，社会的関係は社会的ネットワークで考察可能であると指定しネットワーク概念を分析的概念として用い，図式化し体系的に人間の社会的関係を考えていくといった方法が一般化していくだけでなく，表象や意味の解釈に向かった認識論的な研究からヒトやモノが織りなす多様な世界の存在論的な探求へ転換し，人間とモノ，主体と客体，物質と精神といった従来の2分法を退けてこれらを生成させ変換させる「関係性」について考えていく，アクターネットワーク論（actor-network theory：ANT）といった社会現象認識の方法論も生まれている。

第5章 アジアン・ムスリム・ネットワーク

有機的ネットワーク

　ANT を唱えた1人であるブルーノ・ラトゥールは，従来の社会科学研究の限界を次のように説く。「社会的なるもの」は材料や尺度として構築されることが不可能であるので，さまざまな事象に対し「社会学的な解釈」をすることはできないはずであるが，他方で自然科学の発展は止まらずに進んでいくため，「社会的なもの」と呼ばれる具体的な"関連性"と「社会」と呼ばれる具体的な"集合的な機能"が次第に明白でなくなり，「社会的なもの」はどこにもあるがどこにもないものになっているという。アクターネットワークのなかにある「アクター」と呼ばれる要素は社会的な存在であることはほとんどなく実在の対象であることが多い。

　つまり，文化，風俗，習慣，政策などの社会的な要素はアクター（ノード）になることはないが，逆に，動物，自然物，人工物などのノンヒューマン的な要素は，アクターとして存在することは可能であるばかりでなく，さらに，アクター間の相互作用が「リンク」となり，それが変化しつつあるものとなって，異なるプロセスで異なる機能を持つといった構造様式があるため，アクターネットワークは有機的な存在であり，時間軸と空間軸を同時に持つモデルとしても考えうるようである（cf. Latour 2005）。

比喩としての「アジアン・ムスリム・ネットワーク」

　こうしたさまざまな社会的ネットワーク論は，〈ムスリム〉という個々人の世界大のつながり方の問題を〈アジア〉という地域性の性格とともに考える場合，有効な方法を兼ね備えているのかもしれない。だが，それを詳しく仮説検証することがここでのそもそもの役割なのではない。したがって，ここで用いられるネットワーク概念は，基本的に相変わらず「比喩」としての機能をまず想定している。

　比喩であるがゆえに，「アジアン・ムスリム・ネットワーク」が表象するものは何か。さらに単純に，個々の〈ムスリム〉というノードが，ムスリムであるがゆえに構築可能なリンクでつながっており，とりわけそれがアジアに顕著であるとイメージされているのはなぜなのかという問いをここで考えてみよう。

　ムスリムであるという要因についてみれば，ハッジ（大巡礼）によって毎年世界中を移動しているという事実に着目しておくことは順当であろう。さらに，

いわゆる「13世紀世界システム」の持続的発展形態の一環として、現在のアジア地域が存在し、それが維持されているのだという視座から、「アジアン・ムスリム・ネットワーク」を見ておくことを重ねればよい。

そうした表象機能が有効であるがゆえに、いわゆるダーイシュ（IS）の戦闘員リクルートのリンクとアジア地域との相関性についても見ていくことができる。もっとも、ダーイシュ自体は、ムスリム世界の現象というよりは、むしろ、ある種の政治的現象である帝国主義の偽工作戦術の一環と考えた方が合理的であるかもしれない。

2　ハッジのアクチュアリティ

ハッジの意味

ハッジとは、自己を抑制する努力としてのメッカへの旅（便宜的に「大巡礼」と訳されている）である。メッカにあるカアバ神殿はアブラハムがアダムの建立した建物を修復したものであるとされている。メッカへの旅はムスリムにとって信仰上の義務とされている。男女を問わず成人が生涯に一度はメッカを訪れ、カアバ神殿へ詣で、「自己を滅却」（ファナーウ）し、自らを神の意志と同化させる大いなる努力を払わなければならないからである。

ハッジについて、クルアーンにはその方法や儀礼について特別の定めはない。だが、ムハンマドが632年の別離の巡礼で行ったことが前例となり現在までほぼそのまま踏襲されているという。

巡礼者は、メッカ周辺の聖地を定める境界点で通常の服を脱ぎ、縫目のない2枚の白布（イフラーム：iḥrām）をまとい、頭に覆いはすることなく、イスラーム法の定める清浄な状態になり、巡礼月7日までにメッカに到着し、その日はカアバを7回まわり（タワーフ：ṭawāf）、サファーとマルワの間を7回駆足で往復し（サーイ：saʻy）、自己を忘れることに努め、さらにその夜または翌朝、ミナーとムズダリファを経てアラファート ʻArafāt へ赴き1日瞑想し、9日にラフマ山に集まってウクーフ wuqūf（メッカのカーディーの説教（フトバ）やクルアーンの読誦を聞きながらラッバイカ（われ御前にあり）にはじまる掛声を叫び続けること）を行う。夕方引き返してムズダリファで一夜を過ごし、翌早朝ミナーへ赴き3日過ごして、その期間に毎朝悪魔達に石を投げ、山羊を犠牲に捧げ、カ

第5章　アジアン・ムスリム・ネットワーク

アバ神殿に参拝し黒石の周囲を7回まわり，最終的には，メッカを立ち去る前に，タワーフ＝ル＝ワダと呼ばれる別れのタワーフを演じる。

ハッジにおける行為の象徴性

われわれはここで，そうしたハッジの行為が何を象徴しているのかを考えておく必要があるだろう。ムスリム・コミュニティではハッジの行為そのものの象徴性において一種の共感時空が毎年構築されることになるからである。

天国から追われた後アダムとイブは別れ別れになり互いに行方知れず，相手を捜し合い神の恩寵によりアラファートで再会する。それに感謝して子孫達は過去の過ちに対する赦しと将来への助力を願い，自己と向きあい，我を滅却して神と一体となることに努めること，それがハッジの原点である。

「悪魔への石打ち」は，アブラハムがミナーで起こった悪魔の囁きを石で追いやったり，ハガルやイシュマエルにもあった悪魔の囁きが石で追いやられたことに由来する。信仰の懐疑はもっとも悪魔の好むところであって，そこにおける真の格闘が，いうなれば信仰への確信を意味する大ジハードにあたるのである。

カアバへの参拝は，従順，尊崇，謙譲，献身，配慮，愛の対象への自己犠牲の用意あることを示し，黒石は，たんに基点を示すものであった，それ自体が尊崇の対象ではないのだが，「神の右手」と見立てて契約を結ぶために巡礼者の右手もそこに置くことになっている。そして，クルアーンの用語に従えば，神は王であり，自分の財宝，軍隊のみならず国土も持っており，その国土には首都があり，王宮があって，臣下が自分の忠誠を示すために王宮を訪れ，自ら忠誠の誓をたてられるよう，不可視の神の右手は象徴的に可視の黒石となるのである。

サファーとマルワの間を7回行く行為は，ハガルとイシュマエルの逸話に基づいている。ハガルと同じ行為を繰り返し，母性愛に敬意を表し，神の慈悲に感謝する。

いずれにせよ，ハッジによって，ムスリムは世界兄弟愛を育み，「神の兵士」としての規律ある生活を鍛え上げる。

イスラームにおける人間憲章としての慈悲の丘での説教

　さらに重要なのは，ムハンマド他界数ヵ月前の巡礼の際の慈悲の丘での説教をハッジにおいて毎年確認していることである。

　このいうなれば，「イスラームにおける人間憲章」である説教において，第1に，徹底した人間界と神的領域との断絶認識，偶像その他の物質的象徴を持たないこと，第2に，神に対する敬虔の念以外に他者に対する優越性を認めぬ人種，階級的差別のないムスリムの平等性，第3に，各信徒の人格，財産，名誉の3つの基本的権利を神聖視する特質，第4に，多少にかかわらず利子を受け取ることへの禁止，第5に，復讐および私的制裁の禁止，第6に，女性を厚遇する義務，第7に，少数者の手に蓄積されることを避けるため，私有財産をたえず再配分するため，相続の義務に関する法，遺言に対する制約，利子の禁止などの方法によって流通させる配慮，第8に，生活のあらゆる側面において，神の啓示のみが信徒の行動を律する根源たるべき点の強調，といった諸々が，巡礼者によって毎年アラファートの慈悲の丘から唱えられる。

ムスリムの新たな情報回路としてのハッジ

　たとえば，2015年には石投げの儀式の際の事故で多数の犠牲者が出たが，その前年のハッジについて，*Zaman*紙（「大巡礼，クライマックス」2014年10月4日）の次のように報じる光景は毎回繰り返され共有されている。

> ……ズフルの礼拝の時間となった。決まりに従いズフルとアスルの礼拝が一緒に行われる。礼拝の後，その時が来る。何百万人もの人たちが立ち上がり，手を天に開く。ウクーフは白に包まれて控えめな声となる。地位や役職，財力，肌の色，人種が何であれ，皆平等だ。頭には何もなく，足は裸足だ。優位性は神に近いことにあり，皆，神に帰依する者であることが想起される。清算され，後悔と赦しが乞われる。来世と復活と審判の日が想起される。ハディースが伝える「赦しの嵐がそこに」，ほかの場所で受け入れられなかったすべての祈りが受け入れられる，という信念が支配する。「赦されたのだろうか」と聞くことすら禁止されている状況で，純粋な，心からの涙が巡礼衣に落ちるのが見える。メフメト・ギョルメズ宗務長官はウクーフでの祈りにおいて，イスラーム世界の中で流れた血と涙に触れ，「現代のファラオた

ちが圧政を行っている。神よ，イスラーム世界を残酷な行為から救ってください！」と祈った。祈りのなかでソマの炭鉱事故で亡くなった労働者とトルコに避難する難民のことも忘れていない。「神よ！　亡くなった炭鉱労働者をあなたの慈悲で癒してください。わが国に避難した兄弟たちが助けられるよう力をお貸しください！　私たちを善の鍵に，悪の錠にしてください！私たちを圧政下にいる人々の権利を求める者にしてください」……

いうまでもなく，こうした一連の行為の連続のなかで，巡礼者は世界中のさまざまな情報を交換することになる。ハッジはムスリム・ネットワークが生き続けるのにきわめて重大な生きた機能を持つ装置ないしは回路となっている。

では，それが，とりわけアジアン・ムスリム・ネットワークとして意識される要因は何か。

ムスリム人口の世界拡張がアジアを軸に展開しており，とりわけアジアにおける社会経済的な条件の向上がそれを裏付けてきたからにほかならない。現況の人口比率においても，地理的指標としてのいわゆるアジア諸国に占めるムスリム人口は世界の6割以上である。さらには，ピュウ・リサーチ・センターによる人口増加予測においてもムスリム人口の増加傾向はより拡張し，2010年から2050年にかけての40年間におけるムスリムの増加率は73％，キリスト教徒やヒンドゥー教徒の増加率の倍以上に達する見込みである。

同センターでは，現在，世界最大のムスリム多数派の国家はインドネシアだが，2050年には，インドがヒンドゥー教徒の優位を保ちつつも，ムスリムの数が世界最多の国になると予測し，2050年までの変動がその後も継続すると仮定した場合，2070年にはムスリムとキリスト教徒は世界人口の32.3％ずつで拮抗し，2100年にはムスリムが35％に達してキリスト教徒を1ポイント上回ると予測している（*The Future of World Religions : Population Growth Projections, 2010-2050*, April 2, 2015）。

では，なぜ，そもそもアジアにムスリム人口の拡張が起こったのか。

3 「13世紀世界システム」とアジアン・ムスリム・ネットワークの形成

「13世紀世界システム」

その理由の有力な歴史的要因は、アブー＝ルゴド『ヨーロッパ覇権以前』が提起した「13世紀世界システム」の存在にある。これは、もう1つの「世界史」として、「近代世界システム」以前の「世界」が論じられる際に重要な視座である。実のところ現在における人口動態にも反映される議論であるともいえよう。

そこで、以下にアブー＝ルゴドによりながら、アジアン・ムスリム・ネットワークの形成を確認しておくことにする。

周知のように、いわゆる「近代世界システム」論とは、簡潔にいえば次のような議論である。

「近代」以前からある世界の交流の歴史を考えた場合、ローマと中国におけるいわゆる「シルクロード」のように、『後漢書』の「大秦王安敦」（マルクス＝アウレリウス帝）からの使節到着といった記述は残されていても、そうした使節が定期的に往来するような政治的ネットワークは存在しなかった。経済面においても両地域を結ぶ恒常的流通ネットワークと呼びうるものが存在した形跡はない。モンゴル帝国にはじまる「世界史」も、その具体的な様相をあらわにするのは、16世紀におけるスペイン、ポルトガル、西ヨーロッパの対外進出により地球規模の経済ネットワークが構築されて以降のことであって、17世紀にオランダが覇権国家として台頭し、18世紀にはこれに代わって英国が、そして20世紀には米国が覇権を獲得していった。

そうした一般的な認識が、ウォーラーステインなどによる「近代世界システム」論であるけれども、アブー＝ルゴドは、それに先行する「世界システム」の存在を問題提起したのである。

彼女によれば、13世紀半ばからほぼ1世紀にわたり、各地域における自給自足比率は高いながらも、「世界システム」ネットワークがアフリカの一部とユーラシアにまたがる旧世界の広範な地域に成立していた。だが、中国起源の「黒死病」による人口減少により、比較的短い期間で衰退した。それは16世紀以降の「近代世界」とはまったく異なる様相を呈したが、そもそも「近代世界

第**5**章　アジアン・ムスリム・ネットワーク

システム」は，その「13世紀世界システム」のいわば周縁から，そのネットワークの中心を基礎に展開していったともいえる。

「世界」の形成と構築

なぜ，それを「世界」と呼びうるのか。

13世紀半ばにおいて，ヨーロッパ，中近東，インド，中国におよぶ旧世界の多くの地域が1つの商品流通網のなかに組み込まれ，それが当時の世界人口の大半をカバーする地域であったからである。この「世界」の存在によって，交易における金融慣行をはじめとする高度な商業システムが発達し，多種の民族，統治や信仰形態を包含する経済的ネットワークが，恒常的・体系的に稼働していた。そして，それは8つのサブシステムによって支えられていた。

サブシステムⅠは，西およびヨーロッパ内陸諸都市とヴェネツィアなどイタリア開港都市であり，サブシステムⅡは，地中海から黒海にかけてであって，イタリアの都市がその主要な役割を担い，サブシステムⅢは，黒海と中国とを結ぶ内陸シルクロード地帯，サブシステムⅣは，その南のペルシア湾岸にバグダードなどを拠点として存在し，サブシステムⅤ・Ⅵ・Ⅶは，インド洋の3つの海洋交易回路を構成して，サブシステムⅧが，最東部に位置し，当時の「世界」においてもっとも先進的な地域，すなわち圧倒的な技術力と生産力をもって繚乱と咲き誇る中国地域であった。

いずれのサブシステムも，必ずほかのサブシステムと重なる部分を持ち，交易ルートとして無理のない安定した地域的下部システムが存在し，互いに連動して，1つの巨大な「世界システム」を構築していた。そこではアラブやペルシア（イラン）出身のムスリム商人，ヴェネツィア・ジェノヴァ出身のイタリア商人など各地の商人が参加し，各地の産品が流通した。中国港湾都市の泉州では，中国商人，マラッカ海峡周辺の商人，そしてインド商人ばかりでなく，イタリア商人，とくにジェノヴァの商人も痕跡を残していた。

そのような形でこの「13世紀世界システム」は，巨大な経済的ネットワークを構成し，アラビア語，ギリシア語，口語ラテン語，北京語など多様な言語，民族も文化も超えた遠距離交易を展開していた。

最西のサブシステムⅠのエリアの商品の具体例を探るのに，アブー＝ルゴドは，「辺境」ヨーロッパのシャンパーニュ地方のとある定期市を事例にしてい

る。ジェノヴァ商人が北アフリカの明礬、蠟、皮革、毛皮、クミン、ナツメヤシを扱い、スペインからは蜂蜜、オリーブ油、アーモンド、レーズン、イチジクが到来し、中東からは、胡椒、蘇芳、羽毛、ダマスク織の布地、浮き彫りや象嵌細工が施された精巧な金属工芸品がやってきて、さらには淡い光沢を放つ中国製の絹織物もそこに現れ、アラビア商人の手を経たインドと東南アジアのシナモン、ナツメグ、メース、シトロン、クローブ、カルダモンといった香辛料、インディゴ、アカネをはじめとする天然染料、インドの宝石など、遠隔地貿易に典型的な品目でどの商品も、軽量かつ高価なものが扱われ、イングランドの羊毛、スマトラの樟脳、アラビア半島の乳香と没薬、アフリカのダチョウの羽毛、ヒマラヤ地方の麝香などもあった。

そこでは、高度な商業システムや高度に洗練された取引システムも共有され、通貨もさまざまなものが併存し、価格や交換レートに関する合意、取引も行われ、手形の使用や契約、商品を担保とする信用取引、さらには銀行業に相当する役割を演じる商人達も存在した。このシャンパーニュの交易都市では、もっぱらイタリア商人が、金貸し・両替商として金融業務を担っていた。

さらに特筆すべきは、この「世界」が覇権のない共存共栄の平和的「世界」であったことである。アラビア半島では、十字軍国家のキリスト教徒商人とムスリム商人とが深い依存関係にあり、インド洋とマラッカ周辺多島海では、ヒンドゥー、仏道衆生、ムスリムの商人が共存していた。

「パクス・モンゴリカ」とムスリム・ネットワーク

これと対照的なイメージを喚起するのは、「戦争機械」としてのモンゴルであるが、その破壊の後に形成された「パクス・モンゴリカ」とその相関関係にも着目しておかなければならないであろう。

モンゴルによる征服戦争の結果、チンギス＝ハーンとその後継者達の帝国がユーラシアを覆う地域間交渉を招来し、駅站（主要交通路の一定区間ごとに駅を設け、官命旅行者に人馬・食料を提供させる制度）をもともなった交通路が整備され、海、陸のいわゆるシルクロード交易が活発化していくという、いわばインフラが整っていった。マルコ・ポーロも、実際にその旅を行ったのかどうかはともかく、『東方見聞録』に記述されているところをたどれば、そこにあったのは1元的な1つの世界というわけではなく、アブー＝ルゴドの示した8つの

第5章　アジアン・ムスリム・ネットワーク

サブシステムを通過してユーラシア大陸を往復可能であるような，世界交易環境の存在である。

　考古学的研究によっても，中国の磁器がインド洋を渡っていたことは確認されており，高温での焼成を必要とする磁器は，高い技術を持つ中国の独占的産品であった。現在，元の時代の磁器の3大コレクションが，インドのトグラク宮，イランのアルデビル廟，トルコのトプカプ宮にあることは，不思議ではない。鮮やかな藍彩で，花鳥文や龍，鳳凰，麒麟など施された磁器達は，イランのケムサール地方で採取された酸化コバルトで発色しており，中国側史料には，この顔料を「回青」，すなわちムスリムを表す「回」，「回々の青」と記している。

　いうなれば，「13世紀世界システム」はムスリム・ネットワークを軸に交錯していた。14世紀にはイブン・バットゥータが『大旅行記』を記せるほどにそれは安定的に拡張されていた。交易システムの規範化もそれを基盤にしていたが，それはまた交易を通してアラビア半島からインドの西海岸へ拡張していった。11世紀にはインドにおけるイスラーム諸王朝の成立により維持され，さらに海のシルクロードを通じて東南アジアにも達し，13世紀にはスマトラ半島，15世紀にはマレー半島でもイスラーム諸王国が成立したことによって，現在東南アジアと呼ばれている地域でも，インドネシアを筆頭に，マレーシアやブルネイなどの島嶼部ではムスリムが優勢となったのである。

アジアン・ムスリム・ネットワークの重層的構築
　こうしたアブー＝ルゴドの議論を現在の「アジアン・ムスリム・ネットワーク」に重ねていけば，そのネットワークの性格をも探っていくことができる。たとえば，インドネシアのムスリムの多くは，スンナ派4大法学派の1つシャーフィーイー派のもとにあるが，ムハンマディーア（Muhammadīyah）など近代イスラーム改革派の社会運動などを通じて，新たなネットワークを構築している場合もある。

　この組織は，インドネシア最大のムスリム団体ナフダトゥル・ウラマー（NU）と対比されるが，一般にNUが伝統的でかつ基盤を農村に置くのに対してムハンマディーアの基盤は相対的には都市部にあり，運営についても一貫した近代的合理性を発揮してメンバーシップ完全登録制を取っている。現在では，

会員はコンピュータによりID登録されるため正確な会員数が瞬時にわかる。現在の会員数は，約60万人，シンパは3000万人に達している。

システマティックなアジア的ムスリムの人的ネットワークは，「13世紀世界システム」後も多様な形態を産み出し持続的に展開しており，ハッジの，本質は維持しつつ具体的な対応機能がさまざまに更新されてきているのと同様に，「アジアン・ムスリム・ネットワーク」を何か古色蒼然とした「伝統」の一種と認識するのでは，大きな錯誤が生じるであろう。

もちろん，こうした「アジアン・ムスリム・ネットワーク」を行き交うモノ，カネ，情報には，さまざまな価値の複合した状況が生じうる。

2014年夏以来混沌としたイラク，シリアにおける政治状況の中ににわかに立ち現れ，メディアによる反イスラーム・キャンペーンの中心のように報道されている，ダーイシュ（IS）の「アジアン・ムスリム・ネットワーク」との関係にも注意が向けられてしかるべきであろう。

4　ダーイシュをめぐり輻輳するネットワーク

ダーイシュとは何者か

ダーイシュという，「IS（Islamic State）」を自称しているテロリスト集団自身は，西洋近代国家システムとムスリム的統治システムとを混濁しながら，「IS」をカリフ（預言者モハメッドの継承者を指す）が治めるイスラーム帝国の意味で用いている。この過激派組織は，2014年，イラク，シリア両国にまたがる地域を掌握した（一般にレバントとは地理的にはシリア，リビア，パレスチナ，イスラエル，ヨルダンという地中海東部を指し，アラブ人はこの領域を「アッシャーム」（「偉大なシリア」の意）と呼んでいるのだが，事実に反してテロリストらにあたかもイスラームを代表させるような印象を与えかねないので，この表現は基本的に避けられている）。そして，支配地域における「国家」としての独立と指導者のアブー・バクル・アル＝バグダーディーのカリフ即位を宣言している。この即位について，現時点ではイスラーム世界を含め国際社会で承認する動きはない（カリフ制の復活を唱えているユースフ・アル＝カラダーウィーなど一部のイスラーム主義者も，このバグダーディーのカリフ即位宣言は無効としている）。

周知のように，一般に認識されている最後のイスラーム帝国はオスマン帝国

である。1923年のトルコ共和国の成立とともに終焉し，広くイスラーム世界で承認されていた最後のカリフ，アブデュルメジト2世も後に亡命先のパリで死亡している。信頼性も気力も失ったオスマン・カリフ制は，最後にはオスマン帝国のアンシャンレジームもろとも，わずか数日間で4世紀におよぶ歴史を閉じた。世界中で会議が開かれ，インド，インドネシア，南アフリカで運動が展開されたにもかかわらず，カリフ制に神学的意義や社会的・政治的必然性を与えることができなかったというただそれだけの理由で，この制度を国外に移転して存続させることも，別のムスリム国で再建することもかなわなかったのだと言われている。その後，1924年に預言者ムハンマドに連なるハーシム家出身であったヒジャーズ王国の王，フサイン・イブン・アリーがカリフを名乗ったが，イスラーム世界で広く承認されることはなかった。

　ここでは「IS」ではなく，このテロリスト集団を「ダーイシュ」と呼ぶことにする（拙稿「ダーイシュ幻想」『現代思想　2016年1月臨時増刊号』所収，参照）。ダーイシュとは，アラブ語の「ダウラ　アルイスラーミヤー　フィー　アルイラーク　ワッ　シャーム」の略で，一見すると「イラクとレバントのイスラーム国」とそのもののようだが，ダーイシュという発音は，かれらテロリストには受け入れられないものであって，かれらは「ダーイシュ」と発音する者の舌を切り落とすとまで脅している。それはこの省略語の音がアラブ語で「足を踏み鳴らして歩く」という意味や，「破壊を蒔く」という意味のことばと似ているからである。

ダーイシュと「アジアン・ムスリム・ネットワーク」

　世界でもっとも多くムスリムが暮らすインドネシアをはじめ，東南アジアでは2015年段階に至っても，ダーイシュの展開している戦闘に加わるため，シリアやイラクに渡ろうとする若者達の摘発が相次いでいる。これも「アジアン・ムスリム・ネットワーク」に依拠した動きの1つであるといえよう。そうしたネットワークの存在そのものが，人の移動を想像させ，かつ可能にするのであり，頻度や規模の大きさにおいて，欧米各国におけるそれとは比すべくもない。

　たとえば，NHKの国際報道では2014年秋に「アジアに広がる「イスラム国」の影」というタイトルで特集を組み，どのようなムスリムが，ダーイシュ

やシリアにおける反アサド政権で武装闘争を展開しているイスラーム主義諸組織に参加していくのかについて報じている。以下にそこで紹介された幾人かのネットワーク上の軌跡をトレースしてみることにしよう（NHK国際報道「アジアに広がる「イスラム国」の影」2014年10月22日）。

まず、マレーシア人ロトフィ・アリフィン氏の場合、2014年1月、シリアに渡り、アサド政権と対立するイスラーム過激派の武装集団に、「ムスリムの領土を守るため、私たちは戦いにきた」として加わったが、9月にはシリア政府軍との戦闘で死亡した。ロトフィ氏はなぜシリアに渡ったのか、マレーシア北部、農村地帯が広がるケダ州の生まれ故郷を取材すると、人口の8割近くがムスリムで、村には彼の学んだマドラサがある。そこでクルアーンの読誦や解釈を学んだ彼は、優秀な成績を収め20代前半でパキスタンに留学、そこから、内戦中のアフガニスタンに渡り、後のタリバンとなる武装勢力に参加して、帰国し、母校の教師となり、さらにシリアに渡る直前まで授業を受け持っていた。

そうしたマドラサは地元のムスリムの寄付によって運営されるので、教師となるのに政府の許認可は必要ない。番組では、同僚教師や生徒の声として、「（ロトフィ氏の）精神を手本にしなければならない。みんなで団結し、イスラームを守る」「アラーのもとで死ぬために、ロトフィ先生はシリアへ行った」「先生は英雄。正しい行いだったと思う」といった声を取りまとめ、政府の目が届きにくい地方では、ロトフィ氏のような過激派に影響を受け、過激な思想に傾く若者が増えるのではないかと懸念されているとしている。

次に、インドネシアへ移りダーイシュへ戦闘員を派遣している組織の代表チェップ・ヘルナワン氏を番組では取材している。世界でもっとも多くのムスリムを抱えるインドネシアでは、ダーイシュを支持する人々が急増し、そうしたダーイシュ支持の若者がいかに戦地に送られるのかについて、この人物を通じてその実態を探っている。

2014年3月以降数ヵ月間で、149人の戦闘員をイラクやシリアのほか、周辺国のヨルダンやパレスチナに送り込んだという発言を紹介しつつ、「中東で虐殺されている仲間を助けることは、私たちに課せられた義務」であるとして、イラクにいる仲間をまとめているというウスタード・バクランという男性が現地に派遣され、その彼が制作した勧誘ビデオでは、インドネシア語で「インドネシアの兄弟たちよ。命、財産、すべてを「イスラーム国」のために投げ出

第5章　アジアン・ムスリム・ネットワーク

せ」と訴えている。イラクだけでなく，各国に協力者をつくることで組織的に戦闘員を送っているのだが，その送り出し方は，「直接イラクに向かうことはない。多くはマレーシアとパキスタンを経由する」という。

　理由は単純で，インドネシアからイラクや周辺国に行くにはビザが必要だが，ダーイシュの影響で政府審査は厳しくなり，戦闘員は，まず留学や就労ビザを得やすいマレーシアに入国し現地にいる協力者がマレーシアからパキスタンへのビザを手配，さらにそのパキスタンにも協力者がおり，陸路で戦闘員をイラクやシリアに送り込んでいるという。ビザを入手しやすいルートに協力者を配置することで（詳細な経路はむろん極秘），当局の監視の目を逃れる。このヘルナワン氏の言うように，「（渡航に必要な）パスポートやビザなど，いくらでも用意できる。シリアやイラクにはあらゆる手口で派遣できる」のは，すでにそうした国境の形成される以前からのルートが存在するからにほかならない。

　ヘルナワン氏の資金源は自ら経営する採石場などの会社であり，渡航の手配からその費用まで，すべて面倒をみる彼のもとには，「イスラーム国」の戦闘員を志す若者達が全国から集まっているという。「聖戦のために中東に行く準備はいつでもできている。悪魔も米国も，何も恐れるものはない」といった戦闘員志望の若者の声も取材されている。

再演される「イスラーム報道」によるステレオタイプ化

　このNHK国際報道「アジアに広がる「イスラム国」の影」特集では（以下引用先のNHKの用語により「イスラム国」と表記しておく），上述の2つの事例の取材を通じて，「なぜアジアから中東の戦地に向かう人があとを絶たないのか？」，「なぜ，堂々と『イスラム国』の支持を明言しているのか？」，「当局が恐れているのはどういう事態なのか？　リスクシナリオはどのようなものか？」といった問いを発しているのだが，問い自体の根拠は曖昧模糊としている。いわゆる「イスラーム報道」（E・サイード）の例に漏れず，そこでNHKが展開しているイメージは，アジアン・ムスリムへ向けて，相変わらずのステレオタイプを増殖させているにすぎないのだが，それらは次のような紋切り型の認識を視聴者に提供して終わってしまう。

　1．アジアのムスリムの中でも急進的な考え方を持つ人たちは，「西洋の価値観」は，イスラームの教えに反しており，世界各地でムスリムが虐げられて

いる状況を変えるためには，イスラームの教えに忠実な国を作るべきであり，彼らにとって「イスラム国」は，理想の実現であり，そのことがそこへ向かう強い動機付けになっている。

2．ムスリムではない私たちにはわかりにくいかもしれないが，ムスリム同士が地域の隔たりを越えて結束しようとする力は想像以上に強いものがあり，この強烈な同胞意識とでも言うべきものを理解する必要がある。

3．そうした「強烈な同胞意識」に私たちは違和感があるが，イスラームの教えに忠実であるべきだという考え方自体は，信者にとっては自然なことであって，そこに「イスラム国」はつけこんで，敵とみなす相手との戦いは「ジハード」すなわち「聖戦」であり，神の教えにかなうと訴え，若者など，純粋にイスラームを信じている人ほど心に響くレトリックをつくっており，これはすなわち，アジアのどこであっても，「イスラム国」の支持者が出現する素地があるということにほかならない。

4．イラクやシリアで戦闘に参加した人たちが国に戻ってきて，「イスラム国」への参加を説いて回ることを放置しておくと「イスラム国」へと向かう流れを止めることができなくなり，さらに，足元で「イスラム国」の設立を目指す過激な動きが出てきて，最悪の場合，同じ国民同士で殺し合う事態にもなりかねない。加えて，東南アジア各地に拠点を持つ既存のイスラーム過激派組織とのネットワーク化も懸念されている。

5．インドネシアでは，2014年10月20日，ジョコ新大統領が就任したが，世界でもっとも多いムスリムを抱えるインドネシアが，「イスラム国」問題で対処を誤るとその影響は計り知れないので，東南アジア各国と，速やかに協力態勢を築いて，地域大国としてリードしてほしい。

真に恐れられるべきは無知であってムスリムではない

ところが，こうした「イスラーム報道」は，むしろ「無知」を助長していくことになるのかもしれない。世界における非対称性を考慮することなく，「ムスリムではない私たちにはわかりにくいかもしれないが」，「「強烈な同胞意識」に私たちは違和感がある」といった観察者の留保によって，われらとかれらムスリムとの間に2分法をあらかじめ設定しておきながら，「アジアのどこであっても，「イスラム国」の支持者が出現する素地がある」という言説を構成し

ていることになり，その「アジア」に日本の観察者自身は含まれてはいない。

また，「東南アジア各地に拠点を持つ既存のイスラーム過激派組織とのネットワーク化も懸念されている」という具合に，ネットワーク概念を大雑把に用いることによって，既存の「アジアン・ムスリム・ネットワーク」の何がどのように機能しているのかについての関心はかえって削がれてしまう。

現在，この「アジアン・ムスリム・ネットワーク」には，イスラーム金融など東南アジアにおけるムスリム・ビジネスの新たな機会が増大していることもあり，「アジアでの「イスラム国」による無差別テロ拡散を示唆する動き」といった枠組みでの報道も夥しい。おそらく，イスラームを誤解させるために存在するとさえいえるダーイシュをめぐる報道は，NHK 国際報道同様に，次のような紋切り型の刷り込み用イメージを跋扈(ばっこ)させるに違いない。

すなわち，「中国新疆ウイグル自治区出身の男らがトルコの偽造旅券などを使い，タイなどを経由地としてイラクやシリアに渡って戦闘に参加する，「イスラム国」の「北東アジアルート」の存在」や，「爆弾の製造技術はシリアの戦闘で開発され，そうした戦闘員の一部は中国に戻りはじめており，中国で大規模テロが発生する危険がある」と語られ，「「イスラム国」に忠誠を誓うインドネシア中部スラウェシ州ポソを拠点とするイスラーム過激派「東インドネシアのムジャヒディーン（MIT）」の構成員」など，また，「フィリピン南部のイスラーム過激派アブサヤフの一派とマレーシアの過激派が組み MIT などの支援で東南アジアの「イスラム国」勢力の統合を進めている」「北東アジアと東南アジアの「イスラム国」支持勢力が連携している」云々といった具合である。

本来多様で多重層複合してきた「アジアン・ムスリム・ネットワーク」の実態は，上述のようなダーイシュへの輻輳が重なり，現在，柔軟なネットワークそのものの機能を麻痺させてしまう危険に晒されている。

こうした最中，世界最大のムスリム人口大国であるインドネシアのなかでも最大のムスリム組織「ナフダトゥル・ウラマー」が，2015 年夏，「インドネシアと世界に貢献するイスラーム・ヌサンタラ」（「ヌサンタラ」とは，サンスクリット語に起源を発する言葉で，一般的に「列島」を意味しさらにはジャワ島とその周辺の島々，独立後は列島国家インドネシアを指すとされている）を大会スローガンとする全国大会を開催した。

大会において，「イスラーム・ヌサンタラ」は，偶像崇拝を完全否定するワ

ッハービズムやほかの信仰に非寛容なスタンスを取る「原理主義」をインドネシアにそのまま適用すれば，「多様性の統一」を掲げるインドネシア共和国との正面衝突が避けられないので，インドネシアにおいて，イスラームが発展していくために，世俗民族主義，世俗国家の国是「パンチャシラ」思想との折り合いをつけていく思想戦略という機能も果たしているとされた。

筆者は「パンチャシラ」を「世俗性」において規定すること自体についても本来は議論を要すると考えるが，いずれにせよ，「イスラーム覚醒」現象が進行中のインドネシアにおいて，インドネシア・イスラームが，アラブ・イスラームに蔓延するテロリズムや過激主義とは異なって，ほかの諸信仰との共存を目指すことを確認し，「自分たちのアイデンティティ」は何かということが，今回の大会では再確認された（小川忠「イスラム・ヌサンタラという戦略」asiainfo. or.jp/ 参照）。

「アジアン・ムスリム・ネットワーク」を支えている原理は，「ウンマ・イスラミーヤ」概念そのものがそもそもムスリムとユダヤ，キリスト教徒などとの混淆した状況を示していることと相まって，多重層性・多様性のなかの統一，統一のなかの多様性・多重層性による柔軟対応戦略なのであり，欧米近代におけるクリスティアニティ原理主義の鏡像のように立ち現れている幻影のダーイシュとは，そもそも構成原理が異なっていることも，あわせて認識しておくべきかもしれない。

5　ネットワーク拡張の近未来

今後の「アジアン・ムスリム・ネットワーク」の拡張可能性ついて一考し，本章の結びとしたい。

ヨーロッパ概念が地理的指標に留まらず，一種の普遍性や合理性などを偽装して流布されていることを想定しつつ，「方法としてのアジア」など，さらに洗練されたアジア概念の構築を戦略的に練っていく必要があることは言うまでもない。その場合，ムスリム・ネットワークは重要なコンセプトとなる。

ネットワーク社会としてのアジアをめぐる議論は，古代ローマの貴族と平民の庇護関係に由来するいわゆる「パトロン・クライアント関係」のヴァリアントとしての，2者関係の優越や「家族」的つながり（「親族一同」，「兄弟」，「疑似

的」家族関係の拡張）などを基層に，「父，親分，師匠」と「子，子分，弟子」などへも広げられ，そこに人々が集う機会を担保する仕組み（「共食」儀礼やさまざまな集会，頼母子講，井戸端会議的おしゃべり）などを想起されつつ行われる場合が多いとされる。

　むろん，文化が「分裂していく意味の構造」であることを考慮すれば，そうした関係の特殊性によってアジア的存在様態を特徴づけていくことにも，一定の意義はあるのかもしれない。だが，ネットワーキングそれ自体の目的が，ロケーションの存在拘束性とどのような相関性を有するのかを考慮するならば，その関係の特殊性を，むしろムスリムとして存在することへの普遍性に開いていく方が，より大きな意味を持つのではないかと考える。つまり，アジアン・ムスリム・ネットワークは，グローバル・ムスリム・ネットワークのハブとして再構築されていくようでなければならない。

　これを支える事実の1つとして，グローバルな規模でのムスリム人口の増大があり，デモグラフィックな視座からの近未来におけるムスリム・ネットワーク拡張の詳細な検討が必要とされる。

参考文献

アブー＝ルゴト，ジャネット・L（佐藤次高・斯波義信・高山博・三浦徹訳）『ヨーロッパ覇権以前』上・下，岩波書店，2001年。

イブン・バットゥータ（家島彦一訳注）『大旅行記』全8巻，東洋文庫，平凡社，1983〜93年。

ポーロ，マルコ（愛宕松男訳注）『東方見聞録』1・2，平凡社，1970〜71年。

ラズレット，ピーター（川北稔ほか訳）『われら失いし世界——近代イギリス社会史』三嶺書房，1986年。

Latour, Bruno, *Reassembling the Social, An Introduction to Actor-Network-Theory*, Oxford University Press, 2005.

第6章　アジアの人身売買問題
―― 越境する暴力とガヴァナンス ――

山 根 健 至

1　現代アジアの人身売買問題

人身売買という暴力

　「私は12歳で売春宿に売られました。売られたばかりの頃は，1日に40～50人の客をとらされました。100人を数える日もありました。それから警察に救出されるまでの5年間，毎日，悪い仕事をさせられました。朝6時から夜9時まで，お客がいる時には明け方までも。寝る時間もありませんでした。狭い部屋に閉じ込められ，太陽を見ることさえ許されませんでした」

（長谷川 2014：28）

　これは，ネパールからインドの売春街に人身売買された少女の告白である。ネパールでは，年間7000人もの幼い少女達が国境を越えてインドへ送られ人身売買の犠牲になっている。彼女達が売られていく先は，ムンバイ，デリー，コルカタなど，インド屈指の売春街がある都市である（長谷川 2014：20）。
　タイでは，北部タイや隣国のラオス，ミャンマーなどから売られてきた少女が，売春宿で奴隷にされている。少女達は，殴られ，脅され，強姦されるなどの暴力を繰り返し受けることで抵抗の意思を失い奴隷となる。そして，多くの少女がHIVに感染し，果てはエイズを発症して，売春宿から捨てられ死んでいく。運よく故郷に帰ることができた少女でも，人身売買にあったことやHIV感染を理由に，出身の社会から排除，差別される生活を強いられる（ベイルズ 2014：63-65）。また，こうした少女を含む女性が送られるのは国内や周辺国だけではない。たとえば，米国，ヨーロッパ，日本などの先進地域へも，アジアから多くの女性が性産業に奴隷として供給されている（ベイルズ 2014：

75-77)。

　人身売買にかかわる業者は、人々の窮状につけ込み人権を蹂躙する。そこでは被害者は人間とみなされていない。近年、ミャンマーでの民族間衝突や貧困に苦しむロヒンギャ族が、そうした状況を逃れようとマレーシアやインドネシアへ密航を試みるケースが増加している。この背景には、タイやマレーシア、インドネシアを根城とする国際人身売買組織の暗躍がある。こうした組織はロヒンギャ族から金を集め木造船に乗せてタイ南部に上陸させ、そこから陸上ルートでマレーシアなどに送り込むのである。しかし、タイ政府の取り締まりが強化されると、上陸させたロヒンギャ族が邪魔になったため、彼らを殺したり、虐待して森の中に置き去りにしたりした（根本 2015）。タイ南部のマレーシア国境地帯のジャングルでは、人身売買組織が被害者を収容するテントや多くの遺体が埋められた穴が発見されている。

　このような人身売買は「現代の奴隷制（modern slavery）」ともいわれ、グローバル化などを背景として近年、世界中で深刻化・複雑化している。本章では、越境型暴力の1つであるといえる人身売買を取り上げ、アジアを事例に、それがどのような問題なのか、対策はどのように進んでいるのか、問題への取り組みにおいて市民社会がどのような役割を担っているのかなどを検討する。なお、この問題には「人身取引」と「人身売買」という用語が使用されているが、本章では「人身売買」に統一する。

人身売買とは何か
　人身売買は、2003年に発効した国連の「人身売買議定書」において、犯罪行為として次のように定義されている。「搾取の目的で、暴力その他の形態の強制力による脅迫もしくはその行使、誘拐、詐欺、欺もう、権力の濫用もしくは脆弱な立場に乗じることまたは他の者を支配下に置く者の同意を得る目的で行われる金銭もしくは利益の授受の手段を用いて、人を獲得し、輸送し、引き渡し、蔵匿し、または収受すること」。また議定書では、「搾取には、少なくとも、他の者を売春させて搾取することその他の形態の性的搾取、強制的な労働もしくは役務の提供、奴隷化もしくはこれに類する行為、隷属または臓器の摘出を含める」とされている。この定義からすると、冒頭のネパールやタイなどの少女のように、暴力、脅迫、詐欺などにより性産業で売春を強いられる女性

は明らかに人身売買の被害者である。そのほかにも，製造業，加工工場，縫製工場，レンガ工場，建設現場，鉱石掘り，プランテーション農業，漁業，家庭内労働，紛争地での子ども兵，臓器売買，国際偽装結婚などのさまざまな職種や場所で強制的にあるいは騙され搾取・奴隷化されている人も人身売買の被害者とみなされる。こうしたことからわかるように，人身売買は女性のみならず男性も被害者になり得る犯罪行為である。また，議定書では，搾取される人が18歳以下であれば，暴力や詐欺といった手段の有無にかかわらず人身売買の被害者とみなすと規定されている。

人身売買問題を扱う国連機関の1つである国連薬物犯罪事務所（UNODC）は，2012年に，人身売買の被害者が世界中につねに240万人いると推計している（米田 2015：235）。また，UNODCが2014年11月に発表した報告書によれば，発見された被害者のうち，成人女性が49％，成人男性が18％，少女が21％，少年が12％であった。なかでも本章が対象とするアジアは人身売買が盛んに行われる地域である。たとえば，国際移住機構（IOM）は，東南アジア大陸部のメコン川流域地域で，毎年約20万人から45万人が人身売買の被害者になっていると推計している（野津 2014：168-169）。被害者が国境を越えて移送されるケースを多く含むため，事案や被害者を把握するのがきわめて困難で数字の正確さには議論があるが，問題が深刻であることにかわりはない。

上記報告書では，東アジア地域（同報告書では「東アジア太平洋地域」と分類）と南アジア地域の人身売買被害の大まかな特徴は次のように報告されている。東アジア太平洋地域は世界中に被害者を送り出している地域であるが，大半の被害者は出身国や同一地域内の他国に送られている。南アジア地域の被害者は中東や南北アメリカ大陸，ヨーロッパへ送られる者もいるが，ほとんどが国内で発見されている。東アジア太平洋地域で発見される被害者は，大人が67％，子どもが33％と推定されている。成人男性と少年を合わせても男性の被害者は17％と，女性の被害者が圧倒的に多い。日本やオーストラリアといった先進国では成人女性の被害者が，東南アジアのメコン川流域地域では子供の被害者が多く発見されている。また，発見された被害者の38％が性産業，41％が強制労働，21％がその他の形態で搾取されていた。一方，南アジア地域では，発見された被害者のうち，大人が60％，子どもが40％となっている。15％が性産業，85％が強制労働というように，被害者の大多数が強制労働で搾取さ

れていた。このように，両地域で発見された被害者の多くは，子供を含む女性である。

グローバル化と人身売買

人身売買自体は昔から存在したが，近年の開発途上国における急速な工業化，貧困，武力紛争，爆発的な人口増加，それらにともなう人の移動の増加などといった諸要因が，新自由主義的なグローバル化の進展と絡み合い，問題を複雑化・拡大化させている。

近年，グローバル化の下でアジアの開発途上国は飛躍的な工業化を遂げてきた。工業化はマクロなレベルでの経済成長を促したが，成長の果実や富の分配が公平になされたわけではなかった。たとえばタイでは，1980年代以降の急激な高度成長により，食糧，土地，工作機械の値段が軒並み上昇する一方で，バンコクの工場労働者への安価な食糧供給を確保するために国策で米価が据え置かれたため，農村部では稲作などの農業収入が低迷した（ベイルズ 2014：45）。アジア地域の他の開発途上国も農村の困窮は同様であった。こうしたなか，多くの農民は農業だけでは生計が立てられなくなり，職を求めて都市部へと移り住んだ。さらに，同地域では人口の爆発的増加が追い打ちをかけた。働き口も食糧も乏しい農村地方の共同体は増加する人口を十分に養っていけず，都市部や国外に職を求める人々を多く生み出した。しかし，その多くが定職に就けず都市貧困層を形成した。

加えて1990年代以降，グローバルな規模で展開する新自由主義的な環境の下での経済成長は，いっそうの経済的・社会的な不平等化をともなうものとなった。新自由主義的市場経済化は，規制緩和や民営化などにより雇用の不安定化を生み，職を求める人々の国内外への移動を増大させた。さらに1990年代末や2008年から2009年の世界的な経済危機は，同地域で多くの失業者を生み，格差や貧困とともに移住労働の増加を加速させた。とくに1997年のアジア経済危機以降，男性の雇用機会が減少するなか，他方で女性の出稼ぎを増加させたのであった（稲葉 2008：62）。

新自由主義的なグローバル化の下で移住労働が活発化するなか，女性の人身売買被害が拡大してきた。上記のような状況下で女性が家計を支えることへの期待が高まる一方で，多くの場合，経済的に立ち遅れた国で女性が安定した仕

事を見つけることは困難である。とくに農村部の貧しい女性が母国の都市部や海外に職を求めたとしても，渡航費を工面できないし，現地で自力で仕事を探すことも困難である。結果的に職を求める女性は，移動や求職の際に多くの場合ブローカーに頼らざるを得ず，運悪く悪質ブローカーや犯罪組織の手にかかった人が人身売買の被害者となってしまうのである（稲葉 2008：58）。貧しい地域から豊かな地域へと被害者が送られるパターンは，被害者が国外に移送されるか国内に移送されるかを問わず，人身売買にみられる一般的な傾向である。

また，1990年代以降の越境犯罪組織の増加も人身売買被害の深刻化に寄与している。ソ連崩壊にともなうロシア・マフィアの拡張，中国における経済発展，アジア経済危機，テロの活発化などを契機として，アジアの犯罪組織は飛躍的に規模を拡大し多国間ネットワークを拡張した。さらに近年の通信・情報・運搬・資本管理技術の飛躍的な高度化が，組織犯罪の発展に寄与するとともに，経済のグローバル化が生み出す貧富の差の拡大，貧困層の増加，資本の集中が，貧困層の犯罪集団への動員と政府汚職の増加を招き，アジアにおける越境犯罪の拡大を驚異的に加速してきた。

このように，近年の人身売買被害の拡大は，グローバル化の下での人の移動や越境組織犯罪の増加を大きな要因としているのである。ほかにも，冒頭で言及したロヒンギャ族のように，民族間衝突や迫害，紛争から逃れようとする人々や，大規模災害により故郷を追われる人々に人身売買組織は容赦なくつけ込み，被害を拡大させている。

人身売買の仕組み

人身売買の仕組みは多様であり時代とともに変容しているが，一般的な傾向として，被害者を強制的に連れ去り売り渡すといった手段よりも，詐欺的手段によって陥れるパターンが増えている。そこにかかわるアクターには，人身売買のプロもいれば，何かのきっかけでつい犯罪に手を染めてしまった素人ふうの者，さらには，信じがたいことに被害者の親族もいる。関与するアクターの役割はさまざまで，たとえば性産業で搾取を行う人身売買では，売春宿経営者，斡旋業者，周旋人，スポッター（女性に関する情報収集と連れ去り役）などがいる。売春宿経営者は犯罪の主犯格であり，人身売買の現場に決して顔を出さず，背後で斡旋業者を操って犯罪を統括する。斡旋業者は複数の売春宿経営者と繋が

りを持ち，彼らのニーズを受けて周旋人に指示を出す。そして周旋人がスポッターを使って女性をリクルートし運ばせる。スポッターの大半は，標的にされる女性の知人，親族，地元マフィア，軽犯罪者である。彼らはまず，市場や貧しい村々，バスターミナルや駅などをまわって，商品となりそうな女性と彼女の家族構成，経済状況，家庭内の問題などの周辺環境に関する情報を収集する。それをもとに，もっとも成功率の高い手口を選んで誘惑し，連れ去るのである（長谷川 2014：88）。

また，情報通信技術の発達が，犯罪手口をより複雑にしている。近年，急増しているのは，携帯電話やインターネットをツールとした手口である。ブローカーが狙いを定めた女性に間違い電話を装うなどして電話をかけたり，女性の開設したフェイスブックにメッセージを書き込み接触を図ったりして出会いのきっかけをつくるというケースも増えてきている。携帯電話やインターネットの普及が新たな被害者層を生み出しており，貧困ではない普通の家庭の中高校生が，犯罪に巻き込まれるようになっている（長谷川 2014：14-15）。

前述のように，人身売買は国境を越えて行われる場合が少なくないが，被害者が遠方の国外へ送られる際，複数の中継国を通ることがある。この過程では犯罪組織や個人がかかわり，偽装パスポートの使用，家族や夫婦の偽装，贈賄などの手段を駆使して被害者を輸送する。こうした非合法手段のみならず，観光ビザで合法的に入国する手法もしばしば使われる。被害者の受入国すなわち搾取が行われる国では，ブローカーから買い手となる売春業者や農園，漁業，製造業，小売業の経営者に被害者が売り渡される（小島・原 2010：33-34）。

被害者を拘束するのは暴力や脅迫に加えて「債務」である。被害者となる女性を詐欺的手法で確保した人身売買業者は，良い働き口の紹介とともに，その女性の家族に代金を支払う場合があるが，女性達を奴隷にする「債務奴隷制」がここからはじまる。業者と家族が取り交わした契約書には，この金や渡航費などは女性が働いて返すこと，債務完済までは無休なうえ家族に仕送りもできないことなどが記されている。その後，女性が売春宿に転売された際，その転売代金，斡旋業者や周旋人の儲け，仲介料，売春宿での部屋代，飲食代，薬代，罰金などが，女性の債務として加算される。被害者はこうした債務を額面通り受け取り返済責任を感じ，逃げ帰ればこの債務で家族に迷惑をかけると考えたり，家族や親戚に対する体面を気にしたりする。こうしたことから女性達は，

人身売買業者の奴隷となってしまうのである（ベイルズ 2014：46-47／稲葉 2008：54）。

人身売買と日本

このような人身売買問題に日本は無関係ではない。それどころか，日本は国際的に人身売買被害者の「受け入れ大国」として認識されている。日本における人身売買でもっとも数が多いとされているのが長年行われてきた性産業での人身売買であるが，近年は，安価な労働力確保の手段として用いられている技能実習生制度が労働搾取目的の人身売買であるとして問題となっている。

1970年代後半から，人身売買業者と日本の暴力団が，日本の性産業にフィリピンやタイなどの東南アジアの女性達を組織的に売買して送り込むようになった。女性達は，送り出し国のブローカーから日本のブローカーに引き渡された後，風俗営業店に売られ，架空の「債務」の返済を口実に売春を強要され，暴力団の見張りの下，事実上の監禁生活を強いられた。女性達は正規の在留資格がないため，強制送還を恐れ逃げにくい状況にあった。現在は，管理型売春の形態は少なくなり，より巧妙に「女性達が逃げ出さない程度」に自由を与えるソフトな形態の管理の人身売買が主流となっている。しかし，女性に課される架空の債務は高額になり，業者や暴力団が巨額の富を得ている構図は変わっていない（小島・原 2010：102-105）。

加えて，近年は「外国人研修・技能実習制度」との関連で，人身売買が問題となっている。この制度は，開発途上国の人に一定期間日本で経験を積んでもらい日本の技術を習得してもらうという技術移転，国際協力を名目に，研修生や技能実習生として外国人を受け入れるもので，国際研修協力機構（JITCO）が中心となって推進する制度である。1993年に外国人研修生・実習生の受け入れがスタートし，2015年時点で約15万人が国内で働く。機械加工業，食品製造業，農業，建設業などを含む68職種が対象となり（2015年時点），中国，ベトナム，インドネシアなどからの受け入れが多い。しかし，途上国の人材育成，国際貢献，実習生の技能習得などを目的とした制度を隠れ蓑に，日本国内の中小零細企業での低賃金労働力補充策として外国人実習生が使われている実態が指摘されている。さらに彼ら彼女らの待遇には大きな問題がある。たとえば，低賃金の長時間労働，格安の残業代，賃金未払い，日用品のリース料・管

理費・光熱費などの給与からの天引き，仕事中にトイレへ行くと罰金を科す，逃亡防止のための強制貯金（使用者による通帳の保管），事前説明とは異なる仕事をさせる，使用者（社長）などによるセクハラ行為などが報告されている。こうした劣悪な環境に加え，企業・事業所が実習生のパスポートを保管したり送金や遠出を禁止したりすること，また違約金の規定のある宣誓書への署名を要求することなどが人身売買行為との共通性があるとして，後述する米国の『人身売買報告書』は 2007 年以降，「外国人研修・技能実習制度」が人身売買の 1 つの形態であると指摘している（「外国人実習生」編集委員会編 2013／小島・原 2010：106-110）。

2 人身売買対策の現状──規範の伝播と制度の形成

国際社会の取り組み

人身売買問題に対する国際社会の取り組みは，1990 年代末以降に急速に進展した。国連や米国，地域機構などにより，対策を推進する規範が政府間に広まったのである。

急速に規模を拡大する人身売買に対応するため，国連は 2000 年の総会で「人，とくに女性および児童の取引を防止し，抑止および処罰するための議定書（＝人身売買議定書）」を採択，2003 年に発効した。この議定書は，はじめて国際条約で人身売買を定義したことや，人身売買の包括的な取り締まりや防止と被害者の保護にかかわる法的・政策的措置を締約国に義務付けていたり，各国や国際機関の協力・連携の促進を目的としていたりする点で画期的であった。2015 年 9 月時点で 166 ヵ国がこの「議定書」を批准（加盟）している。まさに人身売買問題に対するグローバルな規範がこの議定書の発効によって形成されたといえる。

加えて国連関連機関では，国連人権高等弁務官事務所（UNHCR），UNODC，国際労働機関（ILO），IOM，国連児童基金（UNICEF），国連開発計画（UNDP）などが，活発に調査やアドボカシー活動および各国政府の対策への支援を行っている。

2000 年代に，各国での「議定書」の批准や対策の実施強化は徐々に進展をみせるが，この背景には国際機関の取り組みに加えて米国の圧力があった。

1990年代末より，テロ対策との関連で人身売買対策に積極的に取り組みはじめた米国は，2000年に議会で「人身売買被害者保護法」を成立させた。同法に基づき国務省は2001年以来，国連加盟各国政府の人身売買問題への対応を3段階（2004年版からは4段階）で評価する『人身売買報告書』を毎年発行している。この報告書で最低ランクの評価を受けると，援助停止や経済制裁の対象となることや国際的な評判が落ちるとの認識などから，対象国政府は与えられる評価に多大な関心を抱いている。評価が恣意的であるとの批判はあるが，低評価を受けた国が汚名返上のためにいっそうの努力をするようになり，国際的に人身売買対策の法・制度整備が進むという結果を生んでいる。

こうした国際社会の潮流を背景として，アジアでも対策の法制度整備が進んだ。前節で言及したUNODCの報告書は，国連の「議定書」発行以降，東アジア太平洋地域と南アジア地域のほとんどの国が，人身売買を犯罪化する包括的な法律を有するようになったと評価している。たとえば，東南アジアでは2000年代以降，地域機構のASEANを中心として，地域的な取り組みが実施されている。

ASEANは2004年11月に開催された公式首脳会議で，「人身売買とりわけ女性および子供の人身売買に対抗するASEAN宣言」を採択した。同宣言は，人身売買対策において包括的な地域的アプローチをとる必要性が差し迫っているとの認識を示し，効果的な取り組みを協力して推し進めるための方策をまとめている。この宣言の採択以降，東南アジアでは法制度の枠組み形成が進展しはじめる。地域的な取り組みの成否は地域レベルでの政策の平準化・調和化にかかっているため，ASEANは，各種の宣言，行動計画，ガイドラインの発行などによって加盟国に「呼びかけ」を行ってきた。これらの結果，近年，各国で「議定書」の批准と国内法による人身売買の定義の調和化が進んでいる。ほかにも，人身売買への地域的な対応を強化するため，2004年以降，各国の治安・法執行機関の連携を強化する条約の署名・批准や，各国内の人身売買対策の専門部隊による情報交換の制度化が進められている（山根 2013：143-144）。

加えて，アジア太平洋地域では，人身売買問題に関する多国間協議の枠組み形成や国際協力の強化が進められている。2002年2月，インドネシアのバリ島において「密入国，人身売買および関連する越境犯罪についての地域閣僚会議」が開催された。会議にはアジア太平洋地域各国の関係大臣が集まり，問題

に対処するための国際協力や定期的な地域間協議の場の設置など，具体的な協力案件を実施するための枠組みとして「バリ・プロセス」を立ち上げることが合意された。「バリ・プロセス」には，アジア，ヨーロッパ，中東，北米，アフリカからのおよそ60ヵ国や国連諸機関が参加しており，アジアでは，日本，中国，韓国，インドなどやASEAN加盟10ヵ国が参加国となっている。

日本政府の人身売買対策

　日本では2004年4月に，内閣官房，法務省，外務省，厚生労働省，警察庁からなる「人身取引対策に関する関係省庁連絡会議」が設置され，同年に「人身取引対策行動計画」が発表された。行動計画では，刑罰法令などの整備，加害者の取り締まりの強化，関連する諸制度の再検討などが決められた。また，人身売買被害者はこれまで，「超過滞在」や「資格外就労」で入管法に違反した「犯罪者」とみなされ強制送還されていたが，「被害者」として保護の対象と認識されることとなった。そして，人身売買の被害者として警察あるいは入国管理局が認定した女性達を一時保護する役割を，各都道府県に設置されている婦人相談所に与えた。さらに，被害者の帰国について，IOMを通じた帰国支援事業を行うことが定められた（米田 2015：243-244）。

　また2004年には，人身売買に悪用されていると見られていた「興行ビザ」発給の厳格化が行われた。これは，フィリピンやタイからの女性を「興行」の在留資格で入国させ，実際には「芸能活動」ではなく，パブ，カラオケ店，スナックなどでホステスやウエートレスとして「就労」させていた問題である。こうした女性達は売春を強要されることも少なくなかった。厳格化の影響で，興行ビザで入国するフィリピン人が2004年の82714人から2006年には8607人へと激減したが，他方で，偽装結婚というより巧妙化した手段で入国し，パブなどで「就労」する女性が現れはじめた（米田 2015：247）。

　かねてから，日本の人身売買対策は不十分であると米国から批判を受けていたが，対策強化の背景には米国の圧力があったことは否定できない。2004年の『人身売買報告書』では「監視対象国」に格付けされたが，その後の取り組みが評価され，2005年には格上げとなった。

　2005年6月には「人身売買罪」が刑法に新設され，2009年12月には「人身取引対策行動計画」の改正が実施された。改正により，人身売買の手口の巧妙

化・潜在化に対する認識が明らかにされるとともに，被害者認知のための関係機関の連携，多言語ホットラインの運用の検討，法的援助に関する周知，就労支援の検討，男性被害者の保護施策に関する検討の必要性や，外国人研修・技能実習生の労働搾取問題への認識も示された（米田 2015：245-246）。

これらに加えて，外務省の『外交青書』によると，日本は上記行動計画に基づき，国際捜査共助の充実化や被害者の帰国支援，ODA を活用した国際支援などの国際的な取り組みに積極的に参画している。また，政府調査団をタイ，フィリピン，カンボジアなどへ派遣し，東南アジア諸国の人身売買の現状と対策，関係国との対策協力強化などについて調査，協議，意見交換を行った。さらに IOM への資金拠出を通じて，被害者の安全な帰国や帰国後の支援を行う「人身取引被害者の帰国支援事業」や上述の「バリ・プロセス」への支援を行っている。

外国人技能実習制度については，2010 年 7 月に制度変更が実施された。この変更により，在留資格「技能実習」が創設され，外国人技能実習生に労働基準法などが適用されるようになった。また，保証金・違約金などによる不当な金品徴収等の禁止，監理団体による指導・監督・支援体制の強化および運営の透明化，監理団体による不正に対する罰則強化が定められた（「外国人実習生」編集委員会編 2013）。しかし，制度の悪用とみられる行為は依然として報告されており，政府は監督組織の強化や受け入れ企業への届け出義務付けなど，さらなる見直しを検討している。

3　人身売買問題のガヴァナンスと市民社会組織

市民社会組織の役割

上述してきたように，人身売買対策の規範浸透や法制度形成は近年，政府レベルおよび政府間レベルで進展を見せているが，それ以前から問題に取り組んでいる市民社会組織の役割が，人身売買問題のガヴァナンスにおいていっそう重要となっている。

政府や政府間での取り組みが活発化する以前の 1980 年代末頃から，アジアではフィリピンやタイなどの NGO が性産業や子供の性的搾取に反対する活動を開始していた。1990 年代初頭には，Global Alliance Against Traffic in

Women (GAATW), End Child Prostitution, Child Pornography and Trafficking of Children for Sexual Purposes (ECPAT) などのトランスナショナルな NGO ネットワークがアジアにおいて形成された。たとえば 1994 年にタイのチェンマイで結成された GAATW は，アジア 11ヵ国におよそ 30 の NGO および NGO ネットワークをメンバーとして持ち，世界中で 100 以上の NGO が参加している。また ECPAT は，子供の性的搾取をなくすために活動する個人や組織のネットワークであり，国連の経済社会理事会において特殊諮問資格を持つ NGO である。現在では 73ヵ国で 81 のローカル ECPAT が活動しており，タイのバンコクに国際 ECPAT の事務局が置かれている。このようなトランスナショナルな NGO ネットワークが世界各地に数多く生まれ，反人身売買運動を組織化・ネットワーク化，コーディネート，促進する役割を担ってきた。そして，こうした NGO コミュニティによるアドボカシー活動が，反人身売買の国際的な規範形成・拡散を促し，各国政府の取り組みを促進する役割を担った。加えて，近年のロヒンギャ族の問題に対しては，120 を超える NGO が国際会議を開催し，東南アジア各国の政府や援助国政府などに対策を講じるよう声明を発した。

　実際，人身売買問題に取り組む NGO の活動は，各国政府の施策に大きな影響を与えている。東南アジアのフィリピンやインドネシアでは，人身売買禁止法の制定に国内の NGO によるロビー活動やアドボカシー活動が大きく寄与した。フィリピンでは，法案の審議が議会や政府の怠慢により遅々として進まなかったが，NGO の長年にわたるロビー活動が牽引役となり立法が実現した。インドネシアでは，立法過程における NGO のキャンペーン活動，助言，ロビー活動が国会や委員会での審議に圧力をかけ，法案に被害者保護の観点を反映させることに成功した（山本 2012）。

　こうした規範形成における市民社会組織の役割に加え，政策実施や法執行の局面においても，市民社会組織の役割が重要性を増し不可欠となっている。

　国際的な人身売買対策の本格化は，2000 年に制定された国連の「議定書」を契機としている。ただし，この「議定書」は国際組織犯罪の防止という文脈からつくられているため，世界各地のさまざまなレベルで展開されている人身売買対策は，加害者への刑事司法的対応が先行している。加害者の取り締まりや処罰は対策に欠かせないものであるが，これへの過度の依存はさまざまな問

題を生じさせる恐れがある。たとえば，加害者への刑事司法対応を目的として法執行機関の権限が拡大された結果，警察の職権濫用による被害者と加害者の混同，法執行機関や政治家と癒着する人身売買業者の強化，需要抑制に対する取り組みの軽視などが報告されている（本名 2015：111-113）。

このような問題点を改善する役割が，市民社会組織に期待される。市民社会組織は，被害者のシェルター設置，法的支援の提供，心理的ケアの無償提供，警察に対する被害者対応の際の配慮要請などを行っている。また，人身売買の被害者となり得る人々に対する啓発活動や，政府機関へのアドボカシー活動など，予防の取り組みにおいて大きな役割を担う。さらに，問題の温床となる都市部や農村の貧困・失業問題を緩和するコミュニティ開発活動や性産業の需要抑制のための教育など，多岐にわたる役割が市民社会組織によって担われている（本名 2015：113-114）。

こうした市民社会組織の重要性を認識し，先進国ドナーによるNGOへの支援も実施されている。2000年以降，アジアの開発途上国に対して人身売買対策プログラムの支援を開始した米国国際開発庁（USAID）は，とくにNGOの活用を積極的に図り，NGOへの資金提供や協働関係構築による人身売買対策支援のネットワーク拡大に取り組んでいる（山本 2012：103）。また，多くの政府機関や国際機関がNGOとの協働を進めている。いくつか取り上げてみたい。

ガヴァナンスと市民社会組織——フィリピン，メコン川流域（タイ），日本

フィリピンでは人身売買禁止法の制定にNGOのロビー活動が寄与したが，実際の取り組みにおいてもNGOの役割はきわめて大きい。同法の下で，関連機関間評議会（Inter-Agency Council Against Trafficking：IACAT）が設置され，この枠組みで政府機関とNGOとの協力が実施されている。同機関は，法務省，社会福祉開発省，外務省，労働雇用省，海外雇用庁，入国管理局，国家警察の大臣や長官，フィリピン女性の役割委員会の委員長，および，女性，海外フィリピン人，子供の各分野でそれぞれ活動するNGOの代表者によって構成される。

IACATの主な機能は，人身売買対策の包括的プログラムの策定，法律施行の監視，諸機関の対策の調整，情報普及活動の調整，訴訟支援，諸機関やNGOとの連携による被害者の再統合プログラムの策定，政府諸機関または

NGO などからの協力確保，諸外国との協調の奨励，被害者支援の主導，などである。また，IACAT は，検察官，捜査員，福祉士，NGO 関係者から構成される緊急対応部隊を組織し，各地の入国管理局，港湾局，沿岸警備隊などとの連携の下，人身売買の中継地となり得る空港や港湾に要員を配備したり，被害者からの緊急電話相談に応じるホットラインを開設したりして，監視，事案の早期発見・予防，被害者保護に取り組んでいる。こうした市民社会組織を含む多部門による協働の制度化が，IACAT を中心として進められている。

　これらに加えて，Visayan Forum Foundation，Blas Ople Policy Center，DAWN，BATIS Center などさまざまな NGO が，全国各地のコミュニティで予防を目的とした草の根の啓発活動，シェルター運営による被害者の保護・社会復帰・自立支援，アドボカシー活動，青少年を主対象とする需要抑制の取り組みなどを実施している。また，NGO は，法執行機関などの政府機関職員に人身売買禁止法や人身売買問題について周知させる教育・啓蒙活動を実施している。同法の下で被害者として認定されるべき人が犯罪者として扱われる事例が報告されているように，政府機関職員の間に同法についての知識不足が散見されるため，このような取り組みが不可欠となっている。

　タイ，ミャンマー，カンボジア，ベトナム，ラオス，中国雲南省などが含まれるメコン川流域は，世界的な人身売買の巨大市場であるといわれる。この地域では国連の「議定書」採択後，政府間協議が開始された。2004 年には上記 6 ヵ国の政府によって人身売買に関する閣僚会議が開催され，各政府間で人身売買廃絶に関する協力覚書が調印された。それに先立つ 2000 年に設立されていた国際機関の「メコン川流域の人身売買に対応する国連機関連合プロジェクト（UNIAP）」が事務局機能を担っている。その後，各国政府の間で被害者の保護と送還の協力に関する 2 国間覚書が順次締結されている。さらに，人身売買の被害者識別・容疑者検挙に関する情報交換や国境を越えた協力，対人身売買専門部隊の能力標準化を目的とした要員の訓練や能力構築，警察の特別部隊間の協力強化などが取り組まれている（野津 2014：172-173／山根 2013：144）。

　メコン川流域地域では，国内の NGO，国際 NGO，各国政府機関，国際機関などがネットワークを形成し，人身売買防止と被害者保護・支援などに取り組んでいる。とりわけ，周辺国の NGO 同士の協力，NGO と政府機関の覚書に基づく活動，NGO の UNIAP 定例会議への参加など，NGO の存在は欠かせな

いものとなっている。

　この地域における人身売買の中心地であるタイでは，1997年以降に策定された一連の国内法により，人身売買対策の強化が進められた。そうしたなか，2001年以降，中央・地方の政府行政機関とNGOの協力体制構築や責任の明確化のために相次いで両者の間で覚書が締結された。その後，政府は「女性及び児童の人身売買の廃絶に関する国家小委員会」を設置し，NGOなど関連団体との連携を強化するための会議やワークショップを継続的に開催している（野津 2014：176-177）。

　人身売買防止にもっとも関連の深い社会開発・人間安全保障省の地方県事務所は，2005年8月に，地方レベルで関係行政機関とNGOが共同で活動を実施するため，「人身売買防止と廃絶活動センター」を創設した。センター設置時に同省県事務所とNGOの間で締結された覚書によると，同事務所とNGOの「ワールドビジョン」は，センターの運営について共同責任者の立場にあり，行政とNGOが対等な立場で事業に参加するとされている。また，センター運営費も同事務所とNGOのワールドビジョンが折半することになっている。このセンターが開設されたことにより，人身売買防止のために啓発活動，青少年のための研修会実施，監視ネットワークづくり，被害者の職業訓練センターや犠牲者支援センターの設立，帰還のための移送センター設立など，多くの事業が，ワールドビジョンなどのNGOと連携し実施することが可能となった（野津 2014：185）。

　日本政府の取り組みが2004年以降強化されたことについては前述した通りであるが，市民社会組織や市民個人による取り組みは1980年代から存在した。被害者を受け入れる緊急一時保護施設（シェルター）関係者やNGO，弁護士，研究者が，それぞれの立場で活動を行っていた。たとえば，「女性の家(HELP)」「女のスペースみずら」「女性の家サーラー」などが，被害女性達の保護に長年取り組んできた。そして，根本的な問題解決には人身売買の禁止と被害者の保護をセットにした包括的な法律が不可欠であるとの合意から，2003年に「人身売買禁止ネットワーク（JNATIP）」が設立された。JNATIPでは，①人身売買の被害者保護支援の実態を調査し，②国際的な人身売買撤廃に向けての取り組みと連携をしつつ，③人身売買予防につながる意識啓発の活動に努め，④人身売買された女性達の現状を政党や議員に訴え，政府の「人身取引対

策省庁連絡会議」と交渉の場を持ち人身取引被害者保護支援法制定の必要性を訴えてきた（小島・原 2010：124-125）。そうしたなか，2009年の「人身取引対策行動計画」改正に，市民社会組織の声が一定程度反映された。

4　人身売買対策の課題——越境型暴力との苦闘

　人身売買という越境する暴力への対抗は，国際協力の枠組み形成や市民社会組織が参画するガヴァナンスの形成を含め一見進んでいるようであるが，依然として課題は多い。

　米国の『人身売買報告書2015』によると，東アジア太平洋地域において2014年に人身売買で刑事訴追された容疑者は1938人，有罪判決は969人，発見された被害者は6349人である。南アジア地域では，同1839人，同958人，同4878人とされている。膨大な数の推定被害者数と比較すると，これらの数が多いとは決していえず，法制度の整備や国際協力の枠組みが進展している割に成果は限定的であるとさえいえる。

　数多くある要因の1つに，ローカルなレベルでの苦戦を挙げることができる。中央政府レベルで国際的な規範が浸透しているように見えても，実際に取り組みが行われる現場にまで浸透していない状況が多数報告されている。警察などの法執行機関がNGOに非協力的であったり，取り組みを推進するべき公務員が犯罪を黙認したり，犯罪に関与したりする事例が後を絶たない（ベイルズ 2014：69，74／長谷川 2014：134-136）。ロヒンギャ族のケースでは，タイ陸軍の幹部が人身売買への関与容疑により逮捕されている。

　また，グローバル化の下で移住労働を希望する人々が増加したことが人身売買被害の拡大と関係していると上述したが，そうした人の移動を抑制しようとする国家の試みが被害の拡大を招きかねない。つまり，近年国境管理の厳格化が進んでおり，「南」の国の出身者のうち，正規の方法では「北」の国に移動できない層がますます拡大している。それにしたがって「非正規な」方法で入国を手配するブローカーに頼る移動が増えてきた。さらに，国境管理の厳重化はブローカーに払う費用を高騰させ，人の流れを地下に潜らせたと指摘される（稲葉 2008：59）。これはすなわち，人身売買業者には儲けの機会を，移動する人々には人身売買の被害者となる危険性を増加させていることになる。

最後に日本人の被害にも触れておこう。日本が人身売買の被害者の「受け入れ大国」であることはすでに述べたが，近年は日本人の被害者も発見されている。たとえば，ホストクラブに通うようになった女性が多額の代金を請求され，その返済のために日本にある売春店に売り飛ばされる事例が少なからぬ数報告されている（米田 2015：247-248）。

よく言われることであるが，人身売買問題の解決に立ちはだかる最大の障壁は，人々の無関心や無知である。人身売買は遠い昔の問題，遠い場所での事件ではないという認識が広まることが，問題の解決には欠かせない。そうした意味で，啓発やアドボカシー活動を担ってきた市民社会組織の役割は今後も重要であり続ける。

参考文献

稲葉奈々子「女性移住者と移住システム——移住の商品化と人身売買」伊藤るり・足立眞理子編著『国際移動と〈連鎖するジェンダー〉——再生産領域のグローバル化』作品社，2008年，47-67頁。

「外国人実習生」編集委員会編『外国人実習生——差別・抑圧・搾取のシステム』学習の友社，2013年。

小島優・原由利子『世界中から人身売買がなくならないのはなぜ？』合同出版，2010年。

根本敬「ロヒンギャ問題はなぜ解決が難しいのか」『SYNODOS』2015年11月6日。

野津隆志『タイにおける外国人児童の教育と人権——グローバル教育支援ネットワークの課題』ブックウェイ，2014年。

長谷川まり子『少女売買——インドに売られたネパールの少女たち』光文社知恵の森文庫，2014年。

ベイルズ，ケビン（大和田英子訳）『グローバル経済と現代奴隷制——人身売買と債務で奴隷化される2700万人　第二版』凱風社，2014年。

本名純「越境組織犯罪の脱安全保障化に向けて——東南アジアの人身取引対策にみる国家と市民社会のせめぎあい」大串和雄編著『21世紀の政治と暴力——グローバル化，民主主義，アイデンティティ』晃洋書房，2015年，103-127頁。

山根健至「東南アジアにおける人身取引と『重層的ガヴァナンス』」松下冽・山根健至編著『共鳴するガヴァナンス空間の現実と課題——「人間の安全保障」から考える』晃洋書房，2013年。

山本信人「トランスナショナル・アドボカシー・ネットワークからみた反人身取引法

──「インドネシアにおける立法過程と市民社会」日本国際政治学会編『国際政治』第169号，2012年。

米田眞澄「日本でも起こっている人身売買」神戸女学院大学女性学インスティチュート編『語り継ぐ女性学──次代を担う女性たちへのメッセージ』御茶の水書房，2015年，235-249頁。

＊本章の内容は，日本学術振興会科学研究費補助金（平成24-26年度）若手研究B「東南アジアにおける人身取引問題のガバナンスの構造と市民社会の役割に関する研究」（研究課題番号：24730157）による研究成果の一部である。

第Ⅱ部

アジア諸国の課題

ホーチミン市（旧サイゴン）の交通風景
（2013年8月）（Photo by Getty Images）

第7章　韓　国
―― 「財閥共和国」の行方 ――

鄭　章　淵

1　「財閥共和国」の成立とその実像

韓国経済と財閥

　韓国経済といえば，直ちに三星（サムスン）や現代（ヒョンデ）といった財閥（チェボル）（Chaebol）を思い浮かべる読者も多いことだろう。4大グループ（三星，現代自動車，SK，LG）や30大財閥と呼ばれる韓国の企業集団は，国内で絶大な経済権力を誇示するばかりか，政治，文化，イデオロギーなど社会のあらゆる分野で圧倒的な影響力を行使している（次頁，表7-1参照）。そのため，韓国での生活はいくつかの主要な財閥企業が提供する製品やサービスなしには1日たりとも成り立たないといわれるほど，そのプレゼンスは際立っている。韓国が「財閥共和国」であるとの耳目をひきやすいレトリックは決して誇張されたものではないのである。

　財閥がこれまで韓国の経済発展を支えてきたのは事実である。いわゆる「漢江（ハンガン）の奇跡」の立役者として開発主義的な手法を採用した朴正熙（パクチョンヒ）（軍人出身，大統領在位期間1963～79年）の名が挙げられるが，実際の経済活動を担ってきたのはかつて5大財閥や10大財閥といわれた民間の企業集団であった。1960年代から本格化する韓国の経済発展過程では多くの財閥が栄枯盛衰を経験するものの，内外市場での厳しい競争を勝ち抜いた財閥企業のなかには三星電子や現代自動車のように世界的にも著名なグローバル企業に成長するものも現れた。工業化開始時に1人当たりGNPが100ドルにも満たない（1961年82ドル）発展途上国からこのようなビッグビジネスが誕生したケースは，韓国をおいてほかに類例がないであろう。

　ところが，財閥企業の成長に称賛の声がある一方で，財閥への批判の声が絶えないのもまた事実である。巨大化した財閥の存在は韓国経済の持続的発展にとってもはや足かせと化したというのが財閥問題に関心を寄せる識者らの共通

表7-1　韓国の4大財閥（資産額基準）

（単位：兆ウォン，％）

財閥名	主要企業	主要分野	系列社数	資産額	比重
三　星	三星電子 三星物産* 三星生命	IM，半導体 商社，建設 保険	74	331.4	15.0
現代自動車	現代自動車 起亜(キア)自動車 現代製鉄	自動車 自動車 鉄鋼	57	180.9	8.2
ＳＫ	SK㈱** SKテレコム SKイノベーション SKハイニックス	持株会社 移動通信 エネルギー，化学 半導体	80	145.2	6.6
ＬＧ	㈱LG LG電子 LGディスプレー LG化学	持株会社 電機電子 液晶パネル 2次電池	61	102.1	4.6

＊三星物産は2015年9月に第一毛織（旧エバーランド）に吸収統合され事実上の持株会社と化している。
＊＊SK㈱は2007年7月に持株会社化した後，2015年8月にSKC&Cに吸収統合され統合持株会社となった。
注：数値（2014年4月1日基準）は公正取引委員会資料，相互出資制限企業集団64グループ発表（2014年4月1日）。比重は，64グループ合計資産額（2205.8兆ウォン）に対する割合（『韓国経済新聞』2014年4月2日）。
出所：公正取引委員会資料および各グループ社史などより筆者作成。

認識である。韓国では1997年のアジア通貨危機を機に「両極化現象」（格差社会）が社会問題化するが，格差是正を目指す経済民主化のためにも財閥改革が不可欠な政策的課題として提起されるようになった。ここでは，財閥改革の重要性を再認識するにあたり，まずは財閥の実像に迫ってみることにしよう。

財閥の形成史

それでは，韓国の財閥はいつごろ出現し，どのような成長過程をたどっていったのだろうか。財閥の形成史を簡略に振り返ってみることにしよう。

韓国で財閥が出現したのは解放後（1948年8月15日大韓民国成立）のことである。源流（祖業）は日本統治時代やそれ以前に遡る財閥もあるが，植民地期に現れた和信(ファシン)などの財閥は解放後に商機をつかめずに破綻するか，生き延びた財閥も弱小グループの地位に甘んじるものがほとんどで，今でもそれなりに存在

感を示しているのは一時ビール製造で名をはせた斗山(ドゥサン)くらいである。やはり，財閥が成長して今日の地位を確立するのは朴政権成立後（1961年5・16軍事クーデター）の1960年代以降，とりわけ重化学工業化政策が実施に移される1970年代に入ってからである。

　それ以前の時期，すなわち解放（1945年）から朝鮮戦争（1950～53年）をはさむ1950年代末までの期間は財閥にとって生成期に相当し，米国からの援助物資や帰属財産（旧日本人所有の企業や鉱山などの重要プラントが北朝鮮に偏在したことに加えその多くが朝鮮戦争時に被災）の払い下げなどを基にして企業集団形成のきっかけを手にする財閥が出現する。産業的にはいわゆる「三白産業」（綿工業，製粉業，製糖業）を中心とする軽工業分野の発展がある程度進捗し，三星の第一製糖や第一毛織，LGの楽喜化学，SKの鮮京織物など，後ほどグループの中核企業に成長する企業が一斉に操業を開始した。そして，朴政権成立以降は政府主導型経済開発戦略の不可欠なパートナーとして財閥が位置づけられ，政府の実施する産業政策の下で本格的な成長の土台を築くことになる。

　朴政権は自らの開発戦略を実施するにあたり減税や低利融資などさまざまな特恵措置を設けて財閥を保護育成した。その際，政府は，いわゆる「官治金融」（金融機関の国有化を前提とする政策金融が軸）を実施して財閥に対する絶対的な地位を確立した。すなわち，内外資金の供給源を政府によって断たれた財閥としては，朴政権の権威主義的な政治手法に従うほかすべはなかったのである。1960年代における成長のきっかけは，米国をはじめとする欧米諸国からの借款に加え，日韓条約締結にともなう日本資金の流入とベトナム戦争のもたらす特需であった。その結果，三星や双龍(サンヨン)などの財閥は化学肥料やセメントなどの新分野に進出したり，韓進(ハンジン)や現代のようにベトナムでの輸送業や建設業に携わったりして，企業集団を形成する機会をつかむ財閥も現れた。

　1970年代に入って軌道に乗る重化学工業化政策は，韓国における本格的な権威主義体制の成立を意味した「維新体制」（1972年12月の改憲による大統領権力集中体制）の下で実施に移される。当時の重化学工業化政策は青瓦台（大統領府）の強力なリーダーシップの下に推進された。狙いは，産業構造や輸出構造の高度化といった経済的目的のほか，ベトナム戦争終結後の米軍プレゼンス減少に対処するための「自主国防」の確立にあった。重化学工業化政策の実施で頭角を現した財閥はともに造船や自動車分野へ進出した大宇(デウ)と現代が双璧であ

るが，建設業を得意とした現代は，別途，三煥(サムファン)などの建設業者らとともに第1次オイルショック後のオイルダラーの蓄積でブームに沸く「中東建設輸出」（中東諸国におけるインフラ整備事業）でも成功を収めた。

また，公企業の民営化や不実企業（経営破綻企業）の整理事業も財閥形成の主要な手段となった。前者の代表的な事例は，大韓航空（KAL，当時社名KNA）が韓進に，大韓石油公社（油公）がSK（当時の財閥名は鮮京(ソンギョン)）に，それぞれ払い下げられたケースがある。後者には多くの事例があるが，その規模からいって，韓国機械（後の大宇重工業）やセハン自動車（後の大宇自動車）などを買収した大宇のケースが代表であろう。

強大化した財閥に対し，朴暗殺（1979年10月）後，2度にわたる軍事クーデターを経て成立した全斗煥(チョンドゥファン)政権（新軍部政権）は，「独占規制および公正取引に関する法律」（公正取引法，1980年制定）などを整備して財閥に対する権威主義的統制を強化した。ところが，1980年代半ば以降「3低現象」（ドル安・原油安・国際金利安）の追い風を受けて勢力を拡大した財閥の存在感はますます大きくなり，現代の鄭周永(チョンジュヨン)や大宇の金宇中(キムウジュン)のように政界進出に意欲を示す財閥総帥まで現れた（実際，鄭周永は1992年の大統領選挙に立候補した）。朴政権以来，あれだけ絶対的な地位を築いていた政府に対し，財閥が真っ向から挑戦する光景が目撃されるようになったのである。

そして，1990年代に入ると，従来の重厚長大型の製造業中心の事業展開から経営の多角化が図られ，金融業への進出とともにいよいよIT関連の先端産業分野への進出が日程に上ってくる。なかでも注目すべきは半導体産業（DRAM）であり，その主役は三星電子であった。三星の半導体事業の源流は1970年代に遡るが，本格化するのは1982年に三星半導体通信が設立されてからである。その後1988年に三星電子と三星半導体通信が合併して新たに三星電子の体制が整えられ，1990年代に入り矢継ぎ早に成果をあげてDRAM部門世界一の半導体企業に成長する。また，同じく1990年代には後に世界の頂点に上り詰める携帯電話事業にも乗り出した。現代やLGも三星を追撃して半導体産業に進出したが，アジア通貨危機後の企業改革過程で整理統合され，現在はSKハイニックスという社名に変わっている。

この1997年に起こったアジア通貨危機こそが，それまで一本調子で拡大基調にあった韓国財閥の成長過程を一変させた。どのように変化したのかについ

ては後述することにして，その前に財閥の特徴とそれが内包する諸問題について言及しておくことにしよう。

財閥の諸特徴

韓国財閥のもっとも顕著な特徴は，族閥支配すなわち創業者一族が株式所有と経営参加を通じて一群の企業集団を支配するところにある。これは所有と経営の未分離という企業形態の前近代性を示しているが，グループ全体の株式総数からすると創業者一族が所有する株式は5％にも満たないケースが多い。それでもグループ支配が可能なのは傘下企業間の所有構造がピラミッド型の一族支配を可能にしているからである。

韓国では長らく一定規模以上の主要財閥に対して傘下企業同士の相互出資が禁じられてきた。そのため，循環出資（2014年7月より新規の循環出資禁止）を通じた企業支配が代わりに行われてきた。事実上の持株会社を軸に幾重にも循環出資の環が張り巡らされ，創業者一族としては当該企業さえ掌握しておけば，わずかな株式所有でグループ全体の支配が可能であった。いわゆる「所有と支配の不一致」という状態である。最近ではSKやLGなどのように持株会社制に移行して所有構造の透明性は増してはきたものの，依然として族閥支配は維持されている。

財閥のトップは総帥（グループ会長）と呼ばれるが，総帥の法的な（商法上の）位置づけはきわめて曖昧である。各傘下企業の経営責任はあくまでも当該企業の社長もしくは会長にあり，たとえ経営に失敗しても総帥が法的な責任を問われることはない。原因の一端は，韓国の経済法が個別企業を対象に構成されており，企業集団を直接的に規定する法整備が十分でないところにある。

進出分野の特徴としては，「タコ足式」や「百貨店式」と形容されるように，必ずしも関連性が明らかではない分野を傘下に置くケースがうかがえる。韓国の財閥史を振り返ると，ある時期に競争相手の財閥がある分野に進出すると他の財閥もこぞって同分野へ進出する事例がよくみられた。その結果，多様な分野を傘下に持つ企業集団が形成されたのである。理由は，グループを形成する方が規模の経済などのメリットに浴することができ，単独企業に比べ何かと優位性を見出せるからにほかならない。

第Ⅱ部　アジア諸国の課題

財閥に由来する諸問題

　次に，財閥にまつわる諸問題について代表的なものをみておこう。最大の問題点は，財閥の経済力集中がもたらす弊害である。経済力集中には，経済全体に占める上位少数企業の比重の大きさを示す一般集中と特定の産業で少数の上位企業が占める比重の大きさを示す産業集中があるが，ここではもっぱら財閥の企業集団としての独占状態がもたらす悪影響について言及することにする。

　前述のように，一般に財閥企業は非財閥企業に対して規模が大きいばかりか，製造業からサービス業に至るまでさまざまな分野へ進出してその独占的地位を確立している場合がほとんどである。しかも，傘下企業間では盛んに内部取引が行われ，グループ企業への優先的発注（仕事一括発注問題）や特定企業（創業者一族が直接経営する企業）への利益誘導などの不当行為が横行している。

　そのため，全企業数の99％を占める中小企業はビジネスチャンスから排除され，財閥企業との格差は広がるばかりである。財閥企業の協力企業（下請け企業）に指定されればそれなりに安定した経営を約束されそうだが，そうなればなったで，買いたたきや支払い遅延の被害を受けるほか，無理な納期要求を飲まされたり独自技術を横取りされたりするケースも少なくない（甲乙問題：取引契約上の「甲」である財閥企業と「乙」である中小企業との間で発生する諸問題）。最近では，創業者一族の子女らがパン製造販売などのニッチな内需産業にまで進出して，中小の同業者を苦境に陥れる問題（路地商圏進入問題）が発生するに至っている。

　また，財閥総帥の継承がもたらす弊害もよく指摘される問題である。韓国の財閥では，グループリーダーである総帥ポストはことごとく一族の後継者（長男相続が一般的）によって独占されている。総帥以外の一族も性別に関係なくそれぞれ株主でありながら傘下企業の経営に携わる場合が多い。それだけ企業に対するオーナー意識（グループ所有意識）が強いということである。財閥総帥が企業を私物化して横領罪や背任罪で有罪判決を受ける事件（最近ではSKの崔泰源やハンファの金升淵の事例）が後を絶たないのは，それがもたらす弊害にほかならない。

　総帥継承作業は，現総帥の突然の辞任（たとえば死去）でない限り，普通は時間をかけて行われる。担当するのは，戦略企画室などの名称を持つ総帥の秘書部署である。これらはグループ経営のコントロールタワーの機能を果たす特

別組織であるが，課せられた最大の任務は，いかに総帥一族の権限と資産を守り抜くかということである。継承問題はまさにそのメインエベントなのである。継承に際しては，後継者に所有株式を集中させるためグループ内で不当な株式取引が行われたり相続税の「節税」が図られたりするのが常である。いわゆる「変則相続・便法贈与」問題の発生である。さらに，その後継者がはたして総帥として十分な能力と人格を兼ね備えた人物なのかどうかも問題となる。もし三星などの巨大財閥で経営混乱が生じれば，三星の国民経済に占める地位が絶対的な分，韓国経済におよぼす影響が甚大であり，一企業集団の内部問題では済まなくなるのである。

その他，有力財閥による政界・官界・司法界・マスコミへの贈賄工作も財閥にまつわる特有な問題として指摘できる。三星の「Xファイル事件」（2005年情報部の盗聴暴露から三星の贈賄工作が露見した事件）で明らかになったように，秘密資金（裏金）による不当工作は，国家の政策をも左右しかねない多大な影響をおよぼすものとなっている。

このように，財閥の国内経済における独占的な地位がもたらす弊害を考慮すると，当然ながら所有構造の民主化をはじめとする徹底的な財閥改革が強く求められるところである。ところが，いったん視座を国外に転じると，巨大財閥といえどもグローバリゼーションの貫徹する国際経済のなかでいつ何時経営破綻するかもしれない脆弱な姿が浮かんでくる。こうした財閥問題の二面性は，財閥の実像を描きにくくするばかりか，財閥改革へのアプローチをも難しくする。有効な財閥改革の手立てを考えるうえでも，なぜこういう事態に直面するに至ったのか，この間の韓国経済の変容について考察してみる必要がありそうである。

2 民主化とグローバル化に揺れる韓国経済

「87年体制」成立の意義とその限界

韓国では1961年の軍事クーデター以来4半世紀にわたり事実上の軍事独裁体制が続いてきた。それに終止符を打ったのは1987年の「6・29民主化宣言」（盧泰愚与党大統領候補発表）であった。民主化運動の高揚に押された軍事政権は，野党指導者の金大中の赦免や大統領直接選挙の実施など一連の民主化

措置を約束せざるをえなかったのである。いわゆる「87年体制」の成立である。

　87年体制は韓国に政治的民主化をもたらした。政府の強権的な姿勢は後景に退き，それまで抑制されてきた労働運動や市民運動が堰を切ったように活性化するとともに，政府による権威主義的統制から解き放たれた財閥もそのプレゼンスを増大させた。市民運動とそれに共鳴した学者らは財閥改革をはじめとする民主化の推進に貢献したり，新たに民主的な労組が創設された企業では労使対立の激化が目撃されたりした。

　政治的民主化の進展は，韓国経済の本格的な自由化時代の幕開けと軌を一にした。ちょうど1986年にGATTウルグアイ・ラウンドが開始されたことを背景に，韓国に対する米国などからの自由化要求は強まるばかりであった。当時の自由化は，モノやサービスの貿易にとどまらず金融や投資の分野にまでわたる広範囲なものであった。当初，韓国政府の対応は漸進的であったが，1993年に成立した金泳三政権（文民政府）は「世界化」戦略なるものを掲げて自由化政策を果敢に推し進めた。先進国化のメルクマールとして喧伝されたOECDへの加盟が目的であったと同時に，そこには労働市場の柔軟化などをめぐる内部対立を外圧でもって一気に解消しようとする政権側の意図も込められていた。ところが，シカゴ学派に傾倒する経済官僚が主導した世界化戦略は念願のOECDへの加盟を果たしたわずか半年後にアジア通貨危機に見舞われ，韓国は未曽有の経済危機に陥ってしまう。金政権による杜撰な自由化政策がアジア通貨危機の影響を深刻化させたというのが専門家らのもっぱらの診断である。

　いまから思えば，1987年の民主化宣言は韓国に民主主義が根付くきっかけにすぎなかったといわざるをえない。とりわけ，両極化現象の深化にもかかわらず経済民主化（第2民主化）にこれといった進展がみられなかったことは，87年体制の限界を示す証左となった。まさに「民主化の逆説」といった事態に陥ってしまったのである（イ・ビョンチョン 2014：336）。「民主主義を獲得する闘争と民主主義を作り出していく課題は異なる性格の問題である」という至極当然な指摘が，いまさらながら痛感される次第である（崔 2012：229）。

「97 年体制」への移行と両極化現象

　経済民主化で十分な成果が得られなかった 87 年体制は，結局，アジア通貨危機を経て「97 年体制」に横滑りしてしまう。外貨が枯渇して IMF へ支援を仰いだ韓国は，IMF 主導の構造改革に邁進していくことになる。民主的な改革が期待された金大中政権（国民政府，1998 年成立）は，新自由主義理念に改革のタガをはめられ，政策の選択肢は市場主義的な範疇に制約されてしまう。外資による敵対的 M&A をも許す全面的な開放経済体制の下で，破綻寸前の巨大財閥の救済策や金融機関の外資への売却などを実施するとともに，金泳三政権時代にあれだけ迷走した労働市場の柔軟化（整理解雇制や派遣労働者制の導入）を一気呵成に実現させてしまう。跡を継いだ盧武鉉（ノムヒョン）政権（参与政府，2003 年成立）も，財閥改革に意欲を示したものの既成事実化した新自由主義的改革路線に抗えず，もっぱら FTA（自由貿易協定）の締結に持続的な経済成長の活路を見出すほかなかった。

　10 年におよぶ進歩政権の後に成立した李明博（イミョンバク）保守政権は，「ビジネスフレンドリー」を合言葉にウォン安誘導や減税など財閥や富裕層優位の政策を実施した。進歩政権（とくに盧政権）を「左派新自由主義」，李政権を「右派新自由主義」と規定する向きもあるが，政権のイデオロギー性向にかかわらず，新自由主義が 97 年体制下で主導的な経済理念の地位を確立してきたのは否定しがたい事実である。

　97 年体制がもたらしたもっとも深刻な経済矛盾は両極化現象の深化である。両極化現象とは，国民経済のあらゆる分野で二極化する傾向がみられる経済現象である。それは，「大企業と中小企業，輸出と内需，正規職と非正規職，大企業勤労者と中小企業勤労者」（盧武鉉）などで著しい格差が生じたことを意味した。87 年体制との関連でいえば，政治的民主化の不徹底がグローバリゼーションの影響をうまく制御できずに両極化現象で象徴される 97 年体制を生み出したともいえよう。なかでも中小企業問題と並んで深刻を極めているのが非正規職問題である。非正規職問題は中小企業特有の問題のようにいわれてきたが，最近の雇用労働部の資料（2015 年 6 月 30 日発表）によると，従業員 300 人以上の大企業 3233 社の総従業員のうち非正規雇用者は 4 割近く（38.3％）を占めている（Chosun Online 2015 年 7 月 1 日アクセス）。とりわけ若者層に非正規職が多いことは，高齢社会の到来が目前に迫った韓国としては国の命運をも左

右しかねない由々しき問題である。来るべき「人口オーナス」期を無事に乗り切るためにも，経済民主化の進展が切実に求められるのである。

グローバリゼーションの進展と財閥

アジア通貨危機を機に加速化したグローバリゼーションは，韓国経済を一気に飲み込み，それまで盤石だった巨大財閥の地位を揺るがさずにはおかなかった。危機後の企業改革過程で，財閥資産ランキング第2位にまで上り詰めた大宇はあえなく消滅し，三星とつねに覇権を競ってきた現代も主要企業ごとに分離独立することを余儀なくされた。その後，いくつかの財閥企業はリストラクチャリングを推し進め，人員整理や主力分野の選択と集中，それに海外進出を本格化させた。それでもグローバリゼーションの波にうまく乗ることができたのは三星電子や現代自動車などごく一握りの財閥企業だけであり，残りの多くの企業がその直撃に耐え切れずに経営状態を悪化させるばかりであった。結果は，整理解雇や社内下請制の蔓延，そして非正規職の急増といった労働市場の不安定化であった。

グローバリゼーションは，また，財閥企業の経営のあり方にも大きな影響を与えた。間接金融の下で債務経営をつねとしてきた財閥企業は，危機後の企業改革過程で財務構造の健全化を強く求められるようになる。一時500％（1997年10大財閥平均502.5％）を超えた債務比率も新債務比率基準の200％をはるかに下回る水準にまで急落し，多くの財閥企業が財務状況を改善させた（鄭2007：320）。ところが，開発年代に見せた大胆な経営スタイルが影を潜め，収益の好転した企業ではひたすら内部留保を積み増す傾向が強まった。背景には，研究開発（R&D）資金の増大と株主資本主義の影響があった。巨大財閥が進出するIT関連産業や自動車産業などは激しい国際競争にさらされ，不断の技術革新が求められる。そのため，R&Dのための資金投資がかさみ，それが内部留保の増加となって現れた。もっとも，内部留保資金のすべてが技術開発に費やされたわけではなく，M&A資金の確保のほか，少なからぬ部分（2012年末で現金性預金の38％，財閥ドットコム資料）が短期金融商品に投資されるなど，いわゆる財テク資金として流用されている（Chosun Online 2013年4月1日アクセス／『韓国経済新聞』2014年7月25日）。

また，コーポレート・ガヴァナンスの強化のために米英流の株主資本主義を

受け入れた財閥企業では，海外投資家（投資ファンドなど）に代表される「物言う株主」の意向を無視した経営は困難になった。投資家からは配当重視の企業経営を求められるゆえにどうしても短期収益重視の経営に傾斜しがちになり，かつてのような長期的な視点に立った新産業への投資が実施しづらくなるとともに，賃金抑制や整理解雇など従業員への風圧も強まった。先述した内部留保の増加はハイリターンを求める投資家に対する財閥側の自衛的反応でもあった。こうした企業環境の変化が，財閥企業をして経営の委縮につながらせる結果を生み出しているのである。

　近年では巨大財閥のなかでも二極化がうかがえる。その実態は，圧倒的比重を占める三星とその他の財閥という構図の二極化（一強他弱）である。「財閥共和国」が「三星共和国」に取って代わったのである。ただ，一時，スマートフォンなどIM（ITモバイル）事業の成功でトヨタを上回る営業利益を上げた三星電子もこの間急速に業績を悪化させており，グループ全体が低迷する局面に立ち至っている。目下のところ（2015年末時点），病床に伏す李健熙から李在鎔（3代目）への総帥継承作業が急ピッチで進められており，活発な傘下企業の統廃合が敢行されているが，事実上の持株会社となる新しい三星物産（第一毛織による三星物産の吸収統合）の立ち上げをめぐっては外国投資ファンドの異議申立ても起こった。

　このような財閥をめぐる新しい局面の出現は，財閥改革の方向性に対しても何らかの影響を与えずにはおかない。次節では，韓国における財閥改革論議がいかなる状況にあるのか，財閥改革をリードしてきた市民運動組織による財閥改革論議の動向について考察することにしよう。

3　財閥改革論議の混迷と経済民主化

財閥問題と市民運動

　韓国において財閥問題に国民的関心が寄せられるようになるのは政治的民主化の実現した1990年代に入ってからである。一群の進歩的研究者が財閥研究で成果をあげ，財閥改革運動の面では経済正義実践市民連合（経実連，1989年7月結成）や参与連帯（1994年9月結成）の活躍が目立つようになる。前者の経実連からは，大学教授で政策研究委員長などの重職を歴任した後に盧武鉉政権

時の公正取引委員会委員長に就任する姜哲圭(カンチョルギュ)らを輩出した。後者の参与連帯は，運動に関与した研究者らの努力により財閥研究においても大きな成果をあげてきた。参与連帯の財閥改革運動を担ったのは，1996年に参与連帯のなかの一部署として立ち上げられた「経済民主化委員会」（張夏成(チャンハソン)委員長，現経済改革研究所理事長，高麗(コリョ)大学教授）で，2001年には「経済改革センター」（金尚祖(キムサンジョ)所長，漢城(ハンソン)大学教授）に改称された。そして，2006年には参与連帯から分離して張夏成と金尚祖の主導の下に「経済改革連帯」（現所長金尚祖）が結成された。

　当時の財閥改革案には穏健なコーポレート・ガヴァナンス論から極端な財閥解体論までさまざまあったが，これら市民運動の改革案は総じて穏当なものであった。たとえば財閥改革の中心的課題である所有構造の改革について，経実連の姜哲圭は財閥の経済力集中を緩和するために船団式経営から独立経営制（専門経営体制）への転換とコーポレート・ガヴァナンスの強化を訴えた。また参与連帯も同様に独立経営体制への移行を主張し，財閥総帥の経営権縮小や一部剝奪を通じて企業経営の専門化と経営責任の向上を図るとともに，株主行動主義を掲げて少額株主運動を展開し，三星やLGなどに対する株主代表訴訟を起こすなどの活動を展開した。

　ところが，アジア通貨危機を境に既存の市民運動諸組織による財閥改革論議を批判する声が出はじめる。2001年に結成された「代案連帯会議」（新自由主義の克服のための代案連帯会議，以下，代案連帯）は，外資による敵対的M&Aを危惧し，財閥と妥協する大胆な改革案を提唱した。市民運動の主流派である参与連帯や経済改革連帯の株主資本主義的な財閥改革が外資による財閥への攻撃を誘発し，ひいては国民経済の存立をも危うくしかねないという懸念からの問題提起であった。もともと代案連帯は，参与連帯の付設研究所である参与社会研究所に集っていた一部の研究者らが外部の賛同者を広く募って組織したものである。その動機は，金大中政権の改革や少額株主運動が国際金融資本の主導する新自由主義思想に色濃く染まったものであるとの批判に裏打ちされていた。同組織の創設を主導した研究者らは財閥改革の意向を鮮明にしていたが，2003年4月の英系投資会社ソブリンによるSKに対する敵対的M&A攻勢を機に財閥擁護論を主張する論者の声が高まることとなった。

　このように，グローバリゼーションの進展は，韓国の経済ナショナリズムを刺激する一方で，従来の市民運動のあり方に異議申立てをする新たな市民運動

の隆盛を促している。そうした動向は，市民運動論議を活性化させる面はあるものの，保守陣営におけるニューライト運動（2004年自由主義連帯結成，2008年ニューライト財団と統合）の台頭と相まって，運動圏に混乱と亀裂をもたらす要因ともなっている。問題を整理する意味からも，次では財閥改革をめぐる意見の対立がいかなる状況にあるのか，代表的な見解を取り上げて検討してみることにしよう。

財閥改革をめぐる論争

ここでは，数ある財閥改革論のなかでこの間もっとも活発に議論を展開してきた経済改革連帯と代案連帯の主張に注目する。両組織にはそれぞれ財閥改革に一家言ある研究者が影響を及ぼしており，彼らの見解がこれら諸組織の運動のあり方を決定しているといってよい。

まず，経済改革連帯で注目できるのは現所長の金尚祖の見解である。金は，何よりも財閥の経済力集中が韓国経済の発展を阻害する要因であるとし，族閥支配がもたらす諸問題の根源に潜む財閥の「賤民性」（前近代性）を問題視する。改革手段としては，株主資本主義（shareholders' capitalism）の見地から株主行動主義を提唱する。かつて参与連帯時代（経済改革センター所長を歴任）に少額株主運動を主導した実績からもわかるように，株主（とくに機関投資家）による企業統治能力の向上を図って財閥への牽制力を強め，株主資本主義的な見地から財閥改革を促そうというものである。オーソドックスなコーポレート・ガヴァナンス論に立脚した改革論であるといってよい。

「改革的ケインジアン」とも呼ばれる金であるが，その理論的スタンスは，「公正競争」の実現のために市場原理を重視する自由主義的色彩が強い。そのため，韓国経済が直面する問題を「新自由主義の過剰および旧自由主義の欠乏」と見なし，韓国の進歩陣営の課題としても，新自由主義の克服と並んで旧自由主義の確立を強く求めている（金 2012：57-58）。そして，財閥改革と経済民主化との関係においては，「財閥改革が経済民主化の出発点」であると両者を明確に位置づけている（『韓国経済新聞』2013年7月18日）。

これに対し，株主資本主義の視点からの財閥改革論を真っ向から批判する論者が代案連帯に大きな影響を与えた張夏準（英国ケンブリッジ大学教授）である。張は，国際金融資本の新自由主義的アプローチを問題視し，経済沈滞の打開の

ために財閥システムの利用を提案する。すなわち，スウェーデンの「ザルツヨバーデン（Saltsjöbaden）協定」（1938年締結）に範をとって，株主資本主義を規制して財閥一族の経営権を安定化させる代わりに財閥の社会的責任を果たさせる「社会的大妥協」を提唱したのである（張ほか 2005：209-229／張ほか 2012：215）。

　張は，北欧型の福祉国家論の立場から英米型の株主資本主義を新自由主義として批判の俎上に載せる。さしずめ経済改革連帯の運動は「新自由主義の手先」として彼の眼には映じる。事実，張の従兄で金尚祖とともに参与連帯や経済改革連帯の運動に携わってきた張夏成が米国系投資銀行の「ラザード韓国企業支配構造ファンド（張夏成ファンド）」の投資顧問になったことへの批判はとどまることを知らない（張ほか 2012：240）。2000年代に入り頻発化する外国投資ファンドによる敵対的M&A攻勢（いわゆる「モクティ」＝「食い逃げ」の意味）に危機感を覚えたからにほかならない。制度経済学者である張の徹底した新自由主義（市場万能主義）批判は，裏を返せば，それだけ経済発展における国家の役割を重視しているということである。張の国家への信頼は，政府主導の経済開発を指導した朴正熙の再評価にもつながっていく徹底ぶりである。

　これらの主張に対し，利害関係者資本主義（stakeholders' capitalism）の視点から批判する見解がある。参与連帯の参与社会研究所所長を歴任し代案連帯を立ち上げた中心人物の1人（発足宣言文起草者）でもあるイ・ビョンチョンは，張の株主資本主義批判に同調しつつも，張のように財閥と国際金融資本の間に利害関係の鋭い亀裂をみるのではなく，両者の間に分かちがたい「新自由主義支配連合」（そこに市場主義国家を加えた「新自由主義三角同盟」）が成立している事実を指摘する（イ・ビョンチョン 2014：156，173）。また，財閥改革を旧自由主義の範疇からアプローチしようとする金については，財閥改革から実質的な経済民主化の課題である分配正義と参与経済がその視野から欠落してしまい，財閥改革が実質的経済民主化の課題と断絶したり経済民主化自体が公正競争の樹立問題に矮小化されたりしてしまっていると批判する（イ 2012：124）。

　以上，三者の財閥改革へのアプローチはさまざまで，市民運動側の混乱ぶりをそのまま代弁するものとなっている。こうした対立状況を打破するためには，いま一度，財閥改革は何のために実施するのかという初心に帰る必要がある。ヒントは，財閥改革と経済民主化の関係について省察するところにありそうで

ある。経済民主化こそが韓国経済が直面する諸問題を解決するうえで避けては通れない問題であるからである。

4　財閥改革の推進と経済民主化のために

財閥改革と経済民主化の補完関係

　前節でみたように，市民運動における財閥改革論議は，たんなる財閥改革にとどまらず，1980年代後半期の韓国資本主義論争を彷彿とさせる「韓国経済性格論争」の様相を呈するに至っている。かつての論争と同様に，内部矛盾を重視する見解と外部矛盾を強調する見解とが激しく衝突する光景が再現されているが，韓国経済を取り巻く内外の情勢は当時とは様変わりしており，とりわけグローバリゼーションのもたらす影響を加味した改革論議の必要性があることは十分に理解できる。

　ただ，張夏準らのように外部矛盾に注目するあまり「経済民主化と財閥改革は過去の話題」と決めつけるのは本末転倒のそしりを免れるものではない（張ほか 2012：420）。経済民主化にまつわる諸課題が財閥に由来する事案が多いだけに財閥改革を無視して福祉政策の充実を図れば事足りるわけではないのである。その際，「財閥改革が経済民主化の出発点であり，両極化解消は経済民主化の本領」であるという金尚祖の指摘は，財閥改革と経済民主化の基本的な関係を言い当てた言葉として傾聴に値しよう（『韓国経済新聞』2013年7月18日）。

　財閥はこれまでの成長過程でたびたび「国富」の恩恵に与ってきた。植民地支配の代償である帰属財産の払い下げ，開発年代のさまざまな特恵措置や公企業の民営化など枚挙にいとまがない。財閥企業が経営危機に陥った際には政府が公的資金による支援の手を惜しみなく差し伸べ，一般国民を犠牲にする「負担の社会化」がいともたやすく図られてきた。新自由主義が韓国経済を席巻するようになると，それに乗じて，規制緩和や減税それに労働市場の柔軟化や低福祉の実現を求めて経済民主化にブレーキをかけてきたのもまた財閥である。

　このように，財閥の存在は韓国経済が直面する両極化現象と切っても切り離せない関係にある。財閥の形成過程が経済民主化にまつわる諸問題を不可避に生み出してきたとすらいってよい。財閥改革と経済民主化を別途に議論できないのは自明であろう。金融グローバリゼーションの国民経済におよぼす悪影響

が懸念されるからといって，財閥改革と経済民主化を旧聞に属する改革課題として放擲(ほうてき)するわけにはいかないのである。

財閥改革の前進のために

　財閥改革の要諦は，経済力集中の緩和という独占規制もさることながら，族閥支配のもたらす弊害を解消することにある。なかでも，所有構造の透明化や総帥の法的地位の明確化および総帥らの経済犯罪の防止と処罰の徹底などが重要な課題となる。問題は山積みであるが，ここでは，本章を閉じるにあたり，財閥改革を進展させるうえで最低限必要と思われる手立てについて言及することにしよう。

　まず断っておくべきは，市民運動で取りざたされてきた財閥改革は，財閥を強制的に解体したり総帥一族を企業集団の経営から追放したりすることを意図しているわけではない。論者らの関心は，もっぱら，財閥のパフォーマンスを律するための仕組みをいかに構築するかに注がれる。企業統治強化の観点から展開されてきた少額株主運動や社外取締役制の導入はその典型である。前回の大統領選挙時に財閥関連の経済民主化措置として注目を浴びた循環出資規制の新設や出資総額制限制度の再導入なども同様な問題意識から提起されたものである。

　こうした部分的な効果を狙った財閥規制ではなく，新旧の財閥規制関連の諸法律をひとまとめにした「企業集団法」の制定が注目される。それは，経済力集中に関する新しい法律と現行の公正取引法や商法などの諸法律から財閥規制に関する条項を抜き出して体系化した特別法である。この企業集団法の成立を財閥が認める代わりに，財閥側には総帥一族の所有および経営関与に保障を与えるとともに法に反しない限りにおいて敵対的M&Aからの防衛策の整備を許可することも考えられる。同法の制定にはその実現性や効果性を疑問視する専門家の意見もあるが，財閥を企業集団として明確に認め，財閥の行動を包括的に規律化する方途として一考に値するものと思われる。

　また，過去の財閥規制措置の歴史から得られる教訓の1つは，財閥改革を推進する政府の意思が首尾一貫しなかったという点にある。そのため，財閥改革を推進する強力なコントロールタワーの創設が必須になる。たとえば，労使政委員会に倣って財閥改革や経済民主化を討議する労使政の代表に公益代表とし

ての識者および市民運動代表を加えたコーポラティズム的な討議の場を設けることが考えられる。労使政委員会が労使間の激しい対立でしばしば機能不全に陥った轍を踏まないためには，政府の強いリーダーシップが求められるところである。

グローバリゼーションの貫徹する今日の資本主義経済では，成長と（再）分配が必ずしも併進しないことが判明した。成長か分配かといった二項対立的な思考方式から脱却して財閥改革・経済民主化・福祉政策の三位一体的な実施を成長戦略にいかに組み込むかが，韓国経済の持続的発展のためにも避けては通れない国家的課題である。2期続く保守政権下で「民主主義の退行」や「脱民主化」の逆風が吹き続くものの，表題に掲げた「財閥共和国」の行方は，この辺りに模索されるべきであろう。

参考文献
（日本語）
金勇澈（藤田俊一監修，金智子訳）『サムスンの真実』バジリコ，2012年。
鄭章淵『韓国財閥史の研究』日本経済評論社，2007年。
鄭章淵「1980年代の韓国経済と財閥」『岩波講座 東アジア近現代通史』第9巻（経済発展と民主革命）岩波書店，2011年所収。
鄭章淵「韓国における経済民主化の射程」『駒澤大学経済学論集』第46巻第2号，2014年12月。
崔章集（磯崎典世ほか訳）『民主化以後の民主主義』岩波書店，2012年。
（韓国語）
イ・ジョンファン『韓国の経済学者たち』センガクチョンウォン，2014年。
イ・ビョンチョン『韓国経済論の衝突』フマニタス，2012年。
イ・ビョンチョン『韓国資本主義モデル』チェクセサン，2014年。
金尚祖『縦横無尽韓国経済』オーマイブック，2012年。
張夏準，チョン・スンイル『快刀乱麻韓国経済』（イ・ジョンテ編）ブキー，2005年。
張夏準（イ・ジョンテ，ホァン・ヘソン訳）『国家の役割』ブキー，2006年。
張夏準，チョン・スンイル，イ・ジョンテ『何を選択するのか』ブキー，2012年。
張夏成『韓国資本主義』ヘイブックス，2014年。

コラム1　韓国ソンミサン・マウルの試み

ソンミサン・マウルの風景

　ソウルの麻浦(マポ)区に位置するソンミサン・マウル。望遠(マンウォン)駅もしくは麻浦区庁(マポクチョン)駅をおりて，5分ほど歩くとソンミサン・マウルの一画にたどり着く。ソンミサン・マウルとは，ソンミサンという小高い山のまわりに，マウルという村・まち・共同体が形成されている地域である。そこには，住民間で深く繋がったコミュニティがつくられており，30～40代の家族を中心におよそ500～700世帯が集まり，日々の暮らしが営まれている。ソンミサン・マウルを歩いていると，子どもや若い人達が多く，にぎやかな声がきこえ，活気に満ちあふれている。

ソンミサン・マウルのさまざまな試み

　ソンミサン・マウルのストーリーは，1994年に韓国で初めて設立された共同育児協同組合の活動からはじまる。30代の共稼ぎ夫婦25世帯の取り組みであった。2001年には生活協同組合が立ち上げられ，また開発に抗して勝利したソンミサンの保護運動を通じて，地域コミュニティ／マウル共同体の輪は大きくなっていった。

　ソンミサン・マウルでは，「やりたいことを自分達で」という共有意識のもと，地域住民の共同出資や運営でたくさんの事業が起こされており，ふつうのまちづくりとは相違した経済社会の構築が試みられている。チャグン・ナム（カフェ），ソヘンジュ（共同住宅），市民空間ナル（劇場），麻浦FM（ラジオ），ソンミサン・パプサン（食堂）などは，食の安全やまちの情報，地域の文化を共有する代表的な取り組みである。地域通貨（トゥル）も使われている。また，今後のマウルを展望する中心的な実践に，フリースクールに相当する非認可型のソンミサン学校が挙げられる。2004年から続くこの代案学校（オルタナティブスクール）では，子ども達（小・中・高12年制）に通常の国語・数学・英語から仕事の現場体験，大学で学ぶようなマーケティングの実践学習まで多様な学びの場が提供され，感性豊かな問題意識が育まれている。

　2012年には，ソウル特別市マウル共同体総合支援センターが設置され，行政とも協働してマウルの安定的で持続的な広がりが積極的に図られている。近年，韓国では，こうして組織されるコミュニティや共同体がいくつもつくられ，次世代を担う人達とともに，1つのうねりとなっている。

　"グローバル・サウス"の時代に，こうした韓国"マウル"からの発信も期待される。

（大津健登）

第8章　中 国
——改革開放以降の中国新移民と僑郷の変容——

小　木　裕　文

1　国際移民環境下での中国新移民

中国新移民とは

　現在，グローバル化の進展と拡大により，国際移民の潮流が世界各地で見られ，その数も激増している。国際移民潮流のなかで，とりわけ注目されているのが，人口大国中国からの中国新移民の拡大拡散現象である。

　中国では「海水到る処，華僑・華人有り」という諺があり，世界各地に3500万人の華僑・華人が散居している。過去数百年来，中国大陸から3000万人以上の人々が海外に移動した。彼らは移民先の都市，港町，河口にチャイナタウンを築いていった。移民先と中国大陸の僑郷（出身地）とネットワークを結ぶだけでなく，世界各地の華僑・華人社会を結ぶネットワークが蜘蛛の巣のように張り巡らされていった。1978年の改革開放政策の進展とグローバル化によって，中国新移民と呼ばれる人達がさまざまな移民形態を利用し，持続的に世界各地へと広がっていった。中国新移民が移民先の国に長期的に定住し，永住権や国籍を取得していくと「新華僑華人」になる。「中国新移民」は広い範囲で使われていることがわかる（張・密　2014：7-8）。

　本章では，国際移民環境下で拡大する中国新移民と僑郷の変容について，筆者を含めた研究班が2007～12年までの間に福建省福清市，浙江省青田県，黒竜江省方正県三地域の僑郷で行った共同調査の事例研究を通して，明らかにしていく。福清市に対する調査は2007年，2008年に実施し，青田県に対する調査は2009年，2010年に実施し，方正県に対する調査は2010年，2012年に実施した。

　現在，世界各国で国際移民の大きな潮流が見られる。IOM（国際移住機構）の報告によれば，2013年には2億3000万人が国際移民となり，これは地球人

口の約3％にあたるという（張・蜜 2014：2）。国際移民の流れは発展途上国から先進国へ，発展途上国から新興国へ，紛争国から非紛争国へというパターンが見られる。なお，IOMの国際移民の定義では，①移動の目的は一時居住ではなく，定住すること。②外国に1年以上，居住すること。ただし，外交官，留学生，公務出張者などはこの範疇に入らない（郭 2008：150）。

　中国は国際移民の数で突出して多いわけではないが，持続的増加の傾向は変わらない。1990年の410万から2013年には930万人に達し，全体の国別ではインド，メキシコ，ロシアに続き，第4位に位置している（張・蜜 2014：6-7）。では，なぜ注目されるのかというと，それは世界最大の人口大国（13億）であり，世界第2の移民送金の受入国であり，さらに世界に3000万人以上の華僑や華人を送出してきた長い歴史を持った国だからである。

　中国新移民の定義について，時期などいくつかの解釈がある。新移民について，著名な華僑史研究者の王賡武（ワンガンウー）は「新しい中国移民の出現と新移民という新しい呼称の出現は，早い時期に中華人民共和国政府の関連部局から使い出されたものであり，その対象は近年来中国から国外に移住した公民」（王 2001：2）としている。厦門大学の郭玉聡（グオユーツォン）は「中国新移民とは70年代末以降の中国国際移民を指す」（郭 2008：150）としている。中国国務院華僑弁公室や他の政府部門では1996年にすでに「改革開放後，国外に移居した我が国の公民」としていた（庄 2001：350）。1949年の新中国成立から1978年の改革開放前までに，海外に出国した数はわずか21万人にすぎず，共産党政権下では厳しく出国が管理されていた。出国の数が増えるきっかけになったのは，改革開放政策であり，中国新移民の定義を「改革開放政策以降……」とすることには問題がない。また，「中国大陸の公民」として，中国新移民には，マカオ人，香港人，台湾人は含まれていない。理由としては，彼らの移動の目的，動機，時期が明らかに異なるからである。また，東南アジアの華人の「再移民」も含まれていない。これらは「新華僑華人」の範疇に含まれる。ここでは，政府部門の定義に従う。

華人ネットワークと僑郷の拡大

　中国から伝統的に海外移民を送出してきたのは福建，広東，海南など華南地方である。この地域には僑郷と呼ばれる海外華僑や華人の家族や一族が生活する村や鎮が存在し，移住先の華人社会と密接な関係を持ってきた。この関係が

華人ネットワークと呼ばれる。現在では地縁，血縁，業縁で結ばれた古典的ネットワークを基礎に，国際環境の変化に対応した重層的で多面的なネットワークとしての広がりを形成している。中国新移民は従来の広東，福建，浙江などの僑郷だけではなく，大都市北京，上海，天津から内陸部の雲南，内蒙古，新疆，黒竜江省などにまで広がっている（郭 2008：151）。僑郷の数が1番多いのが広東省，次が福建省となる。僑郷には一定の基準があり，①華僑，華人の数量と残された家族，親族，帰国華僑などの数量，②海外の親族と経済，文化，思想などの面で，いくつもの連係を持っていること。③人が多くて土地が少なく，資源が欠乏していること。また，華僑送金，華僑資本が多くて，商品経済が比較的に発展していること。④華僑は寄付による学校建設を行う伝統があり，そこにおける文化，教育の水準が比較的発展していること，などがある（方 2000：279）。

　華人ネットワークという用語は，1980年代後半に入り，華人研究の進展とともに使われはじめた。華人ネットワークについて，渡辺利夫は「人間関係ネットワーク」と呼び，異郷に移り住んだ華人の出身地や方言を中心とする絆(バン)を絆とした相互扶助的な関係として捉えている（山下編著 2014：77）。華人ネットワーク研究者の鄭一省(チョンイーション)は華人の「多重ネットワーク」について，それは僑郷と華僑・華人の間に存在する関係ネットワークであり，双方向の交流と影響のなかで形成され，浸透拡張していると分析している（鄭 2006：20）。

　過去，世界に拡散した大量の中国移民によって，中国大陸と移民先を結びつける双方向のネットワークが築かれていたが，1949年の社会主義国家の樹立によって，大陸からのネットワークは断絶状態に陥った。移民先の残った華人ネットワークは香港，台湾，そして東南アジアの華人社会を相互に結び，地域ネットワーク化した。東南アジア華人社会と中国大陸との双方向ネットワークが回復するのは1978年の改革開放政策の進展によって，中国大陸に華人資本が呼び込まれてからである（山下編著 2014：78）。移民の形態としては，家族呼び寄せ移民，留学移民，専門技術移民，投資移民，労働者移民と非合法移民がある。旧来の移民形態は出稼ぎ労働者としての移民方式や定着化にともなう家族呼び寄せ移民が主であったが，今日ではこれに加えて専門技術移民，投資移民，留学生移民が増加している（山下編著 2014）。

2　中国新移民と僑郷の変容の事例

福建省福清市の事例

　世界各地に移住した華僑華人のなかで，福建省（人口3581万人，2007年）出身者は推計では全体の31％を占めている。その数は約1580万人，世界188余の国と地域に及んでいる。そのなかで，福建省東部の福清出身者は，南部の福建人とは区別されている。福建省東部の方言は福建南部の方言と隔たりが大きく，海外では独自の幇を形成している。福建省は田畑が少なく山間部の多い地域であり，昔から「八山一水一分田」（80％が山地で，10％の河川，10％の耕地）といわれ，1人当たりの耕地面積が少ない農村地域であった。この貧困地域から清末に苦力（クーリー）と呼ばれる単純労働者が大量に東南アジア，日本に渡り，ネットワークと僑郷をつくり上げていった。改革開放政策は再び福清の人々を海外に送り出すことになった。その要因について，①改革開放政策以後，生活水準は上昇したが，先進国との経済格差が大きく，さらなる生活水準の向上を求めたこと。②海外移民の歴史的な伝統が福清人の移民ブームに大きな役割を果たしている。数百年の歴史をかけ形成された福清人の「移民鏈」（移民の環）が，再び機能を発揮したこと。③福清農村は痩せた土地が多く，歴史的に海を頼って生存してきたので，困難に耐え，冒険心，開拓精神を持っていることが指摘されている（山下編著 2014：69）。

　福清市は古来「融」と呼ばれ，福建省東部に位置し，1990年に福州市管轄の県から市に昇格し，インフラ設備が整った都市に変貌している。人口は121.6万人（2008年）であり，市内および17鎮7街道を行政区域としている。海外に分布する福清人は78.14万人にも上り，福清には多くの鎮に僑郷がある。それぞれの鎮の僑郷が海外とのネットワークを歴史的に持っている。たとえば，日本へは福清市沿岸部の高山鎮，三山鎮，東瀚鎮，インドネシアへは海口鎮，漁渓鎮，シンガポール・マレーシアへは港頭鎮。改革開放以後，移出先は徐々に拡大し，1979年から2006年の間に20万人以上が海外出国し，移民先も115の国と地域に広がっている。近年，福清からの海外への移動は米国，英国，オーストラリア，カナダ，日本，EUを目指している。送出要因は，過去の貧困と飢餓の時代とは異なっている。福清は改革開放政策の進展によって，世界の

華僑・華人の投資や外国資本の進出により，経済発展が著しい。しかし，地域や個人によって，歴然とした経済格差があり，その格差解消のために海外に行くことがブームになった。彼らの送金や蓄えた資金によって，福清では住宅の新築ラッシュが続いている。福清市人民政府の推計では，福清への海外からの移民送金は毎年200億元とされている。僑郷の経済面での発展が顕著になった理由は，福清市政府が積極的に外資を誘致する政策を展開し，台湾，香港企業だけでなく，福清出身の華僑・華人からの投資を誘致したからである。福清出身の華僑・華人は「郷土愛」によって，投資や寄付を行った。そのなかで，最大の投資や寄付を行ったのがインドネシアの大財閥サリム（林紹良）集団である。高山鎮でも，やはり華僑実業家が，故郷の西江村に企業を設立し，就業問題を解決した。また，水源や電力の不足を解消するために，インフラ整備を行った。

福清僑郷高山鎮の景観変容

　福建の僑郷では「1人の出国はその家を豊かにし，10人の出国はその村を豊かにする」という諺がある。これは海外からの送金によって，その家や村が豊かになることを示している。戦前，高山鎮からは，多くの農民が長崎や神戸へ渡った。現在，高山鎮の中央街には，日本商品を扱う商店，旅行社，海外送入金を扱う銀行のほかに，留学や移民の斡旋所が多くあり，海外派遣用の調理師養成学校（「出国厨師考証培訓」）も存在している。資格を取った調理師は労務輸出を取り扱う業者などを通して，日本だけでなく，シンガポール，EU，米国，カナダ，オーストラリアなどに働きにいっている。また，高山鎮には日本語学校，英語学校が多く見られる。近年，留学や労働移民に関しては，日本よりカナダ，オーストラリアの受け入れが緩和されているので，オーストラリアへの留学や移民を呼びかける看板や案内所をいくつも目にした。その大きな看板にはこう書かれていた。「貴方の出国は宝である。カナダ，オーストラリアへ　一家移民　www.福建出国網.com」

　高山鎮には，王という姓だけが集まっている王氏村と呼ばれる集落がある。ここは王という姓氏で繋がる宗族コミュニティで，血縁関係を基にした一族が暮らしている。村の中心には宗族会館や王氏の祖先を祀っている廟があり，宗族の団結を強めている（山下編著　2014：68）。この村の海外出稼ぎ家族の住宅は

4階建てから5階建てが多い。約600〜700万元の建設費用がかかっていた。このほか，家具，電化製品，乗用車なども必要となる。また，資金に余裕のある人は起業，教育投資などを行う（山下・小木・松村・張・杜 2010：16-18）。教育投資では子どもをオーストラリア，ニュージーランド，カナダ，米国などへ海外留学させている。卒業後その国で就職し，生活の基盤を確立したならば，今度は一族でその国に移住していくのである。また，貯めたお金でさまざまなビジネスを展開し，成功している例も多くある。アルゼンチンは小口の投資移民を受け入れているので，スーパーマーケットを経営する福清の移民が増え，国籍を取得する移民もいる。

福清新移民と僑郷ネットワーク

　福清ネットワークに関して触れると，確かに日本における過去の福清ネットワークはビジネスや僑郷への投資，寄付という形で繋がっていたが，第1世代の出国グループとの血縁関係では疎遠になり，移民ネットワークは細くなった。第1世代の日本での合法・非合法含めての滞在経験や定住化が移民ネットワークを再び強固にし，発展させたといえる。このことは近隣の長楽とニューヨークを結ぶ僑郷ネットワーク，福建省内陸部の閩北西地方三明市明渓県とイタリア・ハンガリーを結ぶ新興移民ネットワークにも当てはまる。福清人は「世界福州十邑同郷総会」に所属しながら，独自の「世界福清同郷聯誼会」（1987年創立）を組織し，全世界に56の福清郷会館組織を設立している。

　改革開放以降に出国した出稼ぎと密航中心の第1世代から，最近の第2世代と呼ばれる若年層の海外渡航についても変化が現われている。福建師範大学の翁　才敏（ウォンツァイミン）の研究によれば1990年代前半と違い，第2世代の多くが合法的な留学出国であり，高学歴，若年層になっている。また，第1世代の移出先での定着化による同郷ネットワークの拡大と資金の蓄積によって，第2世代の留学費用の調達が容易になったたことが，以前流行した不法出国を抑制し，合法的出国の流れに傾いたと分析している（山下編著 2014：75）。

　1978年の改革開放以降に海外出国し，この20年間に世界各地に定住した中国新移民は第1世代と呼ばれ，中国と世界各地を結ぶ移民ネットワークを強固にし，発展させてきた。福清ネットワークを見ると市県レベルから鎮や村ごとのネットワークの結びつきが広がり，その方向も複数化している。たとえば，

高山鎮ネットワークは日本以外にもカナダ，オーストラリアを結んでいるし，港頭鎮蘆華村は日本，米国，英国，シンガポールと結んでいる。改革開放以降の中国新移民がつくり出した多重ネットワークは，僑郷の変容ばかりか，移民の目的地の拡大，そこでの生活空間の創出にも決定的機能を果たすようになっている。

浙江省青田県の事例

　ヨーロッパにおける浙江省からの新移民は全省の新移民総数の70％前後を占め，大部分はフランス，オランダ，イタリア，スペインなどに集中している。浙江省青田県は，隣接する温州と同様に古くから出稼ぎや海外移民の盛んな地域として知られている。この地域での海外移民の潮流には，1920〜30年代と1978年の改革開放以降の2つの高まりがある。戦前，青田県は日本へ移民する僑郷の1つであったが，改革開放以後，主な移住先はEUへと変化し，今日ではEUとのネットワークが緊密になっている。

　浙江省浙南の温州市と青田県は僑郷として知られている。青田県は，浙江省の主要都市である温州市の西に隣接する県の1つで，1963年に温州市から麗水市に管轄が変わったが，温州市とは関係が深く，温州市の経済文化圏に属している。青田県の中心部である鶴城区は温州市の中心部から約50km離れ，高速道路を使えば1時間の走行距離にある。青田県には，23の郷と10の鎮があり，面積2484km^2，人口49.9万人（2009年末）で，そのうち83.4％が農業人口である。海外に旅居する青田人は23万人を越え，県内の僑眷（海外華僑の親族）も20万人いる。

　現在，世界に広がる浙江省出身の華僑・華人の80％は温州や隣接する麗水市青田県の浙南地域出身である。麗水市青田県はもともと土壌が痩せ，田畑も分散し，全県の平地面積はわずか5.3％を占めるだけで，「九山半水半田」（山地が90％，残りが河川と田畑）という農村地域であった。この貧しく狭い土地から人々は華僑として日本，ブラジル，ロシア，ヨーロッパなどを目指した。ちなみに，新中国成立以前の青田華僑の欧州への主な移住先と人数はフランス3908人，ロシア1902人，オランダ1900人，ドイツ1888人，イタリア1671人，オーストリア480人の順であり，その他10ヵ国を含めると最大3万人を数えた（山下編著 2014：150）。日本へは1920年代，青田と温州から5000人以

上が渡航したが，関東大震災でさまざまな被害に遭い，その多くが帰国した。

青田華僑の出国の歴史のはじまりには諸説があるが，張　秀明（チャンシュウミン）は最初の出国活動は18世紀末とし，青田華僑の移民史を次の4期に区分している。1798年から19世紀末までの初期段階，1900年から1948年までの第2段階，1949年から1977年までの第3段階，1978年から今日までの第4段階（張 1998：48）。日本へは第2段階，1920年代での移民がピークであり，30年代，40年代は下降状態が続いた。第3段階は社会主義政権下で中国公民の出国が制限され，その数は1万人にとどまった。第4段階は改革開放政策の進展によって，ヨーロッパへの移民が急激に拡大した時期であり，現在まで移民潮流が続いている（張 2005：67）。

1877年に横浜と上海に定期航路が開設されると，浙江省から日本への渡来が急速に増加した。第1次世界大戦後から1920年代初期までは，青田県と隣接する瑞安県，永嘉県の山村から農民や手工業者が地縁・血縁を使って日本に渡来し，肉体労働や青田石，日傘などを売り歩いた。青田県では，方山郷，仁庄郷，山口郷などの出身者が多かった。その数は5000人以上に達した。青田県から日本への出稼ぎブームが起きた要因は明らかである。当時，青田・瑞安・永嘉の山村は極端に貧しかったことが主なプッシュ要因である。耕地面積はきわめて少なく，米は育たず，主食は芋と大豆であった。日本は第1次世界大戦による経済特需により，多くの安価な労働力を必要としたことが出稼ぎ者のpull要因となった。そして，隣国という地理的な要因や渡航費の安さも出稼ぎブームに拍車をかけた。しかし，この移民熱も関東大震災によって終わりを告げ，日本に残留した青田人や温州人は3000人となった（山下編著 2014：152）。彼らの多くは建設現場，工場の労働者または石炭の運送に従事した。当時，在日する青田華僑の約60％が非識字者で，来日前の職業は農民，大工，石工などが大半であった。当時，青田からの移民はおもに江東区，荒川区，神奈川県横浜市などに集中していた（青田華僑史編纂委員会 2011：70）。そのなかで，青田県仁庄郷羅渓村出身で裸一貫から身を起こし，中華料理店，遊技場，不動産業などの多角経営で大成功した林三漁（1897～1987）がいる。林三漁は17歳の時に来日し，苦労して蓄えた資金を利用し，戦後の混乱期にビジネスチャンスを得た。学校に行けなかった林三漁は，祖国の発展に人一倍関心を寄せ，とりわけ学校の教育発展事業や村のインフラ整備に対して，多額の寄付を

行った。総額は200万元以上という（青田華僑史編纂委員会 2011：319）。同じく青田県仁庄郷馮垟村出身の11人兄弟姉妹の王仕福（1901～87，現福岡ソフトバンクホークス球団取締役会長王貞治の父親）も生活苦から故郷の村を離れ，22歳のとき来日し，さまざまな肉体労働を経て，後に中華料理店を開き，生計を立てた。彼もまた故郷に多額の寄付を行った。

ヨーロッパへ向かう青田新華僑

　ヨーロッパの伝統的な華僑社会においては，浙江省出身者が多いが，そのなかでも青田県出身者の占める割合が大きく，改革開放後の青田県出身の新移民の増加は，彼らが形成したネットワークの吸引力による（山下・小木・張・杜 2012：6）。青田県出身者の出国は，青田県特産の青田石の彫刻を，海外で売り歩くことからはじまった。清朝末期には，陸路シベリアを経由して，ロシア，イタリア，ドイツなどに渡った青田県出身者が，欧州各地で青田石を売り歩いた。それが売れなくなると人工真珠のネックレス，陶器，ネクタイ，靴下，絨毯，タバコのパイプなどの行商に変わった。1930年代，フランスやオランダでは青田人の経営する旅館，料理店，理髪店，クリーニング店，雑貨店，卸売屋が出現した。また，一部の青田人は中華料理店，ネクタイ・皮革製の工場経営で成功した（張 1998：55）。初期の段階の青田華僑の多くは農民であり，教育水準は低く，約60％が非識字者であった（青田華僑史編纂委員会 2011：19）。

　戦後，ヨーロッパ経済が復興すると，青田華僑はこれをビジネスチャンスと捉え，さまざまな経済活動をはじめた。ヨーロッパ各国において，中華料理店の発展増加が著しかった。フランス，イタリア，スペイン，オランダでは，皮革加工業への華僑の進出が目立った。1980年代のヨーロッパ経済の発展は，中華レストランの規模拡大や店舗の増加を促進し，それと連動する形で，関連する食品加工，冷凍，貿易，運輸の各業が発展していった（張 1998：55）。また，中華料理で多用される白菜，ネギなどの野菜がフランスの農地などで，華僑の手によって栽培されるようになり，イタリア，スペイン，ドイツなどの中華食材店でも手に入るようになった。定住した青田華僑は伝統的な職業からの転進と多様化を図り，金融，不動産，旅行，紡績，電器などの職業に従事しはじめた。中華料理店の経営者達も規模の大型化を進める一方，中国との貿易業，商業サービス業へと多角経営に乗り出した。数は少ないが，文化，教育，科学

技術，不動産，衛生，建築などにも進出している。華僑の経済の発展と定住化，華人世代の出現が，職業の多様化を推し進めている。成功した華僑の例を国別に取り上げ，彼らの職業変遷の過程を示しておく。①移住先スペイン：レストランの皿洗いからはじめて，小商店，貿易業，スーパーマーケットの企業家になり，浙江省政治協商会議政協委員に選出される。②移住先イタリア：レストランの皿洗いなど雑用を4年，蓄えた資金で商店を開き，その後服飾加工業に転じた。現在はジーンズなど3軒の工場を経営している。③移住先フランス：飲食業を経て服飾加工業に転じ，その後，段ボール製造業で成功した。中国への投資でさらに財を築く。高級ホテル，貿易会社，旅行用品の製造工場，不動産業を手掛け，多角経営に成功（青田華僑史編纂委員会 2011：123）。④移住先オランダ：この例は華僑2世で，教育水準も高く，資金もあったので，中規模の高級レストラン経営からビジネスをはじめ，現在は投資会社，不動産，貿易，旅行，電器製造，建築資材，金属などの分野に進出し，多角経営に成功した（青田華僑史編纂委員会 2011：118）。いずれもビジネスチャンスの勝機を捉えて，転業か異種事業への多角経営化を行い，成功している。

　1990年末，青田からの移民熱が急激に高まり，2000年にはその数が3万人の大台に乗った。現在，青田華僑は世界123ヵ国・地域に広がり，その数も23万人に至っている。青田の華人社団は欧州を中心に米国，アフリカ，アジアなどに分布し，その数は253団体余あり，青田の各僑郷を結ぶネットワークの主要な柱となっている（山下編著 2014：150）。

　青田県出身者は世界124ヵ国・地域に分布している。そのネットワークの多様化と分散化が見て取れる。分布している国と地域数からみると，アジアとヨーロッパの数は拮抗している。移民数ではアジアの3870人に対して，ヨーロッパが18万4860人で，圧倒的にヨーロッパに集中している。ヨーロッパではスペイン4万5000人，イタリア4万2000人，フランス1万3000人，ドイツ1万2000人，オーストリア1万2000人の順であり，移民数がアジアとは大きく異なる。これらの世界に分布する青田華僑が僑郷青田の経済発展と文化社会の変容に大きな影響を与えている。

青田僑郷の変容

　青田県の中心部鶴城区には青田華僑歴史陳列館，華僑広場，青田帰国華僑弁

第**8**章　中　国

公室，青田県帰国華僑聯合会，青田僑報社などがある。華僑歴史陳列館には青田華僑の歴史を概説した説明文，地図，資料，写真などが展示されていた。日本関連では世界のホームラン王の王貞治，愛国華僑の林三漁の写真が展示されていた。

　鶴城区にはヨーロッパから帰国した華僑やヨーロッパに滞在する華僑・華人達の投資による西洋式のレストラン，カフェ，ワインバーなどが100軒余り開店している。店の多くは臨江路にあり，ウィーン，アムステルダム，パリ，ミラノ，バルセロナなどの都市で見られる建築物を模した商店舗，マンション，ホテル，レストラン，民家などが軒を連ね，街のカラフルな景観をつくり上げている。これらの店舗を通して，地元の人々はごく自然にイタリア料理，スペイン料理，ステーキ，ワイン，エスプレッソ，スイーツ，パンなどに慣れ親しむようになり，すでに生活の一部になっている。ヨーロッパの食文化の普及が福建省の福州，福清の僑郷とは異なる街並み景観や食文化をつくり出している。また，大通りには旅行社，出国・渡航斡旋業，旅行カバン店，外国語学校，出国調理師養成学校などもある。外国語学校はどれも規模が小さく，ヨーロッパに渡航予定の人に基礎的なイタリア語，スペイン語，ポルトガル語，ドイツ語，英語，フランス語などを教えている。ヨーロッパに渡航する多くの青田人は留学目的ではなく，出稼ぎ目的なので，ごく簡単な日常会話を習得できれば良いので，これらの教室に通っている（山下・小木・張・杜 2012：10-11）。

　新来の移民の多くが移住先の同郷コミュニティのなかで生活し，アパレル関連の衣料品工場・皮革工場などでの単純労働に従事するため，移民の初期段階では高度な語学力を必要とされていない。なかでもイタリア語とスペイン語の学習者が多いのは，出稼ぎや移民先との僑郷ネットワークの緊密さと関係している。筆者達が訪問した方山郷龍現村では村人の約半数がイタリアで生活していて，村には多くの老人と子供が取り残されていた。イタリアのミラノでは，温州市文成出身者に加えて青田県出身者の数も増え続け，不法入国者を含めて，約8万人の浙南地域からの新移民が生活している。彼らの多くは，衣料品関係の仕事に就き，飲食業界にも進出している。最近の報道によれば，市役所の住民登録簿に載っている名前のうち中国系の3つの姓がトップテンのなかにランクされていた。2位にHu（胡）3694家族，8位にChen（陳）1625家族，10位にZhou（周）1439家族であった（『産経新聞』2012年5月13日）。僑郷の宗族

ネットワークを利用して家族単位で，移動をしていることがわかる。

近年のEUの経済金融危機のなか，イタリア，スペインへの入国が難しくなってきたため，旧東欧へ行く人が少しずつ増えてきた。そのため，外国語学校では，ポーランド語，チェコ語などの需要も増えだしている。

華人ネットワークの多様化と重層化が僑郷社会に与える経済的な影響としては，僑郷に対する送金，寄付，投資などが挙げられる（山下・小木・張・杜 2012：11）。青田の僑郷においてもまったく同じ行動パターンが見られる。

まず，青田県への華僑送金について。1990年代から徐々に増えはじめた。1996年に0.82億ドルだったのが，2001年には2.03億ドル，2002年には3.02億ドル，2003年には5.65億ドルへと大幅に増加した（浙江省華僑志編纂委員会 2010：274）。これは移民先のヨーロッパでの経済活動の発展とリンクしている。

次に，青田華僑による寄付について。教育・文化・体育事業，インフラ，医療衛生事業などにわたっている（青田華僑史編纂委員会 2011：240-299）。貧しく教育を受けられなかった多くの華僑は，学校の建設，備品，生徒への奨学金などに寄付を行い，文化・体育事業では博物館，体育館，図書館，公園，老人センター，寺院の修復，地方志・華僑研究への助成を行った。インフラでは，橋，道路，水道，発電設備を中心に多額の寄付を行った。医療衛生事業では病院，診察所，医療器具への寄付が行われた。

第3に，投資について。これも多方面に行われている。投資が本格化するのは，1990年代に入ってからであり，1998年には県内には50余の僑属企業が設立され，投資総額は1778.12万米ドルであった（浙江省華僑志編纂委員会 2010：266）。青田僑聯弁公室の統計では，これまで華僑が青田に投資した累計総額は6億元である（張 2005：69）。投資は飲食業，不動産業，サービス業，インフラプロジェクトなどである。中国新移民による僑郷への投資，送金，寄付，起業は，モノ，資金，技術，雇用，情報，ネットワークをもたらし，僑郷社会の変容に大きな貢献を果たした。

黒竜江省ハルビン市方正県の事例

方正県はハルビン市中心部から東へ180km，高速道路を利用すると約3時間かかる農村地帯である。総人口は約22万2000人，そのうち農業人口が12万2000人である。冬の長い気候が続く地域であり，そのため農業活動が制約

されている。方正県の僑郷は日中戦争,「満洲国」という歴史的要因によって形成された中国東北地方唯一の特異な僑郷である。現在,日本には中国東北3省を中心に帰国した「残留婦人」「残留孤児」とその家族約10万人が定住している。この内,方正県出身者が3万8000人を占め,方正県と日本を結ぶ僑郷ネットワークの強さがうかがわれる。

　華南地方からの国際移動は貧困による出稼ぎがその要因の大部分を占めていた。華僑の多くはまず鉱山,農園,建設工事などの肉体労働に従事し,小資本の蓄積を経て工商業への職業移動をすることで,現地に根付いた華僑社会を形成していった。それではなぜ方正県が在日新華僑の僑郷になっていったのであろうか。そこには「満州国」建国と満蒙開拓団の入植,「満州国」の終焉という歴史的要因が存在する。そのため,方正県と満蒙開拓団との歴史的関係と敗戦時に生み出されたいわゆる「残留婦人」「戦争孤児」について述べたい。

　1931年の満州事変(9.18事変)以降,中国大陸東北部に日本は軍事拠点の確保のみならず,国策として貧困に苦しむ農民を開拓団として組織し,満蒙の寒冷地に送り込んだ。目的は食糧の安定的確保,ソ連国境の警備,民生維持などがあった。日本全国から送り込まれた開拓団の人数は24万から27万人にも上った。終戦時,「満州国」には約155万人の日本人が暮らしていた(山下編著2014：187-188)。

　当時の方正県には,大羅蜜,伊漢通,李花小県,長野県など4つの開拓団があり,2000人余が入植していた(郭・曹 2009：25-41)。1945年8月15日,日本の敗戦により,黒龍江省のほかの地域に入植した開拓民達が,ソ連軍の侵攻,奪略を避け,方正県を経由して,ハルビンに向かった。それは悲劇の幕開けに通じる逃避行であった。難民となった開拓団民達約1万5000人が伊漢通の開拓団本部,興農合作社一帯に達したとき,一行は飢え,寒さ,疲労,伝染病などで,次々と倒れていった。そのうち5000人が死亡し,取り残された乳幼児,婦女約5000人がそのまま方正県に留まることになった(方正県外事弁公室2012：2)。残された婦女の多くが中国人と結婚し,身寄りのない乳幼児は中国人の子供として引き取られた。いわゆる「残留婦女」「残留孤児」の誕生である。1972年の日中国交回復によって,「残留婦女」「残留孤児」の日本帰国事業がはじまった。方正県においてもこれ以降,現在に至るまで特別な地縁,血縁関係で結ばれる家族の集団が次々と日本へ移り住むようになった。この結果,

方正県は華僑，華人や帰国華僑の家族がもっとも多い県となり，中国最大の在日新華僑の送り出しの多い僑郷になった。方正県僑郷の形成の特徴として，戦争性，融合性，単一性，短期性の4点がある。①方正県僑郷の形成は初期の華僑のように三把刀業（中華料理，理髪，洋服仕立て）を生活の糧とし，生活のために故郷を離れて形成されたのではなく，戦争という要因でつくられた。②方正人民は偉大な民族精神を発揮し，「残留婦女」「残留孤児」を養い，特別な家庭をつくり上げ，日中両民族の部分的な融合を推し進め，僑郷に色濃い親縁，血縁の雰囲気を醸し出した。③方正県僑郷の主要な対象は日本であり，対象は単一である。④方正県僑郷の形成は1972年の日僑の帰国からはじまり，40年の歴史にすぎない。一般に僑郷の形成には100年以上かかる（方正県外事弁公室2012：3）。方正県が中国東北部唯一の僑郷である要因が理解できる。方正僑郷は福清，青田の僑郷と違い，内陸部に位置し，しかも寒冷地であり，僑郷としての歴史は浅く，移民先も日本だけという特徴を持っている。

方正県僑郷の変容

　方正県は農業，とりわけ稲作で発展した農業県である。戦前，日本人開拓団によって，稲作がもたらされたが，当時は粟，トウモロコシなどの穀物が主流であった。厳しい寒冷地に適した稲の栽培法は，1980年代に日本人農学者藤原長作が開発したものである。この栽培法によって，当地での稲作は驚異の発展を遂げ，方正県は稲作地帯に変貌した。ここで生産された米は「方正大米」のブランドとして中国国内に知れ渡り，一部は海外に輸出されている（山下・小木・張・杜 2013：104）。郊外の有機米生産基地には「稲作博物館」が建設され，稲作の歴史，生産過程，藤原長作の業績などが展示されている。

　方正県の中心部は方正鎮であり，方正鎮の中央街には，商業地，飲食店，ホテル，旅行社，教育・文化施設などが集中している。日本との関係を重視する県政府は方正出身の華僑，華人とのネットワークを重視する政策を展開し，日本からの投資，送金，観光客，里帰りを促進し，また，日本への労務輸出を積極的に展開するために，以下のさまざまな政策を実施した。県人民政府は県政府の予算や日本からの送金，帰郷した出稼ぎ労働者，親族達の資本を活用して，日本をキーワードにした景観を創出していった。日本風情街，僑村区，商店看板の中国語・日本語の併記，日本語学校などがそれにあたる。日本風情街は裁

判所，県人民政府の近くの環境の良いところにつくられている。道路は広く，ホテル，洒落た飲食店，商店，カラオケ，ゲームセンターといった娯楽施設などがある。日本料理店は一軒だけで，青田県の鶴城鎮で観察したヨーロッパの飲食文化の影響を受けた市街景観とは隔たりがあり，飲食を含めた日本文化の浸透にはほど遠い。訪問者は限られ，閉店になっている店も多く見かけた。僑村区には40軒ほどの2階建ての高級住宅が立ち並んでいた。居住者の多くは日本からの帰国者，在日華僑の親族である。寒冷地に位置する方正県では，暖房設備の関係で，2階建ては少ない。今後，10倍ほどの増築が予定されているという（方正県外事弁公室 2012：6-7）。県人民政府は中央大街，同安路などの通りに面したすべての商店，建物にある中国語表記の看板には日本語を併記させる条例を定めた。中国国内では方正県だけが行っている政策であり，日本語の景観が溢れた街づくりであるが，併記された日本語の誤用，翻訳ミスが多く，せっかくの試みが台無しになっている。

　日本との関係が強い方正県では日本語教育の普及も大切な課題である。日本語学校は方正鎮に集中し，6校（陽光外国語学校，二十一世紀外国語学校，方正県日本語学校，盛世外語，福園留学，嵩日日本語学校）設立されている。なかでも規模が大きく，歴史のある学校が方正県日本語学校である。この学校は1993年，日本のODAの援助でつくられた。この学校へは2010年，2012年の2回訪問し，授業の見学，校長・教員からの聞き取りを行った。この学校で，日本語を学ぶ学生達もさまざまである。日本の日本語学校，専門学校，大学への留学，日本人との国際結婚，出稼ぎ，日本の親族訪問などの理由で日本語を学ぶ人が多いのが特徴である。これまでの修了者の半数が国際結婚で渡日するために日本語を学習していて，使っているテキストも生活日本語を中心に独自に編集されていた。ほかの日本語学校も同じような学習動機と考えられる。これらの日本語学校が国際結婚の斡旋をしているかどうかは確認できなかった。国際結婚の斡旋は高額の斡旋料を取っているので，方正から日本へ帰国した残留孤児の2世達は業者を通さず，血縁・地縁のネットワークを使って，結婚相手を探している。中国での生活を体験した2世達にとって，日本人になっても故郷の文化や言葉，習慣を共有できる配偶者を探すことが多いようである。ただ，日本生まれの3世達は，将来違う選択をする可能性が高いと考えられる。婚姻を通して，方正の僑郷ネットワークが拡大していることは明らかである。方正県に

は朝鮮族の人々も暮らしていて、韓国への出稼ぎや国際結婚を斡旋する相談所もあった。また、農村部では花嫁不足が問題となり、ほかの県やベトナム人の女性が嫁いできている。

　方正県僑郷と方正県在日方正県出身の華僑や華人を結びつけるシンボルとしてあるのが、方正県の中日友好園林にある日本人公墓である。犠牲になった日本の開拓団民も日本軍国主義の被害者として、1963年周恩来首相（当時）の許可を受けて建設されたのが「方正地区日本人公墓」である。ここには収集された日本人開拓民の遺骨が納められている。1995年には中日友好園林と改称され、園林には日本人公墓のほかに「中国養父母公墓」「歴史陳列館」「藤原長作記念碑」などがつくられ、開拓団の悲劇の地から中日平和友好と歴史教育の地として生まれ変わっている。日本からも方正県出身の華僑・華人だけでなく、多くの日中友好人士や日本駐中国宮本大使（当時）などがこの園林を訪問し、日本政府も2009年から園林管理費の支援援助を行った。2011年からの日中間の緊張関係が原因で、方正県政府は財政支援を辞退する旨、日本の外務省に伝えてきている（『信濃毎日新聞』2012年8月16日）。また、2011年に起きた開拓団記念碑破損事件によって、更なる反日活動の拡大を避けるために、この石碑は撤去されてしまった。

　方正県の僑郷としての発展にとって、方正在日華僑・華人などの投資、経済活動は重要になり、県内には出稼ぎから帰国した人や日本からの送金を当て込んだマンション、設備の整った「僑郷」村、中日友好老人ホーム、学校、病院などのプロジェクトが計画されている（方正県外事弁公室 2012：16-17）。2011年、方正県の住民の貯蓄は55億元に達し、そのうち80％が華僑資本である。県内につくられた華僑工業園区にはすでに29の華僑企業が進出し、投資額は10億元以上に達している。また、県人民政府は華僑・華人に対する積極的優遇政策を取ったため、華僑資本に属する企業は286に増加し、雇用された人員も1万2000人いる。農業副産品加工、食品加工、木材加工、飲食、教育、医療衛生、旅行業などの業種に拡大している。送金には労務輸出も貢献している。現在、3年契約で、日本で働く方正県出身者は1.5万人、総収入は33億元に達している（方正県外事弁公室 2012：6-7）。

方正僑郷ネットワーク

　方正県は東北3省のなかで唯一の僑郷である。県人民政府が率先して日本をキーワードにした僑郷建設を行ってきたことはすでに述べたが，そのことで方正県と在日の方正華僑，華人とのネットワークは拡大されている。戦争という歴史的要因が生み出した僑郷が残留婦人，残留孤児の血縁ネットワーク，その地縁・血縁を媒介にした国際結婚による姻戚ネットワークの拡大，出稼ぎ労働者のネットワークなどを通して重層化している。方正僑郷ネットワークは短期的に，日本への単一的国際移動ではあるが，中国東北3省の唯一の特徴的な僑郷として存在している。方正ネットワーク組織としては日本には華僑商会，大阪中国同志会があり，方正には華僑総会が設立している。また，東京にある「方正友好交流の会」は会報『星火方正』を発行し，方正県とのさまざまな友好交流を行い，大きな役割を果たしている。東京，大阪，長野，山梨，埼玉，栃木，広島など全国に散らばった方正県出身者は，近年，ネットワークを利用して，千葉県に集中している。

3　中国新移民の多様化と中国社会

中国新移民から「新華僑華人」へ

　伝統的な華人ネットワークが世界的規模の国際移民の潮流のなかで，ますます重層的かつ多面的に変容していることは福清，青田，方正の事例研究から明らかである。中国新移民の増加とネットワークの持続的拡大は，それぞれの僑郷社会の大きな変容を生み出している。投資による経済，インフラの発展だけでなく，市街地の景観，文化，教育，消費生活などにも影響をおよぼしている。
　中国新移民は従来の華僑を生み出した広東省，福建省，海南省，浙江省だけでなく，北京，上海，天津の大都市および沿岸部の他省，内陸部の省都にも広がり，移民層は貧困層，中間層から富裕層まで，学歴も低学歴から高学歴まで，年齢も老壮年層から若年層におよんでいる。移民形態は，地域によって違いがある。浙江省，福建省，広東省は家族呼び寄せ移民，労働移民が多く，北京，上海は留学移民，投資移民，専門技術移民が多い。たとえば，陝西省の西安は内陸部に位置し，海外移民や僑郷ネットワークとは無縁であったが，グローバル化のなかで，留学移民の形態から海外へ移動している。推計では，学業を終

えた留学生の帰国率は30％以下といわれている。70％以上が新移民となっている。2009年の推計では世界の「新華僑華人」は600万人を優に超え，毎年3％比例増加しているという。福建省110万，浙江省140万，広東省100万，上海150万，北京100万，天津100万，東北3省40万（李 2011：21）。移民先の国や地域は北米，EUを中心に全世界に広がり，新移民の移入先は米国130万人，ロシア40万，日本40万，カナダ40万，フランス30万，オーストラリア16.5万，英国，ドイツ，イタリア，スペイン，韓国，シンガポールへ各10万という。浙江省青田県はイタリア，スペイン，浙江省温州市はフランス，福建省福清市は米国，英国に集中している。老華僑・華人を加えると，EUには251万人の華僑・華人が定居している。英国（60万），フランス（50万），イタリア（30万），スペイン（16.8万），オランダ（16万），ドイツ（15万）の順である（李 2011：23）。

第3次移民ブームと富裕層

　近年の中国新移民の動きであるが，富裕層や中間層・知的エリート層を中心にした第3次移民ブームが起き，カナダだけで2013年に3万3000人が移民したといわれている。移民の中心になっているのは富裕層，企業家，党員幹部，高級公務員およびその家族などであり，蓄積した資本，財産の安全を求めたのが移民ブームの背景にある。富裕層の定義も変化しているが，民間の調査機関によると年収200万元（約2900万円）以上とされている。2015年には400万世帯を超えている。また，別の調査では資産1000万元（約1億7000万円）の移民率は64％，資産1億元（約17億円）以上の富裕層は33％が移民したという。また，富裕層の47％が移民を検討中という（「朝日新聞デジタル」2012年12月19日）。富裕層の年齢層は30-40代が多く，職業は企業家，株のディーラー，不動産業，ホワイトカラーである。移民の理由として，「子供の教育環境」「資産の保全」「生活の質の向上」「海外投資・業務発展」などが挙げられている（「大紀元」2014年8月26日）。富裕層にとっては「資産の保全」「海外投資・業務発展」が大きな理由と考えられる。そのため，資産保護の法律制度の整っているカナダ，米国，英国，オーストラリアなどの国への投資移民の形態を選ぶことが多い。これは多額の投資と引き換えに受入国が永住権を与える制度である。米国の投資移民の受入数は，2012年には6124人と急増している。米国の投資

移民の85.4％が大陸中国人である。米国では投資移民はほかの移民申請より，面接試験の成功率が高く，取得にかかる時間も少なく，資金の安全などの優位点があり，言語能力，学歴，年齢の制限もなく，移民後も社会福祉，教育も同じ条件で受けられる（華僑華人資料3 2015：3）。

　カナダは2014年2月，急増する中国新移民に対処するため，投資移民制度を廃止した。中国人富裕層の移民は，マンション，住宅を買い漁ったので，現地の不動産価格が大幅に上昇し，現地の反発を招き，老華僑との摩擦もでている。カナダ政府が投資移民の制度を廃止した理由に投資が現地貢献していないことが挙げられている（華僑華人資料4 2015：2-3）。

　知的エリート層や中間層は「子供の教育環境」「環境汚染」「医療・社会福祉」「食の安全」など生活・老後の安心・安全を求めての理由が挙げられる。このなかのいくつかの理由は富裕層にも当てはまる。これらの富裕層は改革開放政策や現在の政治体制の恩恵を受けて，財を成した人が多いが，海外移民の志向は変わらない。富裕層に限らず中間層，海外留学の帰国者達も，PM2.5などの環境汚染，食の安全性，教育環境，医療・老後対策のために先進国への移民を考えている。このように，移民理由の多様化による新移民や新移民予備軍の大幅増加が見込まれている。たとえば，「裸官」と呼ばれる政府・党の高官である本人は，国内に単身留まり，先に家族や資産を海外の安全な地に移し，後に本人が移民していく（澁谷 2014：1）。この場合，留学移民，家族呼び寄せ移民，投資移民などの移民形態を利用することが多い。また，移民とは呼べないが，汚職官僚の不正蓄財した資金を持っての海外逃亡も相次いでいる。このほか，中国人妊婦が生まれてくる子供の米国籍取得のため，米国の病院で出産するツアーがブームになっている。近年，オリンピックの出場権を得るために，海外移民した中国のアスリート達の活躍も目立つようになっている。

富裕層の中国社会からの脱出

　1978年の改革開放は中国の驚異的な経済発展をもたらし，世界第2位のGDP国家に押し上げた。一党独裁の政治体制を維持し，政治制度の改革を置き去りにして，ひたすら経済発展に向かい，国民を取り巻く生活環境，経済的豊かさは70年代と比較して，劇的変化をもたらした。その発展の過程で顕著になった所得格差，戸籍制度のもたらす差別は僑郷の人々を海外に駆り立てる

ことになった。また，都市の人々や知的エリートはさらなる経済発展の追求，生活環境（教育，食の安全，環境汚染の回避，医療・社会福祉）の質的向上を求めて，海外を目指すことになった。中国の調査機関の調査では，自由，民主，人権を求めてという答えを得ることは難しい。「安心を求めて」「財産の保全」という答えのなかに含まれていると考えられる。

　中国からの富裕層，知的エリート層，芸術家・アスリート，専門技術者などの海外移民は増えることはあっても減ることはない。一党独裁体制の中国社会において，矛盾が移民という形で顕著になってきた（『産経新聞』2013年4月11日）ことは明らかであるが，それが体制破綻に結びつくには，まだまだ長い時間が必要と思われる。

参考文献
　（日本語）
郭玉聡『日本華僑華人と中国新移民の研究』日本僑報社，2008年。
澁谷司「中国の移民潮」『華僑研究センター　ニューズレター』No. 21, 拓殖大学海外事情研究所，2014年。
山下清海・小木裕文・松村公明・張貴民・杜国慶「福建省福清出身の在日新華僑とその僑郷」『地理空間』3(1)，2010年。
山下清海・小木裕文・張貴民・杜国慶「浙江省温州近郊の僑郷としての変容――日本老華僑の僑郷からヨーロッパ新華僑の僑郷へ」『地理空間』5(1)，2012年。
山下清海・小木裕文・張貴民・杜国慶「ハルビン市方正県の在日新華僑の僑郷としての発展」『地理空間』6(2)，2013年。
山下清海編著『改革開放後の中国僑郷』明石書店，2014年。
　（中国語）
方雄普「中国僑郷的形成与発展」『中国僑郷研究』厦門大学出版社，2000年。
方正県外事弁公室『中国方正旅日僑郷研究』方正外事弁公室，2012年。
郭相声・曹松先『方正僑郷史話』政協方正県文史資料弁公室，2009年。
李明歓「国際移民大趨勢与海外僑情新変化」『華僑華人研究報告2011』社会科学文献出版社，2011年。
施雪琴「改革開放以来福清僑郷的新移民――兼談非法移民問題」『華僑華人歴史研究』第4期，2000年。
青田華僑史編纂委員会編著『青田華僑史』浙江人民出版社，2011年。
王賡武「新移民――何以新？為何新」『華僑華人歴史研究』第4期，2001年。

張秀明「青田人出国的歴史与現状初探」『華僑華人歴史研究』第 3 期，1998 年。
張秀明「改革開放以来青田人的跨国遷移活動及海外青田人対青田的影響」東南亜研究，
　　第 3 期，2005 年。
張秀明・蜜素敏「国際移民的最新発展及其特点」『華僑華人歴史研究』第 3 期，2014 年。
浙江省華僑志編纂委員会編『浙江省華僑志』浙江古籍出版社　2010 年。
鄭一省『多重網絡的浸透与拡張』世界知識出版社，2006 年。
庄国土『華僑華人与中国的関係』広東高等教育出版社，2001 年。
中国華僑歴史学会『華僑華人資料』第 3 期・第 4 期，2015 年。

コラム2　中国のユーラシア構想

背　景

　近年，大国として台頭している中国は，世界的な影響力を拡大すると同時に自国の戦略的利益を保護する目的で，これまでになくいくつもの構想を積極的に推進している。この文脈で，中央アジア・ロシアを介する欧州とアジアの経済統合の深化や相互連絡の向上を意図して，「シルクロード経済ベルト」(Silk Road Economic Belt，以下 SREB と略す) が一帯一路構想の一部として 2013 年 9 月に習近平国家主席に提唱された。中国のユーラシア構想の原動力は自国の経済発展と安全保障であり，とくに欧州・中東市場向け陸絡の確保，北西部諸省を含む地域の安定化，資源エネルギー輸送網の保護は最重要だ。同時に中央アジア諸国にとっても有益な長期的戦略になり得る。中国は，財政・物資援助の見返りに，天然資源や陸路へのアクセスだけでなく，地域における社会不安の抑制，新疆ウイグル自治区への分離過激派流入の制限，東トルキスタンイスラーム運動（ETIM）の根絶などで中央アジアの支援を見込む。このように，双方は経済発展と安全保障において同じ目的や脅威を共有する。

上海協力機構

　SREB は，2 国間・多国間の枠組みで中央アジア諸国との間でこれまで交わされた実績の上に立ち，その主要な実行手段が上海協力機構（SCO）だ。SCO は中国にとって初の多国間協定だが，協力関係を双方に共通の問題解決に重点を置き，国境策定や信頼醸成措置の実施から経済統合の深化や「三悪」（テロ，分離主義，過激主義）に対する安全保障協力へと次第に進展してきた。中央アジアにとっても，中国との協力関係の接点を見出す機会であり，同時に大国中露の勢力のバランスを保つ「均衡メカニズム」（Parepa 2012 ／パレパ 2014）として機能するという利点がある。大部分の中央アジア諸国は，地政学的な状況の進展（ソ連解体，タリバン勢力の出現，アフガニスタンへの米国軍事介入と NATO 軍の撤退）により引き起こされる新たな課題に際して，実利的に柔軟な姿勢で中国との協力関係に取り組んできた。SREB はポール・コーリアの「安全保障を促進するための発展と発展を促進するための安全保障」という見方を重視する（詳細は本シリーズ・第 4 巻第 2 章，拙稿「安全保障と軍事援助の国際比較──フランス・米国・中国」を参照）。中央アジアはムスリム中心の多民族社会であるため，SREB の後押しにより政権の不安定要因である分離主義，過激主義，社会運動を挫く狙いがある。また，内政不干渉，領土保全，先進国や国際機関のように民主化，自由化，人権問題を条件にしない財政・軍事援助も独裁政権にとって好都合だ。新たな地政学的な課題（タリバン体制，アフガニスタンにおける米国軍事介入と NATO 軍撤退）の備

えでもある。

課題

しかしSREBには課題も多い。以前の中国主導事業での苦い経験，資源目当ての投資，援助依存や不平等発展への警戒など，中国に対する現地住民の不信感は根強く，関連事業が歓迎されるとは限らない。キルギス，カザフスタン，トルクメニスタンでの反中運動が示すように，主要な社会経済問題（劣悪な労働条件，悪しき商慣習，現地雇用の不在，環境問題）は未解決のままであり，現実は中国が描くウィンウィン関係や共利共栄とはほど遠い。また，中国によるウイグル少数民族への厳しい対応も中央アジアムスリムの反感をさらに高めている。アフガニスタン紛争長期化に乗じて拡散した地域のイスラーム過激運動（イスラーム解放党，ウズベキスタンイスラーム運動，アルカイダ，ETIMなど）は依然として大きな問題だ。中国・中央アジア協働による三悪撲滅運動にもかかわらず，過激派組織はキルギス，タジキスタン，ウズベキスタンに跨るフェルガナ渓谷をはじめ，いくつも訓練拠点を持ち，北コーカサスからチェチェン，アフガニスタンからイラク・シリアにかけて複雑な活動家網や類似集団が組織されている。中国を「全イスラームの敵」と宣言してウイグル住民の支援を呼び掛けてきたこれらの動きは拡大を続ける。中国主導の事業が標的になると，ISやアルカイダなどへのウイグル戦闘員の参加はSREBにとって大きな痛手となろう。1国における社会運動や「色の革命」の勃発，イスラーム運動の拡大が地域全体にドミノ効果で飛び火し，中央アジア諸国や中国北西部が不安定に陥ると，SREBは深刻な危機に直面する。中国のユーラシア構想は前途多難だといえる。

参考文献

パレパ・ラウラ-アンカ「上海協力機構と中央アジアにおける中国の戦略的利益」『アジア・アフリカ研究』54巻2号，2014年，23-50頁。

Parepa, Laura-Anca, "The Shanghai Cooperation Organization : Balancing Mechanism for Security and Stability"『アジア・アフリカ研究』52巻4号，2012年，1-35頁

（パレパ・ラウラ-アンカ）

＊本研究はJSPS科研費15J01056の助成を受けたものである。

第9章　フィリピン
―― 移民経済のエンクロージャー ――

福島 浩治

1　開発と経済成長の現段階

「包括的成長」戦略が目指すもの

　「フィリピン開発計画」によれば，フィリピンの開発と経済成長の方針は「包括的成長」という概念によって整理できるという。フィリピンは大統領再選が憲法上禁止されているため，任期（6年）に合わせ作成される「開発計画」が経済政策の支柱だといえる。カエタノ・パデランガ国家経済開発庁長官（当時）は，フィリピンの社会経済上の特質を，経済の低成長性および社会開発の不足，成長果実が広く分配されていないこと，政治家による汚職蔓延の3つに代表されると分析し，これまでの経済政策に問題があったことを認めた。1950年代以降，東南アジア周辺諸国のGDP（国内総生産）が平均3～8％で推移していたのに対し，フィリピンは1％台後半から3％台前半で長らく低迷し，経済の低成長性は歴然としていた。また，貧困層の総人口に占める割合や，所得分配の状況をみるジニ係数の推移でも高い数値（悪い状態）を示してきた。こうしたことから「アジアの病人」と呼ばれた時期すらあった。開発政策，経済政策，再配分政策のあり方など，貧困層を含めた包括的成長を促す制度が未整備であったことが，低成長経済や雇用なき成長に終止符を打てなかった背景にある。あるいは逆に，制度が未整備の段階での種々の政策が開発に収奪性をもたらし，貧困の罠や汚職を構造化してきたともいえる。

　ポール・クルーグマンは，1980年代以降の東アジア諸国における高度経済成長は，低賃金労働力の豊富な存在と，外国資本の継続的投入の結果にあったとし，「技術革新（イノベーション）」は付随していなかったことを指摘した。米国経済の構造的問題から「日独機関車論」が浮上し，円高ドル安が政策的に誘導された「プラザ合意」（1985年）は，日本の対アジア直接投資を増加させ，

東・東南アジア諸国の経済成長を牽引したことはよく知られた事実である。しかし外資依存の低賃金労働による加工組立など高技術を不要とする生産構造の低付加価値化は、一時的に経済成長が促されたとしても、人件費高騰や資本逃避など経済成長のファンダメンタルズを喪失した場合、経済成長の持続性に疑問が残る。クルーグマンはこうした脆弱性を内包させた経済的特質を析出し、「東アジアの奇跡という幻想」と呼んだ。これは経済成長における公共政策の役割の重要性を説いた世界銀行の『東アジアの奇跡——経済成長と政府の役割』に対する問題提起でもあった。

　技術革新の不足はもとより、1980年代の度重なる政情不安や農地改革の遅延などから、フィリピンへの海外直接投資はきわめて限定的であった。1990年代以降にはグローバル化の諸影響が複雑に絡まり、低賃金労働者は存在しても、十分な雇用をともなう持続的経済成長は起こらなかった。技術上のイノベーション以前に、政治経済上のイノベーションが求められているのかもしれない。ところが「包括的成長戦略」にはオーソドックスな政策メニューが並んでいて概して目新しさはない。「特質」を打破して、次のステージに向かうという強い政策的含意は伝わってこない。開発政策、経済政策、再配分政策などの本来的機能を妨げている見えざる構造的課題を可視化しなければならないだろう。

消費経済の源泉としての送金マネー

　フィリピンは現在かつてない経済成長の勢いを見せている。アジア開発銀行は、2012年のフィリピン、インドネシア、タイ、マレーシア、ベトナム5ヵ国のGDP成長率見通しを、当初予測5.6％から5.9％に上方修正した。第3四半期の各国成長率は、インドネシア6.2％、マレーシア5.2％、ベトナム5.03％、タイ3.0％であったが、フィリピンが7.1％ときわめて高い成長率だったことが理由である。2012年度第4四半期、フィリピンへの直接投資額は2891億ペソで対前年度比12％増、1996年以来の高水準を記録した。株価も過去最高値を更新している。スタンダード・アンド・プアーズ（S&P）は、外貨建国債の格付けを「ダブルBプラス」から「トリプルBマイナス」に変更し、「投資適格対象」に格上げした。産業別主要投資分野は、製造業分野が全体の59.4％を占めている（2012年）。サービス分野の牽引産業となったコールセン

ターでは，2012年投資額がインドを超えて世界首位になるなど1年間に20％ほど成長している。また，海外就労者による外貨送金額は2011年1～9月に前年同期比5.5％増の155億ドル，GDP 10％に到達した。これは輸出総額の20％，半導体を中心とする電気・電子製品の輸出総額の50％に相当する。非公式ルートを通じた実際の外貨送金額合計はGDP 25％以上と推測されてもいる。フィリピン経済は，労働輸出を通じた移民経済として成り立っていると言っても過言ではない。

しかし言うまでもなく経済成長の診断は，格付け，株価，海外直接投資といった経済指標の動向分析だけでは不十分である。このまま経済成長が安定的に推移するとは言い難い不確実性が内在していることも確かである。たとえば「個人消費」は，フィリピン71.6％，タイ53.7％，インドネシア56.7％など，GDPに占める割合は近隣諸国よりも15～18％ほど高く，「貯蓄率」はフィリピン18.7％，タイ33.4％，インドネシア34.2％と近隣諸国と比べて低い。中国で家計に占める貯蓄率が高いのは，社会保障制度が未整備であることの裏返しだが，フィリピンの場合，貯蓄率が低いのは，社会保障制度が充実しているからでは当然ない。また，製造業の基礎となる鉱工業生産の割合は対GDP 32.6％と，タイ・インドネシアに比べ低水準である。これらのことから経済成長率が上昇している直接的理由は，国内における個人消費の拡大にあると考えてよい。その場合，安定性や持続性の観点から問題になるのは，1つには，家計の貯蓄なき消費経済の拡大がもたらす影響と，2つには，その消費支出の源泉がもっぱら海外就労者による外貨送金に依存している点である。

フィリピン経済成長の図式をこのように描けば，海外就労者や外貨送金の存在とは，フィリピン経済の姿を映し出す「鏡」であることに気がつく。一国経済の動向に影響をおよぼす外貨送金とは，一体どのような歴史的経緯によって今日に至ったのか。フィリピン経済を消費経済へと構造変化させた送金マネーは，「特質」を打破し包括的成長の実現に寄与しうるのだろうか。

2　フィリピン経済からみた海外就労政策の40年

海外就労の鳥瞰図

フィリピン海外就労者の統計データは，「永住者」「一時滞在者」「非正規滞

第9章 フィリピン

表9-1 資格・形態別にみた海外就労（2001～11年）

	永住者数	一時滞在者数	非正規滞在者数	合　計
2001	2,736,528 (37%)	3,049,622 (41%)	1,625,936 (22%)	7,412,086
2002	2,807,356 (37%)	3,167,978 (42%)	1,607,170 (21%)	7,582,504
2003	2,865,412 (37%)	3,385,001 (44%)	1,512,765 (19%)	7,763,178
2004	3,204,326 (45%)	2,899,620 (41%)	1,039,191 (15%)	7,143,137
2005	3,407,967 (49%)	2,943,151 (42%)	626,389 (9%)	6,977,507
2006	3,568,388 (49%)	3,093,921 (42%)	621,713 (9%)	7,284,022
2007	3,693,015 (48%)	3,413,079 (44%)	648,169 (8%)	7,754,263
2008	3,907,842 (48%)	3,626,259 (44%)	653,609 (8%)	8,187,710
2009	4,056,940 (47%)	3,864,068 (45%)	658,370 (8%)	8,579,378
2010	4,423,680 (47%)	4,324,388 (45%)	704,916 (8%)	9,452,984
2011	4,867,645 (47%)	4,513,171 (43%)	1074,972 (10%)	10,455,788

出所：Commission on Filipino Overseas, "Stock Estimate of Overseas Filipinos"（各年版）。

表9-2 国・地域別にみた海外就労（2011年）

国　名	永住者数	一時滞在者数	非正規滞在者数	合　計
アフリカ	4,933	51,987	6,588	63,508
東・東南アジア	284,646	621,400	543,327	1,449,373
西アジア	7,713	2,872,440	107,770	2,987,923
ヨーロッパ	405,747	263,605	139,427	808,779
アメリカ	3,811,111	244,798	270,150	4,326,059
オセアニア	353,495	89,837	7,710	451,042

出所：表9-1に同じ。

表9-3 海外就労者数10万人を超える国（2011年）

国　名	就労者数
1. 米　国	3,430,864
2. サウジアラビア	1,550,572
3. カナダ	842,651
4. アラブ首長国	679,819
5. マレーシア	569,081
6. オーストラリア	384,637
7. カタール	342,442
8. 日　本	220,882
9. 英　国	220,000
10. クウェート	186,750
11. イタリア	184,638
12. シンガポール	180,000
13. 香　港	174,851
合　計（海外就労者全体に占める比率）	8,967,187 (85.80%)

出所：表9-1に同じ。

在者」など移住資格に応じて分類されている。「海外就労者」とひと口に表現しても，移住資格，性別，年齢層などには海外就労国に応じて多様性がある。移住資格別にみた過去10年間（2001～11年）に，永住37-47％，一時滞在41-43％，非正規滞在22-10％に推移した（表9-1）。永住者と一時滞在者が逆転したことになる。永住対象国は米国が圧倒的に多く，次にヨーロッパ，オセアニア，東・東南アジアと続く（表9-2）。一時滞在対象国は，西アジアすなわち中東が一番多く，東・東南アジア，ヨーロッパ，米国と続く。非正規滞在は，東・東南アジアが最多で，米国，ヨーロッパ，中東と続いている。地域別では，永住者＝米国，一時滞在者＝中東，非正規滞在者＝東・東南アジアという傾向が認められ，移住資格別に分散傾向はなく，特定国・地域への集中傾向が特徴である。また，永住者の主な対象国は米国，ヨーロッパだが，両国・地域には一時滞在者，非正規滞在者が相当数存在していることにも注目したい。学歴，専門技術職などの資格取得状況に応じて，現地での労働や生活条件に分極化が生じているものと推測できる。最後に10万人以上の海外就労者がいる国は米国がもっとも多く，サウジアラビア，カナダ，アラブ首長国連邦，マレーシアと続く（表9-3）。北米，中東，東南アジア周辺諸国への地理的集中がみられる。

　海外就労者数はすでに1000万人をストックで超えており，世界150ヵ国に総人口の1割程度が渡航している。これは生産年齢人口の22％に相当し，労働輸出立国というよりは「過剰労働輸出国」と呼ぶのが相応しいほどである。一時滞在，非正規滞在の移住労働者が過半数であること，性別では若年層ほど女性の割合が高くなるなど，全体像を把握するうえでの傾向と特徴がいくつかある。とくに一時滞在者は，海外就労を何度も繰り返す場合が少なくない。

「国際労働力移動の女性化」といわれるように，女性全体の7割近くは家事手伝いなど非専門技術職で，サウジアラビア，アラブ首長国連邦，カタールなど中東諸国に偏在している。非正規滞在者は，東・東南アジア諸国が過半数近くを占めるが，人身取引については確認情報だけでも1600人を超えており，フィリピン国内，マレーシア，日本，クウェート，ルーマニア，サウジアラビア，シリアなど具体的な国名が明らかになっている（IOM 2013：81-82）。出身地域別には，フィリピン中部の中央ビサヤを最多エリアとして，マニラ首都圏，マニラ近隣州のカラバルソン地域，北部の中央ルソンで人身取引報告件数が際立っている。

なぜ「現代の英雄」なのか

海外就労者数の増加にともなって，外貨送金額は途方もなく拡大してきた。後述するように，国家の政策として海外就労が本格的に開始された当初は，わずかに1億ドル（1975年）にすぎなかった。それが海外就労者数の増加とともに，6億9000万ドル（1985年），49億ドル（1995年），107億ドル（2005年）と拡大し続け，フィリピン中央銀行は，2013年度の送金額は対前年比7.6％増となって過去最高額の251億ドルを記録したと発表した（図9-1）。IMF（国際通貨基金）と世界銀行は，2014年度には280億ドルに到達すると予測している。重要なことは，これらの数値は送金手数料が送出国賃金の2ヵ月分に相当

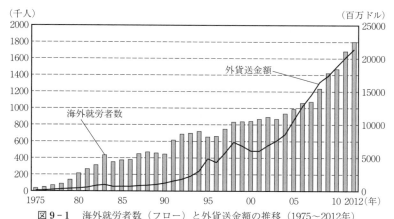

図9-1　海外就労者数（フロー）と外貨送金額の推移（1975〜2012年）
出所：IOM 2013：59, Table 15およびIOM 2013：114, Table 32をもとに筆者作成。

表9-4 外貨送金額の上位10ヵ国

国名	送金額(1000ドル)
1. 米国	8,481,164
2. カナダ	2,071,489
3. サウジアラビア	1,613,237
4. 英国	956,639
5. 日本	913,548
6. アラブ首長国連邦	877,981
7. シンガポール	789,243
8. イタリア	550,654
9. ドイツ	478,688
10. 香港	367,864

注:フィリピン中央銀行が金融機関を通じた送金額を記録したデータに基づく。
出所:IOM 2013:115, Table 33.

するともいわれる「公式ルート」を通じた合計額で,「非公式ルート」を含めた外貨送金額のトータルとなる実質的送金額は,さらに膨れ上がることは間違いない。

外貨送金額の上位ランキングをみると,米国が群を抜いており,カナダ,サウジアラビア,英国,日本と続く(表9-4)。米国についで移住労働者が数多いサウジアラビアとカナダだが,外貨送金額では順位が逆転している。これは医師,看護師,薬剤師,IT関連技術者など専門技術職に就くことが相対的に多い欧米諸国と,家事手伝いや建設労働など非専門技術職を中心とする中東諸国との職業上の賃金格差のあらわれによる。その意味では,世界的な高齢社会の到来,女性の社会進出などから労働需要が高まっている医療・介護分野,家事手伝いなどは,フィリピン政府とくに財務省の立場からは戦略的な移民市場として映るだろう。FTA(自由貿易協定),EPA(経済連携協定),GATS(サービス貿易に関する一般協定)など,「人の移動」にかかわる2国間,多国間および国際的な協定が近年進められてきたことは,このことをよく物語っている。

次に,国際比較から浮かび上がるフィリピンの特徴は何だろうか。2014年,外貨送金額がもっとも多かった国は,インド,中国,フィリピン,メキシコ,ナイジェリア,エジプトである(表9-5)。2004年にはインド,中国,メキシコ,フィリピン,モロッコ,パキスタンの順番だったから,過去10年間に3位と4位のメキシコとフィリピンが入れ替わり,モロッコ,パキスタンにかわって新たにナイジェリア,エジプトが浮上したことになる。一方,外貨送金額が対GDPに占める割合が高いのは,タジキスタン,キルギスタン,ネパール,モルドバ,トンガであり,小国ほど依存度が高くなる傾向にあり,かならずしも外貨送金額の上位ランキングは対GDP比の順位と一致しない(表9-5)。上位10ヵ国は対GDP比ですべて20%以上を示し,本国経済に深く組み込ま

第9章　フィリピン

表9-5　外貨送金額上位ランキングと小国における依存度の高さ

（2014年）

国　名	外貨送金額(億ドル)
インド	700
中　国	640
フィリピン	280
メキシコ	250
ナイジェリア	210
エジプト	200
パキスタン	170
バングラデシュ	150
ベトナム	120
レバノン	90

（2013年）

国　名	対GDP(%)
タジキスタン	49
キルギスタン	32
ネパール	29
モルドバ	25
トンガ	24
ハイチ	21
アルメニア	21
ガンビア	20
レソト	20
サモア	20

出所：World Bank 2015：5, Figure 3.

表9-6　外貨送金額と対GDP比の相関性

（2014年）

国　名	外貨送金額(億ドル)
中　国	640
フィリピン	280
ベトナム	120
インドネシア	90
タ　イ	60
マレーシア	20
カンボジア	30
モンゴル	30
ミャンマー	20
フィジー	20

（2013年）

国　名	対GDP(%)
トンガ	24
サモア	20
マーシャル諸島	12
ツバル	11
フィリピン	10
キリバス	8
ミクロネシア	7
ベトナム	6
フィジー	5
バヌアツ	3

出所：World Bank 2015：18, Figure A1.

れていることがわかる。タジキスタンでは対GDP比49％という驚異的数値となっている。他方，外貨送金額が比較的大きく，かつ対GDP比も高い国は，フィリピン，ベトナム，フィジーの3ヵ国である（表9-6）。ASEAN（東南アジア諸国連合）加盟10ヵ国のなかで外貨送金額と対GDP比の関係性が強くみられるのはベトナム，フィリピンである。とりわけフィリピンは海外就労の結果としての外貨送金という位置づけの段階にはなく，逆に，外貨送金確保それ自体が政策目的になっていることが示唆される。

　フィリピンへの海外直接投資額は約64億5000万ドル（2013年度），政府開発援助額は約101億ドル（2014年度）であった。2014年度の外貨送金額280億ドルと比較すると，海外直接投資額，政府開発援助額を足し合わせても遠くおよばず圧倒的である。海外就労政策に付随した外貨送金は，ミクロな家計レベルにおける補助的な位置づけではなく，その動向によっては，国家財政や経済成長率などマクロ経済から政治社会全体までを揺るがす潜在性を有しているのである。海外就労政策は事実上の「基幹産業」になったといってよい。「現代の英雄」と，海外就労者が呼ばれる所以はここにある。

海外就労政策の史的展開

　フィリピン海外就労政策が国家の政策として本格的に開始されたのは1970年代である。1972年9月，戒厳令を布告したマルコス大統領は，翌73年に新憲法制定を行い権力基盤を整えていった。1974年「労働法典」制定，1978年「海外雇用開発庁」発足，海上労働者のための委員会を設置した。その後，労働雇用省の組織再編成によって1982年海外雇用庁（POEA）が設置され現在に至っている。海外雇用庁としての正式発足は，フィリピン政府が財政破綻し1983年にデフォルト（債務不履行）を宣言する1年前のことであった。海外就労政策は，政治的危機下にはじめられ経済危機下に完成をみたことになる。

　海外就労政策の発端は，1970年代の中東諸国における労働需要の増大にあるといわれている。1973年，第1次石油危機にともなう原油価格の上昇は，中東産油諸国にオイルマネーを還流させ，建設分野での労働需要を高め労働力を世界中から引き寄せた。一方，フィリピンの完全失業率は10％以上と高水準で推移していた。需要と供給が一致したところに政策が形成されたかにみえるが，不安定な国内雇用の緩和措置として海外労働需要を取り込むことは，そ

れほど高度な労働戦略だとはいえない。というのも国内的には戒厳令，国際的にはベトナム戦争，金ドル交換停止と変動相場制への移行にともなう戦後ブレトンウッズ体制の崩壊，第1次・2次石油危機など，世界的に激動する1970年代の政治経済情勢にあっては，海外就労政策の政治的プライオリティは当初から高いはずはなかった。

　当時エネルギー純輸入国の発展途上国にとって原油価格の上昇は，財政負担を増加させたから具体的なメリットがなかったばかりか，逆に，工業化政策の致命的な打撃となった。IMF，世界銀行，地域開発銀行，各国政府から経済援助を受けはしたが，利子返済のため新たに債務を組まざるを得ない累積債務状況に陥った国々は，やがて返済自体が困難になるデフォルトを起こし，国際金融機関の経済構造調整政策が不可避的に導入されていった。それ以降，内外金融機関や外国政府に対する債務返済が至上命題にされたから，予算編成や政策決定過程は，債務返済を政策ピラミッドの頂点に位置づけなければならなかった。輸出促進を通じた外貨獲得が産業横断的に強化され，国家財政支出は削減された。子どもや女性など社会的弱者にしわ寄せがおよんだことはいうまでもなく，国連児童基金が「人間の顔をした構造調整」を訴えかけたことは有名である。

　フィリピンもこうした歴史的経路をたどった国の1つである。輸入代替工業化戦略による低生産性，非効率性，高コスト体質，クローニーキャピタリズムやレントシーキング，汚職の蔓延などにより，債務は累積すれども工業化が進展することは決してなかった。本来的には，産業の多角化を図りながらリーディング産業を創出し，その下に裾野産業を育成して競争力のある地域的産業連関構造をつくり出すべきであった。人口の多数を占めていた農村において農業振興を政策的な重要課題にするべきであった。しかし政府の役割としてこうした経済政策が行われることはなかった。1980年代は，国営企業の民営化，通貨の切り下げ，外国資本の受け入れによる輸出拡大路線など，債務返済があらゆる政策上の優先課題になっていた。その結果，経済成長率は低下し乳幼児死亡率が上昇するなど，経済的，社会的な影響は大きく「失われた10年」と呼ばれた。こうした政治経済上の危機下において民主化闘争が起こったのである。1990年代以降は，マルコス独裁政治や経済構造調整による後遺症が残存するなかで，グローバリゼーションが到来することになった。

経済構造調整政策は，国内経済全体の産業連関構造の脆弱性を立て直すものではなく，逆にその脆弱性が強化され，グローバリゼーションは経済特別区にグローバル資本主導の半導体の加工組立工場や，コールセンターに代表されるビジネス・プロセス・アウトソーシング（一部業務の外部委託）産業を登場させたが，いずれも低付加価値の循環構造に陥らざるを得ないこれら新規産業は，グローバル市場に統合こそされるが，前方・後方連関効果はきわめて不十分で，フィリピン国内経済の再建という観点からは限定的効果しかなかった。ウォールデン・ベローは，「フラッグメンテーション（断片化）」と呼んでフィリピン現代経済構造の概念化を試みている（Bello 2014：20-21）。

労働輸出の「拡張的循環」をどう捉えるか

国家の政策として始動した海外就労政策から40年あまりが経過した現在，当初こそ経済，政治，社会，国際関係など数多くある政策の1つにすぎなかったが，ほかの数多くの政策を揺るがすほどに重要性を増すことになった。1970年代半ば，海外就労者数は1年間に3万6000人あまりにすぎず，外貨送金額も1億ドルをわずかに上回る程度であったが，2014年度180万人，外貨送金額280億ドルとなった。海外就労動向の分析には，総人口，生産年齢人口，所得，失業・半失業率，経済成長率，海外労働市場など検討するべきファクターは数多くある。しかし過去40年間に約50倍にまで絶対数で増加した事実は，正面から受け止めなければならないだろう。もはや政策や産業構造の帰結という段階をはるかに越えて，1つの文化として社会に根を下ろしたかのようである。

現代世界における「人の移動」を，移民研究はどのように把握しているのだろうか。第1に，「国際労働力移動の女性化」などジェンダーに特化した再生産労働研究がある。20世紀後半頃から移動人口に占める女性比率の増加が研究活性化の背景にある。移民受入国の労働市場ではジェンダー分業が存在し，一般的に女性移民は再生産領域に従事することが多いため，家庭内労働分野で女性の役割は不可欠となっている（賽漢 2015）。フィリピン海外就労者のうち25歳から44歳未満の70％以上は女性移民が占めており（45歳以上は男女比が逆転），中東諸国，東・東南アジア諸国を中心に一時滞在者として再生産労働に従事している（IOM 2013）。そこでは人権や暴力にかかわる問題が後を絶つ

ことなく，外交問題に発展する場合もある。それでも再生産労働の需要は高まる一方であり，国内雇用環境が改善されず内外賃金格差が厳然として存在する以上，一時滞在資格を繰り返し取得せざるを得ない。海外就労者とその家族にとっては生存戦略そのものだからである。マクガバンは，こうした「商品化の回路」から抜け出せない女性労働者達が置かれた状況を「流動的低賃金労働力」という概念で説明している（Lindio-McGovern 2012：40-41）。

　第2に，エコノミストは外貨送金と経済成長率との相関関係に注目し，「国際労働力移動のオランダ病」の妥当性をめぐって議論している（ADB 2012／Peria 2011）。経済学において「オランダ病」とは，ある国が天然資源を発掘し資源輸出拡大から貿易黒字を伸ばすと，今度は貿易黒字が自国通貨高を引き起こし，製造業などの輸出競争力を低下させ雇用問題が発生するという因果関係を説明したものである。国際労働力移動のオランダ病とは，単純化していえば「天然資源」を「人間」に置きかえたアナロジーである。すなわち海外就労者数の増加は，一方では外貨送金額を増やすが，他方では当該国通貨の過大評価につながって自国産業の国際競争力が低下し，失業者・半失業者が増加することから，海外就労をさらに後押しする。一般的に外貨送金額の増加は，財政赤字，対外債務，国際収支不均衡などを改善し，海外直接投資の補てん機能が期待されるなど，マクロ経済の安定性に貢献するものと考えられているが，自国通貨の価値上昇圧力は，輸入量を増やし輸出量を減らすため，雇用環境の改善や経済成長率の上昇にかならずしも結びつくとは限らない。

　このように理論的想定としての国際労働力移動のオランダ病は，人の移動を制限する意図はないが，人の移動と経済との意図せぬ融合から「海外就労政策の罠」に陥ることに警鐘を鳴らすものである。これに対し「労働移民の新経済学」は，外貨送金は教育や健康に対する投資から労働生産性を向上させ，農業や地元産業への直接投資から農村所得の向上，国内消費の増加によって消費需要と雇用創出効果が生み出される経済波及的な乗数効果があると指摘する。すなわち「オランダ病」を打ち消す効果が外貨送金にあるというのである（Castles and Miller 2009：79）。

　最後に，統計データの解析から実証分析を行う計量経済学は，海外就労者を所得階層別に再整理し，各国別の傾向把握を試みる。「たとえばメキシコはフィリピンと並んで移民大国の1つだが，所得階層を上位から下位まで5段階に

区分した場合，メキシコは移民全体の過半数（61％）が最低位層に属する低所得貧困層の人々である。これに対しフィリピンでは最低位層は少数（5％）で過半数は「中間所得層」である（Peria 2011）。メキシコとフィリピンの比較分析からは，仮に受入国経済で景気後退が起こり賃金下落に至った場合，家計に対するマイナス影響はフィリピン以上にメキシコでいっそう深刻となることが示唆されるだろう。

　このようにさまざまな学問分野の先端的知見を用いた実証的研究が進んでおり，移民研究はきわめて洗練された研究領域へと進化を遂げている。グローバル社会を特徴づける1つの潮流に「人の移動」があるとすれば，理論的研究に基礎づけられた政策的含意は，その重要性をますます高めている。ただし数量的分析から特徴と傾向を導くという手法からは，経済成長と外貨送金が車の両輪となって拡張的に循環する量的拡大図式が，経済，社会，そして政治に対してどのような質的変化をもたらすのか明確にならない。拡張的循環の構造化は，一方では歴史的な帰結として把握できるが，他方では歴史的な変化を示唆しているのかもしれない。こうした視点を持つことは，「拡張的循環」を繰り返さざるを得ない，フィリピン経済に埋め込まれた構造を可視化する作業にもつながるだろう。

3　移民経済のエンクロージャー

不動産市場——送金マネーの回収装置

　外貨送金の増加は，フィリピンの消費需要を底堅いものにしている。フィリピンの高い経済成長率を支えているのは個人消費だといってよい。「中間層」の旺盛な需要から生まれた巨大な消費市場を取り込もうと，企業はビジネスモデルの再設計に乗り出している。一般的な想定として外貨送金の使途は，教育や医療支出をはじめ食料など生活関連物資の財・サービス購入にあてられると考えられがちである。このことは「貧困削減」という大義名分が海外就労政策を正当化してきたことの裏返しでもある。このため家計や消費行動などミクロな動向分析がなされ，家計と経済成長率という両極端に注目が集められてきた。しかし，海外直接投資と政府開発援助をしのぐ規模にあることを考慮すれば，「貧困削減率」「経済成長率」という分析枠組みには限界があり，外貨送金がも

表9-7 マニラ首都圏の大手流通業社の延床面積,賃料収入(2000年,2010年)

	延床面積(m²)		賃料収入(1000比ペソ)	
	2000	2010	2000	2010
Ayala Land	637,435	808,314	2,000,000	4,600,000
Robinsons Land	393,000	723,000	1,280,000	5,739,180
SM Prime	1,589,556	2,758,064	4,854,510	19,992,949
合　計	2,619,991	4,289,378	8,134,510	30,332,129

出所:Cardenas 2014:58, table2.

たらすインパクトの幅を広げて検討しなければならない。

　フィリピン現地資本が注目しているのは不動産市場である。不動産市場は,鉱山開発につぐ市場規模にまで成長した。とりわけ住宅,分譲マンション,コールセンター事務所,ショッピング・モールの建設・リースなどの需要が伸びている。送金マネーが不動産関連市場や小売市場に大量流入しているためである。ファブロスによれば,外貨送金の30％以上が住宅新規購入や補修改良工事の関連費用にあてられている。海外就労者の平均的な家計水準にあわせて設計された住宅販売がきわめて好調だという(Fabros 2014:145)。

　消費需要が小売市場にも向けられていることは,ショッピング・モール建設数の増加にあらわれている。表9-7は,マニラ首都圏の主要店舗における延床面積と賃料収入の推移をみたものである。約120万m²拡張させた大手流通業者シューマート(SM)を中心に,2000年から2010年までに160万m²ほど拡大し428万9000m²となった。Ayala Land, Robinsons Land, SM Primeの主要3社の延床面積合計は,マニラ首都圏のショッピング・モール全体のリース可能なスペースの85％におよぶ。SMの店舗数は,マニラ首都圏19,マニラ首都圏を除くルソン島26,セブ島4,ミンダナオ島4の全国53店舗に広がっており,とくにマニラ首都圏と近隣州に集中している(2015年9月)。これにしたがって賃料収入も約3.5倍となって300億ペソを超えるまでになった。ショッピング・モールの店舗数および賃料収入の急速な伸びは,送金マネーの存在を除外して考えることはできず,両者には強い相関性がある。住宅市場や,広大な敷地面積を誇るショッピング・モールは,送金マネーの巨大な回収装置となっているのである。

　外貨送金の増加を見込んだいっそうの市場拡大には,都市および都市近郊に

おける土地整備が進められなければならない。土地整備の前提条件は土地取得である。フィリピンに限らず，狭隘な都市空間に広大な土地確保は容易なことではない。そこでターゲットに浮上するのが都市スラムである。たとえばインドでは，大都市ムンバイのダラヴィ地区というスラム居住者600万人を抱える有名なスラム街で，スラム撤去の政治的圧力が日増しに高まっている（ハーヴェイ 2013：48-49）。ムンバイを上海に並び立つグローバル金融都市にしようという再開発プロジェクト構想が背景にある。地価推定額20億ドルと見積もられたが，不法占拠地区という理由から，実質的に多額の費用を要しないことはいうまでもない。このような都市の再開発プロセスは，「排除と略奪のプロセス」（ハーヴェイ）にほかならず，フィリピンでも同じことが繰り返されないという保証はない。

開発を主導しているのは誰か

　1940年代創業の伝統的企業から2010年代に新規参入を果たした新興企業まで，送金マネーで発展した成長市場を取り込もうとする企業は少なくない。海外就労者とその家族にターゲットを絞った独自のブランド戦略は，Ayala Landのような伝統的企業でも事業戦略上の重要性が高い。Ayala Landは在外フィリピン人60万人以上が暮らすアラブ首長国連邦（UAE）のドバイに，フィリピン本国の不動産購入を斡旋する事務所を開設した（2013年）。ワンストップ・サービスで消費者の利便性を向上させることが目的だが，こうして競争の舞台は外貨の送金元にまでおよびはじめている。

　フィリピン海外就労者の渡航先国は，前述したように，サウジアラビアやアラブ首長国連邦など中東諸国に集中している。中東諸国からの外貨送金額は約5億ドル程度と見込まれており，外貨送金額合計の20％以上に相当している。フィリピン中央銀行は，ドバイからの送金額は1.8億ドル以上と推定し，Ayala Landがドバイに事業展開する判断材料の1つになった。アントニオ・アキノ社長は，海外就労者による住宅購入が現在売上高全体の17％から18％の位置にあるが，向こう5年間で2倍以上に拡大させる事業計画を発表した（2012年）。売上高全体に占める割合が低い理由は，Ayala Landが他企業に比べて，海外就労者をターゲットにした住宅ブランド開発に出遅れたからである。

　ところが潤沢な外貨送金にターゲットを絞った結果，企業によっては売上高

第9章 フィリピン

表9-8 フィリピン最富裕層の不動産市場への進出動向

人名, 一族名	所得ランク／国内(2012)	関連不動産会社	創業
Henry Sy and family	1	SM Development Corp.	2003
		SM Prime Holdings	1985
		Belle Corp.	1989
Lucio Tan and family	2	Eton Properties Philippines, Inc.	2007
Enrique Razon, Jr.	3	Bloomberry Resorts and Hotels, Inc.	2012
John Gokongwei, Jr. and family	4	Robinsons Land Corp.	1980
David Consunji and family	5	DMCI Homes	1999
Andrew Tan	6	Megaworld Corporation	1989
		Empire East Land, Inc.	1994
		Global-Estate Resorts, Inc.	2011
Jaime Zobel de Ayala and family	7	Ayala Land, Inc.	1948
George Ty and family	8	Federal Land, Inc.	1972
Roberto Ongpin	9	Alphaland Corp.	2007
Eduardo Cojuangco	10	San Miguel Properties	1990
Tony Tan Caktiong and family	12	DoubleDragon Properties Corp.	2012
Jon Ramon Aboitiz and family	16	AboitizLand, Inc.	1993
Andrew Gotianun and family	17	Filinvest Land, Inc.	1967
Manuel Villar	18	Vista Land and Lifescapes, Inc.	1975
Beatrice Campos and family	19	Greenfield Development Corp.	1961
Mariano Tan, Jr.	22	Greenfield Development Corp.	1961
Enrique Aboitiz and family	23	AboitizLand, Inc.	1993
Eric Recto	24	Alphaland Corp.	2007
Jose Antonio	25	Century Properties Group, Inc.	1986

出所：Cardenas 2014：58, table3.

　全体に占める外貨送金への依存度を高めていることも事実である。たとえば，Ayala Land（20％），Robinsons Land（40％），Vista Land（60％）のように，外貨送金なくしては事業の存続自体が困難ではないかと疑われる企業が増えており，今後の市場動向が注目されてよい（Cardenas 2014：46）。

　土地取得から建設事業まで不動産事業すべてにかかわる金融仲介業務や，不動産事業と金融業との関係性はどうなっているのだろうか。第1に，これら新規事業は国内所得ランキング最上位10人まではすべて不動産事業を経営していることからもわかるように，フィリピン屈指の富裕層の独壇場となっている（表9-8）。アンドリュー・ゴティアヌン（Filinvest），マニュエル・ビラー（Vista Land, Lifescapes），ホセ・アントニオ（Century Properties）など新興企業の少数事例もあるが，その他ほとんどは製造業，小売業などでかつて財を成した

伝統的エリートばかりである。たとえば，フィリピン最大級の分譲マンションの開発事業体で不動産市場の23.8％を占有するのはSMDC（SM Development Corporation）である。ヘンリー・シーを経営トップとした持株会社SMIC（SM Investments Corporation）はグループ企業の全売上高11％，利益率30％を稼ぎだす牽引車である。わずか10年ほど前までは，住宅と観光事業をあわせても全収益の1％程度しかなかったことを考えると，基幹事業にドラスティックな経営戦略上の変化があったと考えられる。これまで主力事業であった小売業の収益率が大きく縮小していることからも変化が裏付けられる（Cardenas 2014：49）。

　第2に，不動産事業者は複合企業体である場合が多く，金融業務もこれらグループ企業の傘下に収められている。SMICについては，民間金融機関Banco de Oroが傘下に置かれている。Banco de Oroは，フィリピン屈指の民間金融機関の1つであり，外貨送金額全体の約4分の1を取り扱うなど，海外就労者数に比例して営業利益を年々増加させてきた。Banco de Oroの直近の純利益（2014年）は，過去最高額の228億ペソを記録している。金融事業と不動産事業が両輪となって，グループ企業の収益全体を牽引している図式がみえてくる。金融機関は，不動産事業に加えて小売業などに結びついているから，当該金融機関への預金規模に応じて，グループ企業全体への波及・循環規模が決まる。つまり上流部門（金融）を抑えれば，自ずと下流部門（不動産，小売りなど）はついてくる仕組みである。伝統的エリートである最富裕層は，主力事業の再構築から，外貨送金の一定部分以上を回収するシステムをつくり上げたといえるだろう。

　フィリピンのGDP，雇用統計を産業別に見ると，このことは局所的な現象ではなく，産業構造全体に影響がおよんでいることを確認できる。すなわち農業がGDPに占める割合は，23.3％から13.9％に，工業も36.5％から31.3％に引き下がったが，サービスだけは40.1％から54.8％に上昇している（1980〜2010年）。雇用統計についても，農業が50％から33.9％に下がったが，工業は13.3％から14.9％に微増し，サービスでは36.7％から51.3％に増加した（1986〜2010年）。1980年代以降，サービス分野の伸長が突出していたことがわかる。先進工業国における過去の経験は，「ポスト工業社会」に至って初めてサービス分野が台頭するのが常道だったが，フィリピンでは本格的な工

業化プロセスが進展する以前に伸びている。こうした経済成長の経路に軌道修正をもたらした1つの要因は，送金マネーの存在にほかならないだろう。

4 「略奪システム」から「抵抗の回路」へ

「地域総合開発」とは何だったのか

新規住宅着工エリアの地理的集中にも注目したい。2002年から2010年までの新規着工エリアのうち27％がマニラ首都圏であった。これにブラカン，カヴィテ，ラグナ，リサールなどマニラ首都圏の近隣州における着工数を含めると，住宅建設全体の48％におよぶ。地理的な偏在性をここに確認することができるが，これらの地域はすべて海外就労者をもっとも数多く出してきた全国有数の州でもある（次頁，表9-9）。送金マネーの多くが不動産市場に投資されていることを，こうした点からもよく認識できる。そしてこれらの地域は1990年代以降，日本政府を中心に米国政府，世界銀行などが実施した地域総合開発プロジェクト「カラバルソン計画」の対象エリアと一致している。

カラバルソンとは，カヴィテ，ラグナ，バタンガス，リサール，ケソンの頭文字からつくられた造語で，マニラへの地理的アクセスがよいカヴィテ州には日系企業が数多く進出している。カラバルソン計画によって，港湾の拡張整備，高速道路建設，経済特別区の造成など，マニラ首都圏の狭隘な経済空間の補てん的機能を果たす代替地として，インフラストラクチャー中心の経済開発が行われた。「地域総合開発」ではあったが，当時は対外債務返済があらゆる政策の至上命題とされていたため，実際には海外資本誘致を主な目的とした「拠点的経済開発」であった。農業開発はおざなりにされ，住民立ち退き，環境破壊，公害問題，労働問題など住民の暮らしにかかわる諸問題を引き起こした。

地域総合開発とその後の諸政策は，外資誘致や地元資本の進出を促すための基本的な経済条件を整えることには成功したが，そこで暮らす人々の生活条件を整えるにはきわめて不十分であった。生活の質的向上よりは債務返済や企業進出のための経済的条件づくりに政策傾斜した結果である。このことが当該地域から海外就労者数を増加させた1つの内在的要因につながったのだとすれば，一部企業は投資条件の諸整備に加え，送金マネーを内部化することで二重の利益を得たことになる。マニラ首都圏を中心とする広域エリアは，人間の排出装

表9-9 海外新規就労者の出身地別にみた上位10州（2012年）

（ ）内は％

州	合　計	男　性	女　性
マニラ首都圏	67,196(16.4)	33,406(18.6)	33,790(14.6)
カヴィテ	19,419(4.7)	11,262(6.3)	8,157(3.5)
バタンガス	19,059(4.6)	13,727(7.6)	5,332(2.3)
パンガシナン	17,825(4.3)	7,467(4.2)	10,358(4.5)
セブ	15,756(3.8)	10,213(5.7)	5,543(2.4)
マギンダナオ	15,265(3.7)	1,126(0.6)	14,139(6.1)
ラグナ	15,119(3.7)	8,230(4.6)	6,889(3.0)
ブラカン	14,695(3.6)	7,981(4.4)	6,714(2.9)
リサール	13,150(3.2)	7,534(4.2)	5,616(2.4)
パンパンガ	13,029(3.2)	8,448(4.7)	4,581(2.0)
小　計	210,513(51.2)	109,394(60.9)	10,119(43.7)
他州計	200,296(48.8)	70,240(39.1)	130,056(56.3)
合　計	410,809(100)	179,634(100)	231,175(100)

出所：IOM 2013：61, Table16.

置と送金マネーの巧みな回収装置が，完成度高く見事に融合したエリアだと言えるだろう。

「富の源泉シフト」

　民営化された旧国有地，土地利用が転換された旧農地，外資撤退後の旧工場跡地などが，送金マネーに押される形で住宅，分譲マンション，コールセンター事務所，ショッピング・モールへと姿を変えている。金融，不動産，小売りなど経営の多角化による複合企業体には多くの資本を要することはいうまでもないが，土地取得には経済力に加え政治的ネットワークが有利に働く場合がある。伝統的エリートとは，その両者をあわせ持つ象徴的な存在である。土地利用の転換が，新地方政府法（1991年）成立によって地方政府に権限移譲されたことも政策的後押しとなったに違いない。伝統的エリートに対する制御装置が不徹底ななかでは，土地利用転換の方針と開発政策にフリーハンドを与えるに等しいからである。

　このような新動向から問うべきことは何だろうか。送金マネーの不動産市場への流入額，住宅着工数，地理的な集中化や諸政策との矛盾など検討すべきことは数多い。しかし前述したように，送金マネーの受け皿としての回収装置は，

一部例外を除いて，伝統的エリートによって再構築された寡占的企業ばかりである。

彼らの富の源泉は，歴史的に遡れば米国市場への特権的な輸出用農作物の生産を担った地主層による農業や，輸入代替工業化期に対外的競争から保護され国内市場で成長した製造業を基盤にしてきた。ところが1974年，輸出用農作物の代表格であった砂糖の市場アクセス権の根拠法（「ラウレル・ラングレー法」）が失効し特権的地位は喪失された。国内市場が保証されてきた製造業でも，1980年代以降，IMFや世界銀行による経済構造調整政策の導入で，輸出主導型工業化に強制転換され国内の寡占的市場を喪失した。1990年代になると世界貿易機関（WTO）の発足や，グローバル資本主導の新自由主義グローバリゼーションが進み，構造調整下に見られた経済改革がますます加速していった。つまり既得権としての農業や製造業は，技術面でもコスト面でも競争力を高めることなく特権的地位を喪失しグローバル市場に開放されていったのであった。欧米アグリビジネスをはじめ多国籍製造企業は，そうした脆弱性を尻目にむしろ容赦なく市場を収奪していったのは当然のことである。そしてマクロ経済上の構造的変化は，労働市場に影響をおよぼさずにはいなかった。

とくに労働人口の過半数近くを抱えた農業分野では，農地改革の遅れで低生産性を余儀なくされていたから，1990年代以降の貿易自由化で食糧農産物の純輸入国に転落した。農地改革が進まず低生産性のなかでの純輸入国への転落は，農業労働者を農地から引き剝がした。前述したように，産業別雇用統計の割合が低下した背景にはこのような事情があり，全国的に失業・半失業率が下げ止まらないとしても不思議はない。グローバル市場と直結したコールセンター，経済特別区における外資系企業，ショッピング・モール増設による小売サービス業は，雇用拡大へのステップとして期待されはするが，これらは経済波及効果が低く低付加価値なため新規雇用創出に結びつかず，なおかつ低賃金で職業としては不安定な非正規雇用ばかりである（太田 2005：173-179）。さらにここに人口増加にともなう若年層の労働市場への新規参入圧力が覆いかぶさる。

こうした歴史的・累積的問題の1つの帰結が，過剰労働輸出国としての「潜在的予備軍」の形成であり，インフォーマル・セクターに象徴される都市スラムの膨張である。その意味において，都市スラムとは歴史・構造的問題が累積的に圧縮された都市空間だと表現することもできるだろうが，そうであればス

ラム居住者を強制排除し都市をビジネス空間として再創造することは，あまりにも露骨な形で資本の論理が貫徹された行為に違いない。

しかしながら1970年代以降の労働者にとっての危機は，伝統的エリートの危機でもあったという逆説的な認識がここでは重要である。これまで海外市場や国内市場に対して排他的権限が付与されてきたが，市場の喪失圧力とグローバルな競争圧力に相次いで晒され，特権の数々を手放さざるを得なくなっていたからである。伝統的エリートの富の源泉に「揺らぎ」が起こったのである。この揺らぎがフリーフォール（崩落）に至ることを回避するため，基盤自体の組み替えが不可避的選択となった。すなわち「富の源泉シフト」とは，権力基盤の回復過程へと自己誘導を試みた支配エリートによる権力回復プロセスである。特権喪失による伝統的エリートの衰退と，海外就労政策に後押しされた国際労働市場の取り込み，そして送金マネーの回収装置の設置がパラレルに進展したのは偶然であろうか。まさに，移民経済のエンクロージャー（囲い込み）である。

貧困削減や経済成長など，一般的には反論することが難しい言説によって海外就労政策は正当化されてきた。しかしその底流では国家，市場，労働が，権力基盤の動揺に対して安定性を回復させる役割を果たす，機能上の変化が進められてきたのではなかったか。そうだとすれば「富の源泉シフト」は，富の偏在性という格差システムの自動的是正を意味しない。そうではなく市場と制度の意図的操作による「略奪システム」（ハーヴェイ）の置換にすぎない。そのことは海外就労を繰り返さざるを得ない「中間層」の存在，そして海外就労さえ困難な夥しい貧困層の存在があますことなく物語っている。

「抵抗の回路」をつくる

フィリピンの植民地独立後における自立的な経済発展や格差是正を阻んできたのは，サトウキビ農園に代表される大土地所有制度に根ざした伝統的エリート支配の構図が，今日まで残存していることにあるといわれる。フィリピン研究者はこの歴史的課題を「未完のフィリピン革命」と呼んでいる。海外就労の拡張的循環構造の内在的要因を考える際，こうした現在につながる歴史貫通的な視座を持つことが何よりも重要である。しかし内外市場に対する特権喪失やグローバル市場の熾烈な競争は，歴史的に構築され温存されてきた富の源泉空

間に亀裂を走らせもした。マニラ首都圏と近隣州を中心に全国的な都市化が進み，さらに貿易自由化で食糧純輸入国に転落したいま，伝統的エリート支配の維持には，「農村における土地」から「都市における土地」へと源泉空間を移行させなければならなかった。海外直接投資や政府開発援助を凌駕するに至った送金マネーは，この移行を後押しする決定的要因となって，都市における不動産市場の急速な成長につながった。源泉空間の移行には，土地利用をはじめとした政策転換や旧軍用地を含む国有地の売却民営化など，じつは国家の経済政策や開発計画を抜きには考えられない。1980年代以降の経済政策や開発計画に影響力を持ったのは，IMFや世界銀行など国際金融機関であったことをふまえれば，源泉空間の移行経路における主体は，その影響度に差があったとしても，決して単数形ではなかったことを認識するべきである。過去40年間の海外就労政策の歴史的過程をたんなる数量的変化の過程ではなく，歴史・構造的変化の過程から把握し直せば，「現代の英雄」とは一体誰にとっての英雄なのか再検討せざるを得ない。貧困削減，経済成長を正当化理由としてきた海外就労政策は，その「神話性」が問い直されなければならないだろう。

　PinoyWiseは，こうした「神話性」を問い直し，フィリピン地域経済を足元から再建しようと取り組んでいるトランスナショナル・コミュニティ型のネットワーク組織である。2012年11月，アラブ首長国連邦のアブダビ首長国で正式発足して以来，今日までにイタリア，カタール，シンガポールの4ヵ国に，フィリピン本国では，バタンガス，ラグナ，タルラック，オリエンタルミンドロ，イフガオ，アグサンデルスル，ミサミスオリエンタルの7州にネットワークは広がっている。これらの国や地域も，海外就労者を数多く出している出身州であり海外就労の拠点国ばかりである。PinoyWiseの活動領域は多岐にわたるが，家族再統合のための貯蓄や資金管理の教育・情報提供，家族の浪費をなくすための支援，出身地の地域開発と雇用創出に外貨送金を活かすことなどに主眼が置かれている。農村で農業開発を進める社会的企業への関心を高める取り組みもはじまった。海外就労者とその家族が，送金マネーの回収装置から脱却する「抵抗の回路」（マクガバン）を構築しようとする海外就労政策の第2ステージである。

　「トランスナショナル・コミュニティ」概念は，人々の動機や主体性に注目する人間のエージェンシーとしての性格を重視する点で，これまでにはなかっ

た新しい視点を提供してくれている。歴史や構造問題を捨象した新古典派アプローチとも，経済決定論に陥りがちな歴史・構造的アプローチとも異なる（Castles and Miller 2009：38-39）。歴史・構造分析は，本質的な課題を明らかにするうえではきわめて有効性は高いが，現状打破に向けた可能性を追求する点では弱い。今後の移民研究は，歴史・構造分析を組み込んだトランスナショナル・コミュニティ理論へと進化していくことが期待される。全世界への移民ネットワークの広がりと，地方政府を巻き込んだ企業と市民団体によるローカルな協奏と実践は，あらゆる可能性の芽を開花させようと願う人々による懸命の営為である。送金マネーの回路変革への実験は，いまはじまったばかりである。

参考文献

太田和宏「未完の社会改革——民主化と自由化の対抗」川中豪編著『ポスト・エドサ期のフィリピン』アジア経済研究所（IDE-JETRO 研究双書 No. 544）2005 年。

賽漢卓娜「特集 再生産労働を担う女性移民」移民政策学会編『移民政策研究』Vol. 7, 明石書店，2015 年 5 月。

佐竹眞明「世界不況とフィリピン経済——海外依存ともう 1 つの発展をめぐって」『名古屋学院大学論集 社会科学篇』（第 46 巻第 1 号）2009 年 7 月。

ハーヴェイ・デヴィッド『反乱する都市——資本のアーバナイゼーションと都市の再創造』作品社，2013 年。

早瀬晋三『未完のフィリピン革命と植民地化』山川出版社，2009 年。

ADB, *Global crisis, remittances, and poverty in Asia*, Asian Development Bank, 2012.

Bello, Walden, "The Philippines: Failed State, Failed Economy?" in Chaves, Jenina Joy (ed.) *State of Fragmentation: The Philippines in Transition*, Focus on the Global South and Friedrich Ebert Stiftung, 2014, pp. 5-33.

Cardenas, Kenneth, "Urban Property Development and the Creative Destruction of Filipino Capitalism", Chaves, Jenina Joy (ed.) *State of Fragmentation: The Philippines in Transition*, Focus on the Global South and Friedrich Ebert Stiftung, 2014, pp. 35-65.

Castles, Stephen and Miller, Mark J., *The Age of Migration: International Population Movements in the Modern World* (4th edition), Palgrave Macmillan, 2009.

Chaves, Jenina Joy (ed.) *State of Fragmentation: The Philippines in Transition*, Focus on the Global South and Friedrich Ebert Stiftung, 2014.

Cortina, Jeronimo and Ochoa-Reza, Enrique, *New Perspectives on International Migation and Development*, Columbia University Press, 2013.

Fabros, Alinaya, "Labor Exporting State : The Globalization of the Philippine Migration Model", Chaves, Jenina Joy (ed.) *State of Fragmentation : The Philippines in Transition*, Focus on the Global South and Friedrich Ebert Stiftung, 2014, pp. 131-158.

IOM, *Country Migration Report : The Philippines 2013*, International Organization for Migration, 2013.

Lindio-McGovern, Ligaya, *Globalization, Labor Export and Resistance : A Study of Filipino Migrant Domestic Workers in Global Cities*, Routledge, 2012.

Peria, Ernesto M., "Is Labor Export Good Development Policy ?", *The Philippine Review of Economics*, vol. xlviii No. 1, June 2011. UP School of Economics (UPSE) and the Philippine Economic Society (PES).

World Bank, Migration and Development Brief 24, World Bank, April 2015.

コラム3　ピナトゥボ火山噴火と故郷を追われたアエタの人々

611年ぶりの大噴火

　フィリピンのルソン島中部，マニラの北西約90kmに位置するピナトゥボ火山（標高1486m，噴火前は1745m）は，1991年6月12日に永い眠りから覚め20世紀最大規模の噴火を引き起こした。火山灰は成層圏まで達し，オゾン層を破壊して太陽の光を遮断する，地球規模の影響をもたらした。日本でも，日照時間の減少によって稲が凶作となり，米を輸入する緊急事態に陥った。火山活動が絶頂期を迎えた6月15日には，巨大タイフーンの来襲によって流出した大量の火山灰（70億 m^3）が，ラハール（火山泥流，70-80km/h）と化して被災地一帯の村落を埋没させた。ラハールは，ピナトゥボ火山山麓に広がるフィリピン有数の穀倉地帯といわれた，パンパンガ，サンバレス，タルラック各州の周辺40km四方に達し，300万人以上が被災する未曾有の副次災害を引き起こした。

　被災地域には，第2次世界大戦後の朝鮮・ベトナム・中東・湾岸戦争の最前線基地となる，極東安全保障上の重要な軍事施設であったクラーク空軍（沖縄米軍施設の約2倍）と，スービック海軍基地（沖縄米軍基地に匹敵）が実在していた。在外最大の規模を誇った両米軍基地は，降灰の影響による壊滅的な打撃と，フィリピン上院第3議会における「比米友好協力安全保障条約」の否決を受け，紆余曲折の末に撤収している。米国は，覇権のみならず在外権益や軍事拠点の分散を余儀なくされ，軍事施設の機能を沖縄に移転し強化を図った。

　在比両米軍基地では，1960年代初頭ベトナム戦争に出兵する特殊部隊の戦闘訓練が行われ，ピナトゥボ火山の先住民アエタから，隊員に対してジャングルのサバイバル術が伝授された。

もっとも深刻な被災者——アエタの人々

　アエタは，約2万年前に渡来したネグリト系の先住民で，暗褐色の肌・低身長・縮毛などの身体的特徴を持つ，フィリピン最古の住人といわれている。アエタは，狩猟（野豚，蛇，川魚など），採集（バナナ原種の蕾，カシューナッツ，ジャックフルーツなど），農耕（焼畑によるイモ類，陸稲や水稲栽培）など，不測の事態に備えた多角的な生存戦略を取り入れている。

　アエタの人々（約3万5000人）は，ピナトゥボ火山の噴火によって祖霊の眠る故郷を追われ，伝統的な山地の暮らしから避難所での生活を余儀なくされた。アエタは，新たな環境に順応できず，平地の疾病に対する抵抗性や免疫を持たない社会的弱者となった。アエタは，外国の支援者と接触する機会も厳しく制限され，先住民固有のニーズに

コラム3　ピナトゥボ火山噴火と故郷を追われたアエタの人々

呼応した支援を受けることが，難しい状況に置かれていた。フィリピン保健省の統計によると，噴火後の4ヵ月間に483人が避難所で死亡し，実に92％はアエタ（主な死因は乳幼児の麻疹や風邪）であった。

再定住避難所では，多重ストレスや多発する特異な依存症への対応，男女性差に適応したケアなど，先住民の暮らしを尊ぶ支援が喫緊の課題であった。

マスメディアが配信した悲惨なアエタの映像は，世論を喚起する推進力や援助政策を牽引する支配的役割を担うなど，功罪半ばする要因となった。

ドナー主要国（日本460億円超，米国8500万ドル超）は，対外援助の潮流（加重債務となる有償援助協力の不要論）を鑑み，「もっとも深刻な被災者」となったアエタを無償援助協力の象徴として取り上げ，プロパガンダに用いた。

アイデンティティの喪失

アエタに対する国際援助は，時間の経過とともに人々の関心も薄れ，マスメディアの報道も激減して，世論に訴える魅力を失い打ち切られていった。

故郷を追われたアエタは，「1人ひとりの生命，尊厳，安全を尊重する」という人道支援の普遍的な原則が生かされないまま，キャピタリズムの世界に投げ出された。再定住地政策は，ドナー主導の不当で不用な援助によって，アエタの伝統的な暮らしを根底から消滅させ，平地の物質文化に同化する「エスノサイド（文化的独自性の破壊）であった」ともいわれている。再定住地に留まる選択をしたアエタは，読み書きや数を数えることができないことから，貨幣を交換手段の媒介とする平地の生活に翻弄され，社会の下層部へと追いやられている。

平地の暮らしに決別したアエタは，彼らのアイデンティティの存亡をかけ，いまだ噴火の爪痕が深い「聖なる山」に帰り，自然の一部として生きてきた先祖伝来の地と文化を守り，先住民の誇りを取り戻そうと懸命に生きている。アエタは，フィリピン国民と先住民という独自性が有する二重の権利を求め，結束して抗議や表明を主張する市民活動をはじめた。

（仲田和正）

第10章　ベトナム
―― ドイモイの下で存在感を増す「平民」達 ――

栗原　浩英

1　ドイモイの30年

目に見える変化

　ベトナムは「社会主義共和国」という国名を持つ世界唯一の国であり，政治的にはベトナム共産党の一党体制の下にある。とはいえ，現在ベトナムを訪れて，日本とはまったく異なるユニークな政治・経済システムが機能していると実感する人はまずいないだろう。首都ハノイに行ってみれば，バイクの多さとけたたましいクラクションの音，無秩序な道路交通状況，赤い横断幕を除けば，建設中の高層ビル群，スマートフォンに熱中する人々，街中に溢れんばかりの豊富な商品など，ベトナムに限らずどこかで目にする光景が目に入ってくる。食事をするにも店の選択に困ることこそあれ，飲食店がなくてひもじい思いをすることなどない。

　30年前の1985年に首都に展開していた光景――家屋が木々の緑と一体化したモノトナスな街，道路を覆う自転車の波，頻発する停電，通信手段の未整備，夜となれば薄暗くなる街，ソ連・東欧からの観光客しか見かけることのない街，飲食するにも選択の余地のない街――を想像できる旅行者はいないだろう。そこから，冒頭に紹介した状況に至るまでの変化をもたらしたのが，ベトナム共産党の主導するドイモイ政策である。同党は1986年に経済改革を主眼としたドイモイを提起し，現在に至るまでに市場メカニズムの導入，インフラ整備，外資導入，対外開放など一連の改革を実行に移してきた。その成果として，経済成長率は1995年に9.54％を記録した後，21世紀に入ってもおおむね5～8％の間で推移している。1人当たり名目GDPも98米ドル（1990年）から1752米ドル（2012年）へと大幅に増加した。

　筆者のベトナムの知人の多くも，ドイモイ開始前後の1985～86年には皆，

中央省庁の管轄下にある国家機関の職員，いわば公務員として働いていた。今にも壊れそうな自転車を大切にしながら，地味な衣服を着て，質素な食事をし，狭い居室に多人数で暮らすというのがごく平均的な生活スタイルであった。そのなかから，公務員生活に見切りをつけ，商売や企業経営に成功する人々が現れ，今や大都市の1等地に住居を構え，5つ星ホテルのオーナーとなったり，運転手付きの高級車で商用に駆け回ったりしている。あるいはベトナムを離れ，海外に活躍の場を見出した人もいる。もちろん，皆がそのような道を歩んだわけではなく，公務員生活を続けて定年を迎えた人々もいる。また，街を歩けば高級車に乗っている人達ばかりではなく，昔ながらに天秤棒を担ぎながら，あるいは自転車に乗って物を売り歩く人々がいる。モダンなビルの間からは時折，1980年代の建築と思われる黄土色の集合住宅が顔をのぞかせる。しかし，ドイモイが人々に才能を発揮するチャンスを与え，生活の選択肢を広げたことは確かである。ドイモイがなければ，知人達は商才を発揮したり，外国に留学したりする機会もないままに，皆一様に同じ職業を定年まで続けていたかもしれない。

ドイモイのエッセンス——国家による生活保障から経済的自活へ

　ドイモイ（doi moi）とはベトナム語で「新しいものに取り換える」こと，すなわち「革新」を意味する。その直接の対象となったのは，ベトナムで「バオカップ（bao cap）」と呼ばれる経済システムであった。これは公式名称ではなく，通称であり，「バオ」は請け合うことを，「カップ」は支給することをそれぞれ意味し，計画経済の下で食糧などの配給制度や補助金支給を通じて，国民の最低生活や企業活動が国家によって保障されていたシステムを指す。ドイモイが提起される発端となったのは，ベトナム全土統一後の1970年代末以降1980年代前半にかけて，外国からの援助に大きく依存してきたバオカップ制度の限界が露呈し，食糧供出，集団農業，価格・賃金・通貨などに関する部分的な改革ではもはや対処しきれないという切迫した事態に見舞われていたことであった。

　1986年12月のベトナム共産党第6回党大会におけるドイモイ提起以降，同党はバオカップ制度を廃止する一方で，自己責任による経済的自活を国民に求めることになる。各種副業や商売による収入確保はもとより，さらには起業し

て民間企業を経営することも可能となった。農村では農業合作社での集団農業が廃止され、農家による自作農経営が認められるに至った。これはベトナム民主共和国時代の1958年以降進められてきた社会主義化の道程からの一大転換であったが、ベトナム共産党による唐突あるいは恣意的な政策転換を意味するものではなかった。

　ハンガリー出身の社会学者フェヘールらは、冷戦時代の社会主義体制に3つの経済を想定しているが、そのうち重要なものとして相互補完関係にある「公式の指令経済」としての1次経済、「多少とも厳密な市場・利潤原理に則って作動する」2次経済がある（フェヘール・ヘラー・マールクシュ　1984：99-101）。ベトナムでは1958年以降、経済面では国営企業や農業合作社を中心とする計画経済・集団経済に包摂される、社会主義国としての顔の部分ともいうべき1次経済が機能せず、自由市場に象徴される2次経済を根絶することができないという状況にあった。農民を例にとると、集団化後も副業用に農業合作社の耕地面積の5％が割り当てられていた。これはベトナムでは「5％地」と呼ばれ、中国の自留地に相当する。ここで育てた作物を国家より高い価格で買い付けてくれる自由市場の存在は、集団農業に対する農民の意欲を削ぐ大きな要因となった。

　1960年代前半の時点で、同時期に社会主義化を進めていた中国のベトナム駐在外交官も民主共和国における自由市場の広範な存在と、国家による食糧の未掌握（一定の収穫量があるにもかかわらず、それが国民に行き渡っていない）、「5％地」の占める割合が規定を超えて20％に達する農業合作社もある点などを、ベトナムの抱える問題点として指摘していたが、それはとりもなおさずベトナムにおける社会主義体制の持つユニークな特徴でもあった。いずれにせよ、集団農業が機能不全の状態にあり、国家がバオカップ制度の根幹ともいうべき食糧の確保も十分にできなかったことを考えれば、前述した集団農業の廃止も、ベトナム社会主義の歴史的経験に根ざした性格のものであることがわかる。このように、ドイモイには以前から国民を何らかの形で巻き込んでいた2次経済を公認し、その積極的な活用を図ろうとする側面もあった。

ドイモイと社会主義

　冒頭で述べたように、ベトナムは社会主義を国是として掲げているが、ドイ

モイの進展と世界情勢の変化につれて，その内容や位置づけも大きな変貌を遂げている。ドイモイ以前は，ベトナムも社会主義陣営の一員として，さきに述べた1次経済に象徴されるような社会主義国に共通する制度の実現が求められ，ベトナム共産党の政策決定の幅を拘束する要因となってきた。また冷戦を反映して，資本主義諸国への敵対を前提とした社会主義体制の優越性が恒常的に強調されてきた。

しかし，ドイモイが提起され，さらに1989～91年にかけて東欧諸国とソ連で社会主義体制が崩壊し，社会主義陣営も消滅すると，ベトナム共産党はもはや社会主義国に共通する指標に束縛される必要がなくなる一方，それに代わるものを追求しなければならなくなった。ベトナム共産党の目指す社会主義のイメージは，第7回党大会（1991年）で採択され，20年後の第11回党大会（2011年）で補充された「社会主義への過渡期における国家建設綱領」（以下「綱領」と略）のなかに提示されている。タイトルからもわかるように，従前からの「社会主義への過渡期」という認識は維持されているものの，それが長期にわたること，過渡期終了時の目標が「社会主義の経済的基礎とそれに相応した政治・思想・文化面での上部構造を基本的に建設し，わが国が社会主義国として日毎に繁栄し，幸福を享受するための基礎を構築する」ことにあると述べられている以外，過渡期の年数やその終了を示す制度的指標は設定されていない。

「綱領」中，当面，時限をともなうのは21世紀半ばまでに党と国民が力を合わせて，「社会主義的方向性を持った現代的な工業国」の建設に努めるとしている点であり，そのための「基本的な方向」として，①国土の工業化・現代化と知識経済の発展，資源・環境保護の結合，②社会主義的方向性を持った市場経済の発展，③民族的特色に富んだ先進的文化の建設，人間の建設と，人民の生活向上，社会進歩と公平の実現，④国防と国家治安，社会秩序と安全の堅固な保障，⑤独立自主・平和・友好，協力と発展の対外路線の実現，主体的かつ積極的な国際社会への参入，⑥社会主義的民主主義の建設，全民族大団結の実現，統一民族戦線の強化と拡大，⑦人民の，人民による，人民のための社会主義的法治国家の建設，⑧清潔で強固な党の建設，の8点が掲げられている。

これらの点と重複する部分もあるが，「綱領」では「わが人民が建設する社会主義社会」の内容として，①富民，強国，民主，公平，文明の社会，②人民

が主人公となる，③現代的な生産力と主要な生産手段の公有制度を基盤とした高度に発展した経済，④民族的特色に富んだ先進的な文化，⑤人間は抑圧，不公平から解放され，衣食満ち足りた，自由，幸福な生活と，全面的な発展を享受する，⑥ベトナム・コミュニティのなかの各民族は平等であり，団結し，尊重しあい，助けあってともに前進する，⑦共産党の指導下で人民の，人民による，人民のための社会主義的法治国家となる，⑧世界各国の人民と友好・協力関係を構築すること，が列挙されている。

「綱領」に明記された「基本的な方向」と「社会主義社会」の内容を総合して考察すると，「社会主義的方向性」「社会主義的民主主義」「社会主義的法治国家」「生産手段の公有制」などの語を除き，ベトナム共産党の描く未来の社会主義像は，人道主義，国際協調，国際平和，民族融和，持続的発展などを尊重し，希求する政権や政党であれば国を問わず掲げておかしくないような理念を含むものとなっている。このように，ベトナム共産党の掲げる社会主義像は，資本主義との敵対関係に立脚するものから，国際社会との共通語を模索する方向に大きな変貌を遂げてきている。

2 一党体制と「民意」

一党体制の下での民意吸収

ドイモイの下で国際社会への参入が進められ，他国とも理念や政策面で共通する課題が増えてきたとはいえ，「社会主義的方向性を持った市場経済」「社会主義的民主主義」「社会主義的法治国家」などの合成語が象徴するように，ベトナムには限定修飾語のない「市場経済」「民主主義」「法治国家」を掲げることのできない事情がある。その背景にあるのは，ベトナム共産党による一党支配であり，同党がベトナム社会の隅々に至るまで統制を貫徹させているという実情である。つまり，現在のベトナムについて，いかなる問題を取り上げようと，共産党の存在を抜きにした議論や分析は不可能であるといっても過言ではない。

その典型例として，共産党と行政機関の未分離状態を挙げることができる。中央政府の閣僚はすべて共産党中央委員会のメンバーで占められているほか，地方でも各級人民委員会（地方政府）とパラレルに各級共産党地方委員会が存

在し，両者は不可分の関係にある。したがって，当然のことながら，共産党と見解を異にする中央政府や地方政府が組織されることはありえないし，そもそも共産党員でなければ中央・地方省庁など公的機関で管理職に就くことはできない。要職への人材の登用は党員という限られたカテゴリーを対象として行われることになる。次に国会議員に関しても，選挙区ごとに，立候補者数が定数を上回るなかで選出されるが，その9割近くが共産党員であることや，立候補に際しては共産党の指導下にある統一戦線組織祖国戦線のお墨付きを得なければならないことを考えると，近年のように個別案件をめぐっては政府案が否決されるケースもみられるが，それを超えて国会が，党や政府と全面的に対立する状況が生まれるとは考えにくい。以上の例に加えて，司法機関，治安機関（公安），軍隊，マスメディアもベトナム共産党の統制の下にあり，一党体制をさらに磐石なものとしている。

このようにベトナム共産党はドイモイ開始後も社会に対する統制を継続する一方，上意下達方式のみに依拠していては現在の体制が必ずしも安泰ではないことも認識している。それを端的に示すのはこの20年間に，党大会を中心に「民主」という語に対する扱いが変化してきたことであろう。同党の目指す「社会主義社会」の理念として「富民，強国，民主，公平，文明」という諸要素が挙げられていることはすでに述べた通りだが，「社会主義社会」の理念が第8回党大会（1996年）で初めて登場したとき，「民主」という語は含まれていなかった。それが，第9回党大会（2001年）に至って「富民，強国，公平・民主・文明」と「民主」が付加され，さらに第11回党大会では「民主」の順位が上昇し，「富民，強国，民主，公平，文明」となった。もともとなかった「民主」という語が2001年になって付加された背景には，1997年ベトナム北部のタイビン省で発生した行政幹部の汚職に反発する農民のデモが深くかかわっているといわれ，共産党中央委員会が基層（村落）レベルでの民主制度のあり方の検討に着手する契機となった。後述するように開発にともない，土地をめぐる係争や汚職事件が顕在化してきており，何らかの形で民意を吸収する必要性は避けて通れない課題となっている。

民意吸収のための回路と法整備

もとより，ベトナム共産党の掲げる「民主」とは「社会主義的民主主義」の

意味であり，同党の一党体制を前提としたものではあるが，その下で国民生活に直接かかわる行政機関に対するチェック機能が，国会，人民会議（地方議会），党外人士も含む祖国戦線および大衆団体，マスメディアに求められるようになってきている。このうち，マスメディアに関しては，党や政府から独立した民間の放送局・新聞社・出版社を設立することは法的にも不可能となっているが，新聞のなかには『トゥオイチェー（若者）』紙のように，汚職事件や社会問題を積極的に取り上げるなどして，発行部数を増大させるものも出現するに至り，新聞といえば党の政策路線の伝達メディアというドイモイ前の新聞のイメージを大きく変えた。また，近年は各紙の電子版の整備にともない，読者は記事に対する意見の書き込みができるようになり，民意を反映する場が形成されつつある。

　民意を吸収するための回路の構築と並んで，2005年以降，汚職防止取締法，行政訴訟法，不服申立法，告訴・告発法が改正あるいは制定され，行政機関などによる違法行為に対する国民の不服申立てや訴訟の権利を保障するための法整備も進行している。このうち，相対的に件数の多い不服申立てを例にとると，2008〜13年の6年間に行政機関に寄せられた不服申立ては53万3140件に及び，そのうち，35万8852件が受理され，29万9552件が解決をみている。2010〜11年の1年間で不服申立書総数の79％が土地をめぐる係争に関するものであったという。こうした不服申立てが発端となって，2006年以降，国営企業や行政機関の幹部の絡む汚職や背任が相次いで摘発されるに至っている。このように民意吸収は一定の効果をあげてきているが，ベトナムの識者は，不服申立てをする側が法律の内容を理解しないままに申立てを行って却下されるケースも多いことや，汚職の摘発に際しては相手からの報復や脅迫を覚悟しなければならないこと，不服申立てを審査する行政機関が，案件をたらい回しにしたり，審査に時間をかけすぎたりすることをそれぞれ問題点として指摘している。さらに，ベトナム政府は2012年の報告において，不服申立てや告訴・告発，行政訴訟に関する制度を悪用して，住民多数を扇動して過激な行動に走ったりするケース，インターネットを利用して事実を歪曲し，行政機関を中傷したりするケース，公務執行妨害，1人で何度も不服申立てをするケース，「級飛ばし」（直訴）などがみられたとして，警戒を強めている。

共産党にとっての「敵対的な論調」

　ベトナム共産党は民意の吸収に配慮する一方で，「敵対勢力」がインターネットやマスメディアを利用して「敵対的な論調」を流布し，ベトナムで「和平演変」（無血体制崩壊）や「自己演変」（体制自壊），さらには「流血革命」を画策していることへの警戒を社会主義陣営崩壊以降，一貫して主張している。「敵対勢力」が具体的に誰を指すのか，同党は明らかにしていないが，すくなくとも全方位外交を掲げる以上，特定の国家を指すとは考えにくい。おそらく次に述べるような「敵対的な論調」を掲げている欧米諸国の政治家や活動家，組織，海外在住ベトナム人の反共的なグループなどが想定されているものと考えられる。ベトナム共産党のいう「敵対的な論調」とは，おおむね同党の指導的役割すなわち一党制の否定，同党の歴史的な役割の否定，複数政党制・議会制民主主義の導入を骨子とした民主化要求，社会主義の放棄，人権の拡大，宗教の自由，少数民族の権利拡大，軍隊の非政治化などに繋がる主張である。これらに加えて，過去の事例や報道に照らして，神格化されているホー・チ・ミンに対する揶揄や，その私生活への言及，現役・退任者・故人を問わず高位の党指導者個人に関連したスキャンダルやゴシップなども同等の扱いに値するものと思われる。

　このように，ベトナム共産党が「敵対的な論調」の流布に神経をとがらせる背景には，同党はマスメディアを統制下においているものの，インターネットの普及によって，他者のチェックを経ずに一般の人間が情報を入手し，かつ個人的な意見を発信することが可能になったという情報通信環境の大きな変化がある。同党はマスメディア対策とは異なる対応を迫られているのは確かである。ベトナム社会主義共和国憲法では，「言論の自由」が明記される一方で（25条），刑法には「スパイ罪」（80条），「ベトナム社会主義共和国に敵対する宣伝の罪」（88条）に関する条項があって，実質的に「言論の自由」に歯止めをかけている。刑法には2009年の改正によってインターネットによる個人的な見解の発信も刑事罰の対象となり，後述するように，共産党の意にそぐわない主張を発信した人物を刑事犯として訴追することも可能となっている。いずれにしても本節で述べてきた状況から判断すると，ベトナム共産党にとって「民主」とは一党制という前提の上に社会的秩序を乱すことなく，法的手続きを踏んだうえで実現されるべきものであると捉えられていることがわかる。

3 「平民」による自己主張の開始

平民（binh dan／ビンザン）の登場

　ベトナム語には「平民」という庶民や大衆を意味する語がある。ドイモイの進展過程において，次第に存在感を増しつつあるのは，何ら特権も持たず，自分の力で自らの運命を切り開かなければならない境遇にある人々――「平民」である。すでにここまで，「国民」や「読者」，「民意」のように，ベトナムの不特定多数の住民を指す語を使用してきたが，ここからは「平民」という語も併用することにしたい。近年，ハノイで目につくのは，まさにこうした「平民」達の自己主張をする姿である。最高人民検察院の前で，法的救済を訴える人達がいるかと思えば，2012年8月の反中国デモの際には，「愛国はベトナム全国民の神聖な権利である。国民には国の問題に関して知り，議論する権利がある」という手製のスローガンを掲げていた青年がいた。いずれも筆者自身が目撃した事例であるが，これ以外に地方政府による土地収用問題をめぐって，国会に直接陳情に来る人達もいる。こうした直訴は，最高人民検察院前の行動と同様，前述した「級飛ばし」にあたり，共産党の側からすれば推奨されるものではないし，直訴した側が不利益を被る可能性があるにもかかわらず，公然と主張を訴えるという行動に出る人々がいることは事実である。

　このほか，中野亜里によれば，2009年には中国企業も絡んだボーキサイト開発プロジェクトに対して民意を問うよう「党―国家指導部」に求めた知識人の書簡に対して，「一般市民」を含む3000人近くが本名と職業・居住地を公開して署名したという。同様に，伊藤正子も2012年5月にグエン・スアン・ジエンというハノイ在住のブロガーが，日本政府によるベトナムへの原発輸出に抗議，反対する署名を呼びかけたところ，ブログ上で本名と住所入りで署名が集まった事例を紹介している。いずれも「平民」による自己主張をともなう行動であるといえよう。

　こうした「平民」の存在感が増大しつつある原因は何に求められるのであろうか。すでに述べたように本来は，ドイモイは経済問題への対処からはじまったものであり，政治的な自由化や民主化の推進を目指したものではなかった。しかし，ドイモイ以前の政治・経済体制の下部構造の一角をなすバオカップ制

度が崩れたことは，その上部構造ともいうべき集団主義体制に影響をおよぼさずにはおかなかった。集団主義体制の特徴は，国民を職場という単位（農業合作社，企業，官庁，学校，軍隊など）に帰属させ，集団的規律の下に政治教育と生産の場とすることにあった。この集団主義＝バオカップ体制は1958年以降形成され，ドイモイの開始まで続くことになるが，共産党が「平民」も含め，国民に広く経済的自活を求めたことは，「平民」に自ら情報収集，情報の取捨選択と分析を行うという思考回路をドイモイの副産物として育むこととなり，ひいては党が情報を独占し，国民を集団的規律の下に教化することのできた時代に終焉をもたらすに至ったと考えられる。

党と異なる見解の発信

かつて，1956年に『ニャンヴァン』紙や『ザイファム』誌に論陣を張って，当時のベトナム労働党（共産党の前身）の文芸や学術に対する「指導」を批判し，「指導」はその分野の専門家達に任せよと主張した知識人や作家達がいた。いずれも文壇や学界の著名な存在ともいうべき人々であったが，社会主義化と一党体制強化のなかで職場からの追放や，創作活動の停止という憂き目を見ることになった。これはまた，集団主義＝バオカップ体制の下では，社会的に疎外され，居場所のない村八分状態を意味していた。

ドイモイ開始以降も，一党制を批判し，多党制に基づく民主主義や民主化を主張する側には相当の覚悟が必要という点では，集団主義時代と事情はあまり変わっていないようにもみえるが，異なる点もある。民間の出版社が存在し，複数の人間がまとまって異論を表明する場があった1956年当時とは異なり，もはや民間のマスメディアは存在しない。異論の表明の機会は個別なものとならざるをえないが，その方法は多様化している。女性作家のズオン・トゥー・フオンのように，文筆活動を通じて体制批判を行うといういわば従来型の行動をとった人間もいれば，弁護士のクー・フイ・ハー・ヴーやレ・クオック・クアンのように，行政機関や政治家に対する訴訟や人権擁護活動など実践を通じて，民主化の必要性を訴えたケースもみられる。そのほか，グエン・ヒュー・ビン，グエン・クアン・ラップ，ホン・レ・トのように，ブログを主宰し，そこで党の意にそぐわない見解をブログ上に掲載したために治安機関によって拘束されるブロガーも現れてきている。

ここで、一党体制に対する異論を提起する人間の生業をみると、弁護士やブロガーが比較的多く見受けられるのが、1956年時点とは異なる近年の特徴ともなっている。これは共産党が、ドイモイを推進するなかで「社会主義的法治国家」の建設を目指し、法整備を進めてきたことと、インターネットの普及という情報通信環境の大きな変化を反映した現象であるといえよう。また、ブロガーならずとも、インターネットで資料を収集したり、党と異なる政治的見解を発信したりすることによって、一躍有名になった医師のファム・ホン・ソンや元ジャーナリストのグエン・ヴー・ビンのようなケースもある。2人の場合はインターネットの存在がなければ、その名を世界的に知られることもない「平民」であったと思われるが、文筆や弁論のプロでない人々も自己主張を発信することが可能になったことがわかる。

しかし、いかなる方式であれ、第2節で述べたような一党制批判をはじめとする「敵対的な論調」を発信した場合、必ず治安機関による拘束・逮捕が待っている。1956年時点では労働党は作家からの批判に対して党機関紙で論争する姿勢をとっていたが、現在そのようなことは行われず、もっぱら刑事事件として起訴され、処理される。「罪状」の根拠となる刑法の条項は、「スパイ罪」(80条)、「ベトナム社会主義共和国に敵対する宣伝の罪」(88条)、「脱税罪」(161条)、「民主自由を利用して国家の利益、組織、公民の合法的な権利を侵害する罪」(258条) などである。実際の拘束・収監期間は2年半〜5年程度で、刑期途中で罪を認めたとして釈放されるか、国外追放処分になるのが最近のパターンとなっている。

釈放後は治安機関の監視下に置かれるが、集団主義時代と異なり、国家の世話にならずとも生活することが可能となってしまったため、上記の人々の多くは主張を曲げることなく意見表明を続けている。また、インターネットを通じて文字や画像により、これらの人々の主張や動静が全世界に発信されるため、全方位外交を掲げるベトナムの党と政府としては、たんに拘束・投獄すれば済むようなマターではなくなっている。

自らの過去を語りはじめた「平民」

あらためて言うまでもなく、ベトナムは1945年の独立以降、いくつもの歴史的な事件や、政策内容の異なる時代を経過して現在に至っている。たとえば、

第**10**章　ベトナム

　多くの国民を巻き込んだ事件としてベトナム戦争を取り上げると，兵士であれ，非戦闘員であれ，戦争を生き抜いてきた「平民」が相当数いる。しかし，ベトナム戦争下でのこれらの「平民」の具体的な生き様が公の場で自らによって語られたり，出版されたりすることはなく，それができるのは，ごく少数の高位の党指導者に限られていた。自らの生い立ちから南ベトナム解放まで（1920年代〜75年）を綴ったヴォー・グエン・ザップ将軍の7部作におよぶ回想録はその典型であり，歴史の重大な局面においてホー・チ・ミンやその他の指導者が何を考えていたのか，また中国やソ連との関係はいかなるものであったのかなどを伝えている点で史料的価値も高い。しかし，その反面，一兵卒として前線で直接戦闘に参加した「平民」の喜怒哀楽をそこから読み取ることはできない。

　こうした状況に変化が見えはじめるのは1990年代末以降のことであり，無名の兵士によるベトナム戦争中の日記が相次いで刊行され，反響を呼ぶようになった。とくに，2005年に刊行された『ダン・トゥイ・チャムの日記』と『永遠の二十歳』はその典型ともいうべきものでる。前者は従軍女性医師ダン・トゥイ・チャムの遺した日記，後者は大学在学中に出征したグエン・ヴァン・タックの遺した日記であり，2人とも若くしてベトナム中部で戦死している。2つの日記に共通するのは，第1に「党」・「革命」・「社会主義」がプラスの価値観を持ち，戦争という状況のなかで2人を精神的に鼓舞する存在となっていたことと，第2に父母，兄弟姉妹，戦友，恋人への思いや未来への期待と不安が交錯している点である。この第2点の記述が，2人の日記にヴォー・グエン・ザップ将軍の一連の回想録とは異なる色彩を添える要因になっている。

　しかし，戦死者の遺した日記という形ではなく，存命しているベトナム戦争体験者が自らの観点で，自由に戦争時の生き方を語るというような状況がベトナムではまだ生まれていないのも事実である。とくにベトナム戦争の場合，それが今井昭夫のいう「公式的記憶」に属するマター，すなわち，この戦争を指導して米国に勝利し，全土統一を成し遂げたというストーリーがベトナム共産党の政権党としての正統性に直結する問題であり，そこに少しでもダメージを与えるような言動は容認できないという党側の姿勢が大きく関係しているものと推測される。

　これに対して，「平民」が自らの体験を比較的容易に語ることの許容される歴史的時期も現れてきている。それはすでに述べたドイモイ前のバオカップ制

度を中心とした「平民」の日常生活についてである。ハノイにある民族学博物館は,「平民」の協力を得て, 2006年に「バオカップ時代のハノイ」というテーマのもと, 当時の生活がしのばれるさまざまな物品の展示を行った。これが呼び水となって,「平民」も口を開くようになり, 2011年には『バオカップ時代の物語』という「平民」の体験談集が刊行されるに至った。おそらく, この時代に関しては, ベトナム戦争と異なり, どれほど苦労話をされたところで, 大半は「今は昔と違っていい時代になった」という現状肯定あるいはドイモイ肯定に繋がるため, 政権党としての正統性を強化することはあっても, ダメージはほとんどないと考えられることが, 自由な語りを許容しているものと思われる。

　話題を『バオカップ時代の物語』に戻すと, そこには, 母親が肉を手に入れるために朝早くから行列に並んでいたときに, 配給切符と所持金をすられて無一文になってしまい, 1ヵ月近く, ろくに食べる物も着る物もない生活を余儀なくされた一家の話や, 生徒の親から善意で贈られた食糧を自転車で運んでいるときに「密輸」の嫌疑をかけられた挙句, 職場で自己批判をさせられる羽目になったダナンの女性教師の話, 労働力輸出の一環としてソ連に派遣された人々の現地での生活とロシア人との助け合いなど,「バオカップ時代」の雰囲気と「平民」の生活実態を伝える興味深い事例が多々収録されている。また, バオカップ制度の欠陥を認めながらも, ベトナム戦争とそれに続く全土統一事業を乗り越えることができたのはこの制度のおかげであると評価し, ドイモイの現在も困窮者救済のための支援は必要であるとする意見も収録されている。

　そのほか, 高位の党指導者の自伝や回想録とは異質なタイプの個人の自伝も現れるようになった。その例として女優レ・ヴァンの『レ・ヴァン――愛と生』（2006年刊）を挙げることができる。これは著名な女優の自伝という点で無名な人間による語りという範疇には属さないかもしれないが, すくなくとも高位の党指導者ではない点で, 21世紀に入ってからの新たな傾向を持った自伝に含めることが可能であろう。この自伝は1970年代〜90年代を対象時期として, レ・ヴァン自身の恋愛遍歴や家族をめぐる人間関係についての実名による叙述が中心を占める点が大きな特徴であり, それゆえにベトナムで大きな反響を呼ぶ話題作となった。ただし, それにとどまらず, 自伝の価値を高めているのは, 主人公が自分は党に真摯に忠誠を誓うような「進歩的な」人間ではな

いことを率直に吐露したり，ろくに食べる物もないところで芸術は育たないという持論を述べたりすることで，自己主張を展開しているとみられる点にある。1人の女性が集団主義＝バオカップ体制からドイモイに至るまでの時期をいかにして生き抜いてきたのか，その軌跡は決して「平民」が党の思うままに動くような単純な存在ではなかったことを示すものとなっている。

4　ベトナムはどこへ向かうのか

ドイモイに成果をもたらした要因

　1980年代末に東欧で社会主義体制が崩壊し，ソ連も解体するなかで，ベトナム共産党が今日に至るまで社会主義の看板を降ろすことなく，一党体制を維持しているのはなぜだろうか。それは基本的に，同党がソ連・東欧の激変以前から自己点検を通じて，経済システムに問題があることを把握し，1979年以降，試行錯誤を重ねながら改革に着手し，1986年12月のドイモイの提起にまで到達し，その後ベトナムを経済発展の軌道に乗せることに成功した点にある。そこではとりわけ，次の2つの要因に着目する必要があるだろう。

　第1に，経済発展を保障するために必要不可欠な平和という環境の整備に成功したことが挙げられる。ドイモイ開始後間もなく，それまでスポンサーであった社会主義陣営も消滅するなかで，ASEANに加盟して域内諸国との協力を推進するとともに，全方位外交と「過去を閉ざす」という未来志向の外交方針のもとに，米国や中国などかつて敵対関係にあった国々とも関係正常化を果たしたほか，その他の域外諸国とも協力を積極的に進めることで，平和国家としての地歩を確実なものとした。1989年のカンボジアからのベトナム軍撤退以降は，現在に至るまで軍隊を投入するような他国との戦争や武力衝突は1度も発生していないという事実がそのことを証明している。第2には，ベトナム共産党が一党体制を維持することで，社会主義体制崩壊後の東欧やロシアにみられたような政治的混乱を回避しながら，経済発展を主導したことは否定できない。しかし，これら2つの要因がこの先も有効に作用するかどうかは，現在不明確な状況にある。

第Ⅱ部　アジア諸国の課題

平和な環境にとっての不安要因——対中関係

　ベトナム共産党は1991年に中国との関係正常化を果たした後，陸上国境・海上国境（トンキン湾）の画定を終えるなど，中国とは良好な関係を維持してきたが，21世紀に入り，南シナ海の領有をめぐる中国との対立が先鋭化してきている。2014年5月には中国による南シナ海での石油掘削リグ（海洋石油981）設置が発端となって，ベトナム各地で反中デモと中国系企業襲撃事件が発生した。この事件は，ベトナムの「平民」の反中国感情がいかに根深いものであるかを示している。また，事件後の2014年9月には退役軍人が国家主席と首相に書簡を送り，1979年の中越戦争と島嶼防衛について曖昧にせず，犠牲者や負傷者に相応の配慮をすること，中越関係正常化への地ならしとして，当時のグエン・ヴァン・リン書記長と江沢民総書記が秘密裏に会談を行った成都会議（1990年）での取り決めの内容を明らかにすることなどを要求している。

　こうした反中デモや一部退役軍人の行動の背景には，ベトナム共産党が対中関係について事実を明らかにし，国民に対して丁寧に説明するという努力を十分にしていないという事情がある。筆者自身，ベトナム滞在時に身近な「平民」達の「わが国の指導者は中国に対して何も言わない」という不満を耳にすることがある。実際には，ベトナム政府は，石油掘削リグ設置事件の後，中国に対して「協力しながら闘争する」，つまり是々非々で臨む姿勢を明らかにしているし，両国共産党間にも対話のチャネルが機能していると思われる。政権担当者が隣国でもあり，いまや自国にとって最大の貿易相手国である中国に対し，慎重に対応しなければならないのはきわめて当然であるが，そこでの交渉過程が外から見えにくいものとなっているのは確かである。その点を改善しないと，党・政府の対中路線は「平民」の目には「弱腰」であると映ってしまい，指導者と「平民」の間の認識の乖離を増大させる結果に繋がる恐れがある。

一国社会主義の行方

　ドイモイの下での政治・経済体制は，内向きな政治体制と対外開放的な経済体制というベクトルの異なる体制が同居しているといってよい。政治体制については前に述べたように，ベトナム共産党の掲げる社会主義には，共産党以外の政党が掲げてもおかしくない理念が含まれており，人類の未来の重要な選択肢であると主張するにはユニークさに欠けるものとなっている。さらに，ベト

ナム共産党は中国共産党と社会主義理論・実践に関する交流を続けており，両国における社会主義体制の類似性が両党のイデオローグ達によって指摘されているものの，その先に話が進む気配はない。つまり，両国が同盟を結成して社会主義の優越性を世界に向けて発信することはもとより，社会主義をグローバルな規模で優勢なシステムとして拡大しようという努力をしているようにはみえない。結局のところ，ベトナムと中国それぞれの一国社会主義体制が別個に存在しているにすぎない。その意味では，ベトナムの社会主義は一国に限定されたきわめて内向きな性格のものとなっているといえるだろう。

しかし，その一方でベトナム共産党は「国際社会への参入」を掲げ，国際組織や多国間の経済連携協定にも積極的に参加するようになった。これはとりもなおさず白石昌也が早くから指摘しているように，国際社会からの「外圧」の増大を意味する。たとえば，ベトナムは環太平洋パートナーシップ協定（TPP）の協議に参加しているが，米国からはベトナム国内の労働条件の改善やインターネットの開放を求められているという。このような「外圧」はどのようなものであれ，ベトナムの社会が共産党の統制の下にある以上，一党制に抵触せざるをえない。グローバル化の進展とともに，自国の特有の事情を訴えて特例を設けることは今後ますます困難になるものと考えられるため，こうした要求にどの程度応えていくのか，換言すれば異なるベクトルをどう調整するのか，共産党は難しい選択を迫られている。

また，一党制に関しては，共産党は「内圧」にも対処しなければならない。ベトナムにおける言論の自由をめぐる現状についてはすでに述べた通りだが，ドイモイの進展にともなう経済発展のなかで，汚職や環境汚染の発生は避けて通ることのできない問題となるだろう。その際，三権の「分業」はあっても，「分立」はないという体制，換言すれば大本ですべてが共産党に繋がるような政治体制の下で，自浄作用を発揮することはそう容易ではないと考えられる。汚職や環境汚染の摘発には，政権と利害関係のないNGO的な組織，あるいは野党的な組織によるモニタリングが不可欠である。その意味で，党批判や異論を表明する人々に対しても，刑事事件として処理するのではなく，かつて1956年に当時の労働党がしたように，真摯に論争をして問題の把握と解決にあたっていく必要があるのではないか。さらに，ベトナム各地の開発にともなって，土地収用をめぐる係争や不服申立ても増大することが予想される。自分

の権利のために立ち上がる人々もいる一方で，行政機関の行為に不満を抱えていても，当局による報復や処罰を恐れて泣き寝入りする人も多いことがベトナムの識者からも指摘されている。「平民」による自己主張の高まりからも，人々が不正を告発することのできる環境を整備して，信頼を獲得していくことが党と政府には求められるであろう。

参考文献

鮎京正訓『法整備支援とは何か』名古屋大学出版会，2011年。
伊藤正子・吉井美知子『原発輸出の欺瞞』明石書店，2015年。
今井昭夫・岩崎稔編『記憶の地層を掘る』御茶の水書房，2010年。
小長谷有紀・後藤正憲共編著『社会主義的近代化の経験』明石書店，2011年。
片山裕・大西裕編『アジアの政治経済・入門［新版］』有斐閣，2010年。
桐山昇・栗原浩英・根本敬『東南アジアの歴史』有斐閣，2003年。
フェヘール，F・ヘラー，A・マールクシュ，G（富田武訳）『欲求に対する独裁』岩波書店，1984年。
福原裕二・吉村慎太郎編『現代アジアの女性たち――グローバル化社会を生きる』新水社，2014年。
古田元夫『ドイモイの誕生』青木書店，2009年。
南塚信吾・古田元夫・加納格・奥村哲『人びとの社会主義』有志舎，2013年。
メトロポリタン史学会編『いま社会主義を考える』桜井書店，2010年。
Dang Cong san Viet Nam, *Van kien Dai hoi dai bieu toan quoc lan thu XI*, Ha Noi : Nxb Chinh tri quoc gia, 2011.

＊本章で使用したベトナムの法律の和訳名は国際協力機構（JICA）によるものに準拠している。

コラム4　ベトナムで親を介護

越後発越南行き

　2015年という年は日本では終戦70年，ベトナムでは独立70周年であり，ベトナム戦争終結から40年目という節目の年であったが個人的には母をベトナムに呼び寄せともに暮らした日々が『ベトナムの風に吹かれて』（原作・同名の角川文庫）というタイトルで初の日越合作映画になり一般公開されるというチャンスに恵まれた年であった。

　新潟県の豪雪地帯に住んでいた母（当時81）は，父の死にともない認知症ということもあり行き場を失った。一冬に何度も屋根の雪下ろしや道路の雪かき作業があり，1人暮らしは難しかった。そこで施設へということであたってみたがどこも満杯で「待機児童」ならぬ「待機婆」となった。ではどうすればよいのか？　考えたあげく，この冬だけでもと自分が仕事場として暮らすベトナムへ連れ出そうと決断。周囲の反対や非難を押し切って，認知症にとってやってはいけないといわれている「居場所を変える」というのをやってしまった。

　しかしハノイに到着した母は「ここは雪が降らんでいいねえ」と前向き。こんな調子で気候にも食べ物にも慣れていったのには救われた。そのうえ下宿の大家さんからは，「あんたもやっと親孝行できるねえ。よかった，よかった」と身内のように喜び近所に報告して歩いた。じつは大家さんはそれまでは近所に気兼ねをしていたことをあとで聞いた。それは，いい年をした女が生活するだけが精いっぱいの日本語教師やモノ書きしながら長々と外国暮らしをしているので，近所や公安から「宗教活動でもしているのか」「スパイじゃないか」といわれたそうだから無理もない。大家さんは80年代，新婚早々にもかかわらず生活のために夫をブルガリアに送り，仕送りでやりくりし家を増築したりしていた。ドイモイ期に入っても経済的に苦しくベトナム人にとって外国行きは出稼ぎか留学が主流であったのだから，怪しまれても仕方がない。私が親を連れてきたことでその疑いが一気に晴れた。

　「うちにいる日本人は真面目な孝行娘なんだ」と堂々というのであった。何かと世話を焼いてくれるので買い物や掃除が楽になり，私としては母親に助けられたことになる。周囲のベトナム人は昭和時代の日本人のように，他人の生活にずかずか入り込み，ちょっとおせっかいな人が多かった。それは鬱とうしくもあるが人間的でもあり，助け合って生きている実感が味わえた。大家さん宅には"オシン"といわれる地方出身のお手伝いさんがいて彼女のお世話にもなった。「オシン」とは日本のテレビドラマからきた名前。東京オリンピック前後の東京でも"女中さん"がいた時代があったがハノイにもそういう人達がいる。「オシン」と母はベトナム語と越後弁でやりとりしていた。それは食べたり飲んだりという対話なので儒教文化が残る年長者にやさしく接するベトナム人

の得意な分野であった。

いまでこそ高層ビルや高架道路ができてハノイ市内の風景が近代的に変化したが，伝統行事は旧暦で行われるし，生活習慣はどこか昭和時代を思わせるところがあってホッとする。

人情力に助けられて

当地は救急車が有料であったり，医療費が高いこともあって庶民は風邪やちょっとしたけが程度ではいちいち病院には行かないので，民間療法や薬草で直したり，早朝の体操など独自で健康に気を付けたりするし人と人の助け合い精神が強い。母親がけがをして寝たきりになったときも，「あんた1人じゃ大変だろう」と娘や長男のお嫁さんを住み込みでわが家へ送り込むこともたびたびあった。認知症のせいもあって同じ言葉の繰り返しをしたときや粗相しても「年寄りはみんなそうだよ」と，老い自体を受け入れて笑い飛ばしてくれたときは助かった。福祉制度や公共のデイサービスのようなものはないが，ベトナムの人情力に助けられたような気がする。そのうえ，ベトナムの山や川，とくに旅先で見た風景に「前に来たことあるよね」と懐かしがったりした。アジアの風景は似ているのだろうか。「雪が降らないでいいよね」と聞き飽きるほど繰り返して言い喜んでいた。

それは日本の古き良き時代と似ていたからなのか，ベトナム人が親しみ深く人懐こいからなのかわからないが，当地で13年暮らしたことはまぎれもない事実である。そして郷里ではあまりしゃべらなかった母が話すようになり，めったに見せなかった笑顔にもなっていたことは多くの人が語るところである。すくなくとも日本で行き場を失った高齢者が晩年をベトナムで明るく幸せに94歳で亡くなるまで暮らすことができた。そして最初に紹介した大森一樹監督・松坂慶子主演による，日本とベトナムの初の合作映画にもなり注目された。生活環境はあまり整備されていないが，ベトナムは人に元気を与える不思議な力があることを知らされた気がする。

（小松みゆき）

第11章　カンボジア
―― 文化復興を先導するアンコール遺跡保存官の養成 ――

石澤良昭

1　カンボジア大虐殺から国家再建に向けて

1975年――カンボジア現代史の大転換点

　思い起こせば，カンボジアの悲劇は1970年3月13日に幕が切って落とされた。それはシハヌーク元首（当時）がパリへ出発したときにはじまる。出発の数日前から「反ベトコン」という仕組まれたデモが各地で起こり，不穏な空気が漂っていた。シハヌーク元首がプノンペンを離れた5日後に，国民議会ではシハヌーク元首の解任決議案が可決された。米国寄りの右派のロン・ノル内閣が誕生し，4月30日には米国軍と南ベトナム軍が解放勢力掃討を掲げてカンボジアへ進攻してきた。ロン・ノル政権は内部抗争により国政が麻痺し，責任ある政治が実施できなかった。そして，米国軍の撤退とともに，ロン・ノル政権は自壊し，1975年4月17日にプノンペンが解放勢力の手に落ちた。

　このように，カンボジアでは1970年から政治の大混乱がはじまった。ロン・ノル政権下（1970～75年）では米国軍の空爆が続き，その次のポル・ポト政権下（1975～79年）では約150万人以上にのぼる知識人の大虐殺があった。その後の実効支配を拡げつつあったヘン・サムリン政権下においても，ポル・ポト派，シハヌーク派，ソン・サン派の3派連合政府との内戦が1993年まで続いていた。カンボジアではポル・ポト政権下におけるベトナムとの国境紛争，ベトナムに支援されたヘン・サムリン政権の誕生（1979年），カンボジア内戦とそれに介在する形で駐留するベトナム正規軍（1979～89年），中越武力衝突（1979年）などは，かつて反米救国を掲げてともに戦った仲間同士の戦いでもあった。

親ベトナム系政権と3派連合政府の内戦（1979～93年）

カンボジアでは，ポル・ポト政権下における集団管理の労働方式や都市住民の強制下放など異常な国内行政が続き，政権交代にともなう内戦と政治混乱から，約120万人（推計）が国境外へ脱出し，難民となった。

ヘン・サムリン政権は，ベトナムの強力な物心両面の支援を受けて実効支配地域を広げていた。行政機構を再編し，新憲法を採択し，元首には国家評議会の議長（ヘン・サムリン）があたり，閣僚評議会が内閣に相当するが，議長が首相（フン・セン）職務にあたる。人民革命党（プラチアチョン＝CPP）は，唯一の合法政党であった。ヘン・サムリン政権の人民革命軍（もと救国戦線軍）は総兵力が約3万5000人（1986年推計）であった。ベトナム軍（1986年推計で約14万人）が駐留し（1989年に引揚げ），人民革命軍を支援し，タイとの国境付近に追いつめた3派のゲリラ軍と戦火を交えていた。

一方の3派連合政府は名前だけの政府であった。1982年7月に民主カンボジア連合政府（以下連合政府）を樹立し，大統領にシハヌーク殿下，副大統領にキュー・サンポーン，首相にソン・サンが就任したが，統一された行政機関がなく，3派の軍隊が個別に地域拠点を構え，軍事作戦をとってきた。ところがこの連合政府は，国連において正統政府として議席を確保していた。このカンボジア問題は，東西両陣営，中ソ・中越の国際的な政治対立が複雑に絡み合い，たんなる内戦問題ではなかった。ヘン・サムリン政権をベトナムとソ連の東欧諸国が支援し，連合政府を中国・ASEAN諸国が後押ししていた。そうした政治構図となっていた両政権の軍事的対立は，国際地域紛争の様相を呈していた。そうした膠着した状況下にあって，日本，オーストラリア，インドネシアなどは水面下の和平交渉を働きかけ，1987年12月にパリで第1回の両政府の和平会議が開かれた。

国家再建の「5課題」への取り組み——農業生産と復興の難渋

ヘン・サムリン政権下の農民達は，1975年以前在住の村々へ戻ってきた。村ではそれまでの伝統的な村落組織とは異なった，約10～14家族の規模で「連帯グループ（クロム・サマキ）」が組織された。決められた農地を共同で耕作し，収穫物は作業の「点数」に応じて分配された。一種の委託請負制度で，「連帯グループ」が一定の権限を委譲し，農民の生産意欲を高めようとするも

のであった。農民には個人所有の農地も認められていた。小規模な自作農として蔬菜園がはじめられた。国連食糧農業機関（FAO）の調査（1982年）によれば，籾米生産量は1984年で197万トンと推定され，シハヌーク時代の1969年の325万トンと比べるまでもなく，1950年代後半の水準にまで後退していた。

　農業生産の後退と復興が遅れた第1の理由は，前ポル・ポト政権下では多くの農民が栄養失調となり，農作業の停滞と限界があった。それから，水利灌漑設備の破壊にある。ロン・ノル時代には米国軍の空爆および内戦により，従来の水利網が破壊され，それに加えてポル・ポト政権下では無計画な新灌漑水路が建設されていた。さらに深刻な事態は，内政とその混乱によって，農業復興計画の立案とこれを推進する有能な人材が不足したことである。ポル・ポト政権治下では，橋，道路，病院，診療所，学校など日常生活の基本的な施設が意図的に破壊されてしまった。

　ヘン・サムリン政権は1979年からベトナム軍の支援を受けて支配地域を拡大し，各村で寺院が再建され，これまで通りの僧侶の勤行や托鉢の姿が見られ，信仰の自由が認められていた。

　筆者は内戦中の1980年に西側の専門家として初めてカンボジアを訪れ，アンコール遺跡の破壊状況を調査した。その折，各地でにわかに結成された伝統芸能の歌舞団と出会った。歌舞団には，内戦などで孤児となった子女が収容され，厳しい伝統舞踊の訓練を受けていた。私は，涙を流しながら練習に励む少女の踊り子の舞台を見たが，戦争の悲劇と同時に深い傷跡を垣間見たのであった。

　1993年カンボジア和平が成立したが，その時点でカンボジア王国は5つの課題に直面していた。1つ目は戦争（内戦）の傷痕からの復興，2つ目は国際社会への復帰，3つ目は脱社会主義化と市場経済への移行，4つ目は民族の和解と文化アイデンティティの再確立，5つ目が貧困からの脱却であった。

2　日本主導によるアジア外交の成果

日本とカンボジアの国際関係

　日本は1975年4月に民主カンボジア（ポル・ポト政権）成立にともない，プノンペンの日本大使館を閉鎖した。日本は1979年1月成立したヘン・サムリ

ン政権（1998年にフン・セン政権）とは国交が結ばれていなかった。

日本は1987年からカンボジア和平交渉への地ならしに向けて，非公式・公式を含めて積極的にフン・セン首相とシハヌーク殿下（元首を解任されたが，殿下は王族としての称号）に働きかけを行ってきた。1990（平成2）年シハヌーク＝フン・セン東京会談が実現し，1991年10月にカンボジア和平パリ会議が催された。この和平協定により，ヘン・サムリン政権は国際的な孤立状態から脱し，同年4派による最高国民評議会（SNC）が設置された。1992年1月9日に「国連カンボジア暫定統治機構（UNTAC）」代表に明石康氏が任命された。同年3月明石特別代表が現地に着任し，最高国民評議会の議長にはシハヌーク殿下が就任し，日本国大使今川幸雄が1992年5月14日にシハヌーク議長に信任状を提出して日本と17年ぶりに国交が開かれた。明石特別代表はカンボジア語に堪能な今川大使と二人三脚で平和維持活動（PKO）を成功に導いた。戦後の日本主導によるアジア外交が成功をおさめた事例である。

日本は政治安定と戦後復興のために1992年にカンボジア復興閣僚国際会議，1994年にカンボジア復興国際会議（ICORC），1996年に支援国会議など対カンボジア平和構築のための国際会議などを主催してきた。日本はインフラ整備のための政府開発援助（ODA）だけで94年から5年間にわたり約470億円を供与してきた。2008年に発効した日カンボジア投資協定などにより，同国では日系企業が多数進出する製造業などの重要拠点としての基盤整備が進んできた。カンボジアにとって，日本は1992年以降最大の援助パートナーである。

民生の安定に寄与する日本のNGO活動

カンボジアは1999年4月にはASEAN加盟が実現し，国際社会へ復帰した。そして，1990年代は政治体制が複数政党制へ，そして経済は自由市場の経済体制へ移行した。2000年に小渕首相が日本の首相として43年ぶりに訪問した。

日本のNGOの活動は活発で，民生の安定に寄与してきた。たとえば自動車修理・母子衛生（日本国際ボランティアセンター，JVC），印刷・職業訓練（曹洞宗シャンティ），学校建設（JHP学校をつくる会），仏教研究所再建（立正佼成会），文房具配布・アンコール人材養成・奨学金供与（真如苑），そのほか多くの日本人からの善意が寄せられ，生活基盤の面から支援を実施してきた。1980年代後半から日本ではカンボジアに対する親近感が増幅されてきた。それはこれま

第11章　カンボジア

でに日本が参画した自衛隊のPKO活動の日常の報道が，毎日のお茶の間に届けられ，さらに平和なアンコール・ワット観光のブームもあった。

その後，多くのNGOが現地へ出かけ，識字教育などの支援活動を推進してきた。たとえば不発弾と地雷の処理，国営建設，学校建設，病院支援などが続けられ，海外青年協力隊も派遣されている。2003年には秋篠宮文仁親王殿下・同妃が，2012年は皇太子徳仁親王殿下がカンボジアを公式訪問された。アンコール・ワットの観光客は年々増加し，2014年には約300万人を越えた。

3　アンコール・ワット修復を通じて平和構築へ

ソフィア・ミッション

筆者の所属する上智大学アジア人材センターは，「ソフィア・ミッション (Sophia Mission)」を名乗り，本格的な国際奉仕活動をカンボジアにおいて1996年から実施し，現在も続けている。ソフィア・ミッションはカンボジアを，もとのカンボジアに復興する手伝いとして2つのミッションの目標を掲げてきた。1つは「カンボジアの難民救済」であり，もう1つは「和解作業の現場はアンコール・ワット」であった。

すでに1979年には「インドシナ難民に愛の手を，上智大学」のキャンペーンが開始されていた。カンボジア難民の救済活動であった。当時の上智大学学長ピタウ神父および教職員は，同年12月に新宿駅の駅頭で2週間にわたり「カンボジア難民」のために募金活動を実施した。タイに在るカオイ・ダンやサケオの難民キャンプへ食料と医薬品を届け，孤児を収容するセンターに学生ボランティアを派遣した。このあと2年間にわたり教職員と学生が次々と現地に入り，支援活動を行ってきた。

カンボジア難民が約120万人，都市住人の強制的追い出し約180万人，知識人などの虐殺約150万人，地雷による身障者20万人，多くの市民が亡くなり，プノンペンをはじめ各地のビルは破壊され，国道をはじめ道路は寸断された。

筆者を中心とするアンコール・ワット調査班は1980年8月に戦塵の煙るカンボジア国内に入った。遺跡のあるシェムリアップへ行く途中で，10日前までポル・ポト派軍とヘン・サムリン軍との戦場であったタイ国境に近いシソフォン市街を通った。ビルや民家はことごとく焼き払われ破壊されていた。道路

第Ⅱ部　アジア諸国の課題

筆者はカンボジア内戦中の1980年8月に西側の遺跡専門家として初めてアンコール遺跡に入る。タ・プローム遺跡の前。重畳のジャングルに覆われていた（1980年8月）。

には瓦礫の山ができ，地獄絵図を思わせる悲惨な戦場であった。

　これまでカンボジアは，フランス植民地時代（1863～1953年）には，十分とはいえないまでも，それなりに日常生活のインフラができていた。ところが，24年間続いた内戦のために，田畑やプランテーションが放棄され，道路・橋・ホテル・ビル・市場・家宅などすべてのインフラが破壊されていた。和平後（1993年）カンボジアは，すべてゼロからの再出発だった。

　1980年代のカンボジア国内は，事実上4派に分裂していた。西側諸国と中国は，ヘン・サムリン政権をベトナムの傀儡政権とみなし，同政権は国際的な孤立状態に置かれていた。そのヘン・サムリン政権が，ユネスコをはじめ主要な国に対して「破壊の危機に直面したアンコール遺跡の救済修復 S.O.S.」をアピールしたが，国際社会から無視され，救いの手は差し伸べられなかった。ただしインドだけは要請に応えて修復チームを派遣してきた。そうした時，筆者はこの国際政治問題の扱いとは別に，1つはアンコール・ワットが破壊され，倒壊してしまうと取り返しがつかないという文化遺産救済の見地から，アンコール遺跡の現地へ出かけ，西側の専門家として初めて破壊状況の調査を実施した。2つ目の目的はカンボジア人の保存官だった友人の行方探しであった。

　上智大学の建学の精神は戦禍に苦しむ人達を見過ごさないことである。"Men and Women for Others with Others（他者のために，他とともに生きる）"，内戦はカンボジアの人達の心までも破壊してしまった。そうした時に，上智大学は隣人カンボジア人のところへ出かけていった。なんとしてもカンボジアの人達に和解と平和構築をしてもらいたかったのである。そして，筆者達は，カンボジア民族の統合のシンボル，アンコール・ワットをカンボジア人の手により修復できるように手伝いをしてほしいと全世界の人達に呼びかけた。これがソフィア・ミッションの精神だった。

　当時は，遺跡修復より食糧供与が優先されるべきという某NGOからの提案

第11章 カンボジア

第2回廊塔門が崩れ落ちたままのアンコール・ワット（1980年8月）

上智大学アジア人材養成研究センター

があった。しかし，カンボジアでは溜池や水溜りに籾米をまくと，数ヵ月で米が収穫できる。食糧はどんなときでも問題がなかった。それに加えて，国道1号線経由で籾米満載のトラック数十台が連日にわたり目撃されていた。

民族和解の作業現場はアンコール・ワット

なぜカンボジア人の手による「アンコール・ワットの修復」を呼びかけたかというと，アンコール・ワットは，カンボジアの人達の民族統合のシンボルであり，彼らに勇気と希望を与える民族共有の文化遺産であった。アンコール・ワットはカンボジア民族のアイデンティティとしての神聖な祠であった。

筆者達は，さらに一歩進めて，カンボジア人が自分達でアンコール・ワットの修復ができるように，カンボジア人の専門家や保存官を養成しようと呼びかけた。多くの外国人専門家達はこの提案を無理であると言った。フランス人はカンボジア人がやれないから代わってやっているのだと公言していた。カンボジア人なんかにできるはずはないと，多くの識者や専門家の意見であった。これには承服できなかった。

しかし，ソフィア・ミッションは，カンボジア人のやる気に希望を託し，彼ら自身の手で修復できるように，人材養成に取り組んだ。筆者達は朝日新聞社

と数多くの日本人ボランティアの方々の善意の拠金により，現地カンボジアに土地を購入し，研究拠点として現在の「上智大学アジア人材養成研究センター」（以下，アジア人材センター）を建設した。

4　文化復興を先導するアンコール・ワット人材養成活動

国家再建を牽引する遺跡保存官の養成

アジア人材センターはカンボジアの現地において，独自の保存・修復の研修カリキュラムを組み立て，地元カンボジア人の人材を育てるという「上智モデル」をこれまで実施してきた。ゼロから再出発したカンボジア国内では1980年代，そして1990年代から2000年代にかけてさまざまな困難に直面してきた。

アジア人材センターは，王立芸術大学の学生をプノンペンからシェムリアップに連れてきて，遺跡現場において保存修復の研修をはじめた。初歩からの基礎研究，2年次からの実践応用研究，3年次からの高度な実習研修，など年次進行と雨季・乾季を前提とした2本のカリキュラムを組み立てた。同時にプノンペンの王立芸術大学校舎においても毎夏7月と8月に専門の集中講義を実施し，多くのカンボジア人学生の知的探求に応えてきた。

その学生達のなかから，優秀で真面目な学生を留学生に選び，上智大学大学院地域研究専攻に入学させた。日本の文部科学省から大学院生の留学生奨学金をもらい，日本語研修の1年を含め，6年間で学位を取得するカリキュラムであった。

「カンボジア国風文化」の調査・研究，そして学位論文へ

来日したカンボジア人留学生は，いくつもの困難に直面していた。大学院入学と同時にまず第1に生活用語の日本語，そして英語を学び，それに修士課程の研究テーマ探しと研究方法論の構築という問題が待ち構えていた。そして，学位請求論文において何を取り上げるか，こうした学問の事始めから取り組まねばならなかった。受け入れ側としては戦略的に考えて，修論および博論はカンボジア人院生にしかできない課題を選ばせた。世界のカンボジア研究者がこれまでに誰もやってこなかったテーマを探した。たとえば，密林の奥地の寺院の調査・研究，メコン川デルタ地方の農村調査，遺跡の考古学の再発掘，生ま

第11章　カンボジア

れ故郷の村に戻っての、農民である村の先輩や友人からの聞き取りなどが実施された。現地にしかないカンボジア語の統計データや農業生産高のデータ、それに旧古文書館に残されている植民地時代の田地の資料なども研究の対象となった。新しい考古発掘調査、カンボジア流の遺跡保存の方法論の構築などもあった。何よりも彼らの発想と民族感性に立脚したオリジナルな問題提起を積極的に進めたのであった。そのために夏休みを利用し、彼らを数ヵ月カンボジア現地に戻し、カンボジア発の課題探しに奔走させた。

ネアック・ポアン寺院（1980年8月）

重畳な灌木が覆いかぶさるピミアナカス寺院（1980年8月）

頑張るカンボジア人大学院生
——英語で学位論文発表

しかしながら、学位論文の準備作業では、何よりの困難は英語の問題だった。理論構築ができても、それをどのように英語で書いていくのか。そのとき幸いだったことに、上智大学の英語教育の先生方がボランティアとして助けてくれたのである。大学の構内にあるS.J.ハウスのイエズス会司祭館には、英国、米国、インドから来た先生方が住み、また教員として英語や人文・社会科学の研究、理系の実験などの分野の教鞭をとっていた。

保存のため灌木が除去されたピミアナカス寺院（2001年）

カンボジア人院生達は、英語を克服するために、学内のいくつもの英語の授業に特別に出席して、英語力をつけたが、それだけでは十分ではなかった。たとえば、彼らは英語で書く修論や博論のため英語の下書きをつくり、そのドラ

フトを毎朝イエズス会司祭館へ持参し，英語の先生方に添削してもらった。来る日も来る日も英語の作文の加筆と訂正の作業が続く。英語のドラフトが，真っ赤な加筆修正文になって戻ってきたのであった。そのたびに，英文を書き直し，再び提出した。彼らは20代と若く，エネルギーがあり，研究意欲に溢れ，英作文もめきめきと上達していった。彼ら留学生は年次進行で入学してきた。常時3名が大学内の学生寮に入っていて，在学者が次のカンボジア人新入生に，生活と研究の日常を伝え，お互いに励ましあいながら，学位請求論文作成に取り組んでいた。彼らは昼夜問わず，博士論文作成のために時間を使っていた。学位請求論文を5年で仕上げることは，日本人学生であっても困難を極めるのが当たり前である時に，カンボジア人留学生達は努力を続け，なんとか学位請求論文の提出に漕ぎ着けていた。

筆者はさながら論文作成を手伝う手配師のような立場だった。1989年以来毎夏にアンコール遺跡の現場において，カンボジア人学生の研修の面倒を見てきた。次から次へ来る院生に5年間で論文を書くように指導し，さらに論文のテーマ探しを兼ねてカンボジア人院生を一時期現地へ戻し，調査箇所を指示し，資料や文献を図書館から借り出し，研究の方法論を考えさせた。新しい方法論の構築のために彼らに問いかけ，たえず議論し，論文の骨組みを彼らにつくらせ，そして，さらに傍証を固めるために先行議論や既存の資料調査を丹念に続けさせた。

また，彼らのアパートの保証人にもなった。筆者は人づくり部隊の指揮官だった。このようにカンボジア現地において問題を発掘し，その成果が日本で組み立てられ，学位請求論文となった。カンボジア人によるカンボジア独自の課題を彼らが発見し，方法論を開発し，組み立てていったのである。これらの学位論文には，カンボジア民族の独特の価値観やその感性，彼らの伝統的な行動価値基準などが盛り込まれていた。論文を指導した筆者やイエズス会司祭館の先生方は，彼らが彼らなりに骨組みを組み立て，立論していくカンボジア人的論理を逆に学ばせてもらったのである。

英語の添削から方法論の指導まで——上智大学の人材養成方式

上智大学の創立100周年記念事業として国際シンポジウム「アジアの留学生が上智大学を語る——カンボジア人学位取得者からのメッセージ」が2014年

第11章　カンボジア

2月15日に，アジア人材センターの主催で開催された。出席者はカンボジア文化芸術省総合局副局長・王立芸術大学教授のエック・ブンタ氏（1999年地域研究専攻博士前期課程修了），カンボジア国立石油機構人事計画局副局長のニアン・シヴゥタ氏（2004年博士号取得），およびカンボジア内閣府閣僚評議会不正防止ユニット長のソム・ビソット氏（2008年博士号取得）の3人で，それぞれ熱のこもった講演が行われた。

3人は上智大での学位取得の苦労話に加えて，現在取り組んでいる自国の文化政策，エネルギー政策，文化遺産問題などについて熱弁を振るった。3人とも現在，母国で要職に就き，それぞれの分野の第一線で活躍している。

アジア人材センターは，国境や言葉，民族の壁を越えて世界に貢献する責任を共有する人材を育てることにある。英語による学位取得は，並大抵なことではなかった。これまで国旗を背負って，さらに文化復興を掲げて頑張ってきた18人の学位取得者全員に拍手喝采を贈りたい。

5　遺跡の修復と人材養成

プノンペンの王立芸術大学と協力して

プロジェクト「カンボジア人遺跡修復保存官の人材育成」は1989年からはじまったが，筆者を遺跡の保存活動に駆り立てるのは，行方不明となった30数名のカンボジア人保存官達に対する鎮魂の思いであった。

最初の集中講義は1991年3月であり，プノンペンの王立芸術大学（以下「王立芸大」）の考古学・建築学の両学部約450人の学生に対して，8人の日本人教授陣が10日間にわたる専門分野の集中講義を実施した。アンコールの歴史をはじめ，建築学，考古学，地質学などの基礎学科目に加えて環境工学，生態学，水利学，遺跡エンジニアリング論，文化史，植物学など，遺跡の保存修復に必要とされる専門の講義が中心であった。毎年3月，8月，12月の年3回，講義は王立芸大で，現場実習はシェムリアップ市のバンテアイ・クデイ寺院（考古学）およびアンコール・ワット（建築学）で行われた。2015年8月までに，58回にもおよぶ人材養成研修が行われ，受講した王立芸大の学生は延べ約3800人にのぼる。

第Ⅱ部　アジア諸国の課題

石工の養成（1996年）

カンボジア人石工工達の版築作業現場（2004年）

カンボジア人遺跡保存官達（2007年）

アンコール・ワット西参道修復現場（2006年）

カンボジア人の手によるカンボジアの遺跡修復第1号

　アンコール・ワット西参道については、1993年12月、カンボジア政府からの要請があり、予備調査が開始された。修復工事は和解の現場であったが、カンボジア人保存官の養成を兼ねて実施され、本格的な参道の解体工事は2000年からはじめられた。時間厳守、労働意欲、危険管理、技術移転など、現場では異文化衝突の連続であった。当初、保存官候補者は、石工研修生25人、作業員30人、建築学幹部研修生5人など合計60人であった。2007年10月まで参道の横壁12段と敷石二層には、保存官達がラテライト（紅土石）と砂岩約6000個を積み込んだ。この12年間の修復工事を通じ、カンボジア人研修生および保存官は、アンコール・ワット時代の石積み技術の高さを学び、感動し、再認識した。

　2007年11月、西参道200mのうち、第1工区100mが完成し、カンボジアの副首相出席のもと、近隣住民2400人が集まり、竣工式が行われた。

第**11**章 カンボジア

世紀の大発見，遺跡から仏像274体を発掘

　考古学分野の現場実習はバンテアイ・クデイ遺跡内で実施されてきた。その11年目となる2001年に境内から274体の仏像が発掘された。状況からみて，廃仏毀釈された仏像は，当時の村人達によって供養され，埋納坑に納められたと考えられる。仏像の尊顔は閉眼が多く慈悲に満ち溢れ，高貴で美しく，10世紀から13世紀頃クデイ寺院内で礼拝されていた仏像と考えられる。これらの仏像は，バンテアイ・クデイ寺院の回廊にずっと安置され，村人により灯明や供物が捧げられてきた。アンコール遺跡が世界に知られてからおよそ160年になるが，このように仏像が一箇所から大量に発掘された例は初めてであり，文字通り世紀の大発見となった。

　大乗仏教に帰依したジャヤヴァルマン7世（1181～1218頃）は，アンコール王朝のなかでもっとも数多くの仏教寺院を建立し，大繁栄をもたらした王である。その2代あとに即位したジャヤヴァルマン8世（1243～95）は，ヒンドゥー教を篤信し，王位継承争いから反対派の仏教徒への見せしめとして「仏像狩り」を命じたのであった。

　2001年に大量の廃仏が発見されたことにより，ジャヤヴァルマン8世の統治下で王命が全国に行き届き，国内の治安が維持され，それなりの繁栄が維持されていたことが明らかになった。まさにアンコール王朝の新しい歴史が判明したのである。これら国宝の仏像が現場で実習中のカンボジア人研修生の手で発掘された。このときカンボジア国内の新聞・テレビが大々的に取り上げ，3段抜きの号外扱いであった。テレビが連日報道番組を組んでいた。まさに，カンボジア人により大発見がなされたことはポル・ポト政権下の暗い時代に苦しんできたカンボジア人が文化的自負と民族的自信を取り戻すきっかけになった。2010年8月に再び6体の仏像が同じ境内で発掘された。

シハヌーク・イオン博物館の建設

　2002年3月，岡田卓也氏（イオン㈱名誉会長）がカンボジアでの植林活動のためシェムリアップを訪れ，アジア人材センターに一時保管していた廃仏274体を鑑賞した。氏は仏像の尊顔の美しさに感動し，これらを展示するための博物館建設を提案，その建設費を本学に寄付された。博物館の用地はカンボジア政府が提供し，国立アンコール地域遺跡整備機構（アプサラ機構と略す）が管

シハヌーク・イオン博物館（2007年11月開館当時）

理・維持をすることになった。1万6200m^{2}の敷地に2階建て（建築面積1728m^2）の博物館が建設された。

2007年11月2日，シハモニ国王臨席のもと新博物館の落成式が挙行され，その席上で上智大学は274体の仏像すべてを博物館に収納のうえ，カンボジア政府への移管を宣言し，同時にイオンからはこの博物館の寄贈状がアプサラ機構へ交付された。博物館入り口正面には，カンボジア王国の国章が掲げられ，カンボジアでもっとも格式の高い仏像博物館である。

6　文化遺産の啓蒙教育および環境保存教育

アンコール遺跡の環境保全プロジェクト

2011年12月，バンテアイ・クデイ遺跡内に「アンコール文化遺産教育センター」を開設，文化遺産啓蒙教育プロジェクトが本格的に始動した。このセンターは，周辺住民および小学校・中学校生徒に対し自国の文化遺産への理解を深めてもらえるよう教材パネルを常設展示し，また，王立芸大の予備研修の拠点として活用することを目的としている。

文化遺産啓蒙教育は，すでに2008年から開始され，近隣の小学校生徒・教員ら約1200名に対して発掘現場の見学やシハヌーク・イオン博物館において写生教室を行った。このセンターは，近隣住民に歓迎されており，外国人観光客との交流の場としても広く利用している。

2003年度にアンコール地域を訪れた観光客は53万人を数え，2015年度には450万人を突破した。観光客の急増にともなう環境劣化（膨大なゴミ，車両による大気汚染，未処理下水による川の水質汚染，ホテルや駐車場建設による自然林の破壊・歴史景観の消滅など）は深刻な問題であり，国際社会やユネスコからは大きな懸念が示された。このような環境劣化に対処するためアプサラ機構は環境マ

第11章　カンボジア

ネジメント局を新設し，2003年5月から上智大学の学外共同研究プロジェクトにより「国際標準化機構（ISO）」の認証取得に向け，約1200人の職員に対して環境保全の実務研修を開始した。日本からは国際規格研究所，品質保証機構の2機関が環境保全教育に協力し，2006年3月「ISO14001認証」を取得した。同年4月アンコール・ワットにおいて認証式が行われた。

　アンコール地域の遺跡入場証には「ISO14001」という文字が印字されているが，世界遺産としてISO14001取得は，世界で初めてのことであり，ユネスコから高く評価されている。

　カンボジアにおける「知」の再発見プログラム
　文部科学省の上智大学21世紀COEプログラムは，世界的な研究教育拠点の形成を目指したプログラムであり，上智大学は「地域立脚型グローバル・スタディーズの構築」（2002〜06年）として採択となった。その採択の理由は「カンボジア，とくにアンコール・ワットの歴史文化の総合調査研究・交流などの実績は評価できる。上智らしい国際性を活かし，グローバル・スタディーズの構築をさらに具体的に進められることを期待する」（日本学術振興会HPより）であった。

　アジア人材センターはアジアにある日本で唯一の海外研究・教育拠点であり，国内外からその活動が高く評価されてきた。とくに現地アジアへ職員が出張，人材養成を実施し，大きな成果をあげている。そのCOEの海外国際シンポはカンボジアのシェムリアップにあるアジア人材センターを会場として4年間にわたり4回開催された。（第1回「地域から発信するグローバル・スタディーズの方法論構築」2002年12月，第2回「文化遺産とアイデンティティとIT（情報技術）」2004年3月，第3回「カンボジア版地域自立型発展は可能か——小さな民と農民の声を発信させよう」2005年2月，第4回「文化遺産と環境と観光」2005年12月）

　上智大学は「文化遺産教育戦略に資する国際連携の推進——熱帯アジアにおける保存官・研究者等の国際教育プログラム」（2006〜09年）を申請し，採択され，カンボジアのアジア人材センターにおいて4年間にわたり文化遺産の保存・修復をメイン・テーマに掲げた大学院レベルの講義および現場研修が実施された。このプログラムは上智大学グローバル・スタディーズ研究科地域研究専攻内に併設され，日本で初めての国境を越えた「文化遺産学」の大学院教育

第Ⅱ部　アジア諸国の課題

シェムリアップ川辺で夕涼みをする市民たち（ISO申請前2003年）

ISO取得に向けてMOUに調印するJQA（日本品質保証機構）代表とアプサラ総裁ブン・ナリット

であった。英語によるアジア文化遺産の専門家会議，あわせて現場研修が課せられた。教授陣は日本，フランス，カンボジア，ミャンマーから，大学院学生は日本，フランス，カンボジアから4年間で約90人が出席し，上智大学大学院の単位が付与された。

7　グローバル・アジアと文化的独自性の再発見

日本の文部科学大臣が現場視察

　上智大学は全国の13大学とともに「グローバル30（国際化拠点整備事業）」（2009～13年）に申請し，採択された。カンボジアのアジア人材センターは，これまでにアジア人の大学院教育研究に大きな実績があり，アジア留学関係の情報を収集し，必要あれば東南アジアの留学生受け入れの窓口となっていた。

　2012年1月に，中川正春文部科学大臣（当時）はじめ随行10人の日本政府関係者が，国際化拠点整備事業視察のため，アンコール・ワット西参道修復現場を訪れた。現地では上智大学大学院で学位を取得したカンボジア人リ・ヴァンナ博士（シハヌーク・イオン博物館長）や5人のカンボジア人卒業生，参道の工事を担当した技官（石工職）ら19人が一行を出迎え，20数年におよぶ国際協力と人材養成の成果について彼らが説明した。建学の精神と結びついた上智大学のアジアにおける国際化拠点事業は，上智モデルとして世界から注目され，先駆的事業として評価されてきた。

　アジア人材センターは，文化庁の「カンボジアにおける文化遺産保存のため

の拠点交流事業」(2010〜13年)により4年間にわたり約20人のカンボジア人学生に対する文化遺産保存修復の保存官および研究者養成プログラムを実施してきた。日本,カンボジア両国の教授陣が専門講義と実習を担当し,プログラムは第1回が2010年7〜9月,第2回が2011年7〜9月,第3回が2011年12月,第4回が2013年7〜9月にわたり実施された。あわせて,公開シンポジウム「International Symposium on khmerology in Phnom Penh」は2012年1月にプノンペン大学で開催し,博士学位取得者らが講師をつとめ,約100人ものカンボジア人学生が受講した。

メコン文化遺産国際プロジェクト

　文化庁の委託を受けて「東南アジア5ヵ国における文化遺産保護のための拠点交流事業(略称メコン文化遺産国際プロジェクト)」を2014年から開始した。その拠点会場はカンボジアにあるアジア人材養成研究センターであり,現場の交流フィールドは上智大がカンボジア人学生の研修に占有しているアンコール遺跡内のバンテアイ・クデイ寺院跡とアンコール・ワットであった。

　第1回はタイ,ミャンマー,ベトナム,ラオス,カンボジアの東南アジア5ヵ国から文化遺産現場の担当者43人が集まり,カントリー・レポートを発表,熱気溢れる質疑応答が7日間にわたり続いた。

　アジア人材センターは開設されて20年の歳月が経つ。東南アジア研究を真正面から捉え,蓄積される情報や新しい技術,調査成果が,質的にも量的にも飛躍的に増大してきた。そして,何よりも現地の研究者と交流し,学ぶべき「知」の遺産がたくさんあることを発見してきた。その時点で対等の相互比較研究の視座から地元還元の方策が議論されてきた。すでに現地の研究拠点については,学問体系や組織の枠を越えて相互に乗り入れ,情報交換や人事交流を含めて共同研究の道を探ってきた。東南アジア研究のあり方を考えると,21世紀後半には民族・言葉を超えた人と人のネットワーク,そして地域社会でともに生きていく方法論やそれぞれの地域固有の生き方など東南アジアの歴史の教訓から多く学ぶことが期待される。

カンボジア大虐殺から国家再建へ

　アジア人材センターがカンボジアに根付いて20年,その間にカンボジアで

第Ⅱ部　アジア諸国の課題

メコン文化遺産国際プロジェクト開会式（2015年8月）

は6回の総選挙が実施され，1999年にはASEAN加盟を果たした。

遺跡の保存修復からはじまった筆者達の国際協力は，当初から遺跡（文化）・村落（人間）・森林（自然）を三位一体と考え，遺跡にだけ的を絞ることなく，周辺の村人達の生活環境の発展に資するプロジェクトを立ち上げてきた。たとえば，①森林調査，②歴史景観の保護活動，③農村発展調査，④無形文化財調査，⑤学校教育・生涯教育，⑥文化観光の振興，⑦地域学術研究の振興。

結論として，①遺跡の調査研究・保存修復の事業を通じて，カンボジアの人達と強固な信頼関係を結んできた。基本的な立場は「国際協力は人と人の協力」であるという，きわめて単純なものであり，遺跡保存活動のなかで，肌の色・言葉の壁を突き破り，個々人のレベルで，どれだけ「国境のない信頼関係」が構築されるかにかかっている。②私達はまず，カンボジアには学ぶべき「知」の遺産があり，そのうえで自らが日本の「知」を語るという姿勢を貫いてきた。これがカンボジア人達の信用（クレディビリティ）を高めたと思われる。③故シハヌーク前国王は，1992年のユネスコとの会議の席上，「カンボジアが困難に直面していたときに，（あなた方は）アンコール遺跡の保護のために手を差し伸べてくれた。私達は，最初に井戸を掘った人を忘れない」と述べられた。

現在は，アンコール遺跡の保存修復のために日本から，日本政府チーム，奈良文化財研究所，東京文化財研究所が保存修復活動に加わり，国立アプサラ機構と協力して諸活動を実施している。

参考文献

今川幸雄『カンボジアと日本』連合出版，2000年。

石澤良昭「ヨゼフ・ピタウ先生とアジア人材養成研究センター――グランド・レイアウト第1号，アジアへ出かけてソフィアミッション」『アンコール遺跡を科学する』，上智大学アジア人材養成研究センター，第20号2016年，11-28頁。

石澤良昭「東南アジアからのメッセージ」『東南アジア 多文明世界の発見』（興亡の世界史第 11 巻）講談社，2009 年，347-371 頁。

第12章　マレーシア
——多民族国家の成長の行方——

井 出 文 紀

1　マハティールの引退と議会演説

　2003年10月末，22年間の長期にわたり首相の座にあったマハティール（Mahathir Mohamad）が引退のときを迎えた。首相としての最後の議会で，第8次マレーシア計画の中間報告を行ったマハティールは，まず独立以来の歴史を振り返ることから演説をはじめた。

　「あの頃（独立した1957年），われわれは，1人当たり所得がわずか300ドルという貧しい国であった。国民はいかなる発展も期待しておらず，生活の質もよいものとはいえなかった。（中略）それから46年間を経て，われわれはゴムとスズにのみ依存していた国から工業国となり，さらに，洗練された情報立脚型の工業国へと向かおうとしている。1人当たり所得はほぼ4000ドル，識字率は94.1％にまで達し，9万4320人の専門家を生み出した。貧困層の割合は1970年の52.4％から2002年には5.1％にまで減少した。（中略）いまやマレーシアは世界中によく知れ渡り，他の途上国やイスラーム諸国のモデルとなったのである」

　（"Introducing the Motion to Table The Mid-term Review of The Eighth Malaysia Plan"，マレーシア首相府のスピーチアーカイブ（www.pmo.gov.my/ucapan/）より抜粋）

　マハティールが感慨深げに語ったように，1957年の独立以来，さまざまな曲折を経ながらもマレーシアは急激な経済成長と工業化を経験した。マレーシア国立銀行の2015年版年次報告書によれば，2014年の1人当たり国民所得（GNI）は1万677米ドルとなり，ASEAN諸国のなかでもマレーシアはシンガ

ポールについで，1万ドルを超える1人当たり所得を稼ぎ出すまでの国家へと成長を遂げた。マレー人，華人，インド人，少数民族からなる「多民族国家」のマレーシアでは，独立以降，植民地遺制からの脱却の模索，民族間対立，マレー人を優遇する「ブミプトラ政策（bumiputera）」（マレー語で土地の子の意味。なお，国家統計局によると，2014年の全人口3016万人のうち，マレーシア国籍者は2770万人，うちブミプトラは1885万人，華人は660万人，インド人は200万人）の実施，積極的な外資の誘致と電機・電子産業の集積，加えて与党連合の長期政権化とマハティールの強いリーダーシップのもと実施されてきたさまざまな産業政策などが一定の効果を示したともいえる。また，マハティールは欧米とは一線を画し批判的な発言も行う一方で，日本や韓国を1つのモデルとする「ルック・イースト政策」を導入し，直接投資や技術提供を積極的に誘致するなど，日本とも関係の深い人物でもあった。

　しかしながら昨今，マレーシアを取り巻く環境が変化するなかで，これまで取り組まれてきた政府の諸政策，方向性には限界も見えはじめている。2013年に実施された総選挙では与党連合への不満の声が高まりを見せ，与党連合は辛うじて政権を維持するも得票率では過半数を獲得できなかった。また，近年になって環太平洋パートナーシップ協定（TPP）交渉にマレーシアが参加すると，国内からは不安の声や抗議運動がみられるようになり，そこでも国内世論の多様化が浮き彫りとなった。本章では，とりわけ近年の産業構造と貿易関係の変化，総選挙における連立与党の弱体化，TPP交渉参加をめぐる国内の議論などからその点を明らかにしたい。

2　独立以来のマレーシアの政策展開

独立から70年代まで

　1957年にマレーシアが「マラヤ連邦」として英国の植民地から独立した時点で，政府にとっての課題の1つは，植民地支配の下で構造化された1次産品依存のモノカルチャー経済構造の克服であった。当時のラーマン（Tunku Abdul Rahman）首相はこの間，基本的には外資や国内の華人系資本のビジネス活動を認める自由放任主義をとっていたため，とくに政府による積極的な産業介入などは行われず，マレー人，華人，インド人，少数民族などを抱えるなか

で，各民族間のバランスをとりながら融和的な連盟体制がとられていた。

　1970年代はマレーシアの工業化政策，経済戦略を大きく転換させる画期であった。第1は輸入代替工業化から輸出志向型工業化への転換である。1970年前後からアジア諸国は相次いで外資系製造業の外国直接投資（FDI）を誘致し，製品の加工，組立を行い第3国へ輸出する，輸出志向型の工業化への転換を目指すこととなった。1971年の自由貿易区法の制定の翌年には，ペナン州に最初の自由貿易区が設置され，その後同様の制度は国内全域に拡大されていった。低廉で豊富な労働力を武器として，労働集約的な工程を中心に外資を誘致したマレーシアには，電機・電子産業をはじめとする外資系製造業の進出が急増した。

　第2の大きな転機は，「ブミプトラ政策」と呼ばれるマレー人優遇政策の導入である。英国政府による植民地政策のもと，元来マレー半島で生活していたマレー人とその後移民してきた華人，インド人は分割統治され，職業や生活空間は棲み分けされていた。この構図は独立後も基本的には温存されており，人口の約6割を占めるマレー人が政治的リーダーシップを握ったものの，経済活動の中心は人口の約3割を占めるにすぎない華人の手に握られていた。1969年に行われた総選挙後，華人勢力とマレー人勢力の間で対立事件が発生すると，それが両者間の経済格差に起因する潜在的不満に火をつけ，大規模な民族間対立事件にまで進展してしまった。事件後，ラーマン政権を引き継ぐことになったラザク（Abudul Razak Hussein）政権が発表した新経済政策（New Economic Policy：NEP）では，人口比率で多数を占めながらも経済的に華人に遅れをとっていたマレー人の経済力を高めることが志向され，そのための手段として，マレー人への国営企業や公社資産の移転，財政・法・教育などあらゆる側面での支援・優遇措置が講じられることとなった（堀井・萩原1988）。「ブミプトラ政策」と呼ばれるこのマレー人優遇策は，今日まで，マレーシアのさまざまな政策に影響を与えている。結果として，図12-1，12-2のように，貧困率や株式所有比率からみた民族間格差は縮小傾向にある。ただし，これは公益事業や戦略産業はじめ多くの主要分野で政府により設立された国有企業もしくは政府系公社が民営化されていくプロセスにおいて，ブミプトラに株式が優先的に分配されてきたことの影響が大きく，雇用，教育，中小企業支援，政府調達など幅広い分野で実施されたこの優遇策は，近年になるとその構造的な課題が表

第**12**章　マレーシア

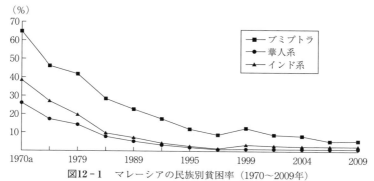

図12-1　マレーシアの民族別貧困率（1970～2009年）
注：a＝半島マレーシアのみ。
出所：井出 2014：4。
原資料：Economic Planning Unit, Malaysia, *The Tenth Malaysia Plan*, 2000.

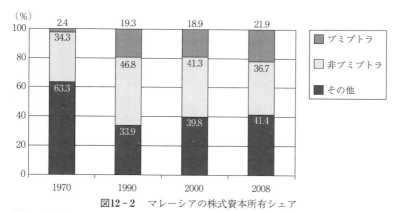

図12-2　マレーシアの株式資本所有シェア
出所：井出 2014：5。
原資料：図12-1に同じ。

表12-1　マレーシアの中長期計画と政策課題

年代	1950s	1960s	1970s	1980s	1990s	2000s	2010s
政権	ラーマン (1957-70)		ラザク (1970-76) フセイン (1976-81)	マハティール (1981-2003)		アブドゥラ (2003-08)	ナジブ (2008-現在)
基本方針	自由放任		第1次長期展望計画 (OPP1：1971-90) ……新経済政策 (NEP) ブミプトラ政策の開始		第2次長期展望計画 (OPP2：1991-2000) ……国民開発政策 (NDP)	第3次長期展望計画 (OPP3：2001-10) ……国民ビジョン政策 (NVP)	新経済モデル (NEM)
					ビジョン2020 (1991-2020)……2020年までに先進国入り		
開発計画		第1次マレーシア計画 (1966-70)	第2次マレーシア計画 (1971-75) 第3次マレーシア計画 (1976-80)	第4次マレーシア計画 (1981-85) 第5次マレーシア計画 (1986-90)	第6次マレーシア計画 (1991-95) 第7次マレーシア計画 (1996-2000)	第8次マレーシア計画 (2001-05) 第9次マレーシア計画 (2006-10)	第10次マレーシア計画 (2011-15) 第11次マレーシア計画 (2016-20)
工業化関連政策	輸入代替工業化		輸出志向工業化 MIDA設立 (1967)	第1次工業化マスタープラン (IMP1：1986-95) 重工業化、国民車計画	第2次工業化マスタープラン (IMP2：1996-2005) マルチメディアスーパーコリドー (MSC) SMIDEC設立 (1996)	第3次工業化マスタープラン (IMP3：2006-20) K-economy (知識経済) へ改組	

出所：小野沢「マレーシアの開発政策とポスト・マハティールへの展望」『季刊国際貿易と投資』50号、SMIDEC (2009) → SME Corp. へ改組、MIDA名称変更 (2011) 2002年をもとに筆者加筆。

面化しつつある。

マハティールの就任と「ビジョン2020」

1981年7月，マハティールが第4代首相の任に就く。2003年10月にアブドゥラ（Abdullah Ahmad Badawi）首相にその座を譲るまで，マハティールは22年余りにわたって首相の座にあり続け，この間表12-1のような中長期計画およびビジョンのもとでさまざまな政策が実施されてきた。鳥居高はマハティール政権を理解するにあたって，工業化を柱に据えた経済開発の追求と「マレーシア」という国家像（国家アイデンティティ）の確立によって「経済政策や外交政策などの諸価値に可能な限りイスラーム的諸価値を反映させた『イスラーム先進国・マレーシア』の確立を目指した」のではないか，と指摘している。すなわち，「①工業開発の追求を通じた経済水準のうえでの『先進国』化，②工業化過程におけるブミプトラ企業・企業家の育成，③経済開発とイスラーム価値の融合，④『マレーシア』という国家の国際社会でのアイデンティティの確立，⑤独立過程で残されたマレー人国家・ヌグリ（negeri：マレー語で『国家』を意味する）の要素の払拭と近代国家『マレーシア』の確立」である（鳥居2006：7-8）。

1990年に20年続いたNEP対象期間が終了すると，1991年には新たな国の長期開発計画である国家開発計画（National Development Plan：NDP）が制定された。それとともに，マハティールは2020年までに経済・政治・社会のあらゆる面で先進国入りを目指すとする「ビジョン2020」を発表した。このビジョンを支えているのは，経済面での年率7％成長の達成，そして政治・社会面での「マレーシア国民意識の創出」という2つの課題である。マレーシア国民意識を共有できる社会においては，民族間の経済的・社会的公正が確立されなければならず，そのためには，マレー人，非マレー人の協調とともに，「非ブミプトラ社会と対等であるような，経済的に強靭で全面的に競争力あるブミプトラ社会の創出」が必要となる。そして，従来のような国営企業や公社資産の移転によるブミプトラの経済的地位の向上のみならず，経営能力を有する企業家の創出による「ブミプトラ商工業コミュニティ」の育成が目指されたのである。

ルック・イースト政策，国民車計画

　工業化を柱に据えた経済開発に関連した政策についてみると，まずマハティールが首相就任後すぐに提唱した「ルック・イースト政策」は，日本や韓国など近隣の東アジア諸国をモデルとした経済開発を目指すものである。マハティールはその導入背景と成果について以下のように回想している。

　「私は，西洋の経験や貢献をすべて無視するつもりはなかった。彼らから学ぶことはたくさんあったが，第2次世界大戦後の経験から学ぶ方がつねに新鮮であり，学ぶことができる。(中略) 東を見習うということは，日本や韓国の製造業の生産力を学ぶのではなく，むしろ，その成功の背景を学ぶことにあった。彼らの新しい力や競争力の背後にある社会的，文化的土台は何なのか。(中略) マレーシアは経済的繁栄と文化の近代化をもたらす道筋を模索する必要性を日本から学んだのだと思う。これをやり遂げるためには，自国が持つ尊厳，主権，私達の運命を犠牲にしては決してならない。私が首相に就任した当時に比べて，マレーシアの地位が第3世界の国から少しでも向上したとすれば，それは東を熟視した選択が正しかったからに違いない」

(マハティール 2013：38-61)

　1980年代初頭から導入された重工業関連産業の育成における典型例としては，1983年に国家重工業公社と三菱自工，三菱商事などとの合弁によって設立された，国民車メーカーのプロトン (Proton) が挙げられる。国民車メーカー設立の背景には，日本を1つのモデルとして技術支援を受けながら，自動車産業のみならずその裾野産業も含めてフルセット型の産業構造を育成することにより，広範な外部経済効果と輸出を通じた国際収支の改善，産業構造の高度化を図ろうとしたこと，加えて，自らの国民が製造した「Made in Malaysia」の自動車を「国民車」と位置づけることによって，国威発揚と国民の工業部門への参加意識をも鼓舞させようという狙いがあった。また，国民車メーカーとその裾野産業の担い手として，マレー系企業の育成，マレー人雇用の拡大に繋げることも期待されていた。その後も，1994年には小型車・商用車に焦点を当てた第2国民車のプロドゥア (Perodua) が日本のダイハツとの合弁で設立された。これら国民車ステータスを取得した企業を保護すべく，マレーシア政

府は自動車の海外からの輸入に対して保護的関税を導入し，国民車に非常に強い価格競争力を与えることとなった。そのため，マレーシアにおける国内市場では，1990年代後半から2000年代初頭までにはプロトン・プロドゥア両社が国内総売上（乗用車・商用車すべて含む）のほぼ80％強を押さえるという構図ができ上がった。

産業構造の高度化，知識経済化の模索

マハティール政権下で策定された工業化戦略のなかでも，1986年に発表された「第1次工業化マスタープラン」（1986～96年）では，輸出志向工業化のなかで設置された自由貿易区と国内経済とのリンケージ欠如の克服，アセンブリー主体で特定部門に過度に集中した産業構造の打破のための近代的な補完企業の育成，さらなる輸出志向の促進のための「外向きの工業化」が目指された。1985年のプラザ合意による円の急騰や欧米諸国と日本との貿易摩擦の深刻化にともない，日系製造業のアジア諸国への進出が増加したという外的な環境もあって，外資系製造業のマレーシアへの進出は1980年代後半以降急増するとともに，GDP成長率もこれら製造業が牽引する形で高い伸びをみせた。一方，労働需給の逼迫にともなう賃金の急騰，近隣諸国のキャッチアップによって，次第に労働集約的な産業においては競争力を失いつつあった。そのなかで1996年に発表された「第2次工業化マスタープラン」（1996～2005年）では，アセンブリー活動のみに依拠した産業構造を構築するのではなく，その周辺に，主要な裾野産業，人的資源の訓練機関，研究開発機関，制度的支援を配することにより，より付加価値の高いアセンブリー以外の工程も担うことのできるよう，産業構造を多様化・高度化させた「クラスター」を育成することが目指された。とりわけ日本から部品や中間財の輸入が急増するなかで，主要製造業の競争基盤となる中小製造業の育成・誘致は喫緊の課題とされ，中小企業の育成政策に関するワンストップエージェンシーとして1996年には中小企業開発公社（SMIDEC）が設立され，また，主要外資系アセンブラーと現地中小製造業とのリンケージ促進を支援するための産業リンケージ計画などが導入された。

2001年に相次いで発表された中・長期計画の「第3次長期展望計画」（2001～10年），「第8次マレーシア計画」（2001～05年）では，「知識基盤型経済（K-economy）」の育成という新たなキーワードが提唱され，従来の生産要素に

「知識」を加えることによって，IT産業を育成するとともにアイデアや革新的技術に支えられた経済構造を生み出すことが目指された。クアラルンプール市中心部から国際空港までの南北50キロ，東西15キロの土地を用いたマルチメディア・スーパー・コリドー（MSC）と呼ばれる広大なIT産業団地はその典型例である。

　マハティールは，一方で外資の誘致を積極的に進め，電機・電子産業を中心とする製造業の輸出志向工業化を図り，さらにIT産業や高度な知識を必要とする研究開発分野などではさまざまな優遇策を提示し外資に対する開放的な姿勢を見せながらも，とりわけ自動車産業を中心とする重工業分野においては，手厚い関税保護を国民車メーカーに対して行うなど，市場開放・外資優遇と関税保護・外資に対する規制を使い分けながら国の工業化と経済成長を追求しようとした。また，マレー人・華人間の暴動と民族対立を背景に導入されたブミプトラ政策については，その枠組みを維持しながら，国営企業の資産移転，マレー系中小企業の育成支援などを通じて，その格差縮小を図ろうとし，マレー人自身にも政府の支援，保護策に甘えることなく，自らの努力を求めてきた。

　たとえば，マハティール政権下で進められた国営・公企業の民営化は，公的企業の経営不振の立て直しと財政赤字の解消のみにとどまらず，経営能力を有するブミプトラ企業家の育成，ブミプトラの資本所有比率の改善が目的であったが，マレー人が取得した株式資本を短期間で売却してしまうことに対してたびたび苦言を呈してきた。また，この民営化を通じて多くのブミプトラ企業が登場した過程では，政府や与党に強いコネのあるブミプトラ企業と政府の癒着関係，レントシーキングと利権争いが生じることとなった。結果的に経営能力が脆弱であった民営化企業のなかには，1990年代末のアジア通貨危機によって深刻な経営難に陥り，再国有化による救済措置が講じられるケースもあった（小野沢 2012）。マハティール引退後発足したアブドゥラ政権では，再国有化された企業は当面国有のまま経営パフォーマンスを改善するという方向性が打ち出され，政府系企業改革プログラムのもとで業績の改善および再編が取り組まれている。

3　ポスト・マハティールの環境変化

産業構造と貿易相手国の変化

　これまで，マレーシアの輸出と経済成長を牽引してきた1つの大きな軸は製造業，とりわけ電機・電子産業であった。北部ペナン島周辺部や首都クアラルンプール近郊，シンガポールに近い南部ジョホール州などに設置された大型の工業団地には主要外資系メーカーが軒を連ね，海外向けの一大輸出拠点としての地位を築いてきた。マレーシア国際貿易産業省（MITI）の年次報告書で主要製造業製品の輸出入に関するデータをみてみると，マレーシアでは輸出のうち製造業の占める割合が76.7％（2014年）ときわめて高く，またそのうち電機・電子産業が全輸出の33.5％を占めている。とはいえ，全輸出に占める製造業の比率が2001年には82.6％，電機・電子産業の比率が56.7％を占めていたのと比べれば，年々低下傾向にあることは明らかである。

　また，その貿易相手国にも変化がみられる。電機・電子産業における輸出先上位5ヵ国の推移をみると，2001年の時点では1位の米国向け輸出がほかを圧倒しており，中国向け輸出は7位にとどまっている。その後，米国向け輸出は2006年の859億3050万リンギを最高に，リーマンショック後の08年，09年と急減した。2010年には米国に代わって中国が輸出先1位に浮上し，米国はシンガポールをも下回る3位となった。中国がいわゆる「世界の工場」として外資による生産拠点としての地位を固めていくにつれ，マレーシアのポジションもまた，米国向けの最終財生産拠点，もしくはマレーシアでの工程を経た電子製品を米系企業が持ち帰るような構造ではなく，マレーシア製の部品・中間財が中国に輸出され，それが中国での後工程や組み立てを経て，米国に輸出されるという構図へとシフトしていったことをうかがわせる。

貿易自由化の進展とマレーシア

　さらに，マハティールの引退とほぼ軌を一にして，アジア太平洋地域における貿易自由化の枠組みが一気に加速している。2001年に開始されたWTOのドーハラウンドをめぐって，各国の利害対立から貿易自由化交渉は合意の見通しがまったく立たない状況が続いているなかで，世界各国では2国間，地域レ

ベルでの自由貿易協定（FTA）締結の動きが強まっている。マレーシアにおいても同様に，オーストラリア，チリ，インド，日本，ニュージーランド，パキスタンとの2国間FTAのみならず，マレーシアを含むASEAN 10ヵ国によるASEAN自由貿易地域（AFTA）の成立，さらに2015年末にスタートしたASEAN経済共同体（AEC）など，東南アジア域内での貿易自由化に向けた取り組みが急増している。

また，アジア太平洋経済協力（APEC）参加国・地域間で目指されているアジア太平洋自由貿易圏（FTAAP）実現の道筋の1つとして，広域的なFTA構想も動き出した。環太平洋パートナーシップ協定（TPP）交渉が本格化するにともない，アジア地域の経済成長を取り込むべく，それぞれのイニシアティブでFTA網を構築しようとする日中，求心力低下を懸念するASEANの思惑が絡み合う形で東アジア地域包括的経済連携（RCEP）の政府当局者の会合も開始されている（井出 2014）。マレーシアにおいても保護的な関税体系の変更はすでにはじめられているが，その影響はとりわけ，自動車産業において顕著である。先述したきわめて高い保護関税による国民車の保護はもはや維持しえず，関税が引き下げられるとともに，トヨタやホンダなど日系自動車メーカーのシェア拡大を受けて，国民車のシェアは低下傾向にある。2001年に単独で53％のシェアを有していた国民車メーカーのプロトンのシェアは2014年には17.4％にまで低下し，第2国民車プロドゥアのシェア29.4％と合わせても過半数を割り込む事態となった。とはいえ関税の引き下げに代わって物品税が導入され，依然として国民車への保護が残されており，2006年の発表以来09年，14年と改定が重ねられている国家自動車政策のもとでは，輸出拡大，競争力の確保，東南アジアにおける省エネルギー自動車の生産拠点化などが謳われている。マレーシア政府としては可能な限り時間を稼ぎながら，その間に国民車メーカーの輸出先拡大，競争力向上に向けた取り組みを進めようとしていると思われるが，とりわけプロトンは苦戦を強いられている。

近年の中長期計画のポイント

こうした産業構造，貿易関係の変化はまた，近年の中長期計画にも反映されている。たとえば，2010年に発表された中長期計画「新経済モデル（New Economic Model for Malaysia：NEM）」，「第10次マレーシア計画」（2011〜15年）に

おいては，ビジョン 2020 の目標年までに先進国入りを目指すべく，具体的な目標値として 1 人当たり所得を 1 万 5000 ドル以上にするとし，加えて国民生活の質の向上を図るために，「高所得」の実現のみならず，経済成長の「持続性」，経済開発の恩恵をブミプトラのみならずすべての民族が享受できるようにする「包括性」を重視している。さらに第 10 次マレーシア計画では，12 の重点開発分野（大都市圏開発や高速鉄道などの公共事業のほか，石油・ガス・エネルギー，イスラーム金融，卸・小売，パームオイル，エコツーリズムなどの観光，電機・電子産業，ビジネスサービス，情報通信産業，教育サービス，農業，医療ツーリズムなどのヘルスケア）が提示されている。

2015 年 5 月に発表された「第 11 次マレーシア計画」（2016〜20 年）は，いよいよビジョン 2020 の実現に向けた最後の 5 ヵ年計画となる。ここでは 6 つの戦略上の重要なポイントとして，「公平な社会に向けた包括性，すべての国民への福祉の改善，人的資源の向上，環境に配慮した持続的成長，インフラの強化，経済成長の再構築」を挙げ，さらに変革をもたらす 6 つの要因として「生産性の重視，下位 40％の中間層入り，技術・職業訓練，グリーン成長への取り組み，イノベーション，競争力ある都市への投資」を挙げている。「経済成長の再構築」においては 7 つの分野（サービス分野の改革，製造業の活性化，農業の近代化，建設業，活力ある中小企業の成長，イノベーション，競争力ある都市・経済回廊の構築）が挙げられている。なかでもサービス分野では，ハラル産業，イスラーム金融，情報通信技術，石油・ガス，民間医療，高等教育産業，エコツーリズム，アウトソーシング先としての専門サービスなどの近代的サービスの育成が目指されている。製造業ではとりわけ，他の諸産業を支える基盤となる電機・電子，化学，機械・機器分野を重視している。

製造業のみならずより広範な対象範囲から支援策を提供しようとする動きは中小企業に対する施策に顕著に表れている。SMIDEC は，「中小工業育成計画（SMI Development Plan 2001-2005）」で，電機・電子，輸送機器，木材関連，機械・エンジニアリングサービスの 4 分野を優先的クラスターとするなど，とりわけ製造業関連の中小企業に焦点を当てていた。その後 SMIDEC は，各省庁が有する中小企業支援策の総合調整も担うべく発展改組され，2009 年から SME Corp.（中小企業公社）と名前を改めた。改組後発表された中小企業マスタープラン（SME Masterplan 2012-2020）によると，GDP の 32％，雇用の 59％，

輸出の19％に寄与している中小企業では，サービス産業87％，製造業7％，農業6％と，サービス産業が圧倒的多数を占めるという。公社の「中小企業」に相当する名称が「SMI (Small and Medium Industries)」から「SME (Small and Medium Enterprises)」に変わったことからもわかるように，SME Corp. の支援策もまた，製造業のみにとどまらず，サービス分野をはじめとする広範な分野の中小企業に対して，グローバル競争下での生き残りを図ることに対象が拡大している。また，工業化ならびに外資誘致の中心的な役割を図るべく1967年に設立されたMIDA (マレーシア工業開発庁：Malaysian Industrial Development Authority) も，2011年からは機構改革のうえでマレーシア投資開発庁 (Malaysian Investment Development Authority) と名称変更された。

もはや関税保護による国内市場の保護を通じたフルセット型の工業化という政策課題は維持しえず，グローバル競争に巻き込まれ，またアジア大平洋地域の国際分業ネットワークのなかで，低賃金を武器にしえないマレーシアは，既存の産業のさらなる高度化が求められるのみならず，ITや知識を活用した産業の導入，環境にやさしいクリーン技術，エコツーリズム，ハラル産業，イスラーム銀行，医療ツーリズムをはじめ，近年着目されるマレーシアならではの立地を活用した諸産業も含めた新産業の育成など，その支援対象の多様化が求められている。

4 連立体制と首相への信任低下，批判の声

2013年総選挙をめぐって

1957年の独立以来，シンガポール分離独立以前のマラヤ連邦時代も含めると，マレーシアでは50年以上にわたって与党連合の国民戦線 (BN) が政権の座を占め続けている。国民戦線の構成政党は，マレー人が主要支持基盤である統一マレー人組織 (UMNO)，華人系政党のマレーシア華人協会 (MCA)，インド系政党のマレーシア・インド人会議 (MIC)，ペラ州を拠点とする人民進歩党 (PPP)，華人を中心とする多民族政党 Gerakan などからなる。他方，野党勢力は，1998年にマハティールとの対立から副首相と財務相を解任されたアンワル・イブラヒムとその妻ワン・アジザが率いる人民公正党 (PKR)，マレー人を中心とする汎マレーシア・イスラーム党 (PAS)，華人系を中心とする

民主行動党（DAP）などが存在する。野党は 2008 年総選挙の選挙協力を起源として政党連合人民連盟（PR）を結成している。2008 年の総選挙では，BN が約 408 万票（有効投票総数の 50.3％），140 議席（定数の 63.1％），PR が約 380 万票（同 46.8％），82 議席（36.9％）を獲得した。BN は勝利こそ収めたものの，議席数ははじめて憲法改正に必要な下院の 3 分の 2 を割り込み，また，同時に実施された州議会選挙では 5 つの州で PR が過半数を占めるなど，野党勢力の躍進がクローズアップされた（日本マレーシア学会 2008）。責任をとる形でアブドゥラ首相は退陣に追い込まれ，現首相のナジブ（Najib Tun Haji Abdul Razak）がその任に就くこととなった。

2013 年の総選挙はマレーシア初の政権交代が実現するのではという期待もあり，メディアでは高い関心が示された。即日開票の結果，得票数では BN が過半数を割り込む約 523 万票（47.4％），PR が約 561 万票（50.9％）と，野党連合を下回った。マレーシアの選挙は小選挙区制で死票が多くなることに加え，いわゆる「ゲリマンダー」による与党に有利な選挙区割と一票の重みの違いがあることから，BN は 133 議席（59.9％），PR が 89 議席（40.1％）と，政権の維持にはなんとか成功したものの，実質的には BN の「歴史的大敗」ともいえる結果であった（日本マレーシア学会 2013）。

ナジブは就任時，2008 年総選挙で失われた都市中間層，とりわけ華人票の取り込みを目指し，「ワン・マレーシア（1 Malaysia）」のスローガンのもと民族融和策と思い切った政治的自由化を進めようとした。とりわけ NEM が発表された時点で注目されたのは，経済成長の鈍化の原因の 1 つとして，レントシーキングや不透明な政府調達などブミプトラ政策の運用に課題があることを指摘し，NEP 以来続いてきた「ブミプトラ資本 30％」の目標値に言及せず，民族にかかわらず下位 40％世帯の所得レベルの改善を目指すとした点であった（小野沢 2012）。ただし，マレー系からの反発もあってか，その後に発表された第 10 次，第 11 次のマレーシア計画では従来の数値目標も記載されている。ナジブ就任後初期には，サービス分野におけるブミプトラ資本の出資義務の緩和，上場条件としてのブミプトラ資本 30％保有義務の撤廃など，ブミプトラ政策の段階的な見直しともに，ワン・マレーシアのスローガンのもと，民族の枠組みにとらわれず，低所得層，都市中間層，学生，高齢者などをターゲットとする福祉政策を導入するとともに，国民の自由権を制約する国内治安法，警察法

の改正，出版機・印刷物法の改正といった大幅な政治的自由化にも踏み込んでいた。

ところが 2013 年の総選挙では，民族融和策や政治的自由化などの施策をBN の勢力回復に結びつけることができず，都市住民，とりわけ華人の野党支持への動きがさらに進んでしまった。結局，政権維持のために BN の辛勝を支えたマレー人の支持をつなぎとめておく必要に迫られ，総選挙後はブミプトラをターゲットにした人材育成支援や株式所有の拡大，住宅や商工業用地の取得支援，企業化支援などの「経済強化アジェンダ」の導入，とりわけ低所得層向けの再分配政策の推進などを打ち出したほか，政権への批判者への拘留・逮捕を容易にする制度改正，扇動容疑による野党勢力の相次ぐ逮捕という事態にまで至った。中村正志は，2013 年総選挙を境に，ナジブ政権の政策はマレー民族主義，権威主義の方向へ逆戻りしはじめているとし，UMNO のエスノセントリック（自民族中心主義）化を抑えられる指導者が不在であること，エリートが低所得層を取り込んだ「端の連合」としての BN，マレー人を含む都市中間層からの幅広い支持を集めて躍進した PR が対決する構図が当分続く可能性を指摘している（中村 2015）。しかしながら PR もイスラム刑法導入の是非をめぐって分裂・再編の途上にあり，当面は与野党勢力それぞれの動向を注視する必要がある。

TPP 交渉への反対運動——「Bantah TPPA」

TPP 交渉の対象分野は，日本と米国の間での交渉で議論となった農産品や自動車・同部品をはじめとする物品市場アクセスの関税引き下げ・撤廃のみにとどまらず，サービス，投資，知財，国有企業改革，競争政策，環境，政府調達など，21 分野・24 作業部会という広範な領域にわたる。2013 年に安倍政権のもとで TPP 交渉への日本の参加が発表されたのちも，ここ数年間は TPP 交渉の大筋合意に向けた期限が延長される事態が続き，各国の利害対立が表面化するなかでその交渉の難しさがあらためて浮き彫りになってきた。それだけに，2015 年 10 月に TPP 交渉の関係閣僚による大筋合意が発表されたことは大きく報じられ，マレーシアでもさまざまな議論を呼んでいる。

マレーシアがとりわけ関係する分野としては，政府の関与が深い諸企業に対する改革および政府調達の分野の取り扱いが挙げられる。1990 年代前半まで

の国営・公企業数の推移を比較した研究では，経済開発や工業化政策において国家の役割が非常に強かった東南アジア諸国のなかでも，マレーシアの国営・公企業の数は突出していたとされる（末廣 2000：169）。その多くは公共部門を中心として，現地証券取引所の総資産に占めるシェア，雇用数などでも大きな影響力を有するばかりでなく，それらがブミプトラ政策と密接に結びついていることから，経営陣トップに占めるブミプトラ比率の高さ，下請け中小企業への外注におけるブミプトラ系企業の優遇などで，依然として大きな存在感を示している。それだけに，TPP の交渉結果次第では国内の既得権益および政策にも多大な影響が生じる可能性がある。さらに，知的財産分野でも，必須医薬品を必要とする HIV/エイズ患者などを中心に，コピー薬やジェネリック医薬品の知的財産権保護の強化により医薬品へのアクセスが困難になるのではないかという声や，投資家対国家間の紛争解決（ISDS）条項をめぐり，外資企業により国家が訴えられる事態が生じるのではないか，という懸念が生じている。また，TPP 交渉が原則として非公開であったことも，交渉参加国の利害関係者からの不安が高まる一因ともなってきた（井出 2014）。

　マレーシアにおいては，当初 TPP への世論の関心はそれほど高くなかったが，徐々に交渉内容が明らかになるにつれて反対の声が高まっていった（鈴木 2013）。反対の声を上げる陣営は「TPP 反対連合（Badan Bertindak Bantah TPPA）」を組織している。TPP 反対連合のブログによれば，この連合は，労組，保健・医療関連団体，人権団体，消費者組合，環境団体など 60 を超える NGO，イスラーム系団体，野党勢力らからなる。彼らはインターネットを通じた情報発信を行っているほか，政府に対し TPP 反対の文書や公開質問状などを送り回答を求めるとともに，デモ活動や議会での野党議員経由による反対運動などを行っている。さらに，2013 年 8 月には，75 項目にも及ぶ「Red Line（超えてはいけない一線）」を TPP 交渉関係閣僚に送付したうえで，これらが満たされない限りマレーシア政府は TPP を受け入れるべきではない，と主張した。この反対連合の代表を務めるのは，中小企業を中心とするブミプトラ企業を代表するマレー人経済行動委員会（MTEM）のモハマド・ニザル・マシャル最高責任者である。2014 年 7 月には MTEM とマハティールが共同の記者会見を開き，TPP に反対するブックレット「TPPA：Malaysia is not for sale」を発表するに至った。

これら批判の声に対して，TPP交渉の主たる担当省庁である国際貿易産業省はじめ関係者は，利害関係者との協議を重ねながら情報公開と不満の声の吸収・解消に努める姿を前面に出すとともに，影響調査の実施，議会での審議も約束するに至った。これに関して，鈴木絢女は，2013年5月の総選挙の結果がTPPに対する政府の方針に大きな影響を与えているとする（鈴木2013）。野党勢力は，これまでの長期的な連立与党体制とそれを保証してきた選挙制度，さらにそこから生まれる汚職やクローニズムを批判し，改革を主張することで一定の支持を集めた。野党はTPP交渉もまた，米国の覇権追求の動きであり，情報開示が困難な秘密交渉で，国民生活にもたらしうる懸念が存在すると批判の対象にしている。他方，与党連合BNからみると，今回の総選挙における辛勝を支えたのは地方や農村のマレー系の票であり，このことが結果的にマレー系団体の影響力をいっそう強化させることにもつながった。「中小企業およびブミプトラ企業に対するTPPの影響調査の実施が閣議で決定されたことは，ブミプトラ経済界の影響力の現れ以外の何物でもない」（鈴木2013：17）ように，反対連合を牽引するMTEMはじめマレー系勢力の発言を無視できない状況となっている。

　大筋合意の発表からおよそ2ヵ月後，マレーシア政府は，マレーシア戦略国際問題研究所（ISIS）とプライスウォーターハウス・クーパーズに委託していたTPP参加による影響調査結果をまとめ，関税および非関税障壁の削減による輸出増加や海外からの投資の増加などが期待できるとしたうえで，むしろ不参加による政治経済的な悪影響が予想されること，また，利害関係者の関心事項を守るための例外事項を交渉のなかで引き出した結果マイナスの影響は限定的なものにとどまり，総体としては国益にかなうものであるという結果を発表した。それでもなお国内では懸念の声が消えず，反対連合は抗議を続け，マハティールは自身のブログでTPPを批判するコメントを発表している。結局2016年1月下旬に開かれた特別議会で，マレーシアのTPP参加は127対84という票数で可決されたが，政府は引き続きそれら懸念の声に対応して説明を重ねながら，国民の理解を得ようとしている。

多民族国家の成長の行方
　2015年以降政権内での亀裂と首相への信認の低下の流れが著しくなってい

第**12**章　マレーシア

る。そもそもの発端は，7月上旬に国営投資会社である1MDBから7億ドル近い資金が関連企業などを通じてナジブの口座に送られた，という疑惑を米国の『ウォール・ストリート・ジャーナル』が報じたものであった（"Investigators Believe Money Flowed to Malaysian Leader Najib's Accounts Amid 1MDB Probe", *Wall Street Journal*, July 2, 2015）。各種報道によれば，1MDBは首都再開発などを目的とする国営投資会社であり，その顧問をナジブが務めているが，乱脈経営により巨額の負債を抱え，資金繰りが悪化しているなか，巨額の資金が首相にわたったという疑惑が生じている。15年8月末に首都クアラルンプールで行われた反政府デモには野党勢力ほか市民数万人が参加したとみられ，政権への批判の声が高まる恐れが強まっている。2016年1月，司法長官が調査結果をまとめ，「汚職を示す証拠はない」と発表した。しかしマハティールは与党UMNOを離党したうえで超党派でのナジブ辞職に向けた要求を続けている。ナジブ自身は疑惑の背後にマハティールの存在があると公言し，15年7月下旬にはナジブへ批判的発言をしていたムヒディン・ヤシン副首相が更迭され，この疑惑を追求してきたインターネットメディア大手の「マレーシア・インサイダー」が，2016年3月に閉鎖に追い込まれるなど，報道規制の強化と批判封じに追われている。

　ナジブ体制がどこまで維持しうるのか，現状では不透明な情勢が続いている。加えてマレーシアの政治的体制の安定を支えてきた連立与党体制は，年々支持率を低下させつつあり，その基盤の弱体化は否めない。多数派を占めるマレー人勢力のなかにも多様な意見が存在しており，とりわけ若い世代がブミプトラ政策をはじめとする政府の役割をどう認識し，政権に何を求めているのかを理解する必要がある。TPP反対連合の設立にかかわった中心人物の1人であるアナス・アラム・ファイズリへのインタビュー記事が現地紙 *The Star* に掲載されている。そこでの発言を一部抜粋すると，「私もマレーシアのジェネレーションY（新世代）の1人かもしれないが，新世代といってもさまざまな人がいる。ソーシャルメディアの発展は，視野を広げ自己表現の新しい形態を与えてくれている。私達の多くは80年代生まれであり，97年の通貨危機と改革運動の影響を受けている。私達は親の世代ほど政府や国の役割を重んじていない。現在でもブミプトラ政策を規定したNEPの受益者の立場にあるが，私達はそれが政府のおかげだという感覚は持っていない」（"The Numbers Guy", The Star

Online, May 18, 2014)。

　マハティールが掲げた「2020年までにあらゆる側面で先進国入りを目指す」という壮大な目標の期限まであと5年を切った。アジア太平洋地域の成長を取り込むべく各国がその思惑を巡らせ，貿易自由化に向けたさまざまな枠組みの構築が模索されているなかで，いわゆる「中所得国の罠」を乗り越えてマレーシア自身がどこに自らの立ち位置を見出し，競争力の源泉としていくのか，それを支援するための制度としてどのような手段をとり得るのか，注目する必要がある。また，残り5年間でGNIでの目標値が達成できるのか，仮に所得面での目標値を達成しえたとしても，それが「多民族国家」マレーシアにおいて，民族間，また各民族内に存在する格差や潜在的不満を乗り越えた「マレーシア国民意識の創出」「ワン・マレーシア」をともなうものとなり得るのかどうか，きわめて高いハードルが存在する。

参考文献

井出文紀「TPP交渉をめぐるマレーシアとベトナムの課題——国有企業改革，政府調達を中心に」『アジア・アフリカ研究』54巻4号，2014年10月。
小野沢純「マレーシアの新開発戦略——『新経済モデル』と第10次マレーシア計画」『季刊国際貿易と投資』81号，2010年8月。
小野沢純「ブミプトラ政策　多民族国家マレーシアの開発ジレンマ」『マレーシア研究』1号，2012年3月。
末廣昭『キャッチアップ型工業化論』名古屋大学出版会，2000年。
鈴木絢女「TPPをめぐるマレーシアの国内政治——外交の『民主化』と『守り』の交渉」『JAMS News』55号，2013年10月。
鳥居高編『マハティール政権下のマレーシア——「イスラーム先進国」をめざした22年』アジア経済研究所，2006年。
中村正志「マレー民族主義と権威主義に回帰するナジブ政権」『アジ研ワールド・トレンド』233号，2015年3月。
日本マレーシア学会『「民族の政治」は終わったのか？　2008年マレーシア総選挙の現地報告と分析（JAMSディスカッションペーパー1号）』2008年。
日本マレーシア学会『二大政党制は定着するのか——2013年マレーシア総選挙の現地報告と分析（JAMSディスカッションペーパー3号）』2013年。
堀井健三・萩原宜之編『現代マレーシアの社会・経済変容——ブミプトラ政策の18年』アジア経済研究所，1988年。

第**12**章　マレーシア

マハティール・ビン・モハマド『ルック・イースト政策から30年　マハティールの履歴書』日本経済出版社，2013年。

コラム5　インドネシア・アチェ州の津波災害と復興

インド洋巨大津波災害——被災直後のアチェ

　2004年12月26日に，インド洋のスマトラ島北西沖を震源とするマグニチュード8.9の巨大地震が発生した。それに起因する地震津波が，インドネシア，タイ，スリランカ，モルディブ，ミャンマーなどのインド洋沿岸地域を襲うなかで，約24万人という空前絶後の死者が出ることになった。インドネシアにおいては，津波被害によって約16万7000人が死亡した。そのうちのほとんどが，アチェ州（以下，アチェ）のバンダ・アチェ市沿岸部の漁村にいた人々である。

　このような状況のなかで，インド洋津波直後に，スリランカ政府が国際支援を要請したのに対して，震源のもっとも近くに位置したインドネシア政府が支援要請を出したのは，津波から2日が経過した12月28日のことであった。これは，津波被害時に，インドネシア政府がアチェと内戦状態（「自由アチェ運動（GAM）」との紛争状態）にあり，政情や治安が不安定であったことに加えて，津波被害が予想以上に大きく被災状況を把握するのに時間を要したことなどが挙げられる。

　その後，インドネシア政府が主体となって，初期の緊急救援の段階では，国民福祉省の「国家災害管理調整委員会（BAKORNASPBP）」が調整役となり，国軍や「国連人道問題調整事務局（UN—OCHA）」，赤十字などの協力のもとに救援活動が行われた。しかし，国際機関や2国間ドナー，多数のNGOの活動が本格化するなかで，全体の調整が困難になってきた。このため，インドネシア政府は，2005年1月になると，「国家開発企画庁（BAPPENAS）」に対して関係省庁，地方政府およびNGOなどと協力し，初期の緊急救援段階を脱した復旧・復興のためのマスタープランの策定を命じ，同年4月に，「アチェ・ニアス復興庁（BRR）」を設立した。

　BRRは，インドネシアの中央政府直轄の組織であるが，迅速に復興を進めるという目的のため，独立省庁として設立されたうえに，BRR長官は中央省庁の大臣と同様の人事権および予算請求権を持ち得ることになった。通常，この権限は被災地のほかの行政機関のそれをはるかに超えるものである。この意味で，BRRの運営は，今までの機関にないユニークなものとなった。BRRの設立後，アチェの災害復旧は急速に進んだ。

バンダ・アチェの復旧・復興状況と今後の課題

　インドネシア政府は，当初，再建に必要なコストを51億ドルと見積もっていたが，国際社会からの支援表明額は，総計で135億ドルにもなった。この巨額の援助資金は，BRRやアジア開発銀行（ADB），世銀などの資料によると，2004年から2005年の間に，約14万戸の復興住宅（恒久住宅）の建設に，また，2475kmにもおよぶ道路の修復・

コラム5　インドネシア・アチェ州の津波災害と復興

建設，ならびに，962校の校舎が新設・復旧に使用され，さらに，1万7444haの養殖池と1万8322haの水田，および1万6875haの乾燥地の再生に寄与するなど，日本のODAを含めた国際社会からの援助資金は有効活用されたといえる。

　その一方で，被災直後のアチェでは，2005年度のインフレ率は41％も上昇し，このハイパーインフレによって，貧困層の生活は大きな打撃を受けることになり，さらに，アチェ全体で13億ドルの経済的損失が発生した。その後，物価上昇率は2006年に8％に低下し，さらに2009年には国全体の平均レベルと同等の5％台で推移していること，加えて，経済成長率は，2014年に，国全体の平均に近い5％台を達成したことから，経済状況は安定化してきたといえる。ただし，貧困層は2005年の28.4％から2014年には18％（国レベルでは11％）に低下しているとはいえ，震災復興という観点からは課題が残る。

　最後に，復興住宅をめぐる将来的な問題に触れておく。津波により土地や住宅を喪失した人と住宅を失った賃貸住宅居住者に対して，新たに再定住地が建設され，住宅が提供された。バンダ・アチェ市の北東14kmほど離れたアチェ・ベサール県ヌフンに開発された再定住地のなかで，最大規模のものが台湾のNGO仏陀慈済が建設した慈済大愛村である。ここの復興住宅の壁は，アスベスト・パネルが使用されている。復興住宅の壁がアスベスト・パネルでつくられているということは，将来的に，居住者に中皮腫や肺がんといったアスベスト被害が続出する可能性があること，また，阪神淡路大震災と同様に，アチェで大規模な地震が発生すれば，建物の倒壊・破損にともなうアスベスト被害拡大のリスクがさらに高まるという大きな爆弾を抱えている。この問題は，国際支援が大規模なインフラ復旧には有効であるが，その一方で，被災者の生活再建を促すどころか，逆に，被災者の生活を脅かしているという事実を示している。

（阪本将英）

第13章 タイ
—— 混迷する民主化 ——

水上 祐二

1 2つに分断された国民と「民主主義」

2つの政治アクターの登場

　かつて東南アジアの民主主義の優等生といわれたタイ政治は，現在混迷を続けている。2006年9月，2014年5月の2回の軍事クーデターが発生しただけでなく，この間，大規模デモが頻繁に発生し，社会経済の混乱が続いた。この激動の主要な政治アクターとして登場したのが，「赤シャツ」と「黄シャツ」の2つのグループである。

　「赤シャツ」とは，最大の全国組織，「反独裁民主戦線」（UDD）を中心とする議会制民主主義の発展を目指す人々の総称である。3色のタイ国旗のうち，国民を意味する赤をシンボルカラーとしている。2006年クーデターに反発した人々がUDDを結成した。赤シャツは，北部，東北部の貧困層を基盤とした活動であるとのイメージが流布しているが，その実像は，多様性に富んでいる。所得水準は，中間層下位に位置する人々が多い。バンコクおよび中部地方にも多くの支持者が存在する。

　他方，「黄シャツ」とは，「民主市民連合」（PAD）に代表される反タクシンを掲げる人々の総称であり，王室擁護の立場から国王の誕生日の色である黄色をシンボルカラーとしていた。2005年に新興メディアグループのASTVマネージャー社の社主であるソンティ・リムトーンクンが自社のメディアを使ってタクシン首相による不正蓄財疑惑の追及を開始し，それに新興仏教団のサンティアソークやNGO，学者，国営企業労働組合などが合流し，PADが結成された。黄シャツは，バンコク，中部，南部の上流層・中間層が主体であるといわれ，公務員，国営企業労働者，退役軍人，NGOなどの職業に支持者が多い。2013年8月にPADは活動停止を発表し，元幹部や支持者の多くは，民主党な

どが主導する別の反タクシン派デモ活動に合流し，2013年11月，民主党のステープ・トゥアクスパン元副首相が主導する「人民民主改革評議会」(PDRC)が結成された。組織が変わり，タイ国旗の青，白，赤の三色がシンボルに変わり，黄シャツを着用することはなくなったが，その主張はPADと同じままである。

2つの民主主義

赤と黄の2つのグループを中心にタイ社会は分断し，過激なデモ合戦を繰り広げる「路上の政治」が現代タイ政治の特徴となった。2つのグループの対立は，それぞれが独自の「民主主義」の実現を目指していることにある。

赤シャツにとっては，民意を反映させる議会制民主主義，つまり選挙結果こそが正義であると考える。選挙に勝利した政権は，国民の代表として，何をやっても構わないと考える。また民意を反映させるには，上院もすべて公選制で構成されるべきであり，裁判所や選挙管理委員会などの独立機関，軍や王室は，国民の代表ではなく，中立に徹し，極力政治に干渉すべきではないと考える。

一方，黄シャツは，議会制民主主義を「議会独裁」と悲観的にみる。選挙結果は，政治家が地元有力者などの「集票請負人」を通じて，貧しい有権者から票を金銭で購入したにすぎず，本当の民意の反映だとは認めない。また政党や政治家は，国民を裏切って資本家に買収されてしまう存在であり，政治をリードする役割を果たせないと考える。そのため選挙よりも国民の直接的な政治参加によって悪徳政治家を監視し，政権運営にブレーキを踏ませることを重視する。倫理や道徳のある裁判官や独立機関委員などの伝統的な「良き人」が政治家を監視し，汚職を追及することで，政治のバランスを実現することが民主主義であると考える。「議会独裁」打倒のためならクーデターも歓迎する。

赤シャツと黄シャツの幹部達の多くは，民主主義を実現するために1992年にスチンダー軍事政権を崩壊に導いた「暴虐の5月事件」を一緒に闘ったかつての同志達である。同志達の意見がその後に真っ二つに分かれる理由は，タクシン政権の功罪をどう評価するかにかかわっている。

対立の原点となった2つの「97年」

冷戦体制崩壊後に発生した1991年の軍事クーデターと1992年の暴虐の5月

という2つの政変を反省し，軍による独裁も汚職まみれの議会政治も許さない政治体制を樹立するため，長い時間をかけて議論し尽くしてでき上がった憲法が「1997年憲法」であった。1997年憲法の要点は，議会制民主主義を推進しつつ，議会の暴走を防止するためのチェック・アンド・バランスの機能を強化することにあった。これまで下院選挙は，中選挙区制に基づき，中小政党が離合集散する状態であり，軍が中小政党間の利害調整役として権限を維持する体制であった。これを小選挙区・比例代表並立制に変更し，政党の勝ち負けを明確につけさせることで，民意を反映した大政党の誕生を促した。また首相選出の要件を下院議員に限定し，非議員の軍人が首相に就任する可能性を排除した。上院議員の選出方法は，任命制を廃止して，すべて公選制を導入した。一方で，議会の汚職を監視し，暴走を防止するために憲法裁判所，行政裁判所，国家汚職防止委員会，国家オンブズマン，国家会計検査委員，国家人権委員会，選挙管理委員会といった裁判所と独立機関を新設した。とくに憲法裁判所には，政治家の失職や政党解党を命じることができる特別に強い権限を与えた。この1997年憲法下で最初に行われた総選挙で誕生したのがタクシン政権であった。

また1997年には，アジア通貨危機が発生した。1985年のプラザ合意以降，日系企業の進出ラッシュでタイ経済は高成長を経験してきたが，同時に進められた金融規制緩和による過剰な短期資金流入がバブル経済を招いた。1997年にドルペッグ制であった通貨バーツがヘッジファンドによる売り浴びせで為替レートを維持できなくなり，管理フロート制に移行しバーツが暴落した。これまで低利な外貨建て債務で資金調達を行っていたタイ企業は，債務が一挙に倍増し，倒産が相次ぐことになった。経済再建に取り組んだ民主党のチュワン首相は，国際通貨基金（IMF）からの緊急融資と引き換えに，緊縮財政や不良債権処理を急がねばならず，景気低迷により国民からの反発を招いた。経済危機と民主党政権への失望が，企業経営者として実績のあるタクシンの手腕を期待させる背景になった。

2　タクシン政権下で生み出された分断

強い首相タクシンの誕生

　タクシン・チナワットは，警察官僚から情報通信事業に進出し，携帯電話会

社AIS社経営での大成功から時代を代表する企業経営者になった人物である。事業に成功したタクシンは，都市中間層向け政党の法力党に1994年に入党し，政治家としてのキャリアを歩みはじめ，第1次チュアン政権で外務大臣に就任し，その後もチャワリット政権で副首相に就任した。法力党が内紛で分裂してからは，1998年に大学教員や元軍人，企業家らとともにタイ愛国党を創設すると，自らの大量の資金を投じて，有力な政治家を各党からスカウトして，2001年の総選挙に臨んだ。

2001年総選挙の際，タイ愛国党は，タクシンの手腕への期待と国民向けにわかりやすい政権公約でアピールしたことから，総選挙で下院定数500中248議席を占め圧勝した。タイ国民党と新希望党と連立し，タイ史上初めての圧倒的な安定多数の政権を樹立した。タクシンは，選挙で議席を独占しただけでなく，自らが大富豪であり，財界からの資金援助を不要とすることで，かつてないほど強力なリーダーシップを持つ首相となった。

タクシン政権の光と影

タクシンは，ビジネス運営の手法を国家運営に持ち込んだ。「国は企業であり，首相は，最高経営責任者（CEO）」という考え方である。タクシンはトップダウン型の政権運営を行った。有能な学者や専門家などを私的顧問団やタイ愛国党の委員会に招聘し，この顧問団の提言を基に密室で国の重要な戦略を策定した。官僚，財界，議会との調整を経ることなく，また国民向けの公聴会など実施することなく矢継ぎ早に改革を推進していった。意思決定過程は不透明であった。

タクシンの社会経済政策の特徴は，「デュアルトラック」と呼ばれるもので，都市部と農村部の両方の成長を同時に達成しようとする政策である。都市部では，グローバル競争に勝ち抜くために基盤整備を行いながら，公営企業民営化や規制緩和を推進し，競争力を高める新自由主義的改革を推進した。公営部門にも評価制度を取り入れ，効率性を重視した。一方で，農村部振興や低所得者対策としてバラマキとも見える政策を行った。これまで国民の大多数である農民や零細業者などのインフォーマルセクター就業者は，社会保障制度の対象外であったが，1回30バーツの低額で医療サービスを受けられる制度を導入した。また農外所得機会創出のために1村当たり100万バーツの村落基金を設置

し，農民の小規模事業を推進した。また債務に苦しむ農民のために3年間の債務繰り延べを行った。露天商などの信用力のない小規模事業者のために無担保で小額の融資を受けられる人民銀行も開始した。日本の大分県をモデルとして，地元特産品を作り出す一村一品運動も全国の各行政区で開始した。

経済は順調に拡大を続けた。熱心な政権支持者が増大する一方で，反発の声も次第に高まっていた。タクシン政権による本格的な農村振興は，これまで貧困対策で国民からの絶大な信頼を集めてきた王室の権威への挑戦と映るようにもなった。また同様に社会開発分野でのNGOの役割を奪った格好にもなった。

タクシンは，つねに治安対策で強権的であった。イスラム教徒のマレー系住民が9割を占める最南部の治安対策では，分離独立派の武装勢力からの襲撃に対抗するために強硬策を指示し，2004年4月28日には，パッタニー県で「クルセ・モスク事件」，10月25日には，ナラティワート県で「タクバイ事件」が発生した。この2つの最南部での人権侵害・虐殺事件は，南部の武装勢力との対立を激化させる契機となった。2003年に開始した「麻薬との戦争」は，警察に麻薬密売人のリストを作成させ，各県単位で取り締まりの成果を競争させ，約5万人を検挙した。警察による強硬な取り締まり，仲間割れや口封じなどにより，約2500人が殺害された。中には麻薬密売と関係ない人々も数多く含まれていたといわれる。

タクシンは，頻繁に地方での移動閣議を開催し，その場で開発プロジェクトの予算を大盤振る舞いするなど，地方住民へのアピールを怠らなかった。一方で，タイ愛国党を支持しなかった地域には予算を減額すると脅し，締め付けを行った。自らに批判的な記者には，名誉毀損で訴えることで黙らせ，また政権に批判的だった新聞社に買収工作を仕掛けたこともあった。メディアへの露骨な干渉により，タイの報道の自由は著しく悪化した。

タクシンは新しい汚職も政治に持ち込んだ。政府調達による便宜を引き換えに受注業者から見返りを要求するような従来の違法行為はしないかわりに，自らの一族関連企業に便宜を図るため，議会での影響力を行使して，法律や規制そのものを変更するという手法である。タクシンの関連企業の株価は，政権時に跳ね上がり，一族の総資産額は倍増した。

独裁的になっていくタクシンに対して，メディアでは「神であるタクシン」と皮肉を込めて呼ぶようになっていた。タクシン自身もシンガポール建国の父

で同じ客家系のリー・クアンユーを尊敬していた。新たな独裁体制を築き上げていくタクシンにブレーキをかけることは困難になっていた。汚職疑惑が持ち上がっても独立機関や司法はタクシンに有利な判断や判決を下すばかりであった。独立機関の人事は，上院が握っている。1997年憲法では上院は全員公選制であり，建前上は政党に所属することを禁止されているものの，選挙で勝つためには，有力政党の支援を仰がねばならず，タイ愛国党の影響下にある人物達が議員となっていた。チェック・アンド・バランスは意味を成さなくなっていた。唯一，タクシンに釘をさせるのは，絶大な権威を持つ国王と国王の後ろ盾を受けているプレム枢密院議長くらいであった。

タクシン政権下の民衆の変化

　タクシン政権による農村振興や低所得者向けの事業により，北部や東北部では新中間層が増加し，政権の強力な支持基盤となった。またバンコク首都圏でのバイクタクシードライバーや露天商などインフォーマルセクター事業者などは，マフィアを追放し，法的立場の曖昧なグレーゾーンの事業に合法化への道をつけてくれた政権には恩義を感じた。これまで選挙のたびにわずかな金で有力者に票を売り渡し，主体的に政治の意思決定をしてこなかった人々は，タクシン政権の登場により，一票の価値の重要性を認識し，政治的な関心を高めることになった。

　一方で，タクシン政権の諸政策の恩恵を受けることもなく，市場主義的改革により競争激化や雇用の不安定化を強いられた公務員や国営企業労働者，大企業のオフィスワーカーなどの旧中間層は，反タクシンの感情を募らせた。旧中間層は，自らは，上流層に上がれることもなく，一方でこれまで見下していた人々が新興中間層となり，自らの特権的領域だった医療機関，デパートなどの空間にも現れることになり，相対的な地位低下を認識することになった。

　タクシン政権の農村振興や低所得者対策は，貧困の問題を解消に向かわせたが，一方で根本的に格差解消を目指すものではなかった。国家経済社会開発庁の推計によれば，2000年のタイ貧困人口比率は21％であったが，2006年には9.6％にまで激減している。他方，格差を示すジニ係数は，2000年0.43が2006年には0.42であり，ほぼ変化はなかった。タクシン自身が富裕層であり，格差解消につながるような抜本的な税制改革には手をつけたくなかったのであ

る。一方で進められた新自由主義的改革の恩恵を受けるのは，富裕層であり，旧中間層との格差は広まった。タクシン政権によって明暗が分かれた新旧2つ中間層の変化が，タイ社会の分断をもたらした底流にあった。

3 挫折した脱タクシン体制

2006年クーデター

　2006年1月にタクシンの一族の持株会社，シンコーポ社の株式がシンガポールのテマセク社に売却された。安全保障にもかかわる通信事業を外国企業に売り渡したこと，巨額の株式売却利益にもかかわらず露骨な納税回避を行ったこと，株売却のタイミングにあわせて通信業の外資規制を緩和し，職権乱用と思われる政府決定を行ったことは，反発を招いた。この事件を契機に黄シャツの反タクシン運動は盛り上がりを見せはじめた。タクシンは批判をかわすために，下院を解散し，総選挙に打って出た。しかし，最大野党の民主党をはじめ，主要野党は揃って総選挙のボイコットを決定した。ライバル不在のタイ愛国党が圧勝したものの，民主党の強固な地盤での南部の各選挙区では，総得票の20％を獲得できず，当選者なしの結果になった。国会開会に必要な定数を満たすことができずに膠着状態に陥った。この間，プミポン国王が「野党のいない選挙は，選挙とはいえない」と発言し，国王の意向を汲み取った憲法裁判所が総選挙の無効を発表し，再選挙が決まった。国王はタクシンに不快感を示す言動が多くなり，タクシンには黄シャツから「不敬」の烙印が押されるようになっていた。タクシンは，一旦は政界引退を表明し，首相の職務から離れていたものの，前言を翻し，総選挙に勝利したら，首相に復帰すると述べ，黄シャツからの反発を招いた。再選挙を控え，大規模なデモが続き，親タクシン派までが政権擁護のデモを実施するようになり，両者の衝突も懸念される状況になってきた。またタクシンの暗殺を狙ったとされる爆弾事件も発生し，治安状態も悪化した。国民からは事態打開のため，クーデター待望論が巻き起こった。

　ニューヨークでの国連総会出席のため，タクシン外遊中の2006年9月19日にソンティ・ブンヤラットカリン陸軍司令官をリーダーとする軍事クーデターが発生した。タクシンは，帰国できなくなり事実上の亡命生活を余儀なくされた。クーデターの宣言後，首謀者のソンティ陸軍司令官らは，すぐにプレム枢

密院議長に付き添われ，チットラダー宮殿でプミポン国王に拝謁し，事実上のクーデターの了承を得た。1997年憲法を停止し，全土に戒厳令を発令し，上下院を解散した。そのクーデターから12日後の10月1日には，暫定憲法が公布され，スラユット・チュラノン枢密院顧問官が暫定首相に任命された。軍政は，欧米諸国からの批判を回避すべく，早期の民政復帰を約束し，反タクシン派の人物達を中心に集め，新憲法の起草が開始された。その間には，タクシン派へ汚職調査や司法追及が開始された。欧米諸国からは，クーデターへ厳しい反応が待っていた。他方で，政治膠着を打開したクーデターに当初，国民は歓迎ムードであった。

脱タクシンの2007年憲法

クーデター勢力によって起草された2007年憲法は，タクシンによる「議会独裁」の再発防止を目指したものであった。選挙制度は，特定政党が圧勝することのないように小選挙区制が中選挙区制に戻された。またチェックアンドバランスを強化するために司法と独立機関の権限を強化し，上院議員は全員公選制から，各県代表1人の公選制と各セクター代表からの任命制併用型に変更になった。独立機関が上院の任命議員を選び，上院が独立機関委員を選ぶことで，民意を反映させる余地を減らした。憲法裁判所の判事を反タクシン派に総入れ替えにし，2007年5月3日に2006年の無効となった総選挙での不正を根拠とし，タイ愛国党に解党命令を下した。あわせて党役員111人の5年間の政治活動禁止処分を下した。一方で，同日，総選挙の出馬妨害をした民主党に対して，憲法裁判所は，証拠不十分として無罪の判決を下した。今後も繰り返される司法のダブルスタンダードがこの時点からはじまった。2007年憲法は，黄シャツの望む「民主主義」を反映させたものであった。

一方で，タクシン派は，2007年憲法は，「非民主的」と理解した。この頃にクーデター政権への反発を強めたタクシン派グループが連帯結束し，UDDができ上がり，2007年憲法を国民投票で否決するキャンペーンを開始した。8月19日に実施された国民投票の結果は，賛成57.8％対反対42.2％であった。早期の民政復帰を望む国民の期待により，かろうじて可決された。この間のスラユット暫定政権は，タクシン政権期に実施された政策を否定し，官僚組織の勧めるがまま，国王の「足るを知る経済」哲学を全面的に打ち出した。保守的

な社会経済政策は，魅力に欠け，国際社会もクーデター政権との関係に慎重であった。クーデター政権は，経済運営で実績を残せず，国民から失望を招いた。

タクシン派の復権

2007年憲法下で実施された12月23日総選挙は，タイ愛国党の後継政党，サマック・スントラウェート率いる国民の力党が，480議席中233議席を獲得した。過半数は獲得できなかったものの，2位の民主党165議席とは圧倒的な差をつけて勝利し，中立派のタイ国民党，中道主義党と連立し，再びタクシン派政権ができ上がった。

国王が承認したクーデターをもってしても，脱タクシンのための新憲法を用意しても選挙でタクシン人気を止めることはできなかったのである。結果的に2006年クーデターは，国民からの不信任を突きつけられた格好になり，国民対立をより激化させただけだった。

4　赤と黄のデモ合戦

首相府占拠，空港占拠

黄シャツは，スラユット暫定政権下では活動休止していたが，タクシン派政権が復活したことから，タクシンの復権を阻止するため，デモ活動を再開した。サマック政権には，タクシンの義弟のソムチャイ・ウォンサワットが副首相兼教育大臣として入閣するなど，内閣はタクシンの側近で固められていた。2007年2月28日に海外逃亡中だったタクシンが帰国し，国民の力党の議員達が2007年憲法改正の緊急動議を5月21日に提出し，1997年憲法への復帰を目指しはじめたことから，黄シャツの反発は一挙に強まった。たとえ選挙で勝利しても，タクシンは，独裁者，汚職の犯罪者であり，復権を絶対に許すことができない。黄シャツは，「改憲反対」を主張し，首相府付近の道路を封鎖する大規模デモを開始した。その動きに合わせるように7月8日，最高裁判所が国民の力党副党首のヨンユット議員の総選挙での違反を認定し，5年間の政治活動禁止処分を下した。続いて7月31日には，刑事裁判所がタクシンの妻のポチャマンに株取引に関する脱税で禁固3年の実刑判決を下した。国有地不正取引をめぐる汚職容疑で公判中のタクシンは，実刑判決を下されることを恐れ，北

京オリンピックへの参加を理由に裁判所から海外渡航の許可を得て出国し，そのまま海外逃亡生活に戻ってしまった。その後タクシンには禁固2年の実刑判決が下された。

黄シャツは，8月26日に首相府内に突入し，そのまま占拠した。この黄シャツの動きに反発した赤シャツは，首相府前でデモを開催し，黄シャツと赤シャツ双方のデモ隊の衝突で，死傷者も発生した。9月9日に憲法裁判所は，サマック首相がテレビの料理番組に出演していることが憲法に定める兼職禁止規定に違反していると認定し，失職の判決を下した。最初の「司法クーデター」であった。

9月18日にタクシンの義弟のソムチャイが後継首相に就任し，施政方針演説のために国会に出向いた際に，黄シャツデモ隊に包囲され，警察が催涙弾を使用し，デモ隊と衝突した。デモ隊2人が死亡し，500人以上が負傷した。10月13日に死亡したデモ隊の女性の葬儀が実施され，この葬儀には陸海空の3軍司令官，アピシット民主党党首らも参列し，シリキット王妃，チュラポン王女までも参列した。王妃が死亡した女性を英雄扱いして褒め称え，国王による見舞金を下賜した。王室がデモ隊にお墨付きを与え，打倒タクシン派のサインを国民向けに送ったと理解された。

ソムチャイ政権を認めない黄シャツは，11月25日にスワンナプーム国際空港に押しかけ，そのまま占拠を開始した。これに対し，ソムチャイ政権は，強制排除をすることもなく，総辞職することもなかった。事態が緊迫するなか，12月2日に憲法裁判所が，国民の力党，タイ国民党，中道主義党の与党連立3党に総選挙での違反を根拠に解党処分を下し，あわせて党幹部の5年間の政治活動禁止処分を下した。ソムチャイ首相は失職となり，「司法クーデター」により再び政権が崩壊した。国民の力党所属議員は，後継のタイ貢献党に結集し，3度目のタクシン派内閣を樹立しようとしたが，軍による裏工作により，タクシン派から一部グループが離反し，最大野党であった民主党を中心とするアピシット・ウェーチャチワ政権が成立した。アピシット政権の外相には，黄シャツ空港占拠の舞台に上り，タクシン批判を繰り返していた元駐日大使のガシット・ピロムが起用され，タクシンを裏切った派閥へ4人も閣僚ポストが割り当てられた。

赤シャツによるバンコク騒乱

　今度は赤シャツが反発した。第1党のタイ貢献党を差し置いて連立工作により成立したアピシット政権を民意を反映した正当な内閣とは認めようとしなかった。2009年3月26日に王宮前広場で赤シャツが集会を開始し，翌日27日はタクシンが海外からテレビ電話を集会場にかけ，プレム枢密院議長を「クーデターの黒幕」として名指しで非難し，「貴族専制主義（アマーティヤティパタイ）」を打倒して，民主主義を回復するように支持者に訴えかけた。赤シャツの幹部達は，「アマート」（貴族）と「プライ」（平民）の階級対立になぞらえた。4月11日には，東アジア首脳会議などASEAN関連会議が開催されていたビーチリゾートのパタヤの会場に乱入し，国際会議を中止に追い込み，バンコクでは，道路を封鎖し，略奪したバスを放火するなど暴徒化した。アピシットは非常事態宣言を発動し，強制排除に乗り出した。一連の事件は，タイ正月ソンクラーン期間中に発生したことから，「流血のソンクラーン」事件と呼ばれる。この事件で，赤シャツの幹部の多くは逮捕収監された。その後赤シャツ幹部達は，騒乱を煽らないことを条件に保釈され，再びデモを指揮することになったが，王室のお墨付きを貰っている黄シャツの幹部達が首相府占拠や空港占拠を行っても収監も起訴もされなかったことと対照的であり，司法のダブルスタンダードを強く印象づけた。

　アピシット政権下の2010年2月26日，最高裁判所は，クーデター後に凍結していたチナワット一族の資産766億バーツのうち6割が不正蓄財によるものだと認定し，没収を決定した。タクシンの資金源を抑え無力化させようという動きに，赤シャツは，反発を強め，アピシットに対して，即時の解散総選挙を要求し，2010年3月には再びバンコク都内民主記念塔周辺を占拠する大規模デモを開始した。赤シャツ幹部達とアピシット首相との直接対話交渉も行われたが決裂し，4月3日，赤シャツは，突然バンコク都内の商業中心街のラチャプラソン交差点の道路を封鎖し，ステージを設置し占拠を開始した。4月10日，治安部隊は，民主記念塔周辺のデモ隊の強制排除に乗り出したが，デモ隊は激しく抵抗し，その最中に武器を持った謎の「黒シャツ」の男達が出現し，実弾での銃撃戦となり，日本人カメラマンの村本博之氏を含む25人が死亡，800人を超える負傷者が発生し，強制排除は失敗に終わった。後日，赤シャツは民主記念塔周辺のデモ会場を撤退し，ラチャプラソン交差点周辺に人員を集

中させ占拠を続けた。その間，政府と赤シャツの間での和解交渉が続けられたが，成功せず，デモ会場周辺では散発的な衝突などにより，銃弾や爆弾が飛び交う状況が続いた。最終的に5月19日にアピシット政権は強制排除を決断し，催涙弾と実弾でデモを解散に追い込んだ。解散に不満な一部のデモ隊は暴徒化し，周辺の商業施設などを放火し，混乱は拡大した。強制排除に反発し，東北部などの赤シャツは，県庁などを放火し，混乱は全国に拡大した。沈静化するまで5日を要した。赤シャツ騒乱により，死者90人以上，負傷者1500人を越えた。アピシット政権支持者達は，赤シャツを「テロリスト」呼ばわりするようになった。一方，赤シャツは，強制排除を決断したアピシット首相やステープ副首相を「殺人者」と呼ぶようになった。

　その後，アピシット政権は，治安回復に努めながら，事件の真相究明や国民和解のための委員会を設置するなどしたが，赤シャツとの溝を埋めることはできなかった。アピシット首相は，2011年1月には，タクシン支持者の切り崩しを狙って，インフォーマルセクター就業者などを対象としたバラマキ政策である「民進政策」を発表した。また連立与党内の要望であった選挙制度を中選挙区制度から小選挙区制度に変更するために憲法の部分改正を行った。すべての準備が整った2011年5月にアピシットは下院を解散した。

2011年総選挙と赤シャツ

　2010年5月の強制排除後には，ティダー・ターウォンセットがUDD代表代行に就任し，赤シャツ組織の再建を図った。街頭デモ活動よりも組織力を強化する方針をとり，「会員証」の発行や北部や東北部の各地で「赤シャツ村」を創設した。地方組織を整理し，地方幹部との連携体制を構築した。組織力を強化した赤シャツは，重要な集票組織にもなった。

　民主党のアピシットに対して，タイ貢献党が擁立した首相候補は，タクシンの実妹で一族の不動産開発会社のSCアセット社会長のインラック・チナワットであった。若く，美貌もあり，ビジネスキャリアを持ったタイ史上初めての女性首相候補は話題性十分であった。総選挙にあたって，タイ貢献党は，最低賃金1日300バーツへの引き上げなど，明確な内需拡大政策を提示した。また「タクシンが考え，タイ貢献党が実施する」というスローガンを掲げ，タクシンを前面に押し出した選挙戦を行った。赤シャツ幹部の多くが比例候補として

タイ貢献党から出馬し，赤シャツとタイ貢献党が一体であることを強調し，インラックの各地での遊説には，赤シャツ幹部が同行し，支持者を動員していった。

7月3日の総選挙の結果，タイ貢献党が定数500中265議席を獲得し，民主党に100議席以上の差をつけて大勝利し，8月10日，インラック内閣が発足した。赤シャツ幹部の多くは，下院議員に就任し，落選した幹部も大臣顧問や政務官などの政治職に起用され，タイ貢献党内部で一定の影響力を維持し続けた。

インラック政権は，総選挙の公約の1つでもあった「2007年憲法」の全面改正を目指し，その手続きを進めた。また国民和解を名目にタクシンの帰国実現に向けての準備を進めた。赤シャツ幹部のタイ貢献党議員が「恩赦法案」（2006年クーデター以降の政治団体幹部や政府指導者などを除外した一般市民の政治犯を対象とした恩赦）を提出した。

PDRCデモ

2013年8月から下院で恩赦法案が優先議題として審議が開始され，民主党は，インラック政権への批判を強め政治集会を各地で開催した。その間，8月23日に黄シャツの最大組織PADが活動停止を発表し，支持層の大半が民主党のデモに合流することになった。民主党はPADに代わるデモの受け皿となるように，過激な言動を強めていった。

10月19日，国会の恩赦法案審査委員会は，下院第1読会を通過していた恩赦法案の一部を修正し，対象者を一般の政治犯だけに限定せず，デモ隊幹部，指導者，治安責任者にまで拡大することを決定した。この内容修正により，タクシンも恩赦対象者に含まれることになった。同法案は，11月1日に下院第3読会で強行採決された。これを機に，恩赦法案反対運動が一斉に拡大した。国民からの予想以上の反発に直面したインラック政権は，恩赦法修正案を廃案とする意向を示し，また下院で審議待ちの別の恩赦・国民和解関連6法案のすべてを下院から取り下げ，火消しに努めた。

恩赦法案廃案後もデモ隊はより過激化した。ステープ元副首相など民主党元議員や反タクシン派諸団体が結束しPDRCが結成され，全国規模のストライキや納税拒否を呼びかけただけでなく，財務省や外務省などの政府庁舎を次々

と占拠した。

　インラックは，下院解散を決断し，総選挙によって事態の収拾を図ろうとした。PDRC は，総選挙の実施に納得せず，中立的な第三者をインラックの代わりに暫定首相に任命し，1 年半程度の政治改革を実施して汚職を追放することが必須であるとし，「選挙の前に改革を」をスローガンに掲げた。インラックは，暫定首相の辞任を拒否し，予定通り総選挙を実施すべく準備を進めた。民主党は，PDRC と歩調を合わせ，総選挙へのボイコットを決定した。PDRC は，民主党地盤の南部で立候補者登録を妨害し，総選挙期日前投票も妨害した。選挙妨害により選挙結果を確定することができず，下院開会の議員定数を満たすことができなくなった。暫定政権は，一部選挙区で再投票を行う方向で調整を進めていたが，憲法裁判所は，選挙無効の判決を下し，再選挙が確定した。

　この間，赤シャツが東北部各地で大規模な集会を開催していた。司法クーデターによる政権打倒の動きを牽制するため，一部の赤シャツ幹部は，義勇軍を創設することも示唆し，一部の赤シャツ強硬派グループからは，北部チェンマイでの亡命政権の樹立や国家の南北分断まで提案された。内戦勃発の可能性も懸念された。

　緊迫した状況下，5 月 7 日，憲法裁判所は，高級官僚の更迭人事でのインラック首相の職権乱用を認定し，首相失職の判決を下した。首相失職を受け，暫定政権側は，ニワットタムロン副首相兼商務大臣を首相代行に就任させ政治空白が生じる状況を避け，事態の正常化を図ろうとした。他方，PDRC は，インラック首相が失職したことで，暫定政権は正当性を失ったと主張し，暫定内閣の残りのすべての閣僚にも辞任を迫り，上院による暫定中立首相の任命を要求した。スラチャイ上院議長代行は，PDRC の要求に沿って，暫定首相の選任に動く意向を表明し，ニワットタムロン首相代行に辞任を迫ったものの，首相代行は，憲法を盾にし，総選挙の実施にこだわり辞任要求を拒否し続けた。

5　2014 年クーデター後のタイ民主化の行方

軍事クーデターの発生

　膠着状態に陥ったなか，5 月 22 日，暫定政権と PDRC など関係者間での協議の最中に突然，プラユット陸軍司令官が権限の掌握を発表した。プラユット

は，権力奪取クーデターの宣言後，陸海空軍と警察により構成される国家平和維持評議会（NCPO）を組織し，自らは，NCPO議長に就任し，全権を掌握した。戒厳令による5人以上の集会の禁止，タイ全土への夜間外出禁止令の発出，暫定内閣の廃止，憲法停止，全テレビ・ラジオ局の通常放送の中止などを矢継ぎ早に布告，命令し，クーデター体制を整えていった。

軍は，当初，表面上中立を装いタクシン派および反タクシン派指導者の双方の身柄を拘束したが，その後はタイ貢献党の閣僚や議員などに次々と出頭を命じ，身柄を拘束した。出頭命令は，ジャーナリストや大学教員，学生運動家にまで拡大した。身柄を拘束された場合，軍事施設に移送され，1週間を越えない拘留を受ける。釈放時には，対立を煽るような活動を停止する誓約書に署名させられる。出頭命令を拒否して逮捕された場合や反王室活動に関与している疑いがある場合は，通常の刑事事件として扱われず，軍事裁判所で審理される。戒厳令下，クーデターへの反対運動は厳しく統制された。NCPOは，テレビ局の通常放送の中止を解除した後も，メディアへの検閲を続けた。反クーデター勢力のウェブサイトへの検閲やアクセス禁止措置も徹底し，一般市民にまで，クーデターを批判する内容の書き込みを行った場合には，逮捕するとの警告まで発した。人権弾圧に欧米諸国からの批判が噴出したが，軍政は中国に急接近し，これを牽制した。

プラユット暫定政権

プラユットは，クーデター後すぐに早期の民政復帰を確約し，3段階のロードマップを提示した。3段階とは，①秩序維持と国内の政治対立の解消を進める，②暫定憲法を施行し，暫定内閣を組織して，約1年の期間をかけて新憲法を制定する。③2015年の10月には総選挙を実施して民政復帰するという内容である。

第1段階は，比較的穏便に達成することができた。NCPOは，「国民和解センター」を設置し，各地で赤シャツと黄シャツの対話の機会をつくり，相互理解の促進に努めた。一時身柄を拘束された赤シャツ幹部達は，強硬派を含め意外なほど従順に国民和解に協力し，政治的発言を控えた。タクシンも軍政に協力的な姿勢を示し，関係者に自粛を促した。

7月22日，プラユットは国王に拝謁し，暫定憲法の承認を得た。その後8

月25日，プラユットは，現役の陸軍司令官の身分を保持したまま正式に首相に就任した。プラユット内閣の成立をもって民政復帰の第2段階に到達した。

NCPOによって選出され，旧上・下院に代わる国家立法会議は，約半数を退役者を含む軍人が占め，軍の意向を反映する陣容となった。政治改革の推進のために設置された国家改革会議は，退役軍人，公務員のほか，学識者，ビジネス界など幅広い分野から選出されているが，反タクシン派の人物が多数を占めた。これらの機関の代表で構成される憲法起草委員会が設置された。

新憲法案の内容は，2007年憲法よりも，タクシン派に不利になることを意図したものであった。選挙制度にはドイツ型の小選挙区比例代表併用制を導入し，小選挙区に強いタイ貢献党を劣勢にさせる。ポピュリズム政策を禁止にする。政治職への弾劾や調査を容易にし，不正のあった政治家を生涯欠格処分にする。また軍による権力継承を意図し，非議員の首相選出を容認すること，政治危機の際に内閣や国会を超越した権限を行使する「国家戦略改革和解委員会」の新設などが盛り込まれた。この内容があまりにも非民主的であるとして，タイ貢献党だけでなく，民主党からも強い反発の声が上がった。この内容では，2大政党の反発により国民投票で承認されない懸念が強まったことにより，NCPOは，影響下の公務員や軍人枠の議員達に否決するように指示を送り，その結果，2015年9月6日，賛成105反対135で国家改革会議で否決され，憲法起草が振り出しに戻った。

憲法案否決により，国家改革会議と憲法起草委員会の職務が終了し，NCPOは，新憲法起草委員会を任命し，また憲法否決にともない解散した国家改革会議の後継となる国家改革推進会議も任命した。今後は6ヵ月以内に新憲法案を起草し，4ヵ月以内に国民投票を実施する。可決すれば選挙実施に必要な憲法付属法令を6ヵ月以内に制定する。順調なら2017年半ばには民政復帰となる予定である。

プラユット首相は，新憲法案について，民主主義の原則にこだわるだけでなく，軍事クーデターが2度と起きないことを優先させるべきだと国民に伝えた。廃案となった憲法案と同じように，非常時に合法的な権力奪取，つまり事実上のクーデターを可能とする内容を期待していることがうかがえる。軍が国会や内閣に干渉できるメカニズムが盛り込まれれば，反発が起き，国民投票で否決されるかもしれない。

民政復帰までの課題

　タイ民政復帰には，多大な困難が予想される。タクシン政権期を契機として，2つに割れた国民対立の解消は容易でない。軍政が厳しく政治運動を取り締ることによって，かろうじて表面的に平穏を保つことはできても，2つの民主主義（民意を反映させる議会制民主主義と政治家の暴走を食い止める監視の民主主義）の折り合いをつけることは，新憲法が施行されても不可能であろう。軍政によって再び起草される新憲法は，中立ではなく，黄シャツ寄りの内容となることは疑う余地はない。本来，仲裁者であるべき司法と王室の中立性が失われ，信頼を損なったことで，対立解消の出口は塞がれている。司法のダブルスタンダートが解消されない限り，赤シャツは，タクシン派の政治家が汚職・不正案件で追及され，有罪判決が下されても，悪徳政治家であるとは信じない。むしろ同情票を増やすことになる。

　選挙のルールを変更し，タクシン派政党を追い詰めようとしても，選挙を実施すれば，結局タクシン派が勝利する可能性がある。しかし，黄シャツは，その結果を民意ではないと敗北を受け止めようとはしないだろうし，選挙に勝てる見込みがなければ，再び違法な選挙妨害を企てるかもしれない。民政復帰後は，クーデター前のデモ合戦と同じ状況に戻ってしまうことも十分に考えられる。

　たんに赤シャツを弾圧するだけでは，対立を終わらせることはできない。その点は軍政も十分に理解しており，人気取りのため，積極的に社会経済政策に取り組んでいる。農民の債務問題の救済策や巨額のインフラ投資，インフォーマルセクター対策も実行された。かつてタクシン政権が取り組んで人気を得た政策を軍政が換骨奪胎したともいえる。対立の背景にある社会経済的な格差を地道に解消していくことが鍵となる。相続税の導入が決まったこと，不動産税も導入されようとしていることは大きな前進である。十分な財源を確保しながら，所得再分配制度を拡充していくこと，福祉国家に向かっていくことで国民和解は徐々に進んでいくかもしれない。

参考文献

綾部真雄編著『タイを知るための72章』明石書店，2014年。
小林秀明『クーデターとタイ政治――日本大使の1035日』ゆまに書房，2010年。

柴田直治『バンコク燃ゆ——タックシンと「タイ式」民主主義』めこん，2010 年。
末廣昭『タイ——中進国の模索』岩波新書，2009 年。
高橋徹『タイ——混迷からの脱出』日本経済新聞出版社，2015 年。
玉田芳史・船津鶴代『タイ政治・行政の変革　1991－2006 年』アジア経済研究所，2008 年。
バンコク日本人商工会議所『タイ国経済概況（2014/2015 年版）』バンコク日本人商工会議所，2015 年。

コラム6　バングラデシュにおける水災害と人々の適応

デルタ水環境への適応の歴史

　バングラデシュは，ガンジス，ブラマプトラ，メグナという三大河川の河口に広がる大三角州に位置する。国土の9割が海抜10メートル以下という低平地に，雨期には年間降雨の大半が降り注ぎ，その4倍ほどの水が周辺国から流入する。降雨量が平年並みでも国土の2～3割が冠水するのは，このためである。水勢を増した雨期の河川は，河岸や河床を削り，大量の土砂を運びながらベンガル湾へ注ぎ込み，その土砂は氾濫とともに土壌を形成する。平年の洪水は，土壌の養分を回復し，地下水や内水面漁場を育んできた。一方で，平年量を上回る多雨などで生じる大規模な洪水，河岸浸食や丘陵地の土砂崩れ，また沿岸に上陸するサイクロンは，多くの人命を奪い，生活に甚大な被害をもたらす。雨期の降雨が平年を下回れば，より広域で水不足が深刻化する。
　季節や年により極端に変化するデルタ特有の水環境を，人為で統御することは到底できない。そのため当地の人々は，基本的にそれぞれの土地の高低や氾濫の起こり方，水位の変化などに資源利用を巧みに適応・多様化させながら，天水に依存した氾濫原農業と内水面漁業でおもに暮らしをたててきた。バングラデシュの農村社会では集落を超えた広域での共同・組織性が相対的に弱いとされる背景には，こうしたデルタ水環境への小規模単位での適応パターンと，その基礎たる集落を掌握しない植民地期以来の地方行政のあり方が関係している。

独立以降の水環境の変化と新たな適応への取り組み

　同国の水環境は，英領からの独立以来，大きく変化している。その主因の1つが，農業近代化のための大規模な築堤である。沿岸地域に数多くつくられた輪中堤は，潮汐による塩水の氾濫から水田を守ったが，その一方で，縦横につらなる河川網を随所で切断したため，内水域を移動する魚の種類と量が大幅に減った。輪中堤地域では10年ほどの間に河床の堆砂で排水機能が不全に陥った結果，堤外河川は容易に越水する状態となり，堤内では乾期になっても湛水が続き，生活や農耕を妨げる深刻な被害が毎年繰り返されるようになった。
　もう1つの変化の要因に，顕在化しつつある気候変動の影響がある。すでに国内で多くの人々が，雨期の降雨の不安定化を実感している。温暖化による海面上昇が大きく関係していると思われる変化として，沿岸地域では，飲用水と土壌中の塩分が増えているほか，大潮やサイクロン上陸時の高潮被害や河岸流失が拡大しており，もとより厳しい人々の生活をさらに脅かしている。
　こうした水環境と水害の変化に対し，さまざまなレベルで新たな適応が試みられてい

る。たとえば，沿岸の輪中堤地域で湛水の問題に苦しむ人々は，1980年代半ばから協力して堤防切断にはじまる試行錯誤を重ね，潮汐エネルギーと沖積作用を利用した湛水解決・予防策を打ち立てた（潮汐河川管理手法）。構造物・非構造物アプローチの洪水対応を両立させたこの方法は，費用対効果と環境社会影響の両面で，浚渫・堤防強化に頼る政府の排水改善策に優ると評価され，適切な実施により，海面上昇にともなう湛水悪化を緩和する効果を持つ。しかしこの地域には，湛水状況を商機とし，輸出用のエビ養殖を拡大する形で適応を進める富裕層もおり，上記の手法での土地回復と農業再開を希望する中・小農家との間に利害の対立が生じている。

　また最近では，気候変動影響への耐性を高めるための適応策として，国内外の非政府組織が，沿岸域の一部で従来から行われていた水耕栽培の技術移転を，北部の各地で進めている。水域に浮かべた水草の土台で行う野菜の栽培や家禽飼育は，浸水長期化で耕作・雇用機会を長く奪われる雨期に，低コストで食料・収入を得る手段を人々に提供し，洪水後の速やかな生活再建の助けにもなると期待されている（Irfanullah et. al., "Floating Gardening in Bangladesh: a means to rebuild lives after devastating flood", *Indian Journal of Traditional Knowledge*, Vol. 10(1), January 2011,）。

　同国政府は2009年に公表した国家適応行動計画のなかで，今後の気候変動影響への適応策推進においては，労働人口の多くが農業に従事し，気象災害にもっとも脆弱であることを念頭におくとしている。しかし，とり得る適応策には，エビなど海水魚を対象とする漁業の拡大と水耕栽培など伝統農法の拡大，堤防の強化・新設などを挙げ，潮汐河川管理手法を含めていない。建設業界や沿岸水産加工業の利害を優先し，農家には湛水状況への個別の適応を奨励するようにも映る。こうして政府が上から行う多様なアクター間の「利害調整」で，どれだけ公平に人々の適応を進めていくことができるか，疑問の残るところである。

（大倉三和）

第14章　インド
―― 新自由主義が開けた「パンドラの箱」――

加藤　恒彦

1　独立後の輸入代替産業育成政策から経済自由化へ

経済自由化の必要性

　1991年に経済自由化へと舵を切って以来，現在に至るまでインドはIT産業を先頭に目覚ましい経済成長を遂げることになったが，ここではまず，なぜ，経済の自由化が必要であったのかを明らかにしたい。

　1947年，イギリスから独立を達成したインドがネルー首相のもとでとった基本的経済戦略は，国民会議（INC）を中心とした独立運動のなかで形成された国民的合意に基づいていた。すなわち，社会主義型の国家主導の計画経済のもと，インドを急速に自立的な産業国にすることを目指し，産業の基幹的部分を他国からの輸入に依存しない輸入代替産業の発展を図ること。そのために，植民地時代に一定の発展を見せていたインド産業資本や金融業などの分野を基礎に，工作機械をはじめとする重工業分野の自立的発展のために重点的に投資し，外資の導入や輸入への厳しい規制を行いつつ，新たな企業への許認可権による保護育成政策をとるという「内向き」の経済政策であった（Chandra 2011：25章，No. 7917-7951）。

　それらの政策はアフリカやラテン・アメリカの途上国とは異なり，欧米の資本主義に依存しないインドの自立的経済発展の基礎を築くという点で重要な役割を果たしたが，他方，1960年代の中盤以降，外国の資本との競争の欠如，成長企業の独占化への国による規制，小企業の保護を目的とした特定産業分野における自由な競争の規制，金融や石炭産業など重要分野の国有化，斜陽産業や不振産業の倒産を許さず国家が抱え込むという労働者保護政策などの諸要因による国内産業の非効率性も蓄積していった（Chandra 2011：26章，No. 8292-8336）。

また，第2次大戦以降の世界経済の新たな流れ，すなわち，1960年代から70年代にかけ，多国籍企業がより安い賃金を求め，生産拠点を途上国に移転し，同時に技術移転も行うなかで，生産の国際的分業体制が進展し，それとともに世界貿易が飛躍的に増大するという流れが生まれ，韓国，台湾，中国など東アジア諸国がそれに乗り高度経済成長を遂げるなどの国際経済情勢の変化にインドは機敏に対応することができなかった。

1980年代に入りINCによる一党支配の時代が終わり，多党化の時代を迎えると政党間競争が激化し，選挙民の票目当ての補助金政策などポピュリズム政治が蔓延する。その結果，国家の財政赤字が深刻となっていったのだ（Chandra 2011：26章，No. 8391-8458）。こうした諸要因の積み重ねの結果，1991年には国際収支の赤字と財政危機が債務不履行の危機にまで深刻化していた。

新自由主義の下での新たな経済政策

インド経済の自由化を主張する人々はすでに1960年代からあり，1980年代には一部自由化への動きもあったのだが，独立以来の政策の根本的見直しには民主主義国家特有の困難があった。しかし1991年，INCのラジブ・ガンディーが総選挙中に暗殺によって倒れ，後を継いで少数政権を率いたラオ首相は，この経済危機を梃に，1960年代以来，経済の自由化の必要を説いてきたマンモーハン・シン経済学博士を財務大臣に据え，「前例のない包括的な政策変更」を行った。それは新自由主義と呼ばれる「自由化，民営化，グローバリゼーション」を構成要素とする経済政策への転換である。国内的には経済活動への上記のさまざまな国家による許認可権や規制の体系を取り払い，他方，それまで外国資本に閉じられてきたインド経済を解放し，外資を積極的に受け入れ，グローバル経済のなかにインド経済が組み込まれる方向を選んだのだ。その結果，インドは1991年時の0.8％というGDPの成長率から年率7.5％の成長率を遂げ続けている（Chandra 2011：28章，No. 8458-8557）。

2　新自由主義経済政策の光と闇

IT，およびIT関連産業の飛躍的発展

では，経済政策のそのような転換の結果インドの経済にどのような変化が生

まれたのか？その良い意味での典型はIT産業の分野に見られる。インドのシリコンバレーと呼ばれるバンガローレをはじめとしてデリー，マドラス，ハイドラバードなどにはIBM，DELL，インテルなどの欧米の名だたるIT企業が進出し，インド工科大学（IIT）で養成された優れたエンジニアを雇用し，新たな技術開発に携わらせ，そこで開発された新たな技術が製品化されコンピュータに組み込まれ，世界のマーケットで販売されているのである（NHKスペシャル取材班 2009：25-27）。

それだけではない。1990年代のITブームを背景に，欧米の企業で必要とされる，社内のコンピュータネットワークづくり，さまざまなデータベースづくりなど，ITソフトのアウトソーシング先として，インフォーシス，Wiproなどのインドのソフトウエア産業が飛躍的に発展し，大きな利益を上げるようになっている（グハ 2012：29章Ⅲ，423-426）。

1990年代までは，IITを出たインドの技術者は海外に職を求め，シリコンバレーなどで雇用されていたのであるが，やがてインドに戻り起業しはじめたのである（NHKスペシャル取材班 2009：60）。

ではそもそも，どうしてインドには優れた理工系技術者が存在したのか？それにはネルーの先見の明があった。ネルーは独立後，頭脳立国という理念のもと，インドには将来的に高度な科学・技術者が必要になると見てIITを各所につくり，多大の教育・研究予算をつぎ込んでいたのだ。そして，高等教育の言語として，また国際的なコミュニケーションの言語として英語を残したのだ。その結果として，インドは教育があり英語を喋り，低賃金でも働く優秀な労働力を多数手にしたのである（Chandra 2010：25章, No. 8116-8134／グハ 2012：29章Ⅲ，425）。

その結果，インドはITの分野以外でも，アメリカ企業のアウトソーシング先として機能するようになった。医療関係のテストの請負といった高度な産業分野もあれば，コールセンター（欧米のクレジットカード所有者からの電話への対応や飛行機や汽車の切符の予約を行う）や繊維産業の分野での海外の有名服飾メーカーの仕事の請負などである。また，インドで子会社を開きたいという海外の企業からの要請も1991年以来飛躍的に増えている（グハ 2012：29章Ⅲ，426／NHKスペシャル取材班 2009：51-52）。

その結果，中産階級層が増大し，それを対象にした消費文化が都市を中心に

第14章　インド

繁栄し，インドの貧困率も1990年代の初めには国民の40％が貧困線以下の生活をしていたのが，1990年代の終わりには10％程度改善したと見られている（グハ 2012：29章Ⅳ-Ⅴ，428-430）。

新自由主義の負の諸側面

　だが，グハによれば，新自由主義経済政策が何の生活の改善ももたらさなかった農村部分も多くあり，そこでは依然として教育と医療の遅れが見られるのである。また，欧米の資本は質の高い人的資本が存在する地域，すなわち教育水準が高く，公衆衛生が行き届いた地域に流れる傾向があり，都市と農村との格差，そして農村相互の地域間格差がますます拡大しているという。

　ネルーの時代には，遅れた地域への重点的施策が国や州によって行われたが新自由主義にまかせるだけではそのような格差がますます拡大していき，貧しい州から都会への住民の移動と都市のスラムの増大も起きているのである。この点についてノーベル経済学賞を受賞した経済学者アマルティア・センは，国民の間でこのような不平等が酷くなると，インドの半分はカリフォルニアのようになり，もう半分はサハラ以南のアフリカのようになるであろう，と懸念を表明している（グハ 2012：29章Ⅷ，440-443）。

　だがグハは，インドの新自由主義にはさらに深刻な側面があるという。それがもっとも露骨に表れているのが内外資本の投資による鉱物資源開発，「経済特区」開発，大企業の工場誘致などの場合である。なぜなら，それらの「開発」の対象地域には，ヒンドゥー教徒がインドに流入してくる以前から住んでいた先住民族（指定部族）やカースト制度の最下層に置かれたダリット（不可触民）や貧しい農民が住んでおり，彼らの土地の収用がヒンドゥー教徒主導の政府や州政府によってきわめて強引に彼らの人権を無視する形で進行しており，住民の大きな抵抗を引き起こしているからである。新自由主義の下でのこのような事態は，独立後制定されたインド憲法の民主主義的原則や条項を無視した形で進行し，民主主義インドを危機に陥れているという。

　そこで次に，新自由主義の下でインドの政治に何が起きているのか，引き続きグハに依拠しつつ見ていこう。

新自由主義政策 vs ポピュリズム政策

　国家の経済政策について国民の間に大きな方向での合意があったネルーの時代とは違い、新自由主義の政策をめぐっては「改革派」と「ポピュリスト派」との間で激しい対立が存在してきた。「改革派」は新自由主義政策の実施を求め、市場の諸力の尊重、政府による補助金の廃止、労働者保護の労働法の廃止などを主張し、他方、独立後の貧者の保護を重視する政策を擁護する「ポピュリスト派」は外資の直接投資の規制、基幹産業のさらなる国有化、労働者や小企業の保護など、ネルー時代からの政策の堅持を主張した。

　インドでは1991年の政策転換以来、政権は基本的にINC主導の連合政権とインド人民党（BJP）主導の連合政権の間をたらい回しされてきたのであるが、きわめてインド的と思われる特徴は、政権を取った党は、INCであれ、BJPであれ、新自由主義の政策を推進し、野党になると政権奪還のため、ポピュリスト的政策を掲げ政府の政策や腐敗を批判するのである。このような政党としての政策的一貫性の欠如は、新自由主義のもとで政権党の座が今までにも増してうま味のある地位に転化し、腐敗の温床と化してしまったからにほかならない（グハ 2012：29章Ⅸ、443-444）。

　だが、そのような事態は、すでに独立後のINCの下級官僚や地方政治家の間に起きていた。だが、ネルーが絶大な力を振るった時代にはそのような傾向が国家の大物政治家や高級官僚のレベルにおいて表面化することはまだ抑えられていた。それが次第に表面化するのは1970年代に入ってからである。

　グハは、「1970年代には政治家は武器の購入に際し外国の武器会社から手数料を要求しはじめたが、その金のほとんどは党の財政に入り、次の選挙資金として使われた。だが、80年代までには政治的腐敗は組織的なものから個人的なものに変質し、中央や地方の大臣たちは政府の契約や役人の人事などさまざまな手段で金を儲けていた」。「1990年代には中央調査局が沢山の著名な政治家を彼らの地位に似つかわしくない資産を持っているとして告発した。たとえばいくつかの州の首相が政府の事業計画にかかわって巨額の富を得たと告訴された。しかし、それらは皆有罪とはならなかった。選挙の際にはそれを野党は批判するのだが、選挙に勝つと、先任者の腐敗をさらに追及することはなかった。それは次に政権の座に就くものが自分に対し、同様に寛容に振る舞うことを期待してのことだ」と述べている（グハ 2012：28章、406-407）。

また政治家や官僚の腐敗について,「計画委員会」は, 農村開発基金の70-90％は農村の統治機構としての長老会議の長から地域の議員, そして役人まで蜘蛛の巣のように張りめぐらされた利権網に吸い取られてしまっていると見積もっている。バンガローレ市では, 道路工事に割り当てられた100ルピーについて40％は政治家に20％は役人の手に渡り, 残りの40％しか道路工事には使われないという（グハ 2012：28章Ⅷ, 407）。

　さらにグハは,「政治の犯罪化」と呼ばれる事態が起きているという。ウッタル・プレディッシュ州とヒバール州では前科を持っているものが選挙に出, 時には当選し, 時には大臣になることもある, という。

　また, グハは, 資産という観点から候補者を見て言えることは, 中央で権力を持っている間にINCもBJPも体制から利益を吸い取っていたということ, 国民会議派に大金持ちがより多いのはそれだけ政権に長く就いていたということである, とも述べている（グハ 2012：28章Ⅷ, 408-409）。

3　インドにおける左翼政党の独立後の状況

共産主義運動の置かれた特殊条件

　では, 経済の自由化が進行し, その下での政治の腐敗が深刻化する時代に, インドの「左翼」政党はどのように対応してきたのか？　この問いに答える前提として, まずインド左翼政党を代表するインド共産党の独立後の動き, とりわけ1960年代初期の中ソ論争に触発された党内論争の結果生まれた, 大きくは2つの異なった戦略的方向性とそれを規定した特殊インド的社会状況に目を向ける必要がある。

　第1に, インドの共産主義運動は独立後, 世界のなかでももっとも貧しい国（地主に支配される貧しい農村を背景に持つ国）で活動しなくてはならない半面, よく発達した国家的基礎のうえで民主的な選挙政治に参加することができたという特徴を持っていた。……民主主義は共産主義者が選挙や政府に参加することを可能とする反面, インド国家は共産主義者の武装闘争を鎮圧できる力を持っていた。インド政府と持続した武装闘争を維持できないので, 共産主義の主流は, 憲法的枠組みのなかで活動するよう適応せねばならなかった（Mallick 1994：7）。

第2に，中ソ論争のなかで，農村を抱える国の党は農村を基盤に武装闘争により革命を成功させた中国に倣い毛沢東派となり，資本主義が発展した国の党は議会を通じた平和的移行を目指すソビエト派になる傾向があったが，インドの場合，貧困にあえぐ農村と民主主義の制度と都市を持っていたため，インド共産党内部に，あまり西洋化されていないが農村に闘争の基盤や組織を持った左派と都会を背景とする上流階級出身の西洋的知識人が多く，議会制民主主義を基盤に目的を達成しようという右派，そして両者の間に立つ中道派が存在した (Mallick 1994：30-32)。

　そして中ソ論争期の党内論争の結果，中道派 (CPM) が勝利を治め，左派は，「耕作者に土地を」というスローガンのもと1967年に西ベンガルの北部の交通の要所ジャルパイグリ (Jalpaiguri) の各地で農民蜂起を起こす。彼らはナクサライトと呼ばれ，全国的に注目を浴びる。蜂起のほとんどは過酷な扱いを受けてきた先住民の住む地域で起きたものであり，左派は彼らの信頼を得ていたのである。それは折しもCPMがベンガル州の州議会選挙で勝利を治め，初めて州の政権党となり連合政権を樹立した時と重なった。左翼戦線政府は，最初は交渉によって解決を図ろうとしたが，やがてその運動を武力で弾圧する。政権維持と議会主義という原則を守るために自己の草の根の党員に銃を向けたのである。その結果，左派はインド全体でCPMから分裂しCPI (M.L.) (毛沢東派) を結成する (1969年) (Mallick 1994：142-143)。

独立闘争における共産主義の政治的位置

　ではインドにおいて共産党や左翼はどのような政治的位置にあるのか？　そもそもイギリスからの独立闘争自体が貧しい農民層をも巻き込んだ「左翼」的な要素を内包しており，独立後のINCの最優先の課題が地主制度の廃止であったことに見られるように貧者の立場に立った左翼的政策を基調としており，共産党や左翼勢力は，その重要な一部を占めていた。そして独立後共産党は，1957年には南インドのケララ州の選挙で政権党となり，それ以後も現在に至るまでケララでは政権をINCと交互に分かち合ってきたのである。そして西ベンガル州においては，1977年から2011年まで34年間にわたり左翼連合の「左翼戦線 (Left Front)」政府を率いてきたのである。

　西ベンガルといえば，その州都はコルカタ (元カルカッタ) である。コルカ

タは，イギリス植民地時代に100年以上（1796～1911年）インドの首都であり，インドの教育・科学・文化の中心地，アジアで最初のノーベル文学賞作家タゴールを生み出した土地，かつインド独立運動の中心地で数々の独立運動の闘士，なかでもスバス・チャンドラ・ボーズが独立運動に立ち上がった土地でもあった。したがってコルカタの政治を支配したCPMは，インド全体における議席数では計れない知的権威や影響力を持っていたのである。

だからこそ，2011年の西ベンガル州議会選挙でCPM主導の左翼戦線が最大野党のトリナムール会議（Trinamool Congress）に大敗を喫し，34年間にわたり維持してきた政権の座を失ったとき，インドのマスコミはこれをソビエト崩壊やベルリンの壁の崩壊になぞらえ，「左翼運動の終焉」と大々的に宣伝した。他方，CPMは，西ベンガルにおいては左翼戦線全体として40％を超える得票率を獲得していると強調した。

西ベンガル州「左翼戦線」の敗北と「左翼の声明」

さらに興味深いことには，そうした状況のなかで，同年5月24日に「『インドで左翼は終わったのか？』――最近の選挙結果を受けた左翼の声明」という文章が5名の知識人の呼びかけと224名の賛同者を得て，左翼的立場から色々なインドの問題への意見を掲載するブログKafila.orgに発表された。その「声明」は，そのようなマスコミとCPMのやり取りに言及しつつ，次のように述べている。

「われわれこの声明に賛同するものは，上記の双方の立場と明確に意見を異にするものである。まず，「インドの左翼」とは「左翼政党」だけを意味するのではない。したがって，「左翼政党」の敗北は，「左翼全体」の敗北を意味するわけではない。インドの左翼は，巨大な議会政党や党の官僚機構，ましてや森のなかで武装闘争に従事している党派（毛沢東派）に還元されうるものであったことはなく，つねに，より幅広い組織，運動，さまざまな闘争形態を取ってきたのだ……それは，すべてのインドの産業中心地に存在する何百という左翼系労働組合，政党の支配を受けず全国連合の結成を目指す基本的に独立した組合にはじまり，何十という大衆運動や，それと関連した組織に至るまで，さまざまな組織によって構成されている」

つまり「声明」は，議会政党としての「左翼」，すなわちCPMには解消されず，それとは一線を画した「左翼運動」の存在を敢えて強調しているのである。これをわれわれはどう理解すればいいのであろうか？　また，これにはどのような背景があるのだろうか？

　実は，「声明」では直接触れられてはいないが，西ベンガルでCPMが歴史的敗北を喫した背景には次のような事情があった。すなわち，2006年から2008年にかけてCPM自身が中央政府の政策に従い新自由主義的政策を取り，西ベンガルのナンディグラムに「経済特区」を置きインドネシアの化学工場を誘致しようとし，また，タタ自動車のナノ車の組み立て工場をシングールに誘致しようとしたのである。そして，いずれの場合にも農民の土地を農民の納得を得ることなく警察やCPMの雇った地下勢力の力で強制的に収用しようとし，農民の抵抗を招き，多くの死者も出したのだ。野党のトリナムール会議は，そのような農民の抵抗を組織し，大きな反対運動へと導いた。その結果，特区は棚上げとなり，タタはその計画からの撤退を表明した。漁夫の利を得て誘致に成功したのはグジャラート州の首相ナレンドラ・モディ（現在のインド首相）であった。

　事実，この「声明」の掲載されたKafila.orgには多くの知識人の投稿があり，CPMが企業誘致のために農民の土地を取り上げる強引なやり方に対する農民層の批判がこの選挙の結果を生んだことが明らかにされている。そしてデリーのCPMのなかにもそれに対する反対意見が多数あったことをうかがうことができる。

　ここから，次の2つの疑問が生まれてくる。

　第1の疑問は，そもそも西ベンガルのCPMは34年間の間，なぜ，あるいはどのようにして政権を維持することができたのか？そしてなぜ，西ベンガルのCPMは新自由主義政策に転換したのであろうか？第2の疑問は，「声明」が言う「左翼政党とは一線を画す左翼」とは何なのか，そして，それは新自由主義をどのように見ているのか，という問題である。

　以下，2つの疑問に答える形で展開していきたい。

4 「左翼戦線」政府の農村政策と都市政策

「左翼戦線」政府の農村政策の成功

　チャンドラによれば，CPM主導の左翼戦線政府は農村改革において大きな成果を上げ，農民の支持を得てきたのである。

　第1に，小作制度の改革がある。国民会議派はネルーの下で1950年代初期に農村の貧困と抑圧の根源であるザミンダール制度（地主制度）を廃止したが，それは地主階級の抵抗のためにきわめて不徹底なものとなった。たとえば，農村家庭の25％を占めるバーガーと呼ばれる小作人は利益を得ることができなかったのだ。それには2つの原因があった。1つは，小作人は土地の実際の耕作者であるにもかかわらず，土地台帳にその旨登記されていなかったのだ。だから彼らの土地への権利は非常に不安定なものであった。2つには，農産物のうちの小作人の取り分が非常に低く，多くを大地主と小作人の間に立つジョッテダリ（Jotedars）と呼ばれる中間搾取者（在郷地主）に支払っていたのだ。

　CPMは「バーガー作戦（Operation Barga）」と呼ばれる小作人の大きな運動を組織し，小作人たちが耕作してきた土地を登記所に正式に登記させることにより土地への永代的借地権を保障し，かつ収穫のうち彼らの取り分（収入）を増やした。他方，中間搾取を行うジョッテダリを完全に抹殺することもなかった。ジョッテダリ自身が中間的な規模の農民でもあり，農村部で小売店を営業し，町では教師，事務員，などとして働いていたのである。こうした農村における下層中産階級を完全に敵に回すことは政治的にまずいので，彼らの農産物への一定の権利は認めることにしたのである。これは連合政権という形式をとる場合，不可欠な政治的配慮であった。

　このような改革は，関係者すべてに生産を拡大しようという刺激を与え，「緑の革命」（種子の改善，肥料の大量投与，農薬の使用，灌漑などによるコメの多産化計画）や多毛作の導入への要因となり彼らの収入を増やしたのである。

　第2に，大地主が自分の土地でありながら他人名義で所有している土地を洗い出し，土地を持たない農民に配分するという課題に取り組み，大地主を敵にまわさないよう年月をかけて慎重に行ったのだ。そして左翼戦線政府は，そうした改革を補完すべく小作人や小農民に低利子の融資を行い高利貸しから彼ら

を守った。こうして土地を持たなかった農民たちが「緑の革命」に投資するのを助けたのである。西ベンガルの共産党主導の「左翼戦線」政府は，こうしたことをうまく成し遂げた数少ない政府の1つだった。

　第3に，1960年代には失敗に終わった，村落統治機構としてのパンチャヴァティ・ラジ（Panchayati Raj）の改革を成功させたことである。これはいわゆる村の長老会議的な伝統的統治機構であるが，左翼戦線政府はそこから大地主階級やほかの支配的な集団を追い出し，下層，下層中産階級，教師，活動家などを運動に巻き込み，州の官僚機構を彼らの統制のもとに置いたのである。

　また左翼戦線政府による反貧困・雇用創出計画はほかの州より良い効果を上げた。また，道路建設，土地の排水，灌漑水路の整備や村の貯水タンクの清掃などが行われ，しかもそれが民主化された長老会議を通じて実施され，村の下層階級の状況が改善されるとともに腐敗も抜本的に解消された。

　第4に，宗派的暴力を防ぐという点でも左翼戦線政府はインド全体のなかでもっとも成果を上げたのである。ムスリムの人口が多いにもかかわらず，また東ベンガルからのヒンドゥー教徒の難民の流入があったにもかかわらず，西ベンガルでは宗派的暴力は発生しなかったし，1984年のインディラ・ガンディーの暗殺や1992年12月のアヨーディアでのイスラーム教のマスジ寺院のヒンドゥー過激派による破壊の際にも宗派的暴力の発生を防いだのだった。またCPM政府は，カースト主義やカースト的暴力の成長を許さなかった。1986年にはダージリン地区のゴルカ解放戦線が地区のインドからの分離を要求したとき，平和裏に交渉し，彼らの自治権を大幅に認める形で解決した。

　こうして全体として見れば，CPMは適度に効果的で賄賂や強制に頼らない形での統治に，得に農村地域で成功したのである。CPMはほかの左翼政党とも連合した。そして最貧の人々や農村の支配階級からの露骨な抑圧はある程度抑えられたのである（Chandra 2011：No. 7311-7394）。

「左翼戦線」政府の都市における産業政策の行き詰まり

　だが，チャンドラによれば，西ベンガルのCPMは都市インフラ整備や産業の成長による雇用の創出に有効な政策を打ち出すことができなかった。西ベンガルでは，1967～75年にかけて，INCの州政府の統治の混迷とCPMに指導された労働組合による経営者の工場内への拘束やストライキなどの労働争議を

第14章 インド

嫌い，大規模な資本の脱出が起こっていたのだ。しかし，1977年に政権について以来，CPMはプラグマチックな形で資本の投資を呼び込む方策に取り組んだ。労働組合の戦闘性を抑えた結果，数年すると西ベンガル州は産業界にとってほかのどの地域よりも平和なところとなった。CPM政府はもはや財産所有者を脅かさず，その反対に国内，国外を問わず，資本家に西ベンガルへの投資を促進するような環境を提供した。しかし資本家はその誘いに乗り帰ってこようとはしなかった。その1つの理由は，労働者に勤労文化や責任感が欠けていたことである。だが本当の理由は，資本主義を無くすことを目標にする共産党を信じられなかったことにある。豹変してもヒョウはヒョウだ，というわけである。他方，西ベンガルの州首相のジョティ・バス（Jyoti Basu）は，1985年に「社会・経済的秩序の構造的変化なしに人々の生活の基本的な変化をもたらすことはできない」と，事実上，都市問題や産業発展による雇用の改善課題の先送りを表明していたのである。これは共産党州政権が西ベンガル州単独でしか存在しない状況で，左翼政権の取るべき産業成長政策はいかにあるべきか，という理論的問題に答えを持たなかったことを意味する。チャンドラはこれを理論的怠慢であると批判している。

「左翼戦線」の新自由主義への転換

だが，政権が長引くにつれ，上記の都市の深刻な問題に直面し，他方では，1991年以降のインド全体での経済の自由化により産業が発展していくという流れのなかでCPMは，政権維持のために便宜主義的に現実に対応するようになる（Chandra 2011：23，No.7311-7455）。

チャンドラはそこまでしか書いていないが，グハは，西ベンガルの左翼戦線が2006年以降，新自由主義の路線に転換し，積極的に推進したことを記述している。そこで生まれたのがデリーのCPMの知識人と西ベンガルにおけるCPMの政策との乖離である。グハは，この捩じれを，野党のときはポピュリスト的政策をとり，政権に就けば新自由主義の政策を追求するインドの政治のもっとも奇妙な例として取り上げ，次のように述べている。

「デリーにおいては，ネルー大学のCPMの知識人たちは，ポピュリズムの政策の先端を行き，政府の補助金削減，効率の悪い国営企業の民営化や外

資の導入に反対し，CPM の指導下にある労働組合は公的企業の民営化にはストライキで応じた。しかし西ベンガルでは，左翼戦線の首相，ブダデブ・バタチャリャ（Buddhadeb Bhattacharya）は精力的に内外の資本家に投資を呼びかけて回ったのである。……彼は自分の政権のスローガンは「改革せよ，さもなければ滅亡だ」とさえ言ったのだ」　　　　（グハ 2012：IX, 444-445）

そしてデリーの CPM の知識人が掲げた方針が，結局，効率が悪く，財政破綻の原因となった伝統的政策を擁護しようというものであったということは，CPM には新自由主義に変わる対案がなかったということでもあるだろう。

「新左翼」知識人による CPM 批判としての「声明」
　先に紹介した「声明」は，実は，西ベンガルの左翼戦線政府が新自由主義の推進者となり，農民への抑圧者へと転化した結果，州議会選挙で農民の反撃を受け，政権を失ったという文脈のなかから生まれ，自分達はそうはならないという決意を表明したものだったのだ。つまり，新自由主義に対する明確な対案があろうとなかろうと，中央政府や州政府が，企業の私的利益の代弁者になり，農民の土地を彼らの人権を無視し武力で収用するようなことは民主主義を標榜する国においてあってはならない，という立場を表明しているのだ。このような歯止めが重要なのは，収用の対象となる土地に住む人々に先住民やダリットや貧者が多く，国民全体が自分達自身の問題として感じない傾向が強く，あまりにも安易にそこに住む人々の権利が無視されるからだ。つまり，「声明」は，弱者の人権を無視した「経済発展」と「民主主義国」インドの危機への警鐘なのである。
　事実，インドにおいて政党から独立した人権擁護の大衆運動は大きな実績を持っている。「声明」は，彼らが組織したさまざまな大衆運動を列挙している。すなわち，有名なサルダー・サローバ・ダム計画をはじめとする沢山のダムの建設や「経済特区」の設置，鉱物資源の採掘などのすべての事業に絡む土地の強制収用反対運動，また宗派間の暴動や大量虐殺に反対し，他宗派への無差別虐殺を扇動してきた政治家の責任を問う運動，カースト制度による醜い不正義と暴力，女性への抑圧，同性愛者への偏見や攻撃への反対運動，何百万人もの児童の奴隷的賃労働に反対する運動などである。すなわち，インドにはそのよ

うなシングル・イシュー運動が無数に存在し、闘いが繰り広げられてきているのである。その背景には独立闘争から受け継がれた人権擁護の抵抗文化が存在するのであろう。

そして、この左翼的大衆運動が現在もっとも注目している問題の1つが、インドの中央部の4つの州にまたがる丘陵地帯における新自由主義的鉱物資源開発である。

5　州政府の鉱物資源開発政策と住民・毛沢東派の抵抗

オリッサにおけるボーキサイト開発と住民の抗議

グハは、経済自由化による外資の導入によって悲惨な被害を受けている事例として、オリッサにおけるボーキサイト開発を取り上げて次のように述べている。

オリッサはインドでも最貧州であるが、住民の大多数を占めるヒンドゥー教徒がその政治を支配し、中部の丘陵地帯に住む先住民族はもっとも貧しく弱い立場にある。オリッサの富はもっぱらその丘陵地帯の地中にあり、インドのボーキサイトの70％が、そしてかなりの量の鉄鉱石が先住民の土地に埋蔵されているのだ。自由化がはじまるまでは公社によって採掘されてきたが、自由化以後は内外の私企業がとってかわった。州政府は、採掘に意欲を示す企業に安い価格で土地を貸す契約書に署名した。

そのうちの1つが、1992年にカナダとスウェーデンの会社とインドのアディティア・ビルラ・グループ（Aditya Birla）の共同で提案されたウットカル・アルミナ（Utkal Alumina）計画であった。これは2億トンのボーキサイトを掘り出し、精錬し、アルミニウムとして輸出しようとするものであった。採掘場としての3000エーカーの土地は先住民が耕す土地であり、先住民達はこの計画に何のメリットも見出さなかった。なぜならこの計画は彼らの土地を奪い、見返りが何もなかったからだ。1993年に先住民の活動家の代表が州の首相と会い、契約の破棄を要求した。首相はその要求を拒否し、計画を進めるために現地に調査団を派遣した。それから数年の間、先住民達はウットカル・アルミナ会社の社員が村に入るのを禁止し、道路を封鎖し、抗議行動を行い、環境破壊を訴えた。

こうした騒動が起きているにもかかわらず，州政府はこの事業による税収に目をつけ，政党や政治家は私腹を肥やすチャンスと見て，内外の採掘会社とさらに一連の契約を交わし，3000トンの鉄と15億トンのボーキサイトの採掘計画を持つ会社に，今後25年間にわたり土地の租借権を与えたが，その環境や社会におよぼす影響は考慮に入れなかった。

州政府は，さらにカリンガ・ナガーにタタ製鋼が中国向けに鉄鋼生産を行う工場用地を安く買い上げた。それに対する住民の抗議は裁判所に認められず，工場の建設がはじまった。2006年の初頭に，先住民達が工場敷地の壁を壊し，警察が発砲するという事件が起こり，12人が殺された。先住民達は犠牲者たちの死体を高速道路に並べ1週間にわたり交通を止めた。この運動への連帯を早々と表明した団体の1つが毛沢東派であった。このような住民と毛沢東派の抵抗に対し中央政府・州政府は，準正規軍を動員し武力によって鎮圧しようとし，インド中部の4つの州にまたがる地域全体が「赤い回廊」と呼ばれる紛争地域になっていったのである（グハ 2012：29章Ⅶ，438-440）。

そして2009年に入り，これが中央政府の軍事力を動員した毛沢東派一掃作戦（メディアはそれを「グリーン・ハント作戦」と名付けた）へとエスカレートするに至り，CPMなどの政党左翼とは一線を画す左翼勢力の新たな重要課題となっている。

こうした状況を受け，1997年に『小さき者たちの神』でブッカー賞受賞後，1年後には一転し，サルダー・サローバ・ダム開発の問題やグジャラート州におけるイスラーム教徒への宗派的大虐殺事件（2002年）をはじめインドの現実の問題に独立左翼作家として取り組んできたアルンダティ・ロイもこの問題に参入する。2010年の初めには事前に毛沢東派幹部の許可を取ったうえで，森に単身で入り，毛沢東派の幹部や彼らと闘う先住民の人々と数週間移動しつつ暮らした体験を『同志と歩く』（2011年）で綴り彼らの実像に迫っている。

次に紹介するロイのエッセイ「チダムバラム氏の戦争」では，先住民や毛沢東派の立場から，何に対し，なぜ彼らが武装闘争という手段に訴えているのか，を掘り下げている。まずロイの論理に耳を傾けてみよう。

アルンダティ・ロイの「チダムバラム氏の戦争」

南オリッサの，頂上が低い平地になっている丘陵地帯は先住民族ドングリ

ア・コンドの住処である。コンドたちは，インドという国やオリッサという州が存在するずっと以前からこの土地に住み，その丘陵を神と崇めてきた。しかし，彼らが住むニヤムギリの丘は，ヴェダンテという会社に売却されてしまった。この会社は，世界でも有数の鉱山会社でインド人の億万長者，アニル・アガワル氏が所有する会社で，彼はロドンの，かつてはイランのシャー（国王）が住んでいたマンションに住んでいる。ヴェダンテは，この丘陵地帯に迫ってきている数多くの多国籍企業の1つなのだ（Roy 2012：1-2）。

もし頂上の平らな丘が破壊されれば，丘を覆っている森も，そして下の平原を灌漑している川も破壊され，ドングリアたちは滅びるであろう。また，同様の攻撃に晒されているインドの中心部の森に住む何十万という先住民たちもまた滅びるであろう。

都会に住む人々のなかには「だからどうだというのだ？ 誰かが進歩の代償を支払わないといけない」と言う者もあり，「こうした人々の滅びの時が来たのだ。ヨーロッパであれ，アメリカであれ，オーストラリアであれ，先進国では皆そうした過去を持っている。だからどうしてわれわれがそうして悪いのか」と言うものさえいる（Roy 2012：2）。

「グリーン・ハント作戦」

そのような考え方に従って，中央政府は，いわゆる「グリーン・ハント作戦」を発表した。これは，中央インドのジャングル（「赤い回廊」）に司令部を持つ毛沢東派の反抗者たちとの戦争とされている。もちろん毛沢東派だけが反抗しているのでは決してない。インドのあらゆるところで，さまざまな不正義に反抗している人々がいる。だが，インドのシン首相が，「治安への最大の脅威である」と名指ししたのは毛沢東派であった。その真意は2009年6月にインド議会への演説のなかでシン首相が述べた次の言葉に示されている。すなわち，「もし左翼過激派が，膨大な鉱物資源を抱えているわが国の重要な地域で影響力を持ち続けることにでもなれば，投資環境に悪影響を与えることになるだろう」と言ったのだ（Roy 2012：2-3）。

毛沢東派とは

毛沢東派は，インドの共産党から除名された一派であり，暴力革命による国

家の転覆によってのみインドの構造的不平等を変革できると考えているのであるが，ジャールカンド州，ビハール州，アンドラ州などで絶大な民衆の支持を得ていて，2004年に一時的に彼らへの禁止令が解除されたとき百万人以上の人々がアンドラ州で行われた集会に集まったのである。

現在，中央インドの毛沢東派のゲリラ部隊は，絶望的なまでに貧しい先住民族から成っている。彼らは，インドの独立以来60年経っても未だに教育，医療，法的救済を受けるに至っていない人々である。彼らは何十年にもわたり，小さなビジネスマンや高利貸によって情け容赦なく絞り取られてきた人々であり，その女性が警官や森林局の職員によって職権の一部であるかのようにレイプされてきた人々である。彼らが何らかの威厳らしきものを取り戻すことができたのは，何十年にもわたって彼らとともに住み，働き，闘ってきた毛沢東派の幹部のおかげであった。

先住民の人々が武器を取ったのは，彼らに暴力を振るう以外何もしなかった政府がいまや彼らに残された最後のもの——土地——を奪おうとしているからだ。彼らは政府が彼らの土地を「開発」したいだけだと言ってもまったく信用しない。政府が森を切り開いて建設中の飛行機の滑走路と同じぐらい広い道路を子供達のための通学路だ，と言っても信じないのだ。彼らは土地を守るために闘わないと自分達は滅ぼされると信じている。だから生き残るために武器を取ったのだ（Roy 2012：3-8）。

専門家の目

2008年に政府の「5ヵ年計画委員会」によって任命された専門家たちが「過激派に支配された地域における開発問題」という報告書を提出し，次のように指摘した。「毛沢東派は，土地を持たない貧しい農民や先住民の間に強い支持基盤を持っている政治運動だと認識する必要がある。……政府の政策と実際にやることとのあまりに大きな乖離がこの運動を生み出した1つの大きな原因である。毛沢東派の長期的な路線は武力革命による国家権力の奪取であるが，彼らの日常の闘いは，社会的正義，平等，保護，安全，地域の発展のためのものである」。つまり，首相の言う「国内の安全への最大の脅威」などではさらさらないのである（Roy 2012：8-9）。

マスコミは，毛沢東派の反抗が時の話題となっているので，各紙がこぞって

第14章　インド

突然，問題の根っこにあるのは何十年にもわたって蓄積された不正義であることを認めているようである。しかし，その問題について対処する，つまり，この21世紀のゴールド・ラッシュを止めさせる代わりに，まったく異なった方向，つまり，毛沢東派のテロリズムについての殊勝な怒りを爆発させている。

政府による宣戦布告

　政府は，裕福な市民を守るためと称し，毛沢東派に宣戦を布告した。

　殺しのライセンスを持って森を徘徊する特殊警察だけでは足りないのだ。さまざまな準正規軍が遠い森の奥の村落で残虐な行為を繰り広げるだけでも足りないのだ。政府が民兵組織を支え武装させ，そしてその民兵組織がダンテワダの森で殺し，犯し，焼き尽くし，5万人を道端の警察キャンプに追いやり，約30万人の人々が住む地域の残りの住民の住居を奪うか，逃亡生活に追いやってもまだ足りないのだ。今や政府はインド・パキスタンの国境警備隊や何万もの準正規軍を動員しようとしている（Roy 2012：9-11）。

　「グリーン・ハント作戦」とはどういう類の戦争になっていくのか？森からはあまり情報は伝わってこない。西ベンガルのラルガースは封鎖されている。中に立ち入ろうとするものは殴られ逮捕され，もちろん，毛沢東派だというレッテルを張られる。戦闘地域の手前の最後の中立地帯であったガンディー派の修行道場もブルドーザーであっと言う間に破壊されてしまった。以前は，そこにジャーナリストや活動家，研究者，調査団が滞在できたのだが（Roy 2012：12）。

市民グループの集会で

　先般，国のあちこちから市民の自由や権利のために闘うグループがデリーでさまざまな集会を組織した。その目的はこの戦争への流れを変え，戦争を止めさせることはできないかを議論するためであった。そこに集まったのは人権活動家，学者，弁護士，裁判官といった人々であった。彼らが首都にやって来たということは，テレビやメディアのヒステリックな喧騒にもかかわらず，インドの中産階級のなかにさえ，人間の心がいまだ鼓動していることを示している。

　そこでは，リベラルな意見からラディカル左翼の意見に至るまでさまざまな意見が述べられた。誰一人毛沢東派に属するとは言わなかったが，国家の暴力に対し自らを守る権利を持つという考えに反対する人はほとんどいなかった。

彼らの多くは，毛沢東派の暴力や人民裁判を受け入れているわけではないが，インドの裁判所が普通の人の手の届かないところにあり，武装闘争は，存在の淵にまで追い込まれた人々の最後の手段であることを知っていたのだ。すでに一線を退いた元裁判官は毛沢東派に感謝したいとさえ言った。この国の体制派の人々に，体制の酷い不正を真っ向から見つめざるを得なくしたからである。

　実際に戦闘が行われている地域からやってきた活動家は，警察による弾圧について，警察は鉱山会社の社員から直接指示を受けているようだ，と述べた。また毛沢東派ではない人権活動家や普通の人々が「毛沢東派」と呼ばれ，投獄されており，何よりもそのために，そうした人々が毛沢東派に参加するようになっている，と述べた。また，「開発」計画のために土地を失った5000万人の一部の人々にさえ代替地を保証できないと弁明する政府が，どうして経済特区，すなわち，インド国内のタックス・ヘイブンのための14万haの一等地を見つけることができるのか？と問いかける。最高裁は，「公的な目的」のためにという名目で政府が私企業の利益のために土地を取得しているのを知ったうえで，「土地取得法」に定められた「公的目的」に反するという批判を無視しているとすれば，それはどのような類の正義を守っていることになるのか，と問いかけた。

　10年前にはいまだ「新経済政策」による開発モデルについてその是非が議論されることがあったが，いまではガンディー主義者から「毛沢東派」まで完全にノーである。いま議論になるのは，いかにして止めさせるのか，である（Roy 2012 : 17-20）。

　そのような集会に企業の大物が紛れ込んできたことがあった。その男は，ロイに，この種の事業に絡んでいる金額をもってすれば，開発業者は大臣，メディアの大物，政策作成者を買収し，自分達のためのNGOや自警団を雇い，政府や毛沢東派さえ買収することだってできるのだ，だから何をやっても無駄だ，と豪語したという。

鉱山開発と莫大な利権

　では一体どの位の金が絡んでいるのだろうか？　ロイは，信頼できる最近の著作に依拠し，オリッサのボーキサイト埋蔵量の金額だけでも2010年の金額では4兆ドルになるという。

ボーキサイトの鉱石はいまだ山のなかにあるが，未来の市場ではすでに取引されている可能性が強い。だから，先住民にとって山はいまも生きた神様であるが，会社にとっては安上がりの倉庫なのである。保管されている物資は，利用できなくてはならない。会社の観点からすればボーキサイトは山から掘り出されなくてはならない。平和裏にできないのなら暴力を使ってでも行われなくてはならない。それが自由市場の圧力であり，経済上の急務なのである（Roy 2012：20-24）。

これはオリッサのボーキサイトのことであるが，それにチャッティスガル州とジャールカンド州の何百万トンの高品質の鉄鉱石やほかの28地域の貴重な鉱石資源（ウラン，石灰石，等々），そしてそれに発電所，ダム，高速道路，製鉄会社やセメント工場，アルミニウム精錬場などのインフラ整備の計画があり，それに関する数百の「覚書」がすでに署名されているのである。こう考えてみると，関係者の作業と必死さの規模の大枠を理解することができるであろう（Roy 2012：24）。

そしてそこには何百万人の先住民族が住んでいるのだ。憲法の付則第5条には先住民の保護規定と彼らの土地の譲渡禁止規定がある。しかし，それはどうでもいいことのようだ。無名の会社から世界的な企業に至るまで多数の会社が彼らの土地を手に入れようと競い合っている。すべての山，川，そして森の空地には覚書がすでにある。想像を超えた規模の社会的，環境工学についての話が進行しているのだ。そしてそのほとんどが秘密裏に行われ，公にはされていない。気候変動会議や毛沢東派の動きを追跡するのに忙しい24時間テレビは，この側面には興味がないようである。なぜだろう？　このような開発はGDPを劇的に引き上げ，住処を失った人々に職を与えるからであろう。もちろん環境破壊は無視しても，である。だが，これも真実ではない。税金として国庫に納められるのは10％にすぎない。家を失った人々で工事現場の職にありつけるのはほんの一部であり，それも奴隷的な重労働である。環境を犠牲にし，われわれは他国の経済を潤しているのだ（Roy 2012：24-26）。

買収された人々

これほどの金が絡んだ場合には，誰がそれに利害関係を持っているのかを特定するのは難しい。私用のジェット機に乗っているCEOから人民自警団の対

先住民特殊警察部隊の隊員に至るまでのさまざまな段階には沢山の利害関係者が介在している。それぞれの人間はその地位を利用して儲けることを許されているのだ。政党，大臣，国会議員，政治家，裁判官，NGO，専門家のコンサルタント，警官，メディア，などがそうである。

　ロイは以下のような例を挙げている。「グリーン・ハント作戦」の最高責任者である内務大臣のチダムバラム氏は弁護士としていくつかの採掘会社を代表したことがあり，ヴェダンタの非業務取締役でもあった。そして，その彼が財務大臣になったとき，外資による直接投資を最初に認可したケースの１つは，ツインスター・ホールディングズによるスターライト（ヴェダンタ・グループの１つ）株の取得であったこと，などである。われわれはこうした事実をどのように理解すればよいのであろうか？（Roy 2012：26-27）。

　最高裁判所の裁判官も例外ではない。オリッサの活動家は最高裁にヴェダンタを訴え，ヴェダンタが政府のガイドラインを破ったこと，ノルウェーの年金基金がヴェダンタによる酷い環境破壊や人権侵害を理由に投資を引き上げたことなどを例に挙げた。すると裁判長は，ヴェダンタをスターライトに変更したらいい，自分もスターライトの株を持っていると何食わぬ顔をして公開の裁判で発言したのだ。そしてスターライトに森を切り開く許可を与え，採掘へと一歩進めたのである。最高裁が自ら任命した専門家委員会が許可を否定し，採掘は森，水資源，環境，そしてそこに住む部族の人々の生活を破壊すると明言したにもかかわらず，裁判長は専門家委員会の報告を論駁することもなく，計画を承認したのである（Roy 2012：27-30）。

　そして実はそのような承認のずっと以前，タタとの「覚書」が交わされた直後の 2005 年に，森を切り開くための残酷な作戦のための軍隊が編成されていたのである（Roy 2012：30）。

　そして首相が毛沢東派を，国内の治安の最大で単一の脅威であると言いはじめたとき，多くの鉱山会社の株が急速に値を上げはじめたのである。

　鉱山会社はこの「暴力」を必要としている。これは昔からあるテクニックである。これまで抵抗してきた人々も暴力を嫌い運動から去っていくことを期待しているのだ（Roy 2012：31）。

第14章　インド

抗議する人々

　インド中で騒動や抗議行動が起きている。政府の誠意のない約束など信じず，土地や自然の資源の引き渡しを拒否する住民による抗議行動である。突然，10％の経済成長と民主主義が両立しないかのような情勢が起きているのである（Roy 2012：33）。

　平らな土地を頂いた丘陵地帯からボーキサイトを掘り出し，森林の土壌から鉄鉱石を採掘し，インドの人口の85％を土地から引き離し，都市に追いやる（チダムバラム氏は，そうしたらいいと言っている）ためには，インドは警察国家になる必要がある。政府は武装しなくてはいけない。その武装化を正当化するためには敵が必要であり，その敵が毛沢東派なのだ（Roy 2012：34）。

　企業原理主義者にとって毛沢東派は，ヒンドゥー教の原理主義者にとってのムスリム原理主義者と同じである。いま，毛沢東派に対する武力や法を総動員した闘いは，数千人の毛沢東派を森から追い出すためだけのものだと考えるのは大間違いだ。来るべき非常事態宣言の核心的問題は，こうである。カシミールの小さな谷を制圧するのに60万人の軍隊が必要となるのなら，何億という人々が住む山系を制圧するのにどれほどの軍隊が必要となることか（Roy 2012：34）。

「グリーン・ハント作戦」の本質

　このようにしてインド中央政権は，都市の利己的な中産階級の支持を背景に，「公正さ」の仮面をかなぐり捨て，巨大鉱物資源開発企業の代弁者を内務大臣に据え，政党，官僚機構，司法，軍隊，警察，そしてメディアを買収し，土地を守るための最後の手段として武装闘争に立ち上がっている先住民と毛沢東派をテロリストに仕立て上げ，「グリーン・ハント作戦」を行っているのだ。

　彼らをそのような行動に駆り立てているものは何であろうか？　それは物質的富へのギラギラとした利己的欲望であり，先住民族の人権という観念の完全な欠如である。かつて世界を感動させたガンディーやネルーのインドの独立と世俗的民主主義国家の非暴力的抵抗による建設という崇高な理念と行動はどこに行ったのであろうか？それに代わり，いまでは経済開放政策という「パンドラの箱」が開かれたことにより，インドの伝統の2つの負の遺産が勢いを取り戻しているのだ。すなわち，人間の平等を否定したカースト制的伝統と，人々

を醜い争いに駆り立てる「物質的欲望」を「煩悩」としてその克服を訴えた仏教を滅ぼしたヒンドゥー教的伝統である。

　だが，インドには言論の自由を行使し，インド政府のやり方を公然と批判し，先住民族と毛沢東派の武装闘争にも理解を示し，紛争の平和的解決を求める団体や個人の輪が存在する。その輪の広がりに希望をつなげたい。

参考文献

NHK スペシャル取材班『インドの衝撃』（文春文庫）文藝春秋，2009 年。

グハ，ラマチャンドラ（佐藤宏訳）『インド現代史——1947-2007』下，明石書店，2012 年。

'End of the Left' in India ? Statement by Leftists after recent election results, May 24, 2011, Kafila. org（https://kafila.org/2011/05/24/end-of-the-left-in-india-statemnet-after-recent-election-results/）

Chandra, Bipan. Mukherjee, Mridula. Mukherjee, Aditya. *India Since Independence*, New Delhi, the Penguin Group, 1999. 2008 年には改訂版がでている。本書には改訂版の DK Digital Media, India 電子版（2011 年）を参照した。

Mallick, Ross. *Indian Communism : Opposition, Collaboration and Institutionalization*, Delhi, Oxford University Press, 1994.

Roy, Arundhati. "Mr. Chidambaram's War," *Walking with the Comrades*, Hamish Hamilton, a member of Penguin Books India, 2011. 本書では Penguin Books（USA）2012 版を参照した。

関係年表

年	世界の動き	アジアの動き
1898	4月米西戦争，12月パリ条約により米国，フィリピンを領有。キューバ，保護国化。	4月米西戦争。6月アギナルド，フィリピン独立宣言，大統領に就任。12月パリ条約により米国，フィリピンを領有。
1899	10月ボーア戦争（～1902年）。	1月フィリピン（第一）共和国樹立宣言（1902年7月，米国「平定」宣言）。
1902		1月日英同盟締結。
1904	2月日露戦争（～1905年9月）。	2月日露戦争（～1905年9月）。
1905		10月英領インド総督ベンガル分割令発令。
1910	8月韓国併合に関する日韓条約調印。	8月韓国併合に関する日韓条約調印。
1911	10月イタリアのリビア植民地支配（～1943年9月）。	10月辛亥革命（12年1月中華民国成立）。
1914	7月第1次世界大戦（～1918年11月）。	7月第1次世界大戦（～1918年11月）。
1917	11月バルフォア宣言。ロシア十月革命。	11月ロシア十月革命。
1920	1月国際連盟発足（ベルサイユ協定発効日）。6月国際商業会議所（International Chamber of Commerce）設立。	
1922	7月国際連盟，英国によるパレスチナ委任統治の承認。11月クーデンホーフ＝カレルギー，「汎ヨーロッパ主義」を提唱。	
1931	9月柳条湖事件。日本軍，軍事行動を開始（「満州事変」）。	9月柳条湖事件。日本軍，軍事行動を開始（「満州事変」）。
1934	6月南アフリカ連邦地位法が可決され，南ア，イギリス連邦内で独立。	
1937	7月盧溝橋で日中両軍衝突。12月日本軍，南京占領。	7月盧溝橋で日中両軍衝突。12月日本軍，南京占領。

1939	9月第2次世界大戦（1日，独軍ポーランド侵攻。～1945年9月2日，日本降伏文書調印）。	9月第2次世界大戦（1日，独軍ポーランド侵攻。～1945年9月2日，日本降伏文書調印）。
1940	3月全インドムスリム連盟（1906年設立），ラーホール決議採択。9月日本軍，「仏印進駐」。	3月全インドムスリム連盟（1906年設立），ラーホール決議採択。9月日本軍，「仏印進駐」（南部は1941年7月），仏日「二重支配」。
1941	5月ホー・チ・ミン，ベトナム独立同盟（ベトミン）を結成。7月スピネッリらレジスタンス運動家による「ヴェントテーネ宣言」。8月大西洋憲章署名。12月日本軍，ハワイ真珠湾・マレー半島コタバル攻撃。	5月ホー・チ・ミン，ベトナム独立同盟（ベトミン）を結成。
1943	9月イタリア降伏，休戦協定調印。	
1945	3月アラブ連盟の成立。5月ドイツ降伏。8月広島，長崎への原爆投下。日本，ポツダム宣言受諾，降伏。インドネシア独立宣言（スカルノ初代大統領）。オランダとの間で独立戦争（～1949年12月）。9月ホー・チ・ミン，ベトナム民主共和国独立宣言。10月国際連合発足。12月国際通貨基金（IMF），国際復興開発銀行（世界銀行）設立。	3月日本軍，「仏印処理」（明号作戦によるクーデター），全インドシナを日本軍政下に。8月広島，長崎に原爆投下，日本，ポツダム宣言受諾（14日）。インドネシア独立宣言（スカルノ初代大統領）。オランダとの間で独立戦争（～1949年12月）。9月ホー・チ・ミン，ベトナム民主共和国独立宣言。
1946	6月アルゼンチンでペロン政権成立（～1955年9月）。7月フィリピン独立。9月チャーチル，チューリヒで「ヨーロッパ合衆国構想」を提唱。12月第1回国連総会でUNICEF（国連国際児童緊急基金）を創設。**インドシナ戦争始まる**。	7月フィリピン独立。12月北部復帰のフランス軍，ベトナム軍民とハノイ市街戦，**インドシナ戦争始まる**。
1947	2月イタリアと連合国間でパリ講和条約調印（全植民地の放棄）。8月インド独立，パキスタン成立（英連邦内自治領。1956年にパキスタン・イスラーム共和国として完全独立）。11月国連パレスチナ分割決議案の採択（国連総会決議181）。	8月インド独立，パキスタン成立（英連邦内自治領。1956年にパキスタン・イスラーム共和国として完全独立）。

1948	5月南ア，国民党勝利，アパルトヘイト政策を実施。イスラエル独立宣言，第1次中東戦争の勃発。8月大韓民国政府樹立。9月朝鮮民主主義人民共和国政府樹立。12月第3回国連総会で「世界人権宣言」採択。	1月ビルマ（現ミャンマー）独立。8月大韓民国政府樹立（15日）。9月朝鮮民主主義人民共和国政府樹立。
1949	9月ドイツ連邦共和国（西ドイツ）が米英仏占領地区に成立。10月ドイツ民主共和国（東ドイツ）がソ連占領地区に成立。**中華人民共和国成立**。	10月中華人民共和国成立。11月ハーグ協定によりオランダがインドネシアの独立を承認。12月韓国で帰属財産処理法公布。
1950	**6月朝鮮戦争起こる（1953年7月，休戦協定調印）**。12月国連難民高等弁務官事務所設立。	1月ホー・チ・ミン，秘密訪中・訪ソ（～3月），中国，全面援助開始へ。**6月朝鮮戦争起こる（1953年7月，休戦協定調印）**。
1951	7月「難民の地位に関する条約」採択。9月**サンフランシスコ講和条約調印**。	9月**サンフランシスコ講和条約調印**（52年4月発効），沖縄の施政権を米国に残し日本が独立回復。
1952	4月ボリビア革命（スズ国有化，農地改革，普通選挙，教育の無償化）。7月パリ条約に基づく石炭鉄鋼共同体（ECSC）設立。	
1953	7月カストロらキューバ・モンカダ兵営襲撃。	1月中国，第1次5ヵ年計画。
1954	5月仏軍要塞ディエンビエンフー陥落。6月周恩来・ネルーが会談，平和5原則発表。7月インドシナ休戦協定（ジュネーブ協定）調印。臨時軍事境界線（北緯17度線）の北にベトナム人民軍，南にフランス連合軍が集結。	5月仏軍要塞ディエンビエンフー陥落。6月周恩来・ネルーが会談，平和5原則発表。7月インドシナ休戦協定（ジュネーブ協定）調印。臨時軍事境界線（北緯17度線）の北にベトナム人民軍，南にフランス連合軍が集結。
1955	4月インドネシア・バンドンで「アジア・アフリカ会議」開催。10月ゴー・ディン・ジェム，ベトナム共和国（南ベトナム）樹立宣言，初代大統領に。	4月インドネシア・バンドンで「アジア・アフリカ会議」開催。10月ゴー・ディン・ジェム，ベトナム共和国（南ベトナム）樹立宣言，初代大統領に。
1956	10月スエズ危機（第2次中東戦争）。	7月ゴー・ディン・ジェム政権ジュネーブ協定に基づく全国統一選挙を拒否。
1957	3月ガーナ共和国，英から独立（ンクルマ初代大統領）。	8月マラヤ連邦，英から独立。

1958	1月ローマ条約に基づく欧州経済共同体（EEC）・欧州原子力共同体（EURATOM）・欧州投資銀行（EIB）設立。7月イラク共和革命。10月ギニア共和国，仏から独立（セク・トゥーレ初代大統領）。	11月ベトナム労働党（現共産党），農業・手工業・私営資本商工業の社会主義的改造に着手。
1959	1月キューバ革命勝利。5月ベトナム労働党，南ベトナムにおける武装闘争発動を決定。	5月ベトナム労働党，南ベトナムにおける武装闘争発動を決定。
1960	アフリカの年。7月「コンゴ動乱」，現コンゴ民主共和国（DRC）の内戦（〜1965年11月）。12月南ベトナム解放民族戦線結成。	12月南ベトナム解放民族戦線結成。
1961	2月アンゴラ解放人民運動（MPLA）蜂起により，アンゴラ独立戦争勃発（〜1974年4月）。5月カストロ，キューバ社会主義共和国を宣言。韓国で朴正煕らの軍事クーデター。ケネディ米大統領，ベトナムへの特殊部隊と軍事顧問の派遣発表。9月第1回非同盟諸国首脳会議，於ベオグラード（ほぼ3〜5年間隔で2012年まで16回開催）。12月第16回国連総会「第1次国連開発の10年」採択。	5月韓国で朴正煕らの軍事クーデター。ケネディ米大統領，ベトナムへの特殊部隊と軍事顧問の派遣発表。
1962	2月キューバ，第2ハバナ宣言。6月社会主義民族解放組織「モザンビーク解放戦線（FRELIMO）」結成，独立運動を開始（ソ連・中国・キューバの支援を受ける）。10月キューバ危機。	3月ネ・ウィン将軍が軍事クーデター，ビルマ式社会主義を掲げ大統領に就任。6月ラオス三派連合政府発足。7月ラオス王国中立宣言。
1963	5月アフリカ統一機構（OAU）発足，OAU憲章採択。	
1964	1月パレスチナ解放機構（PLO）設立。3月ブラジルで軍事クーデター，軍事政権発足（4月）。6月国連貿易開発会議（UNCTAD）開催。8月「トンキン湾事件」。10月第2回非同盟諸国首脳会議（於カイロ）。	8月虚構の「トンキン湾事件」の「報復」として米軍，ベトナム民主共和国（北ベトナム）爆撃。
1965	3月ジョンソン米政権，ベトナムに戦	3月ジョンソン米政権，ベトナムに戦

	闘部隊派遣，恒常的北爆開始。6月日韓基本条約調印。8月シンガポールが分離独立，現在のマレーシア形成。9月インドネシア9・30事件。10月アメリカ合衆国において1965年移民国籍法成立，国別割当制度の廃止。	闘部隊派遣，恒常的北爆開始。6月日韓基本条約調印。8月シンガポールが分離独立，現在のマレーシア形成。9月インドネシア9・30事件。
1966	1月三大陸人民連帯会議開催（ハバナ）。2月ガーナでクーデター，ンクルマ失脚。5月中国で文化大革命起こる（〜1976年10月）。	5月中国で文化大革命起こる（〜1976年10月）。
1967	1月「難民の地位に関する議定書」採択。6月第3次中東戦争勃発。7月欧州共同体（EC）設立。8月東南アジア諸国連合（ASEAN）結成。9月カナダ，新移民法施行。10月ゲバラ，ボリビア政府軍により射殺。	8月インドネシア，マレーシア，フィリピン，シンガポール，タイ，東南アジア諸国連合（ASEAN）結成。
1968	1月南ベトナムで解放勢力のテト攻勢開始。3月インドネシア，スハルト大統領就任。	1月南ベトナムで解放勢力のテト攻勢開始。3月インドネシア，スハルト大統領就任。ジョンソン米大統領，北爆部分停止声明。5月北ベトナムとアメリカ，パリ和平会談を開始。
1969		1月韓国で三星電子工業株式会社設立。5月マレーシア，人種間対立事件（5・13事件）。
1970	11月チリ人民連合勝利，アジェンデ大統領選出。	3月カンボジア親米右派クーデター，ロン・ノル政権発足，シハヌーク元首解任，内戦始まる。
1971	8月ニクソン米大統領，金・ドル交換停止。12月第3次インド・パキスタン戦争，バングラデシュ民主共和国，独立。英国によるスエズ以東撤退（湾岸諸国の独立）。	12月第3次インド・パキスタン戦争，バングラデシュ民主共和国，独立。
1972	2月ニクソン訪中。9月フィリピン・マルコス大統領，戒厳令布告。日中国交回復。	2月ニクソン訪中。9月フィリピン・マルコス大統領，戒厳令布告。日中国交回復。
1973	1月韓国朴正煕大統領，重化学工業化宣言（大統領年頭記者会見）。ベトナム和平協定調印（於パリ）。9月チリ	1月韓国朴正煕大統領，重化学工業化宣言（大統領年頭記者会見）。ベトナム和平協定調印（於パリ）。2月ラオ

	でピノチェト将軍による軍事クーデター。10月 OPEC, 石油戦略発動。第4次中東戦争。アルゼンチン・ペロン政権発足。	ス和平協定調印。
1974	4月国連資源特別総会,「新国際経済秩序に関する宣言」採択。11月 PLO をパレスチナ人の唯一正当な代表と認める国連総会決議（3236号）。	7月フィリピン, ラウレル・ラングレー法, 失効。
1975	4月カンボジアでポル・ポト政権誕生, 大虐殺始まる。ベトナム人民軍の大攻勢でサイゴン陥落, ベトナム戦争終わる。6月第1回世界女性会議開催（於メキシコ）。11月「アンゴラ内戦」, 米ソ代理戦争（～2002年4月）。12月ラオス民族連合政府, 王制廃止とラオス人民民主共和国樹立を宣言。	4月カンボジアでポル・ポト政権誕生, 大虐殺始まる。ベトナム人民軍の大攻勢でサイゴン陥落, ベトナム戦争終わる。12月ラオス民族連合政府, 王制廃止とラオス人民民主共和国樹立を宣言。
1976	7月ベトナム社会主義共和国樹立。	7月ベトナム社会主義共和国樹立。
1977	3月 PLO による「ミニ・パレスチナ国家」構想の承認。	
1978	8月日中平和友好条約調印。11月ユネスコ, 人権および人種差別に関する宣言。12月中国の改革開放政策始まる。	4月日本政府がインドシナ難民の受け入れを決定。8月日中平和友好条約調印。12月中国の改革開放政策始まる。
1979	1月カンボジアのポル・ポト政権崩壊。米中国交樹立。2月イラン・イスラーム革命の達成, 湾岸諸国のシーア派蜂起。中国軍, ベトナムに侵攻（中越戦争）。3月欧州通貨制度（EMS）・欧州通貨単位（ECU）運用開始。7月ニカラグアでサンディニスタ革命, ソモサ独裁倒れる。12月ソ連軍, アフガニスタン侵攻（1989年2月, ソ連軍, 完全撤退）。「女性差別撤廃条約」採択（於第34回国連総会）。	1月ベトナム軍プノンペン入城, ポル・ポト政権崩壊, カンボジア内戦続く。米中国交樹立。2月中国軍,「懲罰」としてベトナム国境地帯に侵攻（中越戦争～3月）。
1980	4月在イラン米国大使館占拠事件。米国とイラン断交。	
1981	6月「バンジュール憲章（人及び人民の権利に関するアフリカ憲章）」採択	12月マレーシア・マハティール首相が「ルック・イースト（東方政策）」

	（於ナイロビ第18回OAU首脳会議)。12月マレーシア・マハティール首相が「ルック・イースト（東方政策)」発表。	発表。
1982	6月マルビーナス（フォークランド）戦争でアルゼンチン，英国に敗北。	
1983		5月マレーシア，国民車メーカーPROTON設立。
1984	3月国際人口会議（於メキシコシティー)，「人口と開発に関するメキシコシティ宣言」採択。	1月ブルネイがASEANに加盟。
1985	12月ダッカにて南アジア地域協力連合（SAARC）が発足。	12月ダッカにて南アジア地域協力連合（SAARC）が発足。
1986	7月構造調整プログラム開始：ブルンジ，ギニア，ニジェール。10月「バンジュール憲章」発効。12月ベトナム共産党第6回党大会開催，ドイモイ（刷新）政策を提起。	12月ベトナム共産党第6回党大会開催。ドイモイ（刷新）政策を提起。
1987	4月国連環境と開発に関する世界委員会「われら共有の未来」発表。6月韓国，6・29民主化宣言。7月単一市場構築に関する「単一欧州議定書」発効。	6月韓国，6・29民主化宣言。10月韓国，改正憲法公布（経済民主化条項掲載)。
1988	8月国連安保理イラン・イラク停戦決議598号が発効。11月国連環境計画（UNEP）と世界気象機関（WMO)，「気候変動に関する政府間パネル」（IPCC）設立。PLO民族評議会，パレスチナ国家の独立宣言。12月マルタ会談により，冷戦終結。	4月ベトナム共産党政治局決議10号により，事実上集団農業を廃止。7月ミャンマーで民主化運動，ネ・ウィン将軍が退陣。9月アウン・サン・スー・チー（アウンサンスーチー）らは国民民主連盟（NLD）を結成するが，軍部が再度クーデター。
1989	4月経済通貨同盟（EMU）設立に関する「ドロール・レポート」公表。「ベルリンの壁」崩壊。6月中国で天安門事件起こる。7月カンボジアからベトナム軍撤退。11月第44回国連総会で子どもの権利条約を採択。	6月中国で天安門事件起こる。7月カンボジアからのベトナム軍撤退。ミャンマーの軍事政権，「ビルマ連邦」から「ミャンマー連邦」へ国名を改名。
1990	2月「アフリカ人民参加憲章（開発と変化への人民の参加のためのアフリカ憲章)」採択（於アルーシャ)。デクラ	11月中国，シンガポールと国交樹立。

	ーク大統領，ネルソン・マンデラ釈放。3月チリで民政復帰，エイルウィン大統領就任。6月日本において出入国管理及び難民認定法が改正，施行。7月ペルーで第一次フジモリ政権発足。8月イラクによるクウェート侵攻（湾岸危機の発生）。	
1991	1月湾岸戦争の勃発，イラク軍がクウェートから撤退。6月南ア，アパルトヘイト体制終結宣言。8月ベトナムと中国が関係正常化で合意。10月カンボジア問題パリ和平会議，最終合意文書調印。11月米空軍クラーク基地，フィリピンに返還（米海軍スービック基地は1992年11月）。12月独立国家共同体（CIS）の創設とソ連の消滅。	2月タイでスチンダーによる反チャチャイ政権軍事クーデター。8月ベトナムと中国が関係正常化で合意。10月カンボジア問題パリ和平会議，最終合意文書調印。11月米空軍クラーク基地，フィリピンに返還（米海軍スービック基地は1992年11月）。8月〜12月中央アジア諸国独立。
1992	1月ロシアで価格・貿易自由化開始（10月バウチャー民営化の開始）。6月ブトロス=ガリ国連事務総長が『平和への課題』を公表。ブラジル，リオデジャネイロにおいて「環境と開発に関する国連会議（UNCED）」開催，政治宣言とアジェンダ21採択。	2月モンゴル，モンゴル人民共和国（1924年11月〜）から改称。5月タイで「暴虐の5月事件」起こる。
1993	9月イスラエルのラビン首相とPLOアラファート議長，「オスロ合意」調印。11月マーストリヒト条約に基づく欧州連合（EU）設立。12月マンデラおよびデクラーク大統領，ノーベル平和賞。	1月カンボジア総選挙。4月日本で外国人研修・技能実習制度創設。9月カンボジア，立憲君主制に。
1994	1月北米自由貿易協定（NAFTA）発効。4月ルワンダ虐殺（ジェノサイド）発生（〜1994年7月）。5月ネルソン・マンデラ大統領就任。	10月ジュネーブで北朝鮮の核開発に関する米朝枠組み合意。
1995	1月世界貿易機関（WTO）設立。3月シェンゲン協定発効，ヨーロッパにおいて協定圏内の自由移動が可能に。**7月米越国交正常化声明。ベトナムがASEANに加盟。8月戦後50年の村山首相談話，侵略・植民地支配への**	6月フィリピンで「海外移住労働者・在外比人法制定」。7月米越国交正常化声明，ベトナムがASEANに加盟。8月戦後50年の村山首相談話，侵略・植民地支配への「お詫び」表明。

	「お詫び」表明。9月第4回世界女性会議（於北京）開催。	
1996	12月南ア，新憲法採択。	12月韓国が経済協力開発機構（OECD）加盟。
1997	**7月アジア通貨危機の発生。香港，中国に復帰。ミャンマーとラオスがASEANに加盟。**12月「京都議定書」採択。	6月ベトナム北部タイビン省で行政幹部の汚職に反対する農民デモが激化。**7月アジア通貨危機の発生。香港，中国に復帰。ミャンマーとラオスがASEANに加盟。**10月タイ，1997年憲法施行。12月フィリピンで「農業漁業近代化法」制定。
1998	**5月民主化運動によってスハルト大統領辞任，ハビビ大統領就任。**6月欧州中央銀行（ECB）設立。8月ロシア通貨・金融危機。在ケニアおよびタンザニア米国大使館爆破事件。	**5月民主化運動によってスハルト大統領辞任，ハビビ大統領就任。**インド，核実験。パキスタンも対抗して地下核実験。
1999	1月ユーロ導入。2月ベネズエラでチャベス政権成立。	7月カンボジアがASEAN加盟。9月住民投票により東ティモールの独立が決定。
2000	3月プーチン，ロシア大統領に当選（～2008年，2008～12年首相，2012年～大統領）。8月第1回南米首脳会議開催（ブラジリア）。9月国連ミレニアム・サミット開催，「国連ミレニアム目標」（MDGs）を採択。11月国連，「人身売買議定書」採択。	
2001	9月米国同時多発テロ事件。10月米軍によるアフガニスタン侵攻。「アフリカ開発のための新パートナーシップ（NEPAD）」。12月中国WTO加盟。	1月総選挙でタクシン率いるタイ愛国党が圧勝。12月中国，世界貿易機関（WTO）加盟。
2002	7月アフリカ連合（AU）発足。8月イランにおける秘密裏の核施設の存在が発覚（「イラン核開発問題」の発生）。	5月東ティモール独立。
2003	1月ブラジル，ルーラ労働者党政権発足。3月イラク戦争の勃発。4月イラクで連合国暫定当局（CPA）による暫定占領統治開始。5月キルチネル政権発足。6月赤道原則（Equator Prin-	8月北京で北朝鮮の核問題をめぐる第1回の中・米・露・韓・日・朝による六者会談開催。10月日本で「人身売買禁止ネットワーク」が設立。マレーシア・マハティール首相退任。

	ciples）の開始。	
2004	4月アジア海賊対策地域協力協定（ReCAAP）の採択（2009年9月発効）。10月国民による初の直接投票でユドヨノがインドネシア大統領に選出。11月ASEAN非公式首脳会議で「人身売買に対抗するASEAN宣言」を採択。	4月日本政府が「人身取引対策行動計画」を発表。アジア海賊対策地域協力協定（ReCAAP）の採択（2009年9月発効）。10月国民による初の直接投票でユドヨノがインドネシア大統領に選出。11月ASEAN非公式首脳会議で「人身売買に対抗するASEAN宣言」を採択。
2005	4月バンドン会議50周年記念会議。12月ロシア・ウクライナガス紛争（〜2006年1月）。国連で平和構築委員会の設立が決定。	4月バンドン会議50周年記念会議。
2006	1月ボリビアでモラレス政権発足。10月北朝鮮の第1回核実験（2009年第2回，2013年第3回，2016年第4回）。	10月北朝鮮の第1回核実験（2009年第2回，2013年第3回，2016年第4回）。
2007	1月エクアドル，コレア大統領就任。8月サブプライムローン問題表面化。	1月ベトナム，WTOに加盟。2月北朝鮮の核問題をめぐる六者会合で合意文書を採択。4月米韓FTA交渉の妥結（2012年3月発効）。8月タイ，2007年憲法の施行。
2008	2月ラウル・カストロ，キューバ国家評議会議長に就任。8月イタリア・リビア友好協定（ベンガジ協定）締結。9月世界金融危機（リーマン・ショック）。	11月タイで黄シャツによるバンコク空港占拠事件（11月25日〜12月3日）。
2009	5月スリランカで1983年以来のスリランカ政府とタミル・イーラム解放のトラ（LTTE）との内戦終結。10月政権交代を契機として，ギリシャで財政・債務の危機的状況が露呈。12月リスボン条約（EU条約・EC条約を改正する条約）発効。	5月スリランカで1983年以来のスリランカ政府とタミル・イーラム解放のトラ（LTTE）との内戦終結。12月日本政府が「人身取引対策行動計画」を改正。
2010	5月欧州金融安定化メカニズム（EFSM）設立。6月欧州金融安定ファシリティ（EFSF）設立。	3月国際犯罪法廷設置。独立戦争時のパキスタン軍による大量殺害を裁く裁判，開始。3月赤シャツによるバンコク騒乱（3月14日〜5月19日）。
2011	1月ベン・アリー大統領亡命（チュニ	3月テイン・セイン，ミャンマー大統

	ジア革命)，カイロのタハリール広場でムバーラク大統領に辞任を求める若者たちのデモ。2月ムバーラク大統領辞任。11月オバマ米大統領，ダーウィン（豪州）でアジア太平洋地域への「リバランス」を宣言。12月オバマ大統領，米軍戦闘部隊完全撤退によりイラク戦争終結を宣言。	領に就任。7月総選挙でインラック率いるタイ貢献党が圧勝。8月黒竜江省ハルビン市方正県日本人公墓破損事件。11月オバマ米大統領，ダーウィン（豪州）でアジア太平洋地域への「リバランス」を宣言。
2012	1月米，「新国防戦略指針」発表。10月欧州安定メカニズム（ESM）設立。	9月日本，尖閣諸島国有化。中国で反日デモ発生。12月第2次安倍晋三政権が積極的平和主義を掲げて発足。
2013	11月ウクライナ・マイダン革命（～2014年2月）。	6月パキスタン・ムスリム連盟ナワーズ派の安定政権が誕生。
2014	8月米国，対「イスラーム国」軍事作戦開始。9月シリア領内でもアメリカ主導の「有志連合」によるISに対する空爆開始。	5月中国がベトナムに近い南シナ海海域で海洋掘削リグ設置を強行。ベトナム国内で反中国デモが発生。5月タイでプラユットによる軍事クーデター。11月沖縄県知事選で普天間基地の名護市辺野古への移設中止を訴えた翁長雄志が当選。
2015	**4月バンドン会議60周年を記念する首脳会議（於ジャカルタ）。**9月国連サミット開催，「持続可能な開発目標」（SDGs）を採択。11月フランスでパリ同時多発テロ事件。12月地中海を越えてヨーロッパへ渡った難民が100万人を超える。**ASEAN共同体（AC）・ASEAN経済共同体（AEC）発足。**	**4月バンドン会議60周年を記念する首脳会議（於ジャカルタ）。**「日米同盟のグローバルな性質」を掲げた日米新ガイドライン合意。6月インド・バングラデシュ両首脳，国境地帯の飛び地交換などによる国境画定に正式合意。9月集団的自衛権の行使を可能にする安全保障関連法，いわゆる「安保法制」が成立。10月TPP交渉，12カ国閣僚会議で大筋合意（米，アトランタ）。11月ミャンマーの総選挙で国民民主連盟（NLD）が単独過半数の議席を獲得。12月ASEAN共同体（AC）・ASEAN経済共同体（AEC）発足。慰安婦問題をめぐって日韓政府間の合意。
2016	1月アジアインフラ投資銀行（AIIB）開業。	1月アジアインフラ投資銀行（AIIB）開業。

人名索引

あ 行

アイゼンハワー，D.D.　4, 32, 38
アウン・サン（アウンサン）　32
明石康　224
アキノ，A.　190
アピシット・ウェーチャチワ　271-273
アブー＝ルゴド　102-105
アブドゥラ，A.B.　245, 248, 253
安倍晋三　11, 59, 62, 64, 69, 72, 73
アントニオ，J.　191
イ・ビョンチョン　148
生田滋　23
池田勇人　65
李健熙（イ・ゴンヒ）　145
李在鎔（イ・ジェヨン）　145
石澤良昭　23
伊藤正子　210
イブン・バットゥータ　105
今川幸雄　224
李明博（イ・ミョンバク）　45, 143
インラック・チナワット　273-275
ヴォー・グエン・ザップ　35, 36, 213
ウォッシュブルック，D.　81
翁才敏（ウォン・ツァイミン）　158
永楽帝　13
江藤淳　72
王貞治　161, 163
王仕福　161
太田昌秀　54
岡崎久彦　62
岡田卓也　233
奥野誠亮　71
翁長雄志　53, 78
オバマ，B.　6, 50, 52, 56, 74, 75
小渕恵三　65, 224

か 行

海部俊樹　10, 70
姜哲圭（カン・チョルギュ）　146
ガンディー，I.　87, 292, 303
ガンディー，R.　283
岸信介　64, 65
義浄　24, 25
北岡伸一　62
金宇中（キム・ウジュン）　138
金尚祖（キム・サンジョ）　146-149
金正日（キム・ジョンイル）　56
金正恩（キム・ジョンウン）　56
金大中（キム・デジュン）　141, 143, 146
金学順（キム・ハクスン）　70
金泳三（キム・ヨンサム）　142, 143
キュー・サンボーン　222
クー・フイ・ハー・ヴー　211
グエン・ヴァン・タック　213
グエン・ヴー・ビン　212
郭玉聡（グオ・ユーツォン）　154
クオンデ　32
グハ，R.　82
クルーグマン，P.　176, 177
ケネディ，J.F.　4, 37
ケリー，J.A.　55
小泉純一郎　63
河野洋平　10, 70
ゴー・クエン（呉権）　28
ゴー・ディン・ジェム　36
コーリア，P.　174
コーン，B.　83
ゴティアヌン，A.　191

さ 行

崔天凱　57
サヴァルカー，V.　88

佐藤栄作　65
サマー，J. D.　77
サマック・スントラウェート　270, 271
ジア将軍　89, 90
シー，H.　192
シハヌーク（ノロドム・シハヌーク）
　　221-224, 238
シハモニ（ノロドム・シハモニ）　234
シャリフ，N.　90
周恩来　35, 36, 168
習近平　49, 50, 55, 174
ジョンソン，L. B.　4, 22, 37
シン，M.　283
ジンナー，M. A.　86, 89
ズオン・トゥー・フオン　211
スカルノ　1, 32, 37
スターリン，I. V.　34
ステープ・トゥアクスパン　263, 274
スハルト，H. M.　37
スラユット・チュラノン　269
セデス，G.　26
ソムチャイ・ウォンサワット　270, 271
ソン・サン　222

た 行

タクシン・チナワット　18, 262-274, 276-278
田中角栄　10
谷内正太郎　63
ダン・トゥイ・チャム　213
崔龍海（チェ・リョンヘ）　55
チャーチル，W.　2, 34
張秀明（チャン・シュウミン）　160
張夏準（チャン・ハジュン）　147, 149
張夏成（チャン・ハソン）　146, 148
チュオン・チン　36
鄭一省（チョン・イーション）　155
鄭周永（チョン・ジュヨン）　138
鄭承兆（チョン・スンジョ）　77
全斗煥（チョン・ドゥファン）　138
鄭和　13, 25

鄧小平　4, 5, 13

な 行

中川正春　236
中西輝政　63
中西寛　62
中野亜里　210
中山太郎　71
中山義隆　53
ナジブ・ラザク　253, 254, 257
ニクソン，R.　69
西修　62
西嶋定生　26
ネルー，J.　86, 93, 282, 284-286, 291, 303
盧泰愚（ノ・テウ）　141
盧武鉉（ノ・ムヒョン）　143, 145

は 行

ハーヴェイ，D.　7, 190, 196
バオダイ　34
朴槿恵（パク・クネ）　51, 55, 52
朴正煕（パク・チョンヒ）　135, 148
林三漁　160, 163
バルガヴァ，R.　92
韓民求（ハン・ミング）　78
ビラー，M.　191
ビン・ラーディン，U.　90
ファム・ヴァン・ドン　36
ファム・ホン・ソン　212
ファン・ボイ・チャウ　32
フェヘール，F.　204
福田赳夫　10
藤原長作　166
ブッシュ，G. W.　75
ブット，B.　89, 90
ブット，Z. A.　89
プラユット・チャンオーチャー　275-277
プレム・ティンスラノンダ　267, 268, 272
フン・セン　224
ベロー，W.　186
ヘン・サムリン　221-226

ホー・チ・ミン　2, 32, 34-36, 209, 213
細川護熙　70, 71
ポル・ポト　7, 17, 221-223, 225, 233

　　　　　ま　行

マクガバン, L.　187, 197
マハティール, M.　17, 240, 241, 245-249, 252, 255-257
マララ・ユスフザイ　90
マルコ・ポーロ　25, 104
マルコス, F.E.　16, 185
ミリカン, M.F.　4, 37, 38
ムジブル・ラフマン, S.　87
ムシャラフ, P.　90
村山富市　11, 63, 70
毛沢東　18, 34-36, 39

　　　　　や　行

柳井俊二　62

ヤヒヤー・ハーン, M.　87
山本達郎　27

　　　　ら・わ　行

ラーマン, T.A.　241, 242
ライス, S.　51
ラザク, A.H.　242
ラジャパクサ, M.　91
ラッセル, D.　52
ラトゥール, B.　97
リー・クアン・ユー　38, 267
劉永福　28
劉建超　52
劉少奇　34
レ・ヴァン　214
ロストウ, W.W.　4, 37, 38
ロン・ノル　221, 223
渡辺利夫　155
王賡武（ワン・ガンウー）　154

事項索引

あ 行

アエタ　200, 201
「赤い回廊」　296, 297
赤シャツ　18, 262, 263, 271-275, 278
アクターネットワーク論　96
アジアインフラ投資銀行（AIIB）　6, 39, 54
アジア開発銀行（ADB）　54, 177, 260
アジア経済危機　117, 118
アジアシフト　75
アジア太平洋経済協力（会議）（APEC）　250
アジア太平洋自由貿易圏（FTAAP）　250
アジア太平洋戦争　1, 31
アジア通貨危機　16, 136, 138, 142-144
アジアの経済統合　174
新しい歴史教科書をつくる会　71
アフガニスタン侵攻　68
アフガニスタン紛争　175
安倍談話　73
アル゠カーイダ　90, 175
アワミ連盟　87
アンコール文化遺産教育センター　234
安全保障関連法（安保法制）　11, 14, 42, 58, 59, 62, 66, 76, 78
安全保障協力　174
安全保障の法的基盤の再構築に関する懇談会（安保法制懇）　62, 64
安保闘争　64, 69
慰安婦問題　14, 43
維新体制　137
イスラーム・ヌサンタラ　111
イスラーム覚醒　112
イスラーム過激運動　175
イスラーム化政策　90
イスラーム教　24, 25

「イスラーム報道」　109
1正面プラス（ワンプラス）　74
「一帯一路」（構想）　6, 7, 25, 39, 49, 174
1次経済　204, 205
一夫多妻制　93
イラク復興支援活動　68
イラン核問題　76
インセキュリティ　88-90
インド工科大学（IIT）　284
インド国民会議（INC）　88, 89, 282, 283, 286, 288, 291, 292
インド人民党（BJP）　88, 89, 286, 287
インド人民連盟　88
インド統治法　81, 82
インドネシア独立戦争　34
印パ分割　14, 84
インフォーマルセクター　265, 267, 273, 278
ウェストファリア条約　42
ウェストファリア的世界秩序　84
ウクライナ問題　76
英緬戦争　29
英領インド　29
「Xファイル事件」　141
延坪島砲撃　44
欧州連合（EU）　68
沖縄米軍基地　78
奥野発言　71

か 行

カースト　18, 83, 88, 294
カースト秩序　80
海外雇用開発庁　184
海外雇用庁　184
改革開放　16, 38, 153-155, 158-161, 171
改憲　77
外国人研修・技能実習制度　120, 121, 124

事項索引

外国直接投資（FDI）　184, 242
解釈改憲派　72
開城工団　45
ガイドライン　76
開発問題　298
格差　5-7, 13, 16, 38, 196
駆けつけ警護　68
華人，華僑　16, 39, 153-156, 159-166, 168-171, 241, 242, 248, 252, 254
カラバルソン計画　193
ガレオン貿易　29
環境保全プロジェクト　234
韓国資本主義論争　149
韓国併合　73
環太平洋パートナーシップ協定（＝環太平洋経済連携協定，TPP）　7, 13, 17, 46, 48, 49, 52, 60, 217, 241, 250, 254-257
官治金融　137
韓米共同局地挑発対備計画　77
カンボジア国風文化　228
カンボジア復興国際会議（ICORC）　224
カンボジア和平パリ会議　224
企業集団法　150
偽工作戦術　98
気候変動　280, 281
「擬似世俗主義」的ナショナリズム　88
黄シャツ　18, 262, 263, 268-271, 274, 278
帰属財産　137, 149
北朝鮮の核実験　45
基盤的防衛力　63, 65
9.11　88
9・30事件　37
97年体制　16, 143
教科書検定　70
教科書問題　70
拠点交流事業　237
キリスト教　24, 25
キリスト教徒　101, 112, 185
金・ドル交換停止　39, 185
均衡メカニズム　174
近代世界システム　102

金融危機　91
空海軍統合戦略　75, 77
クラスター　247
グリーン・ハント作戦　296, 297, 299, 302, 303
グレーゾーン事態　66
軍事情報包括協定（GSOMIA）　50
経済改革連帯　146-148
経済自由化　282
経済正義実践市民連合（経実連）　145, 146
経済統合　174
経済特（別）区　5, 13, 18, 186, 193, 195, 285, 290, 294, 300
経済民主化　136, 142-144, 147-150
「現代の英雄」　181, 184, 197
憲法改悪　73
憲法制定議会　86
憲法制度調査委員会推進議員連盟　71
原理主義　112
5・16軍事クーデター　137
鉱石資源　301
構造調整　4, 88, 185, 186, 195
高度経済成長　5, 69, 176, 283
河野談話　70-72, 74
鉱物資源開発　295
講和条約　9
国際移住機構（IOM）　116, 121, 123, 124, 153, 154
国際貢献　70
国際通貨基金（IMF）　4, 21, 22, 181, 195, 197, 264
国際標準化機構（ISO）　235
国際平和共同対処事態　68
国際平和支援法　66, 68
国際労働力移動　16, 181, 186, 187
国民車　248
国民車計画　246
国民政府　143
国民戦線（BN）　252-254
国民の力党　270, 271
国連　115, 116, 121, 123, 125

321

国連平和維持活動協力法　66, 68
国連カンボジア暫定統治機構（UNTAC）
　　224
国連難民高等弁務官事務所（UNHCR）
　　68
国連薬物犯罪事務所（UNODC）　116, 121, 122
小作制度の改革　291
国家安全保障会議　63
国家安全保障戦略　76
国家開発計画　245
国家平和維持評議会（NCPO）　276, 277

さ　行

在韓米軍　77
最高国民評議会（SNC）　224
財閥　16
財閥問題の二面性　16
『ザイファム』　211
作戦統制権　77, 78
冊貢関係　8, 13, 27
冊封体制　6, 25-29
三星電子（サムスン）　135, 138, 144, 145
三星物産　145
「三悪」　174
サルヴァ・ダルマ・サンバヴァ　92, 94
産業革命　81
3低現象　138
参与政府　143
参与連帯　145-148
シーク教徒　15, 83, 93
シーレーン防衛　66
自衛隊法　66
支援国会議　224
市場化　88
シハヌーク＝フン・セン東京会談　224
慈悲の丘での説教　100
自民党憲法調査会　72
「社会主義への過渡期における国家建設綱領」
　　205
シャリア法　89

上海協力機構（SCO）　174
自由アチェ運動（GAM）　260
重化学工業化政策　137
宗教アイデンティティ　84
宗教共同体　85
従軍慰安婦　70
衆参ダブル選挙　10, 71
自由市場　204
自由主義史観研究会　71
集団主義体制　211
集団的自衛権　59, 62, 64, 67, 73, 78
周辺事態　65
周辺事態法　66-68
自由貿易協定（FTA）　182, 250
自由法曹団　71
重要影響事態法　66-68
ジュネーブ会議　2, 36
ジュネーブ休戦協定　36
循環出資　139, 150
哨戒艦天安　44
少額株主運動　146, 147, 150
上座部仏教　24
上智大学アジア人材養成研究センター
　　228, 231, 233, 235-237
上智モデル　228, 236
情報技術（IT）産業　4, 248, 282-284
植民地体制　3, 26, 31
植民地的（農工間）国際分業　3, 31, 37
植民地統治性　80, 81, 83
食糧安全保障　92
シリア内戦　76
シルクロード経済ベルト（SREB）　174, 175
清英緬甸条約　29
新ガイドライン　65
「新型大国関係」　57
新疆ウイグル自治区　174
新経済政策（NEP）　242, 245, 257
新経済モデル（NEM）　250
新興工業経済（群）（NIEs）　4, 38, 253, 288

新国防戦略指針　11, 12, 74, 75, 77, 78
新自由主義　5, 7, 12, 13, 15, 18, 88, 265, 268,
　　283, 285, 286, 290, 293-295
新自由主義的グローバル化　6, 7, 12, 13, 15,
　　22, 38, 88, 117, 195
新地方政府法　194
真如苑　224
『人身売買報告書』　121-123, 129
清仏戦争　27
人民革命党（プラチアチョン，CPP）　222
人民民主改革評議会（PDRC）　263, 274
信頼醸成措置　174
スリランカ内戦　91
政治の犯罪化　287
政党連合人民連盟（PR）　253
成都会議　216
「世界」　103
「世界化」戦略　142
セキュリタイゼーション　85
「積極的平和主義」　62
世俗主義　92
接近阻止（A2）・領域拒否（AD）　75
先軍政治　56
戦後レジーム　72
先住民（族）　18, 200, 201, 285, 288, 294,
　　296-298, 301, 302
専守防衛　65
戦略的再保障　75
戦略的利益　174
ソフィア・ミッション　225, 226
ソンミサン・マウル　152
存立危機事態　66, 67

た 行

ダーイシュ（IS）　76, 98, 106-111, 175
ターリバーン　90
タイ愛国党　266, 268-270
代案連帯会議（代案連帯）　146-148
第1次世界大戦　160
大韓民国成立　136
タイ貢献党　271-274, 276, 277

大ジハード　99
大乗仏教　23, 24, 233
対テロ戦争　86, 88-91
太平天国　28
タミル・イーラム解放のトラ　91
多民族国家　241, 256, 258
多民族社会　174
ダリット　89, 92, 93, 285, 294
単独講和　69
地域総合開発　193
「力の独白」　81
知識基盤型経済　247
中越戦争（中越武力衝突）　35, 216, 221
中韓自由貿易協定　46
中期防衛力整備計画　63
中国共産党　6, 34
中国新移民　16
中国の対越援助　35
中国の台頭　43
中所得国の罠　258
中東建設輸出　138
中道派（CPM）　288-294
朝貢貿易　27, 28, 30
朝鮮戦争　9, 36, 44, 69, 137
朝鮮半島有事　42, 77, 78
（低技術）低賃金労働力　5, 10, 120, 176,
　　177, 187
テト攻勢　37
デモグラフィック　113
デュアルトラック　265
テロ防止法　89
天津条約　28
ドイモイ　17, 38, 202-208, 210-217, 219
統一マレー人組織（UMNO）　252, 254,
　　257
統合機動防衛力　64
東南アジア諸国連合（ASEAN）　7, 8, 13,
　　21-24, 37, 38, 40, 48, 122, 123, 184, 215,
　　224, 238, 250
ドーハラウンド　249
独裁政権　174

「独占規制および公正取引に関する法律」 138
特定秘密保護法　63
特別措置法　68
土地改革　35, 37
富の源泉シフト　194, 196
トランスナショナル・コミュニティ　197, 198

な 行

ナクサライト　89, 288
ナフダトゥル・ウラマー（NU）　105, 111
ニクソン訪中　36
日米安全保障条約　14, 64
日米安保共同宣言　65
日米同盟　14, 79
日米防衛協力の指針（ガイドライン）　64-66
日露戦争　73
日韓FTA　47
日韓国交正常化　73
日韓条約　9, 137
2次経済　204
2正面戦略　74
日中韓FTA　46
日中共同声明　10, 70
日中国交回復　165
日本国際ボランティアセンター（JVC）224
『ニャンヴァン』　211
ニューライト運動　147
人間の安全保障　14, 15, 86
ネットワーク性　96
農業革命　81

は 行

バーガー大作戦　291
バオカップ制度　203, 204, 210, 213, 214
パキスタン国民議会　87
パキスタン人民党　89
パクス・モンゴリカ　104

覇権主義　2, 7, 8, 12, 36, 38, 40
ハッジ（大巡礼）　15, 96-101
87年体制　16, 141-143
パトロン・クライアント関係　112
バングラデシュ分離独立　15
パンチャシラ　112
反中運動　175
反独裁民主戦線（UDD）　262, 269, 273
非核3原則　65
東アジア地域包括的経済連携（RCEP）47, 49, 60, 250
東シナ海　49, 75
東トルキスタンイスラーム運動（ETIM）174
ビジョン2020　245, 251
ピナトゥボ火山　200
ピュウ・リサーチ・センター　101
現代自動車（ヒュンダイ）　135, 144
ヒンドゥー「ナショナリズム」　88
ヒンドゥー教　92, 93, 233, 304, 303
ヒンドゥー教徒　15, 24, 83, 92, 93, 101, 285, 292, 295
ヒンドゥー国家　80
ヒンドゥー大協会　88
ヒンドゥー法　93
ヒンドゥトゥワ　88
フィリピン開発計画　176
フィリピン独立革命　30
武器輸出3原則　63-65
福祉国家　81
「仏印処理」　31, 32
「仏印進駐」　31
仏教（徒）　24, 304
仏領インドシナ（連邦）（仏印）　1, 28, 29, 31, 32
普天間基地　78
不服申立法　208
ブミプトラ　251, 254, 256
ブミプトラ商工業コミュニティ　245
ブミプトラ政策　17, 18, 39, 241, 242, 248, 253, 255, 257

プラザ合意　70
フルセット型　246, 252
プロドゥア　246, 247, 250
プロトン　246, 247, 250
文化均質化　88
文化大革命　5, 39
文化多様性　13, 22-25, 40
文民政府　142
米韓FTA　47
米韓軍事演習　45, 56
米韓連合軍　77, 78
米国防総省　74
米西戦争　30
平民（ピンザン）　17, 210-216
平和安全法制整備法　66
平和憲法　64
「ヘゲモニーなき支配」　82
ベトナム共産党　17, 33, 38, 202, 203, 205-207, 209, 215-217
ベトナム軍　222
ベトナム戦争　2, 6, 7, 9, 13, 22, 32, 33, 36, 37, 185, 200, 213, 214
ベトナム独立同盟（ベトミン）　32, 33
ベトナム労働党　36, 211
防衛計画の大綱　63, 65
防衛装備移転3原則　64
包括的成長　176-178
「方法としてのアジア」　112
ボーキサイト　295, 296, 300, 301, 303
北東アジア条約機構（NEATO）　64
ポスト植民地国家　91
ポスト世俗主義　92

ま 行

マドラサ　108
マルチメディア・スーパー・コリドー（MSC）　248
満洲事変　73, 165
緑の革命　291, 292
南シナ海　7, 13, 22, 39, 40, 49, 50, 59, 60, 75, 216

南ベトナム解放民族戦線　36
民営化　88
民主カンボジア　223
民主カンボジア連合政府（連合政府）　222
民主市民連合（PAD）　262, 263, 274
民族宗教共同体　14, 15, 83, 84
民族浄化　85
民族のアイデンティティ　227
ムスリム（イスラーム教徒）　4, 15, 24, 25, 93, 96-98, 100, 101, 104-110, 112, 113, 175, 266, 292, 296, 303
ムスリム国家　80
ムスリム連盟　85, 86, 89
ムハンマディーア　105
村山談話　71-73
ムンバイ襲撃事件　90
明文改憲派　72
メコン川デルタ　229
毛沢東派　18, 288, 296-303
モノカルチャー経済　31, 241
モンターギュ・シェルムスフォード改革　82

や 行

有識者会議（21世紀構想懇談会）　73
有事法制　66
ユーラシア構想　175
輸出加工区　4
輸出指向（志向）工業化（EOI）　3, 4, 10, 17, 37, 242, 247
輸入代替工業化（ISI）　3, 10, 37, 185, 195, 242
予算管理法　74
吉田路線　69
与党連合　256
4大グループ　135

ら 行

ラウレル・ラングレー法　195
ラワールピンディ地区暴動　85
リバランス　52, 75

琉球処分　28
両極化現象　136, 142, 143, 149
ルック・イースト政策　241, 246
冷戦　2, 7, 8, 9, 12, 14, 34, 43, 48, 51, 54, 58
冷戦体制　10, 70
歴史修正主義　11, 14, 72-74, 77
連帯グループ（クロム・サマキ）　222
労使政委員会　150
労働法典　184
6者会合　55
6・29民主化宣言　141

わ 行

和平演変　209
湾岸戦争　10, 58, 70
「ワン・マレーシア」　253, 258

欧 文

ADB　→　アジア開発銀行
AIIB　→　アジアインフラ投資銀行
APEC　→　アジア太平洋経済協力
ASEAN　→　東南アジア諸国連合
ASEAN共同体（AC）　7, 13, 21, 22, 24, 38, 40
ASEAN経済共同体（AEC）　7, 21, 22, 250
ASEAN自由貿易地域（AFTA）　250
BJP　→　インド人民党
BN　→　国民戦線
CPM　→　中道派
CPP　→　人民革命党
EOI　→　輸出指向（志向）工業化
ETIM　→　東トルキスタンイスラーム運動
EU　→　欧州連合
FDI　→　外国直接投資
FTA　→　自由貿易協定
FTAAP　→　アジア太平洋自由貿易圏
GAM　→　自由アチェ運動
HIV/エイズ　255
IAEA調査団　56
ICORC　→　カンボジア復興国際会議
IIT　→　インド工科大学
IMF　→　国際通貨基金
INC　→　国民会議
IOM　→　国際移住機構
IS　→　ダーイシュ
ISI　→　輸入代替工業化
ISO　→　国際標準化機構
ISO14001　235
JHP学校をつくる会　224
JVC　→　日本国際ボランティアセンター
MIT（マサチューセッツ工科大）方式　5, 10, 38
MSC　→　マルチメディア・スーパー・コリドー
NATO軍　174
NCPO　→　国家平和維持評議会
NEATO　→　北東アジア条約機構
NEM　→　新経済モデル
NEP　→　新経済政策
NIEs　→　新興工業経済（群）
NU　→　ナフダトゥル・ウラマー
PAD　→　民主市民連合
PDRC　→　人民民主改革評議会
PKO協力法　→　国連平和維持活動協力法
PR　→　政党連合人民連盟
RCEP　→　東アジア地域包括的な経済連携
SCO　→　上海協力機構
SEALDs　62
SNC　→　最高国民評議会
SREB　→　シルクロード経済ベルト
THAADミサイル／THAAD　51-53, 55, 60
TPP　→　環太平洋パートナーシップ協定
TPP反対連合（TPPA）　255
UDD　→　反独裁民主戦線
UMNO　→　統一マレー人組織
UNHCR　→　国連難民高等弁務官事務所
UNODC　→　国連薬物犯罪事務所
UNTAC　→　国連カンボジア暫定統治機構
WTO　249

執筆者紹介（執筆順，＊は編者）

＊藤田和子　（ふじた・かずこ）　**序章，第1章**
1940年生まれ。1963年東京大学教養学部卒業，1966年東京大学大学院社会学研究科修士課程修了，国際学修士。現在，宇都宮大学名誉教授。主な著作に，『新自由主義に揺れるグローバルサウス——いま世界をどう見るか』（共編著）ミネルヴァ書房，2012年；『モンスーン・アジアの水と社会環境』（編著）世界思想社，2002年；『東南アジアの経済』（共著）世界思想社，2000年（中文訳書，劉暁民訳『東南亜的経済』（共著）厦門大学出版社，2004年）；『開発途上アジア経済入門』大月書店，1986年。

＊文　京洙　（ムン・ギョンス）　**序章，第3章**
1950年生まれ。中央大学法学部卒業，法政大学社会科学研究科修士課程修了，博士（地域政策学）。現在，立命館大学国際関係学部特任教授。主な著作に，『済州島四・三事件——島（タムナ）のくにの死と再生の物語』平凡社，2008年；『在日朝鮮人　歴史と現在』（共著）岩波書店，2015年；『新・韓国現代史』岩波書店，2015年。

金　光旭　（キム・コァンウク）　**第2章**
1954年生まれ。1981年韓国，延世大学神学部卒業，1991年名古屋大学法学研究科博士課程満了，博士（法学）。現在，岐阜経済大学経済学部兼任講師。主な著作に，川島正樹編『記憶の共有をめざして』（共著）行路社，2015年；『比較安全保障』（共著）成文堂，2013年；吉川洋子編『民主化過程の選挙』（共著）行路社，2010年。

ジョルジオ・シャーニー　（Giorgio SHANI）　**第4章**
ロンドン大学 LSE（London School of Economics and Political Science）卒業，PhD（School of Oriental and African Studies, University of London）。現在，国際基督教大学教養学部教授，主な著作に，「植民地独立後の南アジアにおける共同体間（コミュナル）暴力」大串和雄編『21世紀の政治と暴力』晃洋書房，2015年；*Religion, Identity and Human Security*, Routledge, 2014。

鈴木規夫　（すずき・のりお）　**第5章**
1957年生まれ。1982年上智大学文学部卒業，1987年中央大学大学院法学研究科博士課程前期政治学専攻修了（法学修士），1991年成蹊大学大学院法学政治学研究科博士課程後期課程単位取得退学，1993年論文博士（政治学）成蹊大学。現在，愛知大学国際コミュニケーション学部教授。主な著作に，『光の政治哲学』国際書院，2009年；『日本人にとってイスラームとは何か』筑摩書房，1998年。

山根健至　（やまね・たけし）　**第6章**
1977年生まれ。立命館大学大学院国際関係研究科博士後期課程修了，博士（国際関係学）。現在，福岡女子大学国際文理学部専任講師。主な著作に，『フィリピンの国軍と政治——民主化後の文民優位

と政治介入』法律文化社，2014年；『共鳴するガヴァナンス空間の現実と課題——「人間の安全保障」から考える』（共編著）晃洋書房，2013年；「忠誠と報奨の政軍関係——フィリピン・アロヨ大統領の国軍人事と政治の介入」『東南アジア研究』48巻4号，2011年。

鄭　章淵　（チョン・チャンヨン）　**第7章**
1952年生まれ。1976年法政大学社会学部卒業，1988年法政大学大学院社会科学科修了，博士（経営学）。現在，駒澤大学経済学部教授。主な著作に，『韓国財閥史の研究——分断体制資本主義と韓国財閥』日本経済評論社，2007年；和田春樹ほか編『岩波講座　東アジア近現代通史　第9巻——経済発展と民主革命 1975-1990年』（共著）岩波書店，2011年；朝鮮史研究会編『朝鮮史研究入門』（共著）名古屋大学出版会，2011年。

小木裕文　（おぎ・ひろふみ）　**第8章**
1949年生まれ。1972年北九州市立大学外国語学部卒業，1974年早稲田大学大学院文学研究科修士課程修了，文学修士。現在，立命館大学国際関係学部特命教授。主な著作に，『改革開放後の中国僑郷』（共著）明石書店，2014年；『新馬汶華文文学評論集』（共著）斯雅舎出版，2008年；『シンガポール・マレーシアの華人社会と教育変容』光生館，1995年。

福島浩治　（ふくしま・こうじ）　**第9章**
1977年生まれ。2001年法政大学社会学部卒業，2007年横浜国立大学大学院国際社会科学研究科博士後期課程修了，博士（経済学）。現在，駒澤大学経済学部・大学院経済学研究科専任講師。主な著作に，「フィリピンの民主化と地方分権——グローバリズムと利益誘導政治を超えて」藤田和子・松下冽編『新自由主義に揺れるグローバル・サウス——いま世界をどうみるか』ミネルヴァ書房，2012年；「アジアの都市は誰のものか——成長の軸から力の再配分へ」『アジア・アフリカ研究』第53巻第3号；「フィリピン現代都市財政の構造と展開」『アジア・アフリカ研究』第52巻第2号。

栗原浩英　（くりはら・ひろひで）　**第10章**
1957年生まれ。1981年東京大学教養学部卒業，1987年東京大学大学院総合文化研究科博士課程修了，博士（学術）。現在，東京外国語大学アジア・アフリカ言語文化研究所教授。主な著作に，小長谷有紀・後藤正憲共編著『社会主義的近代化の経験——幸せの実現と疎外』（共著）明石書店，2011年；増田弘編著『ニクソン訪中と冷戦構造の変容——米中接近の衝撃と周辺諸国』（共著）慶應義塾大学出版会，2006年；『コミンテルン・システムとインドシナ共産党』東京大学出版会，2005年。

石澤良昭　（いしざわ・よしあき）　**第11章**
1937年生まれ。1961年上智大学外語学部卒業，文学博士。現在，上智大学特別招聘教授，上智大学アジア人材養成研究センター所長。主な著作に，『東南アジア多文明世界の発見』講談社，2009年；『新・古代カンボジア史研究』風響社，2013年（2016年度大同生命地域研究賞受賞）；『カンボジア密林の五大遺跡』連合出版，2014年。

井出文紀　（いで・ふみのり）　**第12章**
1975年生まれ。1998年立命館大学産業社会学部卒業，2003年立命館大学大学院国際関係研究科博士

後期課程単位取得退学，博士（国際関係学）。現在，近畿大学経営学部専任講師。主な著作に，「知識資本主義の諸潮流と世界経済」関下稔・中川涼司編『知識資本の国際政治経済学』同友館，2010年；「アジアにおける『国家と企業』――産業政策の変容と『国家』の役割をめぐって」松下洌編『途上国社会の現在』法律文化社，2006年；「TPP交渉をめぐるマレーシアとベトナムの課題――国有企業改革，政府調達を中心に」『アジア・アフリカ研究』第54巻4号，2014年。

水上祐二　（みずかみ・ゆうじ）　第13章
1979年生まれ。2001年法政大学経済学部卒業。2007年横浜国立大学大学院国際社会科学研究科博士後期課程修了，博士（経済学）。前チェンマイ大学人文学部講師・日本研究センター副所長。主な著作に，綾部真雄編著『タイを知るための72章』明石書店，2014年。

加藤恒彦　（かとう・つねひこ）　第14章
1947年生まれ。1970年神戸市立外国語大学・英米学科卒業，1972年大阪市立大学研究科英米文学専攻修士課程修了，文学修士。現在，立命館大学国際関係学部特任教授。主な著作に『キャロル・フィリップスの世界――ブラック・ブリティッシュ文学の現在』世界思想社，2008年；『トニ・モリスンの世界』世界思想社，1997年；『アメリカ黒人女性作家論』創元社，1986年。

大津健登　（おおつ・けんと）　コラム1
1981年生まれ。2006年明治大学商学部卒業，2014年明治大学大学院商学研究科博士後期課程修了，博士（商学）。現在，立教大学，明治大学ほか兼任講師。主な著作に，『新・アジア経済論――中国とアジア・コンセンサスの模索』（共著）文眞堂，2016年；『現代アジア・アフリカ政治経済論――韓国，バングラデシュ，ケニア，チュニジアの地平』（編著）西田書店，2015年；『世界経済の解剖学――亡益論入門』（共著）法律文化社，2014年。

パレパ・ラウラ-アンカ　（Laura-Anca PAREPA）　コラム2
北京語言大学卒業，ルーマニア国立政治行政学院大学院修士課程修了，広報コミュニケーション学修士。元ルーマニア防衛省 Foreign Liaison Officer 及び外務省アジア太平洋渉外部外交官。現在，日本学術振興会特別研究員及び筑波大学大学院人文社会科学研究科博士後期課程（国際公共政策専攻）。主な著作に，"Challenges for Civil-Military Cooperation in Peace Support Operations: Examining the Framework of Comprehensive Approaches", *Peace and Progress 2* (United Nations University), 2014年；「上海協力機構と中央アジアにおける中国の戦略的利益」『アジア・アフリカ研究』第54巻第2号，2014年；"Emerging China-led Regionalism and Soft Balancing" (Alica Kizekovaと共著), *East Asia Security Centre's Peer-Reviewed Publishing Site* (Bond University, Gold Coast, Australia), 2016年（印刷中）。

仲田和正　（なかだ・かずまさ）　コラム3
宇都宮大学大学院国際学研究科博士後期課程単位取得退学，国際学修士。現在，フィリピンNGO法人 Mirai Ni Kibou Foundation Inc. 日本代表，理事。株式会社ヘッドクリエーション代表取締役。主な著作に，『クリニックカット＆パーム――P.P.Mハイクオリティーテクニックの理論と実際』理美容教育出版，1982年；『REDKEN CLINIC SALON STAFF TRAINING SEMINAR』（監修）U.S.A. REDKEN社，1985年；『MASTERS――*A Personal Journey to Success*』（Audio tape）U.S.A.

Masters 社，1997 年。

小松みゆき　（こまつ・みゆき）　**コラム 4**
1947 年生まれ。1970 年共立女子短期大学卒業。現在，ベトナム国営ラジオ局 The voice of VIETNAM シニアアドバイザー。主な著作に，「越後の Ba ちゃんベトナムへ行く」2B 企画，2007 年；『ベトナムの風に吹かれて』角川文庫，2015 年。

阪本将英　（さかもと・まさひで）　**コラム 5**
1971 年生まれ。京都大学大学院経済学研究科博士課程修了，博士（経済学）。現在，専修大学商学部教授。主な著作に，和田幸子編『変貌するアジアと日本の選択——グローバル化経済のうねりを越えて』（共著）昭和堂，2012 年。

大倉三和　（おおくら・みわ）　**コラム 6**
1969 年生まれ。1992 年関西外国語大学外国語学部英米語科卒業，1997 年立命館大学大学院国際関係研究科博士後期課程単位取得退学，博士（国際関係学）。現在，立命館大学国際関係学部非常勤講師。主な著作に，大塚茂ほか編『現代の食とアグリビジネス』（共著）有斐閣，2004 年；松下冽ほか編『共鳴するガヴァナンス空間の現実と課題——「人間の安全保障」から考える』（共著）晃洋書房，2013 年。

グローバル・サウスはいま②
新自由主義下のアジア

| 2016年10月30日　初版第1刷発行 | 〈検印省略〉 |

定価はカバーに
表示しています

編著者	藤　田　和　子
	文　　　京　洙
発行者	杉　田　啓　三
印刷者	林　　　初　彦

発行所　株式会社　ミネルヴァ書房
607-8494　京都市山科区日ノ岡堤谷町1
電話代表　(075)581-5191
振替口座　01020-0-8076

©藤田・文ほか, 2016　　　　　　太洋社・新生製本

ISBN978-4-623-07626-0
Printed in Japan

グローバル・サウスはいま（全5巻）

監修：松下冽・藤田和子
体裁：Ａ５判・上製・平均350頁・本体価格3500～3800円

| 第1巻 | グローバル・サウスとは何か | 松下　冽
藤田　憲 編著 |

*第2巻　新自由主義下のアジア　　　藤田和子
文　京洙 編著

*第3巻　中東の新たな秩序　　　松尾昌樹
岡野内正 編著
吉川卓郎

第4巻　安定を模索するアフリカ　　木田　剛
竹内幸雄 編著

第5巻　ラテンアメリカはどこに行く　後藤政子
山崎圭一 編著

（*は既刊）

―――― ミネルヴァ書房 ――――
http://www.minervashobo.co.jp/